STAAT UND POLITIK

Herausgegeben von Prof. Dr. Ernst Fraenkel,
Prof. Dr. Otto Heinrich von der Gablentz, Prof. Dr. Karl Dietrich Bracher

unter Mitwirkung von
Prof. Dr. Waldemar Besson, Prof. Dr. Gert von Eynern,
Prof. Dr. Ossip K. Flechtheim, Prof. Dr. Richard Löwenthal,
Prof. Dr. Gerhard A. Ritter, Prof. Dr. Kurt Sontheimer

Band 5

GERHARD W. WITTKÄMPER

Grundgesetz und Interessenverbände

Die verfassungsrechtliche Stellung
der Interessenverbände nach dem Grundgesetz

SPRINGER FACHMEDIEN WEISBADEN GMBH

ISBN 978-3-663-00610-7 ISBN 978-3-663-02523-8 (eBook)
DOI 10.1007/978-3-663-02523-8

Verlagsnummer 053 405

Ursprünglich erschienen bei Westdeutscher Verlag · Köln und Opladen 1963.

Gesamtherstellung: Gerhard Stalling AG, Oldenburg (Oldb)

Meinen lieben Eltern

VORWORT

Der folgende verfassungs*rechtliche* Versuch zum Verbändeproblem ist vor der erdrückenden Vision geschrieben worden, die Schiller in dem 6. Brief »über die ästhetische Erziehung des Menschen« von dem Staat entwickelt, der ewig seinen Bürgern fremd bleibt, »weil ihn das Gefühl nirgends findet. Genötigt, sich die Mannigfaltigkeit seiner Bürger durch Klassifizierung zu erleichtern und die Menschheit nie anders als durch Repräsentation aus der zweiten Hand zu empfangen, verliert der regierende Teil sie zuletzt ganz aus den Augen, indem er sie mit einem bloßen Machwerk des Verstandes vermengt; und der regierte kann nicht anders als mit Kaltsinn die Gesetze empfangen, die an ihn selbst so wenig gerichtet sind. Endlich überdrüssig, ein Band zu unterhalten, das ihr vom Staate so wenig erleichtert wird, fällt die positive Gesellschaft ... in einen moralischen Zustand auseinander, wo die öffentliche Macht nur eine Partei mehr ist, gehaßt und hintergangen von dem, der sie nötig macht, und nur von dem, der sie entbehren kann, geachtet.«

Aus dieser Vision wurde jedoch keine pessimistische Grundhaltung abgeleitet. Es gilt immer noch, das Dickicht kleinlicher Querelen und das Niveau bloßer »chronique scandaleuse« zum Verbändeproblem zu durchstoßen und die großen Ordnungswechsel des Grundgesetzes den Interessenverbänden zur Einlösung zu präsentieren. Solange dies nicht nachdrücklich immer wieder geschieht, sind die Verfechter der unscharfen Allmacht Verfassungswirklichkeit nicht legitimiert, das (Unter-)Konto »Verfassungsrecht« ihrer Buchführung in der Spalte »Interessenverbände« mit Protestvermerken zu belasten.

Dieser Versuch wurde Ende 1961 über Herrn Prof. Dr. iur. Dr. h. c. Dr. h. c. Hermann Jahrreiss als staatsrechtliche Dissertation der Universität zu Köln vorgelegt. Die nachher erschienene Literatur und Rechtsprechung bis Mitte März 1963 habe ich eingearbeitet.

Aufrichtigen Dank schulde ich:

Meinem Kölner Staatsrechtslehrer Herrn Professor Dr. iur. Dr. h. c. Dr. h. c. Hermann *Jahrreiss*. An keiner Stelle dieser Arbeit konnte ich die Wegweisung seiner Gedanken entbehren.

Herrn Professor Dr. iur. Hans *Huber*, Bern. Eine seiner Gastvorlesungen in Köln über die Interessenverbände bestimmte mich abschließend, diese Arbeit zu schreiben.

Herrn Professor Gustav *Stein*, MdB und geschäftsführendes Präsidialmitglied des Bundesverbandes der Deutschen Industrie. Er hat in entscheidender Weise den Druck dieser Arbeit gefördert.

Herrn Staatsminister a. D. Dr. Otto *Schmidt,* MdB und Präsident der Interparlamentarischen Arbeitsgemeinschaft e. V., Bonn, sowie den Mitgliedern der Kommission »Interessenvertretung« der Interparlamentarischen Arbeitsgemeinschaft: Mit Herrn Dr. Schmidt durfte ich das Verbändeproblem nach der parlamentarischen Seite hin mehrmals erörtern, und die Diskussionen in der IPA-Kommission, der ich angehöre, waren für mich sehr wertvoll.

Herrn Dr. h. c. August *Dresbach,* MdB. Er war so liebenswürdig, mir ein Gespräch und damit Teilhabe an seinen Erfahrungen zum Verbändeproblem zu gewähren und mir zahlreiche schwer erreichbare Quellen zur Verfügung zu stellen.

Der Industriegewerkschaft Bau, Steine, Erden: Sie stellte mir ausführliche Quellen zum sogenannten »Solidaritätsbeitrag« zur Verfügung.

Den Herausgebern der Reihe »Staat und Politik« und dem Verlag für ihre Mühe und Hilfe.

Köln, im März 1963. *Gerhard W. Wittkämper*

INHALT

Kapitel 3:

Kapitel 4:

Kapitel 5:

VERZEICHNIS DER ABKÜRZUNGEN*

AöR	Archiv des öffentlichen Rechts
BB	Der Betriebsberater
BVerfGE	Entscheidungen des Bundesverfassungsgerichts, Herausgegeben von den Mitgliedern des Bundesverfassungsgerichts Tübingen (bis einschließlich Lieferung 3, 13. Band)
DÖV	Die Öffentliche Verwaltung
DUZ	Die Deutsche Universitätszeitung
DVBl.	Deutsches Verwaltungsblatt
FAZ	Frankfurter Allgemeine Zeitung für Deutschland
FCS	Festschrift für Carl Schmitt, 1959
Gew. Mh.	Gewerkschaftliche Monatshefte
JöR	Jahrbuch des öffentlichen Rechts der Gegenwart
JZ	Juristenzeitung
NJW	Neue Juristische Wochenschrift
NZZ	Neue Zürcher Zeitung
PSK	Politisch Soziale Korrespondenz PSK
VVdStRL	Veröffentlichungen der Vereinigung der deutschen Staatsrechtslehrer
ZPol	Zeitschrift für Politik

* Die übrigen für die zitierte Literatur verwendeten Abkürzungen sind im Literaturverzeichnis (S. 211) in der Spalte »zitiert« aufgeführt.

»Eine Verfassung wird nicht gegeben als etwas Totes, wohl aber erst zu Belebendes; diese Belebungspraxis zu übereilen ist nicht rätlich; dann wird die Rechtsfrage leicht zur Machtfrage[1].«

Bismarck

[1] Bismarck, Erklärung in der Budgetkommission vom 30. 9. 1862, nach Rothfels, Hans, Bismarck und der Staat, 2. Aufl., Stuttgart 1953, S. 257.

I. Hauptteil:
Einleitung, Definitionen, Methodologie, Abgrenzungen

ABSCHNITT A: EINLEITUNG

§ 1

Die Römer pflegten für das, was das deutsche Zeitwort »leben« meint, den Sprachgebrauch »inter homines esse«, d. h. mitten zwischen, unter den Menschen sein, und für das, was das deutsche Zeitwort »sterben« meint, hatten sie das Bild »desinere inter homines esse«, d. h. aufhören, unter den Menschen zu sein[2].

Das Grundgesetz beachtet die Weisheit dieser plastischen Wortbildungen schon in seinem ersten Artikel: Es überwindet das klassisch-liberalistische[3] »Menschenbild eines isolierten souveränen Individuums[4]«, indem es nach dem Bekenntnis zur unantastbaren Würde des Menschen in Art. 1 Abs. 1 S. 1 in Abs. 2 des Artikels als weiteres Element der »Seinsstruktur des Menschen« das »Phänomen Gemeinschaft« aufzeigt[5].

Damit kann auch das »interesse« als solches keine Perversion der politischen Freiheit dieses Menschen sein, sondern es ist in derselben von vornherein mitgedacht[6].

Mit dieser gleichmäßigen Wendung gegen Individualismus und Kollektivismus[7] ist freilich wenig darüber gesagt, welche Anerkennung, Achtung und Stellung die menschliche »Gemeinschaft in ihren vielfältigen Formen und Abstufungen[8]« *im einzelnen* finden soll. Angesichts der tastenden Begriffssuche, mit der das Grundgesetz einmal von »Vereinen und Gesellschaften« (Art. 9 Abs. 1), dann von »Vereinigungen« (Art. 9 Abs. 2 und 3), schließlich von »Religionsgesellschaften« (Art. 140 GG mit Art. 137 Abs. 2—7; 138; 141 WV), »Religionsgemeinschaften« (Art. 7 Abs. 3; Art. 140 GG mit Art. 136 Abs. 3 WV) und »Religiösen Vereinen« (Art. 140 GG mit Art. 138 Abs. 2 WV) spricht[9], erwächst der Staatsrechtswissenschaft und der Staatsrechtspraxis die Aufgabe, jenen Gemeinschaftsblankoscheck in das nötige rechtliche Kleingeld umzuwandeln.

[2] Arendt, Freiheit, S. 683.
[3] Maunz-Dürig, Randnr. 46 zu Art. 1.
[4] BVerfGE 4, 7 (15); 12, 45 (51).
[5] Wintrich, Grundrechte, S. 6 f.; Litt, Selbsterziehung, S. 34; BVerfGE 12, 45 (51).
[6] Krüger, Interessenverbände, S. 1218, lk. Sp.; Arendt, Mensch, S. 38 f.
[7] Maunz-Dürig, Randnr. 46 zu Art. 1.
[8] Wintrich, Grundrechte, S. 7.
[9] Vgl. auch Altmann, Verbände, S. 211.

Diese Aufgabe erscheint trotz einer kaum übersehbaren Literaturfülle[9a] für wenige Bereiche der Sozialordnung so bruchstückhaft gelöst wie für die Sozialgebilde, welche man – wie zu zeigen sein wird, vieldeutig – als Interessentenverbände oder *Interessenverbände* bezeichnet. Wissenschaft und Rechtsprechung bieten ein Bild großer Gegensätze.

[9a] Aus der Pressediskussion über die Interessenverbände seit Gründung der Bundesrepublik seien nur die folgenden Beispiele gewählt:
1. J. Wallraff, »Es fehlt der dritte Mann« in »Politisch-Soziale Korrespondenz« 1. 3. 1962; 2. Günther Baumann, »Nur der Farbfehler stört« in »Hamburger Echo« vom 25. 1. 1962; 3. Fritz Erler, »Soziale Interessengemeinschaften in der modernen Gesellschaft« in SWF vom 22. 1. 1962; 4. Bruno Dechamps, »Parteien, Verbände und das Geld« in FAZ vom 20. 6. 1961; ähnlich »Drang zur Kasse« in »Frankfurter Neue Presse« vom 11. 10. 1961; 5. Wilhelm Hennis, »Verbände und Demokratie« in FAZ vom 22. 7. 1961; 6. »Verbandsmacht in der Sozialen Marktwirtschaft« in »Deutsche Korrespondenz« Mai 1961; 7. »Gegen Maßlosigkeit der Verbände« in »Süddeutsche Zeitung« vom 25. 4. 1961; 8. »Abgeordnete antworten nicht« in »Generalanzeiger« (Bonn) vom 9. 3. 1961; 9. »Interessenvertreter?« in »Bonner Rundschau« vom 3. 3. 1961; 10. »Die Regierung wird erpreßt« in »Südd. Zeitung« vom 16. 2. 1961; 11. »Die Regierung läßt sich erpressen« in FAZ vom 14. 2. 1961; 12. »Karussellfahrt der Finanzpolitik« in »Rheinische Post (Düsseldorf)« vom 25. 1. 1961; 13. »Mitspracherecht der Verbände« in »Industriekurier« vom 15. 12. 1960; 14. Günther, Erich, »Massendemokratie und Interessenverbände« in »Südwest-Merkur, Stuttgart«, vom 9. 12. 1960; 15. Theodor Eschenburg, »Die Lobbies dürfen nicht *regieren«* in »Die Zeit« vom 21. 10. 1960; 16. »Wer regiert in Bonn«, SPD-Pressedienst P/XV/241 vom 20. 10. 1960; 17. Grosse, Heinz-Peter, »Fritz Berg ante portas« in »Der Vorwärts« vom 14. 10. 1961: 18. »Beamte und Lobbyisten«, Wilhelm Rentrop in FAZ vom 19. 9. 1960; 19. »Der Weg der Gesetzgebung« in »Deutsche Zeitung« vom 19. 7. 1960; 20. »Abgeordnetenbestechung« in »Hamburger Abendblatt« vom 12. 7. 1960; 21. »Zweifel am Gesetzgeber« in »Kurier am Sonntag« vom 10. 7. 1960; 22. »Der Bürger hält sich an Interessenverbände« in »Die Welt (Essen)« vom 15. 3. 1960; 23. »Und alle haben sie ein Anliegen« in »Westdeutsche Rundschau, Dortmund« vom 11. 2. 1960; 24. »Die Märsche auf Bonn«, Stefan Dittrich in »Der Heimkehrer« vom 10. 2. 1960; 25. »Regierung, Parlament und Interessenverbände«, Karl Wittrock i. SPD-Pressedienst P/XV/13 vom 16. 1. 1960; 26. »Druck auf das Parlament« in »Deutsche Zeitung und Wirtschaftszeitung« vom 3. 12. 1959; 27. »Die Verantwortung der Verbände« in »Unternehmerbrief« Nr. 41/1959; 28. »Anmaßung« in FAZ vom 9. 9. 1959; 29. »Paragraphen gegen Parlamentarier?«, Th. Eschenburg in »Die Zeit« vom 21. 8. 1959; 30. Erich Overlach, »Verband und Selbstverwaltung« in FAZ vom 13. 8. 1959; 31. »Das Spiel mit dem goldenen Ball«, Helmuth Mosberg in »Allgemeine Sonntagszeitung (München)« vom 5. 7. 1959; 32. »Die Feinde stehen anderswo«, Paul Sethe in »Die Welt (Essen)« vom 23. 5. 1959; 33. Röpke, Wilhelm, »Pressure Groups« in NZZ vom 11. 4. 1959; 34. Hall, Ottmar, »Pressionen« in »Stuttgarter Zeitung« vom 25. 2. 1959; 35. »Die Interessenten in der CDU« in »Der Vorwärts« 9. 5. 1959; 36. »Überschaubarer machen« in FAZ vom 19. 12. 1957; 37. »Die Herrschaft der Verbände« in »Industrie-Kurier« vom 2. 11. 1957; 38. Walther, Roland, »Parlament und Gruppeninteressen« in »Deutsche Tagespost, Augsburg« vom 21. 8. 1957; 39. Lüders, Elisabeth, »Mandatsgeschäfte – Geschäftsmandate« in »Freie demokratische Korrespondenz« 13. 8. 1957; 40. »Aufmarsch der Stände« in »Deutsche Zeitung und Wirtschaftszeitung« vom 20. 7. 1957; 41. »Interessenverbände als neue Staatsmacht« in »Neue Rhein-Zeitung, Koblenz« vom 19. 7. 1957; 42. »Interessenverbände – so oder so?« in »Süddeutsche Zeitung« vom 19. 6. 1957; 43. Gustav Stein, »Der Staat und die Verbände« in »Industrie-Kurier« vom 16. 5. 1957; 44. »Grenzen für Interessenverbände« in »Die Welt« 13. 5. 1957; 45. »Selbstsucht greift an – Macht und Plage der Verbände«, Josef Müller-Marein in »Die Zeit« vom 11. 4. 1957; 46. Jens Feddersen, »Werden unsere Gesetze von den Verbänden gemacht?« in »Neue Ruhr-Zeitung« vom 6. 4. 1957; 47. »In dieser Minute

§ 2

Während der *Bundesgerichtshof*[10] in einem Fall zu dem Schluß kommt: »Interessenverbände ... sind ebenso gefährlich wie kommunistische Aktionen oder neofaschistische Bestrebungen«, nimmt das *Bundesverfassungsgericht*[11] eine entgegengesetzte Haltung ein, es bezeichnet sogar eine besonders umstrittene Seite der Verbändetätigkeit ausdrücklich als legal: »An sich ist es ... verfassungsrechtlich nicht zu beanstanden, daß ›Interessentengruppen‹ auf die Mitglieder des Parlaments einzuwirken suchen[12].«

noch« in »Bonner Rundschau« vom 5. 4. 1957; 48. »Versuchte Fernlenkung« in FAZ vom 4. 4. 1957; 49. Eberhard Maseberg, »Interessenverbände — wozu?« in »Sonntagsblatt, Hamburg« vom 10. 2. 1957; 50. »Der Staat und die Interessenverbände«, Heinrich Stubbe in »Christ und Welt, Stuttgart« vom 24. 1. 1957; 51. »578 Interessenverbände unterhalten Büros in Bonn« in »Allgemeine Zeitung, Mainz« vom 19. 1. 1957; 52. »Steuerwirrwarr — Schuld der Interessenten?« in »Bonner Rundschau« vom 8. 12. 1956; 53. Baumgarten, Hans, »Der Staat braucht eine Gesellschaftsordnung« in FAZ vom 20. 10. 1956; 54. »Die Macht der Verbände«, Wolfgang Wagner in »Hannoversche Allgemeine« vom 29. 9. 1956; 55. »Interessenverbände mit langem Arm«, Martin Dürbaum in »Kölner Stadt-Anzeiger« vom 23. 5. 1956; 56. »Gesamtheit und Interessenpolitik« in »Deutschland-Union-Dienst« Nr. 98/10. Jahrg. vom 23. 5. 1956; 57. Peter Härlin, »Die Verbände und das Sittengesetz« in FAZ vom 17. 4. 1956; 58. Hans Becker, »Der Staat ist keine Interessen-GmbH« in »Frankfurter Neue Presse« vom 28. 1. 1956; 59. Winfried Böll, »Kältetod der Demokratie« in »Jugend Europas« vom 22. 12. 1955; 60. Theodor Eschenburg, »Mehr Achtung vor den Institutionen« in »Die Zeit« vom 15. 12. 1955; 61. »Unternehmer in die Politik« in »Neue Rhein-Zeitung, Köln« vom 10. 12. 1955; 62. Rupert Breitling, »Verbände belagern den Staat« in »Deutsche Zeitung und Wirtschaftszeitung« vom 16. 11. 1955; 63. Dieter Spoo, »Echter Ausgleich statt Kuhhandel« in »Michael« vom 21. 8. 1955; 64. »Gewerkschaften und Parlament« in »ÖTV-Presse« vom 1. 8. 1955; 65. »Wer bändigt die Gewerkschaften« in »Deutsche Zeitung und Wirtschaftszeitung« vom 16. 7. 1955; 66. »Gehört der Staat den Interessenten?«, W. Böll in »Jugend Europas« vom 23. 6. 1955; 67. »Parteien — Verbände — Staat« in »Kieler Nachrichten« vom 13. 6. 1955; 68. »Weiße Interessenten« in »Deutsche Zeitung und Wirtschaftszeitung« vom 11. 6. 1955«; 69. »Der Gefälligkeitsstaat« in »Deutsche Zeitung und Wirtschaftszeitung« vom 21. 5. 1955; 70. Gustav Stein, »Zwischen Individuum und Kollektiv« in FAZ vom 16. 5. 1955; 71. »Die Verbandspyramide — Verbände und Parlament« in »Die Gegenwart« vom 7. 5. 1955; 72. »Interessenten im Bundestag« in »Der Vorwärts« vom 15. 4. 1955; 73. »Gefährlicher Schacher mit der Demokratie« in »Mannheimer Morgen« vom 21. 8. 1955; 64. »Gewerkschaften und Parlament« in »ÖTV-Pressen« vom 1. 8. 1955; 75. »Ein Verbände-Staat«, Barthold C. Witte in »Michael« vom 30. 1. 1955; 76. »Das Verhältnis von Interessenvertretung und Volksvertretung« in RdfK, Frankfurt vom 16. 1. 1955; 77. Werner Weber, »Die Interessentengruppen und der Staat« in »Sonntagsblatt, Hamburg« vom 19. 12. 1954; 78. »Die Interessentenhaufen« in »Industrie-Kurier« vom 7. 12. 1954; 79. »Unternehmer in der Politik« in »Rheinischer Merkur« vom 19. 11. 1954; 80. »Interessentenhaufen« in »Der Kommentar« Nr. 771/1954; 81. »Die Interessentenhaufen« in »Industrie-Kurier« vom 13. 11. 1954; 82 »Schäffer im Kampf gegen die Verbandsdiktatur« in »NZZ« vom 12. 11. 1954; 83. Anton Böhm, »Wer regiert in Deutschland? Die Rolle der Interessentenverbände in der Demokratie« in »Rheinischer Merkur« vom 5. 11. 1954; 84. August Dresbach, »Interessentenhaufen umzingeln das Parlament« in »Süddeutsche Zeitung« vom 30. 11. 1954; 85. »Vor einem Verbände-Staat?« in »Ketteler Wacht, Köln« vom 1. 10. 1954; 86. August Dresbach, »Der Staat und die Stände« in »Süddeutsche Zeitung« vom 21. 8. 1954; 87. »Die Prälaten in Bonn« (Kirchliche Inter-

§ 3

Die *Wissenschaft* ist in der Beurteilung der »aufdringlichen Realität[13]« Interessenverbände tief gespalten:

3a) Nach neuerlicher *»Realanalyse[14]« haben* sich die Gesellschaft in der Bundesrepublik und mit der Gesellschaft die Verbände[15] durch »Selbstordnung[15]« und »neuartige kollektive Disziplinierungen großen Stils[15]« nach der »Nullpunktsituation des Jahres 1945[16]« dem Staat entzogen: »Die Entstehungsgeschichte der Bundesrepublik gestattet es nicht mehr, an der Priorität und Superiorität des Staates gegenüber der Gesellschaft festzuhalten. Die Bundesrepublik als Staat ist zur Funktion der Gesellschaft geworden[17].«

In konsequenter Durchführung dieser Sicht wäre es ein Widerspruch in sich selbst, von einer staatsrechtlichen Stellung der Interessenverbände zu sprechen. Die Machtstruktur ist vielmehr polyzentrisch[18], die Verbände stehen eigengesetzlich neben dem Staat.

Dem kommen im Ergebnis Auffassungen gleich, die die Interessenverbände als »normologisch nicht erfaßbare pluralistische Gebilde[19]« oder »soziologische und demnach außerrechtliche[20]« Erscheinungen sehen.

3b) Eine *zweite Gruppe*[21] siedelt die Interessenverbände außerhalb des vom Grundgesetz erfaßten Sozialraumes an, weil das Grundgesetz diese Sozialgebilde völlig ignoriere oder gar nicht sehe.

3c) Die *überwiegende Meinung* ist sich darin einig, daß das Fehlen eines besonderen, die Interessenverbände und ihre Ordnung behandelnden Artikels oder Abschnittes im Grundgesetz nicht zu dem Fehlschluß verleiten darf, das Grundgesetz habe diesen Sozialbereich nicht wahrgenommen[22]. Diese Einigkeit hindert nicht gegensätzliche Einschätzungen:

3c)$_1$ Es überwiegen die *negativen* Einschätzungen, deren Grundlage, Pathos und

essenvertretung und Einflußnahme in der Bundesrepublik) in »Deutsche Zeitung und Wirtschaftszeitung« vom 5. 6. 1954; 88. Peter Härlin, »Abgeordnete auf Abwegen« in FAZ vom 4. 11. 1953; 89. »BP-Abgeordnete sollen abtreten« in »Rheinische Zeitung« vom 7. 6. 1954; 90. »Vier Abgeordnete sollen gehen« in »Generalanzeiger« (Bonn) vom 6. 7. 1951; 91. »Selbstreinigung des Parlaments« in FdK vom 3. 11. 1950, Nr. 77.

[10] BGHSt, E vom 18. 12. 1958 (Wohlgemuthurteil) — 9 StE 3/58 — insoweit zitiert bei Menzel, Grundgesetz, DVBl, 1959, S. 346 (352).

[11] BVerfGE 5,85 (232); 7,104 (113, 115 f.); 9,124 (136); 10,59 (69).

[12] BVerfGE 5,85 (232).

[13] Kaiser, Repräsentation, S. 1.

[14] Forsthoff, Realanalyse, S. 807.

[15] Forsthoff, Realanalyse, S. 810 f.

[16] Forsthoff, Realanalyse, S. 808 ff.

[17] Forsthoff, Realanalyse, S. 811.

[18] Matthes in »Protokoll Verbände«, S. 33, Ziff. 2.

[19] Loewenstein, Verfassungslehre, S. V.

[20] Loewenstein, Verfassungslehre, S. 296.

[21] Redelberger, Namensschutz, NJW 1953, S. 1889, r. Sp.; Hans Huber, ORDO, S. 192; Bukow, Wirtschaftsrat, S. 21; Loewenstein, Ontologie, S. 431; Alfred Weber, Staat, S. 9.

[22] Hamann, Wirtschaftsverfassungsrecht, S. 30 und 63.

Richtung — von kollektiver Verdammung bis zu rationalen Ordnungsbedenken — sich in den jeweils verwendeten Schlagworten widerspiegeln:

»Mobilisierung des Eigennutzes[23]«, »Pathos des Forderns[24]«, »Verbandsmacht ist Störungsmacht[24]«, »Neufeudale Situation«, »Gruppenanarchie[25]«, »hochorganisierte Anarchie der corps intermédiaires[26]«, »Libertätenanarchie[27]«, »naturalistisch-rüdes Gegeneinanderstehen von Kräften[28]«, »Anonyme Macht[29]«.

»Kolonisation des Staates durch Teilinteressen[30]«, »Demokratie der Interessentenhaufen[31]«, »Demontage des Staatlichen im Staat[32]« durch ein »parakonstitutionelles Kräftesystem mit öffentlichem Geltungsanspruch[32]«, Auflösung der Staatsautorität[33] in einen Pluralismus gegeneinander streitender »Verbandsherzogtümer[34]«, »Aushöhlung der inneren Souveränität der Demokratie und Entleerung des demokratischen Gewissens[35]« durch diese »Fremdkörper im System der parlamentarischen Demokratie[36]« oder diesen »Einbruch politischer Stände in die Demokratie[37]«.

»Überwältigung der Parteien durch die Verbände[38]« bzw. »Durchsetzung der Parteifraktionen durch Interessenvertreter[39]« und als Folge »Banausenparlament[40]« als Kuppler des politischen Gemeinwesens mit dem Schlepptau der Verbandsoligarchien[40], die eine »pluralistische Verbandspolykratie« errichten[40], die »pluralistische Spaltung des Gesetzgebers[41]« bewirken oder gar völlig zu »substitute legislatures[42]« werden und schließlich als »invisible government[43]« staatliche Macht ohne Verantwortlichkeit ausüben[44].

»Gefährdung des egalitären Charakters der Demokratie durch die Finanzmacht der Verbände[45]«, »Entsetzung des Menschen aus einem Teil seiner Lebensmitte durch

[23] Max Gustav Lange in »Parteien Bundesrepublik«, S. 340.
[24] Briefs, Januskopf.
[25] Eucken, Grundsätze, S. 328.
[26] Loewenstein, Verfassungslehre, S. 414.
[27] Franz Böhm, zitiert nach BB 1956, S. 228.
[28] Küster, Gewaltenproblem, S. 411.
[29] Finer, Die anonyme Macht; Loewenstein, Verfassungslehre, S. 16.
[30] Werner Weber, BDI-Gespräch, S. 22 (Abbé de Naurois); Loewenstein, Verfassungslehre, S. 16.
[31] Böhm, Wirtschaftsordnung, S. 64.
[32] Werner Weber, BDI-Gespräch, S. 21.
[33] Scheuner, BDI-Gespräch, S. 17; ähnlich Eucken, Grundsätze, S. 329; Hans Huber, ORDO, S. 189.
[34] Briefs, zitiert bei Hans Huber, NZZ (II).
[35] Proudhon in Albertini, Freiheit, S. 208.
[36] Stammer in BMI-Bericht, S. 80.
[37] Werner Weber, Spannungen, S. 39.
[38] Fischer-Lexikon, S. 241.
[39] Eisermann, Verbände, S. 170.
[40] Max Weber, nach Winckelmann, Gesellschaft, S. 44.
[41] Hans Huber, Verbände, S. 30.
[42] A. F. Bentley, zitiert nach Kaiser, Repräsentation, S. 258; vgl. auch Loewenstein, Verfassungslehre, S. 166.
[43] Hans Huber, Verbände, S. 5.
[44] Carl Schmitt, nach Fijalkowski, Wendung, S. 58.
[45] Scheuner, BDI-Gespräch, S. 15.

den Verband[46]«, »Vermachtung der sozialen Beziehungen[47]« bis hin zur »Kollektivierung des Einzelnen[48]«.

Man kann die kritischen Stimmen beliebig vermehren. Daß die Interessenverbände, wie es *Tocqueville*[49] gelehrt hat, ein natürliches und lebendiges Zeichen freiheitlich-demokratischen Soziallebens darstellen, wird in dieser Kritik meist übersehen[50]. Dabei liegt eine Fortführung der Gedanken *Tocquevilles* um so näher, als die uneigenständigen, parteiparallel-geschalteten Verbände im sowjetischen Herrschafts- und Einflußbereich ein ständiges Gegenbeispiel bieten[51].

3c)$_2$ Die weniger zahlreichen *positiven Stimmen*[52], die sich *für* die Interessenverbände aussprechen, lassen sich wie folgt zusammenfassen:

a) Hinweise auf die *Staatsordnungswerte der Verbändetätigkeit*[52a]: Unorganisierte Interessen machen sich in »direkten Aktionen« bemerkbar, in wilden Streiks, Aufläufen, Straßensperren, unmittelbaren gewaltsamen Zugriffen. Die organisatorische Bindung und Verbindung der Interessen bewirkt demgegenüber in der Regel, daß sie in völliger Ordnung oder wenigstens mit einem Mindestmaß an äußerer Ordnung verfochten werden[53].

»Die industrielle Gesellschaft bedarf dieser organisierten Verbandsmächte, um eine kontrollierte Ordnung im Bereich der gesellschaftlichen Interessen und Statusunterschiede zu ermöglichen (Gesetz der zunehmenden Organisationsbedürftigkeit der Gesellschaft[54]).«

b) Die *Hilfe der Verbände bei der Staatswillensbildung in der Massendemokratie:* »Demokratie in der organisierten Großgesellschaft setzt ... ein System differenzierter Gruppenfilter voraus, mit deren Hilfe politische Meinungen von ›unten‹, beeinflußt durch politische Zielsetzung und Entscheidung von ›oben‹, zu politischen Willensströmen verdichtet werden[55].« Ohne diese »Sammlung und Vorprüfung der Interessen und ihre Darstellung in der Öffentlichkeit« würde es »dem Staate nicht möglich sein, sich über die sozialen Voraussetzungen und Interessen des von ihm geregelten Bereiches zu orientieren[56]«.

c) Die *allseitige Entlastung des überlasteten Staates* im wirtschaftlichen, sozialen

[46] Hans Huber, Verbände, S. 8.
[47] Hans Huber, Verbände, S. 26.
[48] Loewenstein, Verfassungslehre, S. 373.
[49] Tocqueville, Démocratie en Amérique, vol. 1, p. 194; vol. 2, p. 122 ss.
[50] Pähler, Pressure Groups, S. 60.
[51] Grottian in »Protokoll Verbände«, S. 17—19; W. W. Kulski in »Bocheński-Niemeyer«, S. 576—578 (§ 3 »Die Konflikte in der Gesellschaft«).
[52] Vor allem: Krüger, Interessenverbände; Scheuner, BDI-Gespräch, S. 12—13; Stammer, »Politische Soziologie« und »BMI-Bericht«, S. 79 f.
[52a] So vor allem die eingehende Untersuchung von Jacobus Wössner »Die ordnungspolitische Bedeutung des Verbandswesens«, Tübingen 1961; ferner ders. »Verbände«; Theodor Pütz, »Die ordnungspolitische Problematik der Interessenverbände« in »Jahrbuch für Sozialwissenschaft« Göttingen, Bd. 11, 1960, S. 245—256; Hans Wenke, »Geist und Organisation«, Tübingen 1961; als Gegenfall: Hannah Arendt, »Elemente totaler Herrschaft«, Frankfurt (Main) 1958.
[53] Krüger, Interessenverbände, S. 1218, r. Sp.; Naumann, Schriften, S. 271.
[54] Stammer, BMI-Bericht, S. 79, bestätigt von BVerfGE 5,85 (198).
[55] Stammer, Politische Soziologie, S. 281.
[56] Scheuner, BDI-Gespräch, S. 12 f.

und kulturellen Bereich[57], dadurch gleichzeitig Ansätze zu einer angesichts der bedrohlichen Übermacht der staatlichen Bürokratie begrüßenswerten außerstaatlichen institutionalisierten Elitebildung[58].

3d) Im Rückblick auf die dargestellte Diskussion ist es nicht schwer zu verstehen, daß die wohl offenbare vielfache Vernachlässigung des von *Jahrreiss* eindringlich entwickelten Gebotes der Sachlichkeit[59] bei der Diskussion dieses Teiles der »neuen Lebensformen unseres Zeitalters[60]« zahlreiche *rechtspolitische* Bedenken hervorgerufen hat[61]. Den unüberhörbaren Warnungen, daß die der »Parteienprüderie« unter der Weimarer Verfassung entsprechende »Interessenverbandsprüderie[62]« unter dem Bonner Grundgesetz leicht in ein Unbehagen an der Demokratie überhaupt umschlagen kann[63], kann hier als solchen nicht weiter nachgegangen werden. Das gleiche gilt für verschiedene interessante Versuche, die überwiegend negative Einstellung historisch oder soziologisch zu deuten[64].

3e) *Einigkeit* besteht bei dem geschilderten Meinungsstreit im wesentlichen über den *Standort*, an dem die Interessenverbände bei ihrer staatsrechtlichen Betrachtung anzusiedeln sind: Es ist der Raum des *Öffentlichen* zwischen den Räumen des Staatlichen und des Privaten[65]. Dabei ist dieser Raum näher dahin zu bestimmen, daß er das aus dem Privatraum hineinragende *Gesellschaftliche* neben dem aus dem Staatsraum der Demokratie hereinragenden *Politischen* beherbergt[66].

§ 4

a) Das Anliegen dieser Arbeit ist es, unter strikter Beachtung des von *Jahrreiss* entwickelten Gebotes der Sachlichkeit[67] *»Standorte des Staatsrechts[68]«* zur Bewältigung des Sozialphänomens »Interessenverbände« aufzuzeigen. Daher ist kein Raum für »skandalöse Chroniken«.

b) Es wird unter möglichst vollständiger Verwertung der sachlichen Vorarbeiten der Sozialwissenschaften und der Politischen Wissenschaften zum Verbändeproblem ein Verständnis angestrebt, das sich nicht im Sozialen erschöpft, sondern als »Eindringen in die besondere Wertkonstellation eines geistigen Zusammenhangs[69]« defi-

[57] Krüger, Interessenverbände, S. 1219; Scheuner, BDI-Gespräch, S. 13; Hans Huber, Gesellschaft, S. 43.
[58] Hans Huber, Verbände, S. 6.
[59] Jahrreiss, Grundfragen, S. 13, S. 119.
[60] Naumann, Schriften, S. 101.
[61] Föcher in »Gewerkschaften«, S. 11; Rüstow in »Gesellschaft«, S. 62 f.; Krüger, Interessenverbände, S. 1217, lk. Spalte; Fraenkel, Komponente, S. 57; Stammer, Struktur, S. 6 f.
[62] Fraenkel, Komponente, S. 57.
[63] Stammer, Struktur, S. 6.
[64] Schieder, Wandel, S. 22; Scheuner, Strukturfragen, in »Legitime Interessenvertretung«, S. 9; Quaroni, Politik, S. 780.
[65] Arndt, Verbände, S. 424 f.; Lütge in »Protokoll Verbände«, S. 5; Altmann, Verbände, S. 211; Kaiser, Repräsentation, S. 29.
[66] Arendt, Mensch, S. 306—310.
[67] Siehe Anm. 59.
[68] Formulierung in Anlehnung an Hans Huber, NZZ II.
[69] Spranger, zitiert bei Rapold, Demokratie, S. 38.

niert werden soll. Wegen der aus der oben dargestellten Diskussion ersichtlichen Breite und Fülle der Probleme muß jeweils auf weitläufige Regressus verzichtet werden.

c) Das öffentliche Recht ist weit mehr als das Privatrecht das »Recht der Antinomien[70]«. Dem versucht der *Aufbau* der Arbeit über die folgenden Definitionen, methodologischen Erörterungen und Abgrenzungen hinaus zu entsprechen:

c 1) Das »Ringen zwischen dem Freiheitsdrang des Einzelmenschen und den Gruppengewalten[71]« in das Licht des Grundgesetzes zu setzen, ist das zentrale Anliegen des II. Hauptteils (»Die Stellung der Interessenverbände nach den *Grundrechten»).*

c 2) Der Gegenstand des III. Hauptteils (»Die Stellung der Interessenverbände nach der *Institutions- und Kompetenzordnung* des Grundgesetzes«) ist das Verhältnis der Interessenverbände zu den Staatsorganen und Staatseinrichtungen, wie sie das Grundgesetz vorsieht, und zu den diesen Staatsorganen für die freiheitliche demokratische Herrschaft zugewiesenen »Kompetenzräumen[72]«.

[70] Hans Huber, Gesellschaft, S. 7.
[71] Meyer-Cording, Vereinsstrafe, S. 4
[72] BVerfGE 8, 104 (115).

ABSCHNITT B:
STAATSRECHTLICHE DEFINITION UND PRÜFUNG DES BEGRIFFES »INTERESSENVERBÄNDE«

Kapitel 1:

Zentrale Begriffe der sozial- und politisch-wissenschaftlichen Verbandsforschung und ihre staatsrechtliche Verwendbarkeit

Die Staatsrechtswissenschaft hat bisher für das Verbändewesen und seine Darstellung in der Rechtsordnung keine exakten juristischen Begriffe gefunden[73]. Soweit die Staatsrechtslehre nicht konkret von »Gewerkschaften, Arbeitgeberorganisationen, Bauernverbänden und anderen Interessengruppen[74]« spricht oder gar die eingangs aufgezeigten unscharfen Schlagworte gebraucht, hat sie im allgemeinen die Begriffe der sozial- und politisch-wissenschaftlichen Verbandsforschung[75] übernommen.

Dabei entsteht freilich die *Gefahr*, daß man »staatsrechtliche Etiketten« schafft oder mit ihnen »hantiert«, »ohne die Vergewisserung, ob dahinter etwas Eindeutiges[76]« steht, und ohne Gewißheit, daß diese Begriffe dem Gegenstand der Staatsrechtswissenschaft entsprechen. Die »zentralen Begriffe der Verbandsforschung[77]« der politischen Wissenschaft bzw. der Sozialwissenschaften bedürfen daher der Prüfung auf ihre staatsrechtliche Verwendbarkeit.

§ 1: Pressure Group — Lobby — Politische Gruppe

1. Pressure Groups

»Pressure Groups« ist bis heute die *gebräuchlichste* Bezeichnung für das Verbändewesen[78]. Dennoch ist der Ausdruck nicht umfassend, er bezeichnet vielmehr nur einen Ausschnitt aus der Verbände*tätigkeit*[79]: Ein Interessenverband ist »pressure group« nur und so lange, wie er sich zur öffentlichen Beeinflussung staatspolitischer Handlungen oder Entscheidungen der Gesetzgebung, Regierung, Verwaltung oder Rechtsprechung formiert[80].

[73] Altmann, Verbände, S. 211.
[74] Kaiser, Repräsentation, S. 1.
[75] Einen umfassenden Überblick über diese Begriffe und das Schrifttum gibt neuerdings Breitling, Begriffe (ganz); vgl. ferner: Annals Vol. 319 (ganz); Dillon, Pressure groups, S. 471, 475, 476; Finer, Macht, S. 14; Fischer-Lexikon, S. 105, 109, 236, 240; Kaiser, Repräsentation, S. 66.
[76] Jahrreiss, Grundfragen, S. 119.
[77] Breitling, Begriffe.
[78] Breitling, Begriffe, S. 53—56 mit vielen Nachweisen.
[79] Breitling, Begriffe, S. 56.
[80] Außer Breitling wie 78: Dillon, Pressure groups, S. 427; Fischer-Lexikon, S. 105.

2. Lobby (Lobbying, Lobbyismus)

Teilweise wird der Begriff »Interessenverbände« mit Lobby, Lobbying oder Lobbyismus gleichgestellt[81]. Auch diese Begriffe bezeichnen üblicherweise nur einen engen Ausschnitt möglicher Verbände*tätigkeit*, ohne sich auf die Interessenverbände zu beschränken[82]: Unter Lobby, Lobbying oder Lobbyismus versteht man Verbindungsstellen und deren Vertreter, die unmittelbar auf die *Gesetzgebung* einwirken oder einzuwirken suchen[82a].

[81] Zum Beispiel Middelhauve in Finer, Macht, S. 7 und Finer, Macht, S. 14.

[82] Breitling, Begriffe, S. 49—52; Dillon, Pressure groups, S. 475 f.; Celler in »Annals Vol. 319«, S. 9; Fischer-Lexikon, S. 109, 240.

[82a] Seit Gründung der Bundesrepublik hat sich die öffentliche Meinung immer wieder mit Problemen der Lobby befaßt. Vgl. dazu im einzelnen:
1. »Die Lobby werden seltener« in »Die Welt (Essen)« vom 6. 7. 1961; 2. A. John, »Die Lobby — ohne Vorurteil« in »Handelsblatt« vom 2. 6. 1961; 3. »Lobbyisten an die Front?« in FAZ vom 31. 5. 1961; 4. »Macht mir die Lobby stark« in »Süddeutsche Zeitung« (SZ) vom 30. 5. 1961; 5. »Die Handelsvertreter laufen Sturm« in »Die Zeit« vom 3. 3. 1961; 6. »Bonn und die Lobbyisten« in »Die Welt« vom 2. 2. 1961; 7. »Bonn und die Lobby« in FAZ vom 2. 2. 1961; 8. Arcanus, »Der Schleichweg der Lobbyisten« in »Industrie-Kurier« vom 14. 1. 1961; 9. U. Dübber, »Strauß schlägt zu« in »Neue Rhein-Zeitung, (NRZ) Köln« vom 13. 1. 1961; 10. M. Zugenäht, »Die Lobbyisten« in »Deutsche Zeitung (DZ)« vom 11. 1. 1961; 11. R. Strobel, »Nichtverdientes Geld« in »Stuttgarter Nachrichten« vom 11. 1. 1961; 12. »Kein Mitleid mit Lobbyisten« in FAZ vom 11. 1. 1961; 13. »Der Lobbyist« in »Die Welt (Essen)« vom 10. 1. 1961; 14. »Im Flüsterton« in »Rheinische Post (RP) Düsseldorf« vom 10. 1. 1961; 15. U. Dübber, »Die Lobbyisten sind auf dem Vormarsch« in NRZ vom 15. 9. 1960; 16. O. Bühler, »Tax-Lobbyismus auch bei uns?« in »Die Zeit« vom 11. 9. 1959; 17. H. Mosberg, »Das Spiel mit dem goldenen Ball« in »Allgemeine Sonntagszeitung (München)« vom 5. 7. 1959; 18. Wolfgang Stammberger, »Lobbyisten« in »Der Heimkehrer (Göttingen)« vom 10. 3. 1959; 19. »Lobbyismus« in »Industrie-Kurier« vom 23. 9. 1958; 20. »SPD probiert neuen Lobby-Stil« in »Frankfurter Rundschau« vom 19. 12. 1957; 21. H. Purwin, »Lobbyisten« in NRZ vom 19. 12. 1957; 22. »Der Lobbyist« in »Stuttgarter Zeitung« vom 16. 10. 1957; 23. Th. Eschenburg, »Was macht man gegen den Lobbyismus?« in »Die Zeit« vom 26. 9. 1957; 24. »Die Lobbyisten« in »Stuttgarter Nachrichten« vom 4. 9. 1957; 25. »Die kleinen Freundlichkeiten« in »Handelsblatt« vom 5. 7. 1957; 26. »Die Lobbyisten« in »Der Kurier (Berlin-West)« vom 2. 7. 1957; 27. »Verbände beherrschen den Staat« in »Deutsche Volkszeitung (Fulda)« vom 15. 6. 1957; 28. H. G. v. Studnitz, »Die Pest des Lobbyismus« in Kasseler Post« vom 15. 6. 1957; 29. »Lobbyismus« in »Westdeutsche Rundschau« vom 8. 4. 1957; 30. »Bürokraten, Manager, Lobbyisten« in »SPD-Pressedienst« W/XI/99 vom 13. 11. 1956; 31. W. Henkels, »Der Lobbyist« in FAZ vom 3. 3. 1956; 32. »Abgeordnete als Befehlsempfänger« in »Bonner Rundschau« vom 1. 2. 1956; 33. »Bundesrat ohne Lobbyisten« in »Bonner Rundschau« vom 3. 11. 1955; 34. »Wandelgänger« in »Flensburger Tageblatt« vom 26. 11. 1955; 35. G. Blum, »Les Nouveaux Messieurs commandent-ils le Bundestag?« in »La libre Belgique« vom 23. 11. 1955; 36. »Wandelgänger zwischen Welten« in »Telegraf« vom 23. 11. 1955; 37. H. Köpke, »Die Männer in den Wandelgängen« in »Allgemeine Zeitung (Mainz)« vom 21. 11. 1955; 38. F. Stampfer, »Die Hintertreppe« in »Hamburger Echo« vom 29. 11. 1955; 39. Gräfin Dönhoff, M., »Bonner Lobbyismus« in »Die Zeit« vom 17. 11. 1955; 40. »Lobbyisten« in »Der Spiegel« vom 30. 3. 1955; 41. »Lobbyisten« in NRZ vom 12. 3. 1955; 42. »Bezahlte Drahtzieher« in »Stuttgarter Nachrichten« vom 19. 2. 1955; 43. »250 Wandelgänger im Bundeshaus« in »Weser-Kurier (Bremen)«; 44. »Der Ritter in der Wandelhalle« in »Sonntagsblatt (Hamburg)« vom 13. 12. 1953; 45. K. Garbe, »Libby und Lobby« in »Klarer Kurs«, November 1953.

Neuerdings verwendet *Finer*[83] den Begriff für »sämtliche Tätigkeiten von Organisationen, soweit sie an irgendeinem beliebigen Zeitpunkt auf eine Einflußnahme auf den Aktionsbereich öffentlicher Stellen zur Förderung der eigenen Interessen gerichtet sind, wobei diese Organisationen, im Gegensatz zu den politischen Parteien, niemals selbst zur unmittelbaren Regierungsübernahme im Lande bereit sind[83]«.

Diese Definition erweitert den bisherigen Begriffsinhalt[84], stimmt aber mit ihm darin überein, daß auch weiterhin nur eine »Handlungsweise[84]« bezeichnet wird.

3. Politische Gruppe

Dieser *weiteste* der bisher betrachteten Begriffe bezeichnet eine unbestimmte Mehrzahl näher zu charakterisierender (meist natürlicher) Personen, die mit politischen Zielen auftreten oder mit politischen Aufgaben betraut sind[85].

§ 2: Interessengruppe

»Interessengruppe« ist wohl der unschärfste und umstrittenste Begriff im Bereich der betrachteten Wissenschaften[86]. Er interessiert hier nur insoweit, als er manchmal nahezu synonym mit »pressure group« wie folgt definiert wird: »Eine private Organisation, die versucht, die Politik zu beeinflussen[87].« Dabei wird auf den Unterschied zu »pressure group« deshalb Wert gelegt, weil das Interesse in seiner Art und Intensität den *Zusammenhalt* und die *Art* der Gruppe bestimmt[87].

§ 3: Die staatsrechtliche Verwendbarkeit dieser Begriffe

Überblickt man die betrachteten Begriffsbildungen, so bezeichnen »Pressure Groups«, »Lobby« und »Politische Gruppe« mögliche *Wirkungsweisen* der Interessenverbände; sie bestimmen den Gegenstand *»funktionell[88]«*.

Demgegenüber ist »Interessengruppe« ein Ansatz zu *»materieller[88]«* Bestimmung insofern, als durch Überdeterminierung des unscharfen Gruppenbegriffs mit dem Begriff des Interesses eine *Wesens*bestimmung der Gruppe versucht wird.

Wendet man die Lehren, die *Radbruch*[89] für die »Begriffsarbeit zweiten Grades[90]« der Rechtswissenschaft entwickelt hat, auf die erste Begriffsgruppe an, so erweist sich ihre »teleologische Umformung[91]« nach dem Gegenstand dieser Arbeit als unvorteilhaft. Es besteht bei der Übernahme dieser Begriffe die Gefahr der Hypostasierung der mit ihnen bezeichneten Einzelfunktionen zur Alleinfunktion.

[83] Finer, Macht, S. 14.
[84] Dazu Breitling, Begriffe, S. 52.
[85] Weitere Nachweise bei Breitling, Begriffe, S. 52, 53, 64.
[86] Weitere Nachweise bei Breitling, Begriffe, S. 56—64.
[87] De Grazia in »Annals Vol. 319«, S. 114.
[88] Breitling, Begriffe, S. 72.
[89] Radbruch, Rechtsphilosophie (§ 15), S. 218—223.
[90] Radbruch, Rechtsphilosophie, S. 219.
[91] Radbruch, Rechtsphilosophie, S. 220.

Hingegen ist vom Begriff »Interessengruppe« der wertvolle Ansatz materieller Verbandsbestimmung durch das »Interesse« für die weitere Arbeit festzuhalten, während der Begriffsteil »Gruppe« als zu weit[92] für das Ordnungsziel der Rechtswissenschaft[93] abzulehnen ist. Er muß durch eine ordungsschärfere Begriffskontur ersetzt werden. Bevor dies unternommen wird, sollen einige Abgrenzungen der Klärung des Definitionsbereiches dienen.

Kapitel 2: Abgrenzungen

§ 1: Klassen

Der hier zu entwickelnde Begriff der Interessenverbände ist abzugrenzen von den Begriffen[94] der Klasse, da gelegentlich die Meinung vertreten wird, er sei einer der neuen Begriffe, die die Klassenbegriffe abgelöst hätten[95]. Auf diese verschiedenen Klassenbegriffe kann nicht näher eingegangen werden.

Nach der hier vertretenen Ansicht[96] sind Klassen »Besitzgruppen[97]«, also Elemente der *»statisch* geordneten Gesellschaft[98]« näher: »Ausdruck der *wirtschaftlich-sozialen Gliederung* des Staatsvolkes[99].« Diese Klassen stellen zwar »mögliche und häufige Grundlagen eines Gemeinschaftshandelns dar[100]«, indem sich »Klasseninteressen« zu »Klassenverbänden[101]« zusammenschließen.

Solche Verbände selbst sind dann jedoch »treibende Kräfte im Gesellschaftsprozeß[102]«, *dynamische* »Elemente *politischer* Gliederung des Staatsvolkes[103]«.

§ 2: Stände[104]

Notwendig erscheint weiter die Abgrenzung des Begriffs und der Realität »Interessenverbände« vom Begriff und der Realität der »Stände«, seitdem mit dem Schlag-

[92] Die Weite des Begriffes »Gruppe« wird besonders eindrucksvoll bei Hamann, Wirtschaftsverfassungsrecht, S. 62—65.
[93] Radbruch, Rechtsphilosophie, S. 180 f.
[94] BVerfGE 5, 85 (152); Werner, Verbände, S. 32 f.; Bocheński-Niemeyer, S. 40 f., S. 599 ff.; Fischer-Lexikon, S. 149—152; Kaiser, Repräsentation, S. 56 ff.; Max Weber, Wirtschaft und Gesellschaft, Halbbd. 1, S. 177 ff., Halbbd. 2, S. 531 ff.; Breitling, Pressure Groups, S. 29; Darendorf, Klassen, S. 1 f., 155 f.; Nawiasky, Staatslehre, 2. Teil, 2. Bd., S. 70 f.; Max G. Lange, »Politische Soziologie«, S. 35 ff., 97 ff.
[95] Hirdmann in »Gesellschaft«, S. 45.
[96] Vgl. ähnlich BVerfGE 9, 124 (128, 129).
[97] Nawiasky, Staatslehre, 2. Teil, 1. Bd., S. 71.
[98] Breitling, Pressure Groups, S. 29.
[99] Nawiasky, a. a. O., S. 70; Max Weber, Wirtschaft und Gesellschaft, S. 177.
[100] Max Weber, Wirtschaft und Gesellschaft, a. a. O., S. 531.
[101] Max Weber, a. a. O., S. 177.
[102] Breitling, Pressure Groups, S. 29.
[103] Nawiasky, Staatslehre, a. a. O., S. 167.
[104] BVerfGE 5, 17 (22); 9, 124 (128, 129); Werner, Verbände, S. 23—33; Kaiser, Repräsentation, S. 54—65; Fischer-Lexikon, S. 291—294; Mitteis in »Mittelalter«, S. 62; Gerhard

wort vom »Einbruch politischer Stände in die Demokratie[105]« — eine Anknüpfung an Hegels Lehre vom Staat[106] — die Beziehung von Interessenverbänden und Ständen erneut zur Diskussion gestellt worden ist.

Für diese Untersuchung gewinnt die Frage ferner von daher Bedeutung, daß der Gedanke eines »ständisch« organisierten Staates mit dem demokratischen Prinzip des Art. 20 Abs. 2 GG nicht vereinbar ist[107], was andererseits nicht verbietet, etwa bei der Auslegung der »Herkunft« i. S. des Art. 3 Abs. 3 GG auf »sozialständische Verwurzelungen« Rücksicht zu nehmen[108]. Schließlich zeigt die Verfassungswirklichkeit eine starke Verflechtung von »Berufsverbänden« und »Erwerbsständen (Unternehmer, Bauernschaft, Handwerk, Einzelhandel, Beamte, Arbeiterschaft, Heimatvertriebene[109])« und eine »Wahl- und Parlamentskoalition«, die den Standesgedanken auf ihrem Schild trägt[110].

Auf die rechtshistorischen Fragen, inwieweit die Interessenverbände als freie und säkularisierte Nachfolger der Stände angesehen werden dürfen, kann an dieser Stelle nicht eingegangen werden[111], ebenso nicht auf das Problem des »Ständestaates[112]« und der ständisch-korporativen Idee[113] überhaupt. Wichtig erscheint jedoch, daß man bei Verkündung des »Allgemeinen Gesetzes wegen Anordnung der Provinzialstände« vom 5. Juni 1823 (GS 129) in Preußen betonte, Stände im altherkömmlichen deutschen Sinne seien *Interessenvertreter* der wahlberechtigten Kreise des ritterschaftlichen, städtischen und bäuerlichen Grundbesitzes[114].

Im Gegensatz zu den Klassen sind Stände — *ebenso* wie Interessenverbände — meist verfaßte Gemeinschaften[115] mit großer Variationsbreite der sie bestimmenden Gehalte[116]. Ebenso wie bei den Interessenverbänden wird ihr »innerer Zweckkreis meist durch den Gedanken der Gruppensolidarität geprägt[117]«.

Im *Gegensatz* zu den Interessenverbänden sind sie jedoch statische Elemente[118]

in »Mittelalter«, S. 332—364; Max Weber, Wirtschaft und Gesellschaft, Halbbd. 1, S. 179 f. mit Beilage; ferner S. 534—539, 835 in Halbbd. 2; Karl Bosl in »Gebhardt« I, S. 671—674; Breitling, Pressure Groups, S. 29; Hamann, Wirtschaftsverfassungsrecht, S. 62 f.; E. R. Huber, Verfassungsgeschichte I, S. 170; II, S. 334; Schieder, Wandel, S. 111 f.; Nawiasky, Staatslehre, 2. Teil, 1. Bd., S. 70 f.; 4. Teil, S. 42 f.; Kulemann, Berufsvereine, S. 1; Hubert Tebbert, »Das Problem der berufsständischen Mitwirkung an der Gesetzgebung«. Diss. Freiburg 1957.

105 Werner Weber, Spannungen, S. 39.

106 Schieder, Wandel, S. 111 f.

107 Hamann, Wirtschaftsverfassungsrecht, S. 62 f.

108 BVerfGE 5, 17 (22); 9, 124 (128, 129).

109 Schneider, Berufsverbände, S. 1 und S. 9.

110 »Deutscher Mittelstandsblock«, gegründet am 7. 9. 1951; vgl. Schneider, Berufsverbände, S. 98 ff.

111 Dazu Kulemann, Berufsvereine, S. 1.

112 Fischer-Lexikon, S. 291—294.

113 Dazu Kaiser, Repräsentation, S. 54—65.

114 E. R. Huber, Verfassungsgeschichte I, S. 170.

115 Werner, Verbände, S. 33.

116 Max Weber, Wirtschaft und Gesellschaft, Halbbd. 2, S. 534.

117 Werner, Verbände, S. 45.

118 Werner, Verbände, S. 33.

einer meist hierarchischen Gliederung der Gesellschaft[119], die öffentlich vorwiegend als Berufsgruppen bei der wirtschaftlich-sozialen Gliederung des Staatsvolkes in Erscheinung treten[120].

§ 3: Öffentlich-rechtliche Verbände

Kein Gegenstand dieser Arbeit sind diejenigen Interessen, die Bund, Länder, Kreise, Ämter oder Gemeinden in der unmittelbaren oder mittelbaren Verwaltung organisiert haben, also die *öffentlich-rechtlichen Verbände.*

Unter diesen *Begriff* fallen alle Verbände, »die entweder Träger öffentlicher Herrschaftsrechte und öffentlicher Pflichten sind (*aktive* öffentlich-rechtliche Verbände), oder, ohne Träger von Herrschaftsrechten zu sein, doch aus der Zahl der übrigen Verbände dadurch herausgehoben sind, daß sie vom Staat als integrierende Bestandteile seiner Organisation eingeordnet und demgemäß vom öffentlichen Rechte reguliert werden (*passive* öffentlich-rechtliche Verbände[121])«.

Nach näherer Einteilung[122] sind öffentlich-rechtliche Verbände (= Anstalten, Körperschaften und Stiftungen des öffentlichen Rechts) *kraft Deklaration* (= ausdrückliche Verleihung oder ausdrückliche gesetzliche Erklärung) und *kraft Wesens* zu unterscheiden. Danach ist ein Verband dann öffentlich-rechtlicher Natur, »wenn er *zugleich* öffentliche Aufgaben wahrnimmt, mit hoheitlichen Befugnissen, Daseinsnotwendigkeit und Pflichtmitgliedschaft ausgestattet ist, *oder* wenn einzelne dieser Merkmale in solchem Umfang oder in solcher Intensität gegeben sind, daß der Verband dadurch seiner Gesamtstellung nach in die öffentliche Ordnung des Staates einbezogen ist[123]«.

Es *scheiden* mithin im einzelnen aus der Betrachtung *aus:*

Die rechtsfähigen und nicht rechtsfähigen Bundesanstalten; die Landes- und Gemeindeanstalten der Kredit-, Versorgungs- und Verkehrswirtschaft; die öffentlichen Versicherungsanstalten der Privatversicherung; die Rundfunkanstalten[124].

Die Wirtschaftskammern[124a], die Industrie- und Handelskammern, die Handwerkskammern und Innungen, die Landwirtschaftskammern und die öffentlich-rechtlichen Kredit- und Siedlungskörperschaften[125]. Die öffentlich-rechtlichen Marktverbände[126].

Hingegen sind Gegenstand dieser Arbeit:

Die *öffentlich anerkannten* Verbände und die *beliehenen* Verbände, d. h. Gesellschaften oder rechtsfähige und nicht rechtsfähige Vereine des Privatrechts, die kraft Gesetzes mit bestimmten Aufgaben und Befugnissen ausgestattet sind (öffentlich

[119] Breitling, Pressure Groups, S. 30.
[120] Nawiasky, Staatslehre, 2. Teil, 1. Bd., S. 70 f.
[121] Georg Jellinek, Staatslehre, S. 640.
[122] E. R. Huber, Wirtschaftsverwaltungsrecht I, S. 104 ff.
[123] E. R. Huber, Wirtschaftsverwaltungsrecht I S. 105—106.
[124] Dazu E. R. Huber, Wirtschaftsverwaltungsrecht I §§ 13—17.
[124a] Vgl. dazu Albrecht Düren, »Der Unternehmer und seine Kammer« in FAZ Nr. 110, 13. 5. 1962.
[125] Dazu E. R. Huber, Wirtschaftsverwaltungsrecht I §§ 20—24.
[126] Dazu E. R. Huber, Wirtschaftsverwaltungsrecht I § 26 I, 1a.

anerkannte Verbände) oder die mit bestimmten nichthoheitlichen Funktionen der öffentlichen Verwaltung beliehen sind[127] (*beliehene* Verbände), *ohne* daß sie die Merkmale öffentlich-rechtlicher Verbände annehmen.

§ 4: Primäre Wettbewerbsverbände

Schweizerische Arbeiten weisen vielfach hin auf den Zusammenhang zwischen der Organisation der Interessen in wirtschaftlichen Interessenverbänden und in solchen Formen, die sich primär auf den Markt und auf die Gegenseite des Marktes richten[128]. Man kann im Hinblick auf die *Schweizer* Erfahrungen sogar von einer *Kartelltendenz* oder *Kartellträchtigkeit* der Interessenverbände sprechen[129].

Die in *primären Wettbewerbsverbänden,* d. h. Kartellen aller Art[130], Monopolen, Trusts, Organschaften, Fusionen und Holdings organisierten Interessen werden in dieser Arbeit nicht behandelt, da der Schwerpunkt ihrer Problematik auf dem Gebiete der Wettbewerbs- und Gewerbefreiheit liegt[131].

Der Unterschied dieser Wettbewerbsverbände zu den hier mitbehandelten *wirtschaftlichen* Interessenverbänden ist in der Ausrichtung ihrer Tätigkeit zu sehen: Primäre Wettbewerbsverbände sind auf »reine Marktinteressen[132]« ausgerichtet, z. B. das Kartell in seiner reinen Form auf die »Regelung der Konkurrenzverhältnisse innerhalb einer Branche[133]«.

Zwar wenden sich die hier mitbehandelten wirtschaftlichen Interessenverbände *auch* an den Markt[134]. Ihr äußerer Zweck ist *aber* vielgestaltiger und läßt sich in *»vier Bereiche[135]«* aufteilen, die ein »spezifisches Aktionsfeld[136]« bilden, das sich klar von dem der primären Wettbewerbsverbände unterscheidet:

1. Der *Staat* in seinen verschiedenen Erscheinungs- und Tätigkeitsformen.
2. Der *Markt,* vor allem die um die Verbandsinteressen gelagerten Marktstufen und Marktformen.
3. Andere *Gruppierungen* von Wirtschaftssubjekten, vor allem andere wirtschaftliche Interessenverbände.
4. Die *Öffentlichkeit* im weitesten Sinne[137].

[127] Dazu E. R. Huber, Wirtschaftsverwaltungsrecht I, S. 243, 257, S. 279 f.

[128] Werner, Verbände, S. 15 ff., S. 41 ff. mit weiteren Nachweisen.

[129] Dazu Hans Huber, Verbände, S. 9; vgl. auch: Fritz Ullrich Fack, »Zusammenarbeit ohne Kartelle« in FAZ Nr. 58, 9. 3. 1962.

[130] Dazu Maunz, Wirtschaftsrecht, S. 22 ff.; ferner E. R. Huber, Wirtschaftsverwaltungsrecht I, §§ 28—37.

[131] Reuß in »B. N. Sch.« III/1, S. 93.

[132] Werner, Verbände, S. 20.

[133] Werner, Verbände, S. 42.

[134] Werner, Verbände, S. 46.

[135] Werner, Verbände, S. 46.

[136] Werner, Verbände, S. 20.

[137] Ausgehend von Werner, Verbände, S. 46.

§ 5: Parteien[137a]

Wegen der besonderen verfassungsrechtlichen Stellung[138], die Art. 21 GG bestimmten[139] Parteien einräumt, ist eine Abgrenzung zwischen dem Wesen der Partei sowie dem *Parteibegriff* des GG und dem hier zu klärenden Definitionsbereich notwendig[140]. Dagegen werden das *Verhältnis* der Parteien zu den Interessenverbänden und seine staatsrechtliche Problematik erst im III. Hauptteil behandelt. Andere Parteibegriffe[141] als der formelle des Bonner GG, insbesondere der Parteibegriff im kommunistischen Herrschaftsbereich[142], ferner Parteitheorien[143] und Parteigeschichte[144] müssen dabei außer Betracht bleiben.

1. Gemäß Art. 21 Abs. 1 S. 2 GG ist die *Gründung* der Parteien frei, »keiner Zulassung oder Genehmigung unterworfen[145]«. Die Parteien kommen also *soziologisch* »aus dem freien Raum des Volkes[146]«, und hinsichtlich dieser Verwurzelung[146a] —aber auch nur so weit — gibt der Parteibegriff des GG allen denjenigen Auffassungen recht, die den Parteibegriff in einen allgemeinen Begriff des freien Verbandes einordnen[147]. Damit stimmt ferner überein, daß die Gründungsfreiheit des Art. 21 Abs. 1 S. 2 GG nur ein Anwendungsfall der in Art. 9 Abs. 1 GG garantierten Vereinigungsfreiheit ist[148].

Die Gründungsfreiheit will ferner besagen, daß die Parteien — *ebenso* wie die Interessenverbände, nachdem oben die öffentlich-rechtlichen Verbände ausgegrenzt wurden — juristisch »aus der Sphäre des privaten Rechts[149]« kommen. Diese Legitimitätswurzel[146] kann den Parteien auch nicht abgeschnitten werden, da der Grundsatz der Gründungsfreiheit den Auftrag des Art. 21 Abs. 3 GG begrenzt[146].

Nach Art. 21 Abs. 1 S. 1 GG teilen[150] die Parteien sich mit anderen, dort nicht genannten Faktoren in die Mitwirkung an der politischen Willensbildung des Vol-

[137a] Vgl. grundlegend Max G. Lange, »Politische Soziologie«, S. 58—84.

[138] v. d. Heydte in »N. N. Sch.« II, S. 458.

[139] Vgl. BVerfGE 6, 367 (372 f.).

[140] Dazu: BMI-Bericht, S. 123—139; Scheuner, BDI-Gespräch, S. 15; Kaiser, Repräsentation, S. 242; NZZ ganz, insbes. aber Hans Huber, NZZ II; Leibholz, Strukturprobleme, S. 71—77; Repräsentation, S. 242—248; Ferrero, Macht, S. 289 f.; Forsthoff, Realanalyse, S. 819; v. d. Heydte in »N. N. Sch.« II, S. 462—467; Maunz-Dürig, Randnr. 7—31 zu Art. 21; Heinz-Josef Varain, »Parteien und Verbände in der Bundesrepublik«, S. 743—762 in »Geschichte in Wissenschaft und Unterricht« 1959, Heft 10.

[141] Max Weber, Wirtschaft und Gesellschaft, Halbbd. 1, S. 167—169; Halbbd. 2, S. 539 f., 845—858; Radbruch, Rechtsphilosophie, S. 164 f.; Grewe, »Zum Begriff der politischen Partei« in Festgabe für E. Kaufmann, Stuttgart 1950.

[142] Dazu: Reshetar in »Bocheński-Niemeyer«, S. 107—152.

[143] Schieder, Wandel, S. 111 ff.

[144] Schieder, Wandel, S. 133 ff.; Bergsträsser, Geschichte.

[145] Maunz-Dürig, Randnr. 34 zu Art. 21.

[146] Henke, Parteien, S. 647.

[146a] Vgl. BVerfGE 11, 343 (357).

[147] Eschenburg, Gesellschaft, S. 706; Altmann, Verbände, S. 220.

[148] v. d. Heydte in »N. N. Sch.« II, S. 463.

[149] Schulz in »Parteien Bundesrepublik«, S. 121.

[150] Maunz-Dürig, Randnr. 36 zu Art. 21.

kes. Damit stehen sie *im Raum des Öffentlichen* und stimmen auch darin mit den Interessenverbänden überein[151].

Ein entscheidender *erster Unterschied*[152] zu den Interessenverbänden ist das *»Statut«*, mit dem das GG die Parteien versieht, indem es sie aus der — immer gesehen von der geschriebenen Verfassung her — Reihe der »dem Staatsorganismus fremden sozialen Körper[153]« herausordnet und (arg. Stellung des Art. 21) in dem Teil der Verfassung ansiedelt, der die Verteilung der staatlichen Gewalten regelt[154]. Kontur gewinnt die Zuordnung zur staatlichen Gewalt durch die »unverkennbare Beziehung[155]« des Mitwirkungsauftrages gemäß Art. 21 Abs. 1 S. 1 GG zu der Kompetenznorm des Art. 20 Abs. 2 S. 2 GG. Die Parteien sollen danach die Aktivbürger in den Stand setzen, als »Staatsorgan[156]« »in Wahlen und Abstimmungen« den ihnen zukommenden Teil der Staatsgewalt auszuüben.

Diese verfassungsmäßige Anerkennung und Benennung als »notwendige Instrumente für die Aktivierung[157]« des Staatsorgans »Volk« macht die Parteien zu »Elementen des staatlichen Bereiches und der staatlichen Willensbildung[157]« und rückt die Parteien in eine solche *Nähe zum Staat*, wie sie — *verfassungs(GG)rechtssatzmäßig* — keine anderen, »aus dem freien Raum des Volkes[158]« kommenden »Gruppen, Verbände und sonstigen gesellschaftlichen Gebilde[159]« aufweisen. Darin liegt der *erste entscheidende Unterschied* der Parteien zu den Interessenverbänden.

Gegenüber diesem klaren materiellen Gewicht des Verfassungsauftrages ist es von untergeordneter Bedeutung und bedarf hier keiner Entscheidung, ob man die Parteien farblos als »Faktoren des Verfassungslebens[160]«, gewichtiger als »Verfassungsrechtliche Institutionen[161]«, mit Einschränkung[162] als »Verfassungsorgane« und »verfassungsrechtlich relevante Integrationsfaktoren[162a]« oder ohne Einschränkung als »notwendige Organe der Volkssouveränität« bezeichnet[163].

2. Das so umschriebene »Statut der politischen Parteien[164]« — schon dieses, nicht die übrigen Vorschriften des Art. 21 GG[165] — bedingt aber noch *weitere Unterschiede* zu den Interessenverbänden: Damit das Volk als Staatsorgan sich durch das »Sprachrohr« Parteien im freiheitlichen demokratischen Staat »artikuliert« äußern und

[151] Siehe oben S. 8.
[152] Matz in AöR N. F., Bd. 1, S. 202.
[153] Triepel, Parteien, S. 30.
[154] Altmann, Verbände, S. 220.
[155] BMI-Bericht, S. 127 unter 2.
[156] BVerfGE 8, 104.
[157] Leibholz, Strukturprobleme, S. 72.
[158] Siehe Fußnote 146.
[159] BVerfGE 8, 104 (113).
[160] BVerfGE 1, 208 (227).
[161] BVerfGE 1, 208 (225); 2, 1 (73); 5, 85 (133); 11, 239 (241); dagegen Forsthoff, Realanalyse, S. 819.
[162] BVerfGE 4, 27 (30); 5, 85 (134); 6, 367 (372).
[162a] BVerfGE 12, 296 (306).
[163] Ferrero, Macht, S. 289 f.
[164] Matz in AöR, N. F., Bd. 1, S. 202.
[165] Streitig: wie hier BMI-Bericht, S. 124 f.; anders: v. d. Heydte in »N. N. Sch.« II, S. 466.

»Entscheidungen fällen[166]« kann, müssen die Parteien eine bestimmte, dem Statut entsprechende Ordnung und Zielsetzung aufweisen[167]. Darüber, wie der Parteibegriff des Grundgesetzes in dieser Hinsicht zu fassen ist, gibt es verschiedene Meinungen, auf die hier im einzelnen nicht einzugehen ist[168]. Diese Ordnung und Zielsetzung sind näher wie folgt zu bestimmen:

Die Aufgabe, das Staatsvolk zur staatsbildenden Kraft zu integrieren, setzt in der freiheitlichen Demokratie des Grundgesetzes das Bekenntnis zu einem bestimmten Inhalt freiheitlich demokratischer Herrschaft (ein *politisches Programm*[169]*)*, die *Präsentation von Kandidaten* für das Abgeordnetenamt[170] und die *Bereitschaft* zu eigen- oder mit*verantwortlicher* demokratischer *Herrschaftsausübung* voraus:

Daraus ergeben sich als *weitere* Elemente für den Parteibegriff:

a) »Parteien sind primär in der *Sphäre der (politischen) Macht* zu Hause[171].«

b) Das auf die Erreichung einer regierungsfähigen Mehrheit abgestellte Programm und die Notwendigkeit, Amtsträger[172] vorzustellen, die Vertreter des ganzen Volkes sein sollen (Art. 38 Abs. 1 S. 2 GG), zwingt die Parteien, ihr *Machtstreben am Gemeinwohl* zu *legitimieren*[173]«.

c) Zur Erfüllung der Aufgabe sind nur politische Gruppen geeignet und fähig, die sich durch eine *nach demokratischen Ordnungsgrundsätzen ausgebildete Organisation* zu einem *Mindestmaß an Dauer und Festigkeit* konstituiert haben[174].

Dem entsprechen folgende weiteren[175] Unterschiede, die den Begriff der Partei i. S. des Bonner GG von dem Begriff des Interessenverbandes abgrenzen:

a) Die Parteien sind bereit, die staatliche Macht in *eigener Verantwortung* auszuüben und äußern dies konkret in der Kandidatenaufstellung[176].

b) Die Parteien bedürfen *in sich* und *vor der Öffentlichkeit* einer stetigen, auf freiheitliche demokratische Herrschaft gerichteten *Legitimation:*

Die »*Legitimation in sich*[177]« beruht auf einer nach demokratischen Ordnungsgrundsätzen ausgerichteten Organisation.

Die *Legitimation vor der Öffentlichkeit* beruht darauf, »daß die Parteien im ›freiheitlich‹ demokratischen Staat ihrem Wesen nach fortwährend gezwungen sind, wenigstens zu versuchen, sich vor der Öffentlichkeit am Gemeinwohl zu orientieren[178]«.

[166] Leibholz, Strukturprobleme, S. 76.
[167] Vgl. auch BVerfGE 3, 383 (403).
[168] Zum Streitstand vgl.: v. d. Heydte in »N. N. Sch.« II, S. 462—467; BMI-Bericht, S. 123—135.
[169] BMI-Bericht, S. 127, 133.
[170] BMI-Bericht, S. 127.
[171] Max Weber, Wirtschaft und Gesellschaft, Halbbd. 2, S. 539; Schmölders, Finanzpolitik, S. 90.
[172] arg. Art. 48 Abs. 2 S. 1 GG.
[173] Grewe in »Festgabe Kaufmann«, S. 82; BMI-Bericht, S. 131; Strauss, Legitimation, S. 34.
[174] v. d. Heydte in »N. N. Sch.« II, S. 466; BMI-Bericht, S. 132 f.
[175] Neben dem unter 1. herausgearbeiteten Statut-Unterschied.
[176] Vgl. Kaiser, Repräsentation, S. 232—247.
[177] Werner Weber, Spannungen, S. 22.
[178] Hans Huber, NZZ II.

§ 6: Kirchen[179]

Nach weit verbreiteter Ansicht sind auch die Kirchen — als »aktuelle Beispiele organisierter Interessen[180]«, »Lobbyismus[181]«, »Pluralismus[182]«, »Interessentengruppen[183]«, »Interessengruppen[184]«, »Grundtyp sozialrepräsentativer Verbände[185]«, zum »Pluralismus oligarchischer Herrschaftsgruppen[186]« gehörig oder als mehr oder weniger interessengeprägte »Verbände[187]« — zu den Interessenverbänden zu rechnen.

Diese Ansicht ist *einmal* von amerikanischen Forschungen inspiriert[184] — der Verfasser hatte in New York und Philadelphia selbst Gelegenheit festzustellen, daß es ein interessenbezogenes Selbstverständnis bestimmter amerikanischer Glaubensgemeinschaften gibt. — Sie beruft sich *zum anderen*[188] auf die Tätigkeit zahlreicher kirchlicher Laienorganisationen, die sich vielfach selbst als Verbände bezeichnen. Sie kann sich schließlich, wenn auch mit zweifelhaftem Recht, auf den erstmals im Loccumer Kirchenvertrag von 1955 verwendeten Rechtsbegriff des »Öffentlichkeitsauftrags der Kirche« berufen, wie er von der evangelischen Theologie erarbeitet wurde[188a].

Kirchen sind aus *zwei* Gründen in der Bundesrepublik staatsrechtlich *nicht* als *»Interessenverbände«* aufzufassen, wenn sie auch von Fall zu Fall[189] Interessen organisieren mögen:

1. Das Grundgesetz hebt die Kirchen als »Religionsgemeinschaften« (Art. 7 Abs. 3; Art. 140 GG mit Art. 136 Abs. 3 S. 2 WV) oder »Religionsgesellschaften« (Art. 140 GG mit Art. 137 Abs. 2—7; 138; 141 WV) von allen anderen gesellschaftlichen und politischen Organisationen ab. Die staatliche Herrschaft zieht ihnen zwar die »Schranken des für alle geltenden Gesetzes« (Art. 140 GG mit Art. 137 III WV), d. h. aller für die Gesamtunion als politische Gemeinschaft, Kultur- und Rechtsgemeinschaft unentbehrlichen Gesetze[190], erkennt die Kirchen heute im übrigen aber als »gleichgeordnete, mit eigenen und ursprünglichen Hoheitsfunktionen ausgestattete Rechtsgemeinschaften« an[190].

[179] Grundlegend: Quaritsch, Kirchen; Kaiser, Repräsentation, S. 122—151; Finer, Macht, S. 28 f.; Fischer-Lexikon, S. 145—149; Breitling, Begriffe, S. 61—63; Kant, Metaphysik der Sitten, S. 202 f.; Radbruch, Rechtsphilosophie, S. 291—297; Loewenstein, Verfassungslehre, S. 370—375; Breitling, Verbände, S. 43—50; Pähler, Pressure Groups, S. 61; Beulke, Kirchen; Eschenburg, Gesellschaft, S. 706; Altmann, Verbände, S. 220, 224 f.; Werner Weber, Spannungen, S. 49; Bolewski, »Protokoll Verbände«, S. 9—11.

[180] Kaiser, Repräsentation, S. 83, 122—151.

[181] Finer, Macht, S. 28.

[182] Loewenstein, Verfassungslehre, S. 370.

[183] Loewenstein, Verfassungslehre, S. 375.

[184] Viele Nachweise bei Breitling, Begriffe, S. 61—63.

[185] Pähler, Pressure Groups, S. 61.

[186] Werner Weber, Spannungen, S. 49.

[187] Altmann, Verbände; Breitling, Verbände; Eschenburg, Gesellschaft, alle a. a. O. (Fußnote 179).

[188] Breitling, Verbände, S. 45.

[188a] Vgl. Hans Reis in JZ 1961, S. 332.

[189] Kaiser, Repräsentation, S. 122—151 mit vielen Beispielen.

[190] Beulke, Kirchen, S. 131 mit weiteren Nachweisen.

Darüber hinaus ist darauf hinzuweisen, daß die Katholische Kirche als Universalkirche im deutschen Staatsrecht nur beim Abschluß eines Konkordates in Erscheinung tritt, wo der Vertragspartner des Staates der Heilige Stuhl ist. Im übrigen Bereich des staatlichen Rechts tritt die Katholische Kirche als Rechtspersönlichkeit nur in Gestalt ihrer Diözesen in Erscheinung[191].

2. Die Bezeichnung »Interessenverbände« ist ein »agnostisches Etikett, welches das *Selbstverständnis* der Glaubensgemeinschaften« im Bereich des Grundgesetzes »wenig berücksichtigt[192]«:

So verstehen sich die Evangelische Kirche als »Communio sanctorum«, die Katholische Kirche als »Anstalt auf Grund göttlicher Stiftung und daher als von jeder anderen Gemeinschaft unabhängige societas perfecta[193]«.

3. *Exkurs:* Ob diesem Selbstverständnis die Formel *»Bekenntnisverbände[194]«* mehr entspricht, erscheint zweifelhaft: Die Kirche in ihrer Diesseitigkeit hat neben dem voluntaristischen Element, dem der Verbandsbegriff entgegenkommt, starke traditionalistische Elemente, denen der Begriff »Institution« mehr entspricht[195].

§ 7: Augenblicksverbände

Die bisher vorgenommenen Abgrenzungen und Erörterungen rücken den Begriff der »Interessenverbände« in die Nähe der staatsrechtlichen Begriffe »Vereine, Gesellschaften, Vereinigungen« (Art. 9 GG). Wegen der soziologischen Verwandtschaft und inneren Beziehungen zwischen Vereinen, Vereinigungen und Gesellschaften *einerseits* und Versammlungen (Art. 8 GG) *andererseits*[196] ist der Begriff der Interessenverbände schließlich von solchen Sozialgebilden abzugrenzen, die »durch den in der Regel einmaligen Zweck und durch die nur vorübergehende Dauer des räumlichen Beisammenseins einer Personenvielheit[197]« charakterisiert werden.

Dabei erscheint der Begriff *»Augenblicksverband[197]«* plastisch genug, um die entscheidenden Unterschiede des zeitlichen und organisatorischen Zusammenhalts aufzuzeigen, wenn auch nicht verkannt wird, daß der Verbandsbegriff zu leicht das Dialektische, Antagonistische oder Amorphe der Versammlung verdeckt[198].

Gegenüber dieser Kritik ist der Begriff »Augenblicksverband« jedoch wegen seines soziologischen Hintergrundes zu behaupten: Er empfängt seinen Charakter aus den weiteren geläufigen Begriffen: *»Augenblicksgott«* (= »Gott als eine über den Verlauf eines einzelnen konkreten Vorgangs verfügende Macht, an welche nachher niemand mehr denkt[199]«) und vor allem *»Augenblicksmasse«* (= zusammengelaufene Masse) als Gegensatz zur »Dauermasse[200]«.

[191] Beulke, Kirchen, S. 139 mit weiteren Nachweisen.
[192] Breitling, Begriffe, S. 63.
[193] Beulke, Kirchen, S. 131 mit vielen Nachweisen.
[194] Sternberger in: Gewerkschaften, S. 137.
[195] Bolewski in »Protokoll Verbände«, S. 9.
[196] Füßlein in »N. N. Sch.« II, S. 426.
[197] Bonner Komm., Erl. II, Einl. zu Art. 9.
[198] Vgl. die Kritik von Füßlein in »N. N. Sch.« II, S. 426.
[199] Max Weber, Wirtschaft und Gesellschaft, Halbbd. 1, S. 247.
[200] Rüstow in: Gesellschaft, S. 115.

Von diesen hier ausgegrenzten »Augenblicksverbänden« zu unterscheiden sind die mitzubehandelnden *»ad-hoc-Interessenverbände«*, d. h. Interessenverbände für begrenzte Zwecke, meist als pressure groups formiert, die sich auflösen, sobald ihre Interessen befriedigt sind. (Solche »ad-hoc-Interessenverbände« bildeten sich besonders häufig in der Frühzeit der Industrialisierung, der bekannteste war wohl »Cobdens Anti-Corn-Law-League[201]«.)

Kapitel 3:

Staatsrechtliche Definition und Prüfung des Begriffes »Interessenverbände«

§ 1: Einleitung

Die bisherigen Untersuchungen und Abgrenzungen haben gezeigt, daß keiner derjenigen Begriffe, mit denen die Sozialwissenschaften, Politischen Wissenschaften oder die Staatsrechtswissenschaft die Sozialphänomene belegen, die den Gegenstand dieser Arbeit bilden, »etwas Eindeutiges, heute Eindeutiges[202]« kennzeichnet.

Wenn dennoch als Begriff *»Interessenverbände«* vorgeschlagen wird, so bedarf er der doppelten Rechtfertigung: gegenüber der bisherigen Verbandsforschung und gegenüber der Methode juristischer Begriffsbildung überhaupt.

1. Die Rechtfertigung gegenüber der *bisherigen Verbandsforschung* ergibt sich *negativ* aus der in Kapitel 1 vorgenommenen Prüfung zentraler Begriffe der bisherigen Verbandsforschung und aus den in Kapitel 2 vorgenommenen Abgrenzungen. *Positiv* ergibt sie sich aus der weiten Verbreitung dieses Begriffes in der Diskussion[203], wobei er allerdings oft in der Kurzform »Verbände[204]« verwendet wird.

2. Die Rechtfertigung gegenüber der *Methode juristischer Begriffsbildung* ist ein

[201] Loewenstein, Verfassungslehre, S. 375.

[202] Jahrreiss, Grundfragen, S. 119.

[203] Vgl. z. B. Krüger, Verbände, S. 1217; Maunz-Dürig, Randnr. 24 zu Art. 21 mit weiteren Nachweisen; Middelhauve in Finer, S. 7; Fischer-Lexikon, S. 105; BMI-Bericht, S. 79 ff., 137; Nawiasky, Staatslehre, 2. Teil, 1. Bd., S. 129; Eisermann, Verbände, S. 170; Scheuner in »Legitime Interessenvertretung«, S. 7; vgl. ferner: Th. Pütz, »Die ordnungspolitische Problematik der Interessenverbände« in »Jahrbuch für Sozialwissenschaft«, Bd. 11, 1960, S. 245—256; E. Gruner, »Geschichte und Theorie der Interessenverbände«, S. 335—342 in »Schweizerische Zeitschrift für Volkswirtschaft und Statistik« 1959, Heft 3; A. Beckel, »Unser Staat und die Macht der Interessenverbände«, Augsburg 1958; G. Remmling, »Die Interessenverbände in der westlichen Welt«, S. 169—186 in »Zeitschrift für Politik«, Stuttgart 1957.

[204] BDI-Gespräch; Breitling, Verbände; Eschenburg, Verbände; Hans Huber, Verbände; »Protokoll Verbände«; »NZZ«; vgl. ferner: J. Werner, »Die Verbände in Wirtschaft und Politik«, Zürich—Stuttgart 1959; W. Thiele, »Einwirkung der Verbände auf die Verwaltung«, S. 1—8 in »Der öffentliche Dienst« 1962, Heft 1; H. Pick, »Der Verfassungsrechtsgehalt der Verbände und seine Bestimmung«, Mainz 1961; H. Zigan, »Die Verbände im Staat«, S. 112—114 in »Der Arbeitgeber« 1959, Nr. 4.

Teil, genauer die *erste* Stufe, der allgemeinen Frage, wie »konkrete soziale Realitäten[205]« in der Rechtswissenschaft begrifflich bewältigt werden können[206].

Dabei ist die hier behandelte besondere Frage (1. Stufe) der Begriffsbildung streng zu trennen[207] von der später zu erörternden Frage (2. Stufe) nach der allgemeinen Methodologie der staatsrechtlichen Verbandsforschung überhaupt, bei der es um die logische Form der Begründung der konkreten juristischen Sollensurteile für die hier zu erfassenden Sozialgebilde aus dem Grundgesetz geht[208].

Positiv ist das hier zu behandelnde Problem also das folgende:

Das Grundgesetz kennt den Begriff »Interessenverbände« nicht. In § 7 des vorigen Kapitels wurde — in Auswertung der bisherigen Untersuchungen — die Nähe dieses Begriffes zu den Begriffen »Vereine, Vereinigungen und Gesellschaften« in Art. 9 GG aufgezeigt. Diese Begriffe sind »rechtlich-relevante Begriffe[209]«, mithin »zugeschärfte und umgebildete, aber im Kern aus dem Leben übernommene Begriffe der außerrechtlichen Wirklichkeit[210]«.

Da die Nähe des Begriffes »Interessenverbände« zum Begriff der »Vereine, Vereinigungen und Gesellschaften« gem. Art. 9 GG sich aus einer gemischten soziologischen und juristischen Befundnahme[211] ergab, besteht die Rechtfertigung gegenüber der Methode juristischer Begriffsbildung und damit das hier zu lösende Problem darin, in einer vertieften weiteren soziologischen und juristischen Befundnahme jene festgestellte Nähe zu überprüfen. Das geschieht im folgenden § 2 für den Begriffsteil »Verbände«, im § 3 für den Begriffsteil »Interessen« und im § 4 für den Gesamtbegriff »Interessenverbände«. Bestätigt sich dabei die Nähe, so wird der Begriff »Interessenverbände« selbst praktisch zum staatsrechtlich-relevanten Begriff, und ein solcher ist das im Anfang von Kapitel 1 des Abschnittes B erklärte Definitionsziel: die Vermeidung leerer »staatsrechtlicher Etiketten[212]«.

§ 2: Verbände

a) *(Soziologische Befundnahme):* Seitdem das deutsche Wort *»Verband«* um 1850, zuerst in der Bezeichnung von Berufsgruppen, das Fremdwort »Assoziation« abgelöst hat, ist es in der deutschen Sprache die häufigste Organisationsbezeichnung im Namen der hier zu untersuchenden Einrichtungen geworden[213]. Daneben stehen wohl weitere Bezeichnungen wie: »Ausschuß, Bund, Gemeinschaft, Gesellschaft, Genossenschaft, Institut, Kammer, Kreis, Kuratorium, Rat, Ring, Tag, Verein,

[205] Kaiser, Repräsentation, S. 12.

[206] Vgl. dazu Radbruch, Rechtsphilosophie, § 15, insbes. S. 219 f.; Leibholz, Zur Begriffsbildung im öffentlichen Recht, in: Strukturprobleme, S. 262—276; Kelsen, Staatslehre, S. 18 f.; Kaiser, Repräsentation, S. 12.

[207] Das geschieht z. B. nicht bei Leibholz, a. a. O. (196).

[208] Engisch, Studien, S. 3—18.

[209] Radbruch, Rechtsphilosophie, S. 219 und S. 287.

[210] Radbruch, Rechtsphilosophie, S. 287.

[211] In Anwendung der von Kaiser, Repräsentation, S. 200, für die Begriffsbildung dargelegten Methode.

[212] Jahrreiss, Grundfragen, S. 219.

[213] Breitling, Begriffe, S. 64, 67 f.; Werner, Verbände, S. 39.

Vereinigung oder Zentrale[214]«, die jedoch in ihrer Gesamtheit stets als »Verbände[215]« bezeichnet werden.

Dabei hat das Wort einen *Bedeutungswandel* durchgemacht: Zuerst war ein »Verband« eine Gründung mit föderativem Charakter, mithin ein *»Verbändeverband[216]«*. Nachdem die Vereinsgesetze der deutschen Staaten die Verbindung politischer Vereine untereinander verboten hatten und mehrere aus koalitionswilligen Arbeitervereinen gegründete »Verbändeverbände« dieser Klausel der Vereinsgesetze zum Opfer gefallen waren, wurden die »Verbände« auf den Weg von »Einheitsorganisationen mit direkter Mitgliedschaft« gedrängt[217], der Wortsinn erweiterte sich entsprechend auf einen *zweifachen* Inhalt: Vereinigungen von Vereinigungen oder Vereinigungen von natürlichen Personen.

So legen die einen Definitionen mehr Gewicht auf den föderativen Charakterzug »Verbändeverband«, die anderen auf den zentralistischen Zug »Verband[218]«. Abgesehen von dem gescheiterten Versuch, den Verbandsbegriff materiell zum Begriff der »Gruppe« auszudehnen[219], münden die wissenschaftlichen Verbandsdefinitionen in der Soziologie auch heute noch gültig[220] in den sie zusammenfassenden Verbandsbegriff *Max Webers* ein[221]:

»Verband soll eine nach außen regulierend beschränkte oder geschlossene soziale Beziehung dann heißen, wenn die Innehaltung ihrer Ordnung garantiert wird durch das eigens auf deren Durchführung eingestellte Verhalten bestimmter Menschen: eines Leiters und eventuell eines Verwaltungsstabes, der gegebenenfalls normalerweise zugleich Vertretungsgewalt hat.«

»Verband« oder »Verbände« sind damit nach dem soziologischen Befund *strukturelle* Begriffsbestimmungen, sie bestimmen den Gegenstand nach dem Aufbau[222].

b) *(Juristische Befundnahme):*

b_1) Hier ist zunächst das in Abschnitt B, Kapitel 2, § 3, Ausgeführte zu erwähnen: Im Gebiet des *Staats- und Verwaltungsrechts* ist der Verbandsbegriff mit eindeutigem Inhalt sicherer Bestandteil von Wissenschaft und Praxis.

b_2) Im Zusammenhang mit der sogenannten »Verbandsstrafe« hat ferner die *Strafrechtswissenschaft* für ihren Bereich den Begriff »Verband« oder »Verbände« eingeführt[223].

[214] Breitling, Verbände, S. 5 f.; weitere Nachweise bei Werner, Verbände, S. 39.

[215] So der Titel der Analyse von Breitling: »Die Verbände in der Bundesrepublik«; ferner Fußn. 204.

[216] Spitzenverband, S. 22; Breitling, Begriffe, S. 68 f.

[217] Breitling, Begriffe, S. 68 f.

[218] Übersicht bei Grochla, Betriebsverband, S. 32—34; ferner Brockhaus, Verband, Handwörterbuch, Bd. 10, S. 623.

[219] Werner Sombart, vgl. Grochla, Betriebsverband, S. 32; Breitling, Begriffe S. 70.

[220] Breitling, Begriffe, S. 64—73.

[221] Max Weber, Wirtschaft und Gesellschaft, Halbbd. 1, S. 26.

[222] Breitling, Begriffe, S. 72.

[223] Rudolf Schmitt, Strafrechtliche Maßnahmen gegen Verbände, Stuttgart 1958; Hans Eberhard Rotberg, Für Strafe gegen Verbände! in: Rechtsleben II (1960), S. 193—228; beide Arbeiten mit reichen, die bisherige Literatur erschöpfend erfassenden Nachweisen.

Dort wird der Verbandsbegriff *einmal*[224] *realtypisch* enumerativ bestimmt als: »Gemeinschaftsordnungen des politischen Bereiches«, »Personenvereinigungen zur Wahrung politischer Belange«, »Verbände zur Gestaltung der politischen Wirklichkeit«, »Arbeitgeberverbände und Gewerkschaften aller Sparten und Richtungen«, »Berufsvereinigungen«, »wirtschaftliche Zusammenschlüsse zur Wahrung der Belange«, »Anstalten oder Personengesamtheiten«, »vereins- oder gesellschaftsförmige Zusammenschlüsse in den Formen der juristischen Personen oder Gesellschaften des Handelsrechts einschließlich der Genossenschaften«, »Geldinstitute«, »Industrieverbände«, »Interessenverbände«.

Dem steht eine Definition, die sich bisher rechtlich relevanter Typen von Personenvereinigungen begrifflich bedient, klärend gegenüber[225]:

a) Körperschaften des öffentlichen Rechts;
b) AG, KG, GmbH, bergrechtliche Gewerkschaften;
c) Genossenschaften und Versicherungsvereine auf Gegenseitigkeit;
d) Vereine mit und ohne Rechtsfähigkeit;
e) OHG, KG;
f) die Gesellschaften des bürgerlichen Rechts mit Ausnahme der Gelegenheitsgesellschaften;
g) Reedereien.

b_3) Schließlich verwendet auch das *Zivilrecht* einen einheitlichen Verbandsbegriff[226]. Es versteht darunter Rechtsgestalten, die »durch Zusammenschluß mehrerer natürlicher und/oder juristischer Personen als Mitglieder ins Leben gerufen[227]« worden sind und sich grundsätzlich selbst verwalten. So bezeichnet die Zivilrechtsdogmatik zunehmend »Normen, die die Interessen der Gesellschaft und ihrer Teile (Berufsklassen, Vereine, Gesellschaften, Familie) schützen wollen und das durch Begründung teils eigennütziger, teils gemeinnütziger Machtverhältnisse tun«, als Verbandsrecht[228].

c) Zusammenfassung und Auswertung der Befunde

Die Begriffe »Verband« oder »Verbände« sind nach ihrer *Art* sowohl im soziologischen als auch im juristischen Befund sinnvolle »strukturelle« Bestimmungen, sie bestimmen den Gegenstand nach dem Aufbau.

Die in Kapitel 2 vorgenommenen Abgrenzungen bewähren sich an den Befunden. Unter Berücksichtigung dieser Abgrenzungen ergibt sich als soziologisch und juristisch bestätigter *Inhalt* des Verbandsbegriffes für diese Arbeit:

Verbände sind alle möglichen freiwilligen Vereinigungen natürlicher und/oder juristischer Personen auf Dauer unter freiwillig[229] bestellter Leitung.

[224] Hans Eberhard Rotberg, a. a. O., S. 195—197.
[225] Schmitt, Verbände, S. 14—15.
[226] Die Frage nach dem Verbandsbegriff ist von der Frage nach dem »Wesen der menschlichen Verbände« (Otto v. Gierke, Leipzig 1902) zu trennen.
[227] Enneccerus-Nipperdey, 1. Halbbd. § 104 III; ebenso sinngemäß Enneccerus-Lehmann § 243; in diesem Sinne ist der Begriff in § 13 Abs. 1 UWG verwendet.
[228] Lehmann, Allg. Teil, § 1, I, 3.
[229] Vgl. schon Tocqueville, Démocratie en Amérique, Vol. 1, p. 194.

Dieser Begriff des Verbandes bzw. der Verbände entspricht inhaltlich dem Begriff der »Vereine bzw. Vereinigungen und Gesellschaften« i. S. des Art. 9 GG[230], und insoweit ist das in § 1 erklärte Definitionsziel erreicht.

§ 3: Interessen

Oben (Abschnitt B, Kapitel 1, § 3) wurde bei Prüfung des Begriffes »Interessengruppe« der Begriffsteil »Interesse« als wertvoller Ansatz *materieller* Begriffsbestimmung bezeichnet.

Die folgende — in Anwendung der bisherigen gemischten Methode vorgenommene — Überprüfung hat daher die Ziele: *Negativ:* festzustellen, daß die Überdeterminierung[231] der *strukturellen* Bestimmungen »Verband« oder »Verbände« mit der *materiellen* Kategorie »Interesse« den im vorigen Kapitel gewonnenen Strukturbegriff in seiner doppelten soziologischen und juristischen Transparenz nicht beeinträchtigt.

Positiv: daß diese Überdeterminierung imstande ist, den weiten Verbandsbegriff so in einen speziellen Ordnungsbereich von Sozialgebilden einzuführen, daß die oben dargestellte Vielfalt der Phänomene dieses Bereiches voll transparent wird, ohne daß die Grenzen zu anderen Ordnungsbereichen, die der Verbandsbegriff als solcher umfaßt, durch die Begriffsbildung »Interessenverband« überschritten werden.

a) *(Soziologischer Befund):* Im Hinblick auf die eingangs dargelegte ausgebreitete Diskussion über »Interessenverbände« oder »Verbände (= Interessenverbände)« muß die soziologische Befundnahme zum Begriff des Interesses mit einer negativen Feststellung beginnen: »Die theoretische Auseinandersetzung mit der . . . Erscheinung der Interessenverbände kann sich auf keine dieser Problematik angemessene soziologische Spezialliteratur über das Interesse stützen[232].« Wenn es richtig ist, daß »fehlende Begriffe für einen Sachverhalt auf Lücken im Blickfeld einer Wissenschaft verweisen[233]«, dann muß das Fehlen des Begriffes »Interesse« in den einschlägigen Wörterbüchern der Sozialwissenschaften[234] bedenklich stimmen.

Kaiser erinnert zwar daran, daß der Begriff »Interesse« »in der Jurisprudenz wie in der Soziologie eine große und eindrucksvolle Geschichte[235]« habe, und belegt dies eingehend[236], bezieht sich aber schließlich für seine eigene Definition vage »auf einen . . . eindeutigen soziologischen und politischen Befund und auf einen hergebrachten Sprachgebrauch von internationaler Geltung[237]«. Das indiziert die Unfruchtbarkeit

[230] Vgl. Füßlein in »N. N. Sch« II, S. 431; Bonner Komm. Erl. II b) zu Art. 9.

[231] Auf Determinationsprobleme kann im Rahmen dieser Arbeit nicht eingegangen werden. Die Behandlung des Problems bei Nicolai Hartmann, Ethik, insbesondere 68. Kapitel unter 6 b (S. 649 ff.), wird hier als bekannt vorausgesetzt.

[232] Ferber, Interesse, S. 213 f.; vgl. Lange, Soziologie, S. 58—61; Wösner, Verbandswesen, S. 68—73.

[233] Ferber, Interesse, S. 213.

[234] Handwörterbuch der Sozialwissenschaften 1957—1959; Bernsdorf-Bülow, Wörterbuch der Soziologie, Stuttgart 1955; ferner König, Soziologie; Gehlen-Schesky, Soziologie.

[235] Kaiser, Repräsentation, S. 339—346.

[236] Kaiser, Repräsentation, S. 339, Fußnote 4.

[237] Kaiser, Repräsentation, S. 345.

einer historischen Herleitung und der Prüfung unengagierter allgemeiner (nominalistischer) Definitionen[238], auf die daher verzichtet wird. Darüber hinaus ist diese historische Herleitung deshalb zweifelhaft, weil Interessengruppen »nach der Tradition der deutschen Soziologie« sich wesensgemäß nach »materiellen, ökonomischen Interessen[239]« bestimmen sollen, während spätestens seit *Tocqueville*[240] der Sozialbefund auf »unbegrenzte Variationsbreite der organisierten Interessen[241]« lautet.

a_1) Am Anfang der soziologischen Befundnahme soll hier der *psychologische* Aspekt des »Interesses« stehen, da es der übliche Sprachgebrauch primär als »Anteilnahme« versteht. Dieser Aspekt liefert folgende Ergebnisse[242]:

Interesse ist die *Disposition* zu einer bestimmten Richtung des Handelns, zu einer Handlung mit einem speziellen Ziel und einem speziellen Objekt.

Jedes Interesse hat eine bestimmte *Spannung*, die aus dem Maß von Energie folgt, das dem Interesse aus der Tendenz zufließt, die Disposition in bestimmter Zeit zu erfüllen.

Jedes Interesse sieht sich unausweichlich *anderen Interessen gegenüber*, da die Subjekte oder Objekte, in deren Richtung sich das Interesse disponiert, ihrerseits Subjekte eigener oder Objekte fremder Interessen sind.

Interesse ist nach dieser dynamischen Definition also keine dem Handeln irgendwie zugefügte Eigenschaft, sondern das, wodurch Vernunft praktisch wird, d. h. eine den Willen bestimmende *Ursache*.

a_2) Im Hinblick auf den »voluntaristischen[243]« Verbandsbegriff erhebt sich nach dieser dynamischen Definition die Frage, wie die obige Disposition im einzelnen zu erklären ist. Hier unterscheidet *Dahrendorf*[244] erklärend:

Latente Interessen: Alle *positionsbedingten* Verhaltensorientierungen (Rollenerwartungen), die eine Gegensatzbeziehung zwischen zwei Aggregaten von Positionen begründen, *ohne den Trägern* der Positionen *notwendig bewußt zu sein.*

Manifeste Interessen: Alle *bewußten* Verhaltensorientierungen, die eine Gegensatzbeziehung zwischen zwei Gruppen von Personen begründen.

a_3) Nach der Bedeutung, die die traditionelle Soziologie den »materiellen Interessen« zugewendet hat[239], erhebt sich weiter die Frage nach den Beziehungen des Interesses zu seinem Gegenstand. Hier trifft *Weisser*[245], der »Interesse« definiert als »Begehren eines Gegenstandes« — sei er »Gut« oder sei er ein »psychischer Zustand —, folgende Einteilungen:

[238] Zum Beispiel Kant, Metaphysik der Sitten, S. 13 (die vom Verstand nach einer allgemeinen Regel gültig zu sein geurteilte Verbindung der Lust mit dem Begehrungsvermögen), »Brockhaus«: Interesse = Anteilnahme; ebenso »Herder«.

[239] Breitling, Begriffe, S. 60 nach vielen Nachweisen.

[240] Vgl. Tocqueville, Démocratie en Amérique, vol. 2, p. 124; Voyages, vol. 1, p. 236.

[241] Kaiser, Repräsentation, S. 22; Loewenstein, Verfassungslehre, S. 370; Werner, Verbände, S. 40.

[242] Vgl. Lexikon der Pädagogik in 3 Bänden, Bd. 1, Bern 1950, Stichwort »Interesse« mit vielen Nachweisen.

[243] Max Weber, Schriften, S. 250.

[244] Dahrendorf, Klassen, S. 204.

[245] Gerhard Weisser, Wirtschaft, in: Handbuch der Soziologie, S. 982.

Negatives Interesse: Interesse, dessen Inhalt auf die Vermeidung seines Gegenstandes gerichtet ist.

Unmittelbares Interesse: Sich auf seinen Gegenstand »um seiner selbst willen« erstreckendes Interesse.

Mittelbares Interesse: Sich auf seinen Gegenstand mittelbar, wegen seiner Eignung als Mittel erstreckendes Interesse.

a_4) Zusammenfassend ist zunächst zu folgern:

(1) Im Lichte dieser Definitionen sind materielles und immaterielles Interesse unscharfe Ausdrücke, da sie nur den Gegenstand bezeichnen.

(2) In einer Zeit, wo das »Menschenwerk« »vor allem« den »Wesenszug der Gefahr« aufweist, die darin liegt, daß »von der Macht des Menschen, die nicht durch sein Gewissen verantwortet wird, etwas Anonymes Besitz ergreift«, daß er »vom Unbewußten her regiert wird[246]«, sind die »latenten Interessen« *Dahrendorfs* ein sehr beachtenswerter Befund.

(3) Angesichts der Bemühungen, im »Parteienstaat[247]« des Grundgesetzes die Parteien über die Ordnungsgeneralklausel des Art. 21 Abs. 1 S. 3 transparent zu machen oder zu erhalten[248], ist die *Weisser'sche* Unterscheidung von »unmittelbaren« und »mittelbaren« Interessen von größter Aktualität.

(4) Die Generalklausel vom »Pathos des Forderns[249]« erscheint einseitig und gefährlich, da sie die Auswirkungen der negativen Interessen nicht beachtet und dazu noch verdeckt.

(5) die aufgezeigte Spannung des Einzelinteresses ist geeignet, die oft beschworene, die Interessenverbände von anderen Verbänden abhebende Verbandsmacht *organisch* zu erklären: Sie »wurzelt in der Interessengemeinschaft der Beteiligten[250]«. Sie erklärt ferner für die Interessengebilde das »Gesetz von der zunehmenden Organisationsbedürftigkeit der Gesellschaft[251]«: Die Spannung des Einzelinteresses hat in der modernen Gesellschaft nur dann eine Chance, Erfüllung zu finden, wenn sie sich mit anderen ähnlichen oder parallelen Spannungen assoziiert.

(6) Die Definition des Interesses als Disposition zu einer bestimmten Richtung des Handelns erklärt ohne weiteres die »unbegrenzte Variationsbreite der organisierten Interessen[252]« und eröffnet damit die Möglichkeit zu einer Typologie der Interessenverbände aus dem Begriff des Interesses.

a_5) Ausgehend von dem Sozialbefund, daß bestimmte Interessen sich als nicht organisierbar erweisen, weil sie allgemein sind[253], erhebt sich die Frage, ob der »Interesse«-Begriff noch ein bisher ungenanntes *Strukturprinzip* haben muß, um

[246] Guardini, Ende, S. 90, 95.
[247] Leibholz, Repräsentation, S. 242—248.
[248] BMI-Bericht, S. 154—221.
[249] Siehe Fußnote 24.
[250] So unabhängig von der obigen Definition: Müller-Erzbach, Verbandsmacht, S. 706, r. Sp.
[251] BMI-Bericht, S. 79.
[252] Vgl. Fußnoten 240 und 241.
[253] Kaiser, Repräsentation, S. 179; auch Finer, Macht, S. 15. Das ist jedoch nur cum grano salis richtig: Georg Dahm, »Die Stellung des Menschen im Völkerrecht unserer Zeit«, Tübingen 1961, weist (S. 25) darauf hin, daß heute »ganze Völkergruppen als Interessenverbände« auftreten.

dem Verbandsbegriff überdeterminiert zu werden. Als solches bietet sich das *Prinzip der Partikularität* an.

Dem kann man entgegenhalten, daß dann nur ein ewiger Interessenantagonismus erklärt werden könne, nicht aber das häufige Phänomen, daß sich »Interessenverbände« in vielen Fällen mit dem »Allgemeinwohl« solidarisch erklären[254]. Der Einwand erledigt sich schon im Hinblick auf *Weissers* Begriff des »mittelbaren Interesses«.

Das Prinzip der Partikularität des Interesses entspricht dem *Selbstverständnis der Interessenverbände*, die sich, je mehr ihre partikularen Interessen sich den »Existenzinteressen« der Allgemeinheit zu nähern scheinen, gegen die Bezeichnung Interessenverbände wehren und sich auch organisatorisch durch das Gemeinwohl zu definieren suchen[255].

Das Prinzip der Partikularität des Interesses erklärt die Fülle der vorhandenen Verbandsphänomene, da das partikulare Interesse »Dispositionsanreize« für Gegenseiten schafft[256]. Es erklärt ferner organisch die heute beobachtbare Richtung der Verbändetätigkeit auf Staat und Öffentlichkeit, die idealtypischen Verwalter des Gemeinwohls, um das partikulare Interesse politisch ins Geschäft zu bringen (Kontroll- und Anregungsbedürfnis[257]): Das partikulare Interesse als bewußten Faktor politischer Konzeption einzusetzen entspricht moderner Regierungspraxis[258].

Die Vereinigung partikularer Interessen zu »vereinigtem Spannungseinsatz« ist schließlich als solche ein in der modernen Massengesellschaft ohne weiteres einleuchtender Organisationsanlaß.

a_6) Die Bestimmung des Begriffes »Interesse« im Begriff »Interessenverbände« als »partikulares Interesse« vermag noch nicht das unterschiedliche Gewicht zu erklären, mit dem in der Sozialwirklichkeit die Interessen vertreten werden. Zwar ist dies in hohem Maße abhängig von Organisation, Leitung und Verhalten des »Verbandes« (*strukturelles* Gewichtselement).

Dennoch fließt dem Interessenverband auch aus seiner *materiellen* Kategorie Gewicht zu: *Ratzenhofer*, der Interessen als »Bestrebungen aus Bedürfnissen« bezeichnet, unterscheidet in dieser Hinsicht »absolute Interessen« — »die den (existenz-) *unentbehrlichen* Bedürfnissen zugeordneten Interessen« — von »relativen Interessen«, die nachrangig sind[259].

b) *(juristischer Befund):* Der juristische Befund ist hier zunächst auf den heutigen Stand zu begrenzen, nachdem oben[260] schon die Unfruchtbarkeit der historischen Betrachtung für die Begriffsbestimmung des Interesses auch im juristischen Bereich aufgezeigt wurde[261].

[254] Krüger in: Legitime Interessenvertretung, S. 14.
[255] Kogon in: Gesellschaft, S. 123.
[256] Landshut in: Gesellschaft, S. 34.
[257] König, Daseinsgestaltung, S. 877.
[258] Vgl. für die USA: v. Borch, Stil, in: Außenpolitik, 1/61, S. 12 (Rostow); für die Herrschaftslehre des Leninismus-Stalinismus: Bocheński-Niemeyer, S. 192.
[259] Breitling, Begriffe, S. 58.
[260] S. 26—27.
[261] Historische Betrachtung siehe Kaiser, Repräsentation, S. 341—344; zur Interessenjurisprudenz insbesondere: Enneccerus-Nipperdey, 1. Halbbd. § 23; § 59 A 2); Fechner, Rechtsphilosophie, S. 33, 60, 92.

b_1) Der juristische Befund bestätigt das partikulare Interesse mit dem Begriffsinhalt des soziologischen Befundes als umfassendes Ordnungsprinzip:

b_{1a}) Bestätigungen des Begriffs*inhalts* und der *Partikularität:* Das Forderungsrecht wird definiert als »das Recht einer Person gegen eine andere Person auf Befriedigung eines schutzwürdigen Interesses[262]«. Das subjektive Recht allgemein wird definiert als »die von der Rechtsordnung verliehene, zur Befriedigung menschlicher Interessen dienliche Macht[263]«.

Die §§ 286 Abs. 2 S. 1[264] und 326 Abs. 2 BGB[265, 266]. Der sog. »Einwand des Fehlens eines berechtigten Interesses[267]«. »Das Interesse« als »subjektiver Wert[268]« (pretium singulare) im Schadensersatzrecht, die daraus folgende Gleichsetzung von Schadensleistung mit Interesseleistung[269] und die Verknüpfung von primärer und sekundärer Ersatzpflicht mit den Ersatzpflichtgegenständen »Erfüllungsinteresse« und »negatives Interesse[270]«.

b_{1b}) Bestätigung als umfassendes *Ordnungsprinzip:* Außer den unter b_{1a}) genannten Beispielen: »Die Wahrnehmung berechtigter Interessen« als umfassender Rechtfertigungsgrund[271]. Die Interessenkollision als Rechtsgrenze[272]. Das Interesse als Grundlage ergänzender Rechtsfindung[273] und die Interessenlage als umfassende Grundlage der Gesetzes- und Vertragsauslegung[274], besonders plastisch bei der sog. »wirtschaftlichen Betrachtungsweise[275]«.

b_2) der juristische Befund bestätigt ferner die Gültigkeit dieses Ordnungsprinzips für eine *unbegrenzte Variationsbreite von Interessen*[276].

b_3) Der juristische Befund bestätigt[277] schließlich die eingangs anders abgeleitete *Wertneutralität* des partikularen Interesses und schärft damit den Begriff, der für

[262] Enneccerus-Nipperdey, 1. Halbbd. § 79 C.

[263] Enneccerus-Nipperdey, 1. Halbbd. § 72a II; Lehmann, Allg. Teil § 10 IV.

[264] § 286 Abs. 2 S. 1 lautet: Hat die Leistung infolge des Verzugs für den Gläubiger kein Interesse, so kann dieser unter Ablehnung der Leistung Schadensersatz wegen Nichterfüllung verlangen.

[265] § 326 Abs. 2 lautet: Hat die Erfüllung des Vertrages infolge Verzugs für den anderen Teil kein Interesse, so stehen ihm die im Abs. 1 bezeichneten Rechte zu, ohne daß es der Bestimmung einer Frist bedarf.

[266] Daß es sich hier um ein persönliches Element handelt, dazu Enneccerus-Nipperdey, 1. Halbbd. § 50 III 3.

[267] Vgl. Soergel-Siebert, A. 150—162 zu § 242.

[268] Enneccerus-Nipperdey, 1. Halbbd. § 134 II.

[269] Enneccerus-Lehmann § 14 I.

[270] Enneccerus-Lehmann § 14 VI.

[271] Enneccerus-Nipperdey, 2. Halbbd. § 210 II 5; Schönke-Schröder A I u. III 3 zu § 193 StGB.

[272] Vgl. z. B. Palandt A 5 c zu § 709; Enneccerus-Nipperdey, 1. Halbbd. § 49 III; 2. Halbbd. §§ 181 I; 218 I; 241 I.

[273] Enneccerus-Nipperdey, 1. Halbbd. § 58 III.

[274] Lehmann, Allg. Teil, §§ 8 II, 30 VI 5 d.

[275] Müller-Erzbach, Verbandsmacht, S. 706 r. Sp.

[276] 1. arg. e contrario aus der Unbrauchbarkeit der Interessentheorie für die Abgrenzung von öffentlichem Recht und Privatrecht: Enneccerus-Nipperdey, 1. Halbbd. § 34 II 1; 2. Enneccerus-Lehmann § 1 IV 2.

[277] Siehe alle unter b angezogenen Befunde (ab Fußnote 261).

viele heute bereits in sich »das Odium der Eigensucht und des Unrechtmäßigen« zu tragen scheint[278].

c) *Zusammenfassung und Auswertung der Befunde:*

Die Begriffe »Interesse« oder »Interessen« bezeichnen im sozialen Bereich »zweckrationale Orientierungen des Handelns der einzelnen an gleichartigen Erwartungen[279]«, wobei zweckrational heißt: »durch Erwartungen des Verhaltens von Gegenständen der Außenwelt« und/oder »von anderen Menschen – und unter Benutzung dieser Erwartungen« als »Bedingungen« oder als »Mittel« für rational ... erstrebte und abgewogene »eigene Zwecke[280]« bedingt.

Das begründet die Vermutung, daß die Überdeterminierung des weiten Verbandsbegriffes mit dem Interessenbegriff imstande ist, aus den weiten Bereichen »sozialen Handelns«, die unter dem Verbandsbegriff stehen, mit Hilfe des Interesse(n)-Begriffs einen speziellen Ordnungsbereich auszugrenzen. Dieser Bereich zeichnet sich durch »tatsächliche Regelmäßigkeiten der Einstellung sozialen Handelns[279]« aus, die – allein oder überwiegend – durch den Interessenbegriff im obigen Sinne erklärt werden können.

Die Bestätigung der Vermutung ist erst im folgenden § 4 durch die den gesamten Definitionsteil zusammenfassende und abschließende Überprüfung des Gesamtbegriffes »Interessenverbände« zu suchen.

§ 4: Interessenverbände

a) *(Soziologischer Befund):* Eingangs[281] wurde darauf hingewiesen, daß der Begriff Interessenverbände nicht eindeutig ist. Daher mußte er durch Ausgrenzungen[282] von seiner Vieldeutigkeit befreit werden. Dem folgten Einzeluntersuchungen zum Verbandsbegriff[283] und zum Interessenbegriff[284]. Sie haben bestätigt, was oben[285] als Ziel der Untersuchung angestrebt wurde:

Durch Überdeterminierung des Strukturbegriffes Verband mit dem Interessenbegriff, d. h. durch Bildung des Begriffes »Interessenverband« oder »Interessenverbände«, wird aus dem weiten Bereich der »Verband«-Sozialgebilde ein spezieller Bereich begrifflich ausgegliedert, und die Vielfalt der Phänomene dieses speziellen Bereiches wird durch den gebildeten Gesamtbegriff transparent erfaßt, ohne daß die Grenzen zu anderen Phänomenenbereichen überschritten werden. Dieser Befund wird durch einen Sprachgebrauch von allgemeiner Geltung[286] unterstrichen.

b) *(Juristischer Befund):* Der Begriff »Verband« entspricht nach dem juristischen Befund[287] inhaltlich dem Begriff der »Vereine bzw. Vereinigungen und Gesellschaf-

[278] Spitzenverband, S. 352.
[279] Max Weber, Wirtschaft und Gesellschaft, Halbbd. 1, S. 15.
[280] Max Weber, Wirtschaft und Gesellschaft, Halbbd. 1, S. 12.
[281] S. 3 u. 10.
[282] S. 13–22.
[283] S. 23–26.
[284] S. 26–31.
[285] S. 23.
[286] Vgl. Fußnoten 203 und 204.
[287] S. 24 f.

ten« i. S. des Art. 9 GG[288] und ist selbst als rechtlich relevanter Begriff eingeführt[289]. Der Befund zum Interessebegriff[290] bestätigte das partikulare Interesse mit dem Begriffsinhalt des soziologischen Befundes als umfassendes Rechtsordnungsprinzip und als ebenfalls rechtlich relevanten Begriff.

Durch Überdeterminierung der weiten rechtlich relevanten Strukturbegriffe »Verband« oder »Verbände« mit dem Rechtsordnungsprinzip »Interesse« oder »Interessen« wird aus dem Gesamtordnungsbereich »Verband« oder »Verbände« ein spezieller Ordnungsbereich transparent ausgegrenzt. Die in diesem speziellen Ordnungsbereich anzusiedelnden Rechtsgebilde sind als »Interessenverbände« eindeutig unterschieden von allen anderen im Gesamtbereich des Strukturbegriffes »Verband« oder »Verbände« beheimateten Rechtsgebilden. Die Begriffe »Interessenverband« oder »Interessenverbände« sind somit taugliche »rechtlich-relevante Begriffe«.

Auch dieser Befund wird durch den oben[291] erwähnten Sprachgebrauch von allgemeiner Geltung unterstrichen.

c) *(Zusammenfassender Befund 1): Definition* des Begriffes »Interessenverbände« als rechtlich relevanter Begriff[292] dieser Arbeit:

Interessenverbände sind sozialautonome Willensgruppen natürlicher Personen und/oder juristischer Personen des Privatrechts und/oder juristischer Personen des öffentlichen Rechts — (soweit die Willensgruppe durch Aufnahme oder Zusammenschluß der letzteren nicht öffentlich-rechtlicher Verband wird) —, die sich — im Bewußtsein gemeinsamer gleicher oder verwandter Teilinteressen von unbegrenzter Variationsbreite — in den Formen des rechtsfähigen und nichtrechtsfähigen Vereins, der Gesellschaft des BGB, der Personalgesellschaften oder Kapitalgesellschaften des Handelsrechts vereinigt haben mit dem Hauptzweck, die isolierten oder kombinierten gleichen oder verwandten Teilinteressen ihrer Mitglieder mit unpolitischen und/oder mit politischen Mitteln gegenüber der Öffentlichkeit, dem Staat und/oder dem Markt zu vertreten und zu fördern, ohne das Bestreben, die staatliche Macht eigenverantwortlich auszuüben, und ohne dauernde einseitige Ausrichtung auf reine Markt- und Wettbewerbsinteressen[292a].

d) *(Zusammenfassender Befund 2): Typologie*[293] der Interessenverbände:

d_1) Aus der Definition des Interesses als Disposition zu einer bestimmten Richtung

[288] S. 26.

[289] S. 24 f.

[290] S. 29—31.

[291] Fußnoten 203, 204.

[292] Dazu außer den bisher Genannten: Breitling, Wirtschaftsverbände, S. 193; Loewenstein, Verfassungslehre, S. 370; Walther, Stellung, S. 19; Hammer in: »Protokoll Verbände«, S. 21 f.; Werner, Verbände, S. 39—40; Scheuner in: BDI-Gespräch, S. 12; Kaiser, Repräsentation, S. 25 und S. 88.

[292a] Diese Definition stimmt formal und material mit der Jacobus Wössners »Die ordnungspolitische Bedeutung des Verbandswesens«, S. 98, überein: »Verband ... Organisation gesellschaftlicher Gruppen zur Interessenvertretung« oder »Der Verband ist organisierte Interessenvertretung«.

[293] Vgl. Breitling, Verbände, S. 10 ff.; Handbuch Verbände 1928, S. VII—X; Annals, Vol. 319, S. III; Max Weber, Wirtschaft und Gesellschaft, Halbbd. 1, S. 26 ff.; Werner, Verbände, S. 31—50; Kaiser, Repräsentation, S. 83—180; Finer, Macht, S. 20—29; vgl. Wössner, wie 292a, S. 88; Lange, »Politische Soziologie«, S. 91—109.

des Handelns wurde oben[294] die Möglichkeit zu einer Typologie der Interessenverbände aus dem Begriff des Interesses hergeleitet. Diesen Weg gehen die meisten Autoren[293], und so können *nach der Art der Interessen* (Materielle Einteilung) unterschieden werden:

a) *Erwerbsständische Interessen:* Arbeitgeber, Arbeiter, Angestellte, Beamte, Land- und Forstwirte, Handwerker, freie Berufe, Handel, Industrie, Banken.

b) *Branchenverbände der Industrie und des Gewerbes:* Bergbau, Glas, Steine und Erden, Eisen und Stahl, Metalle, Energie; Bau; Chemie; Film; Textil und Bekleidung, Papier, Leder, Holz; Spielwaren und Instrumente; Kunstgewerbe; Nahrungs- und Genußmittel; Verkehr, Hotels und Gaststätten; Vergnügung.

c) *Religiöse, weltanschauliche und altruistische Interessen:* Vereine, die einer Kirche nahestehen, wenn sie genügend selbständig sind, um von ihr getrennt gesehen werden zu dürfen; Bürgervereine; Vereinigungen für Erziehung, Erholung und kulturelles Leben; altruistische Schutzvereinigungen aller Art.

d_2) Weiter ist eine *strukturelle Einteilung* möglich in Spitzenverbände (= Verbändeverbände mit mehr oder weniger »föderativem« Charakter) und einfache Verbände (mit zentralistischem Charakter).

d_3) *Funktionell* sind »Einzweck-Verbände« und »Mehrzweck-Verbände[295]« zu trennen: Der Einzweckverband wird durch ein maßgebliches Interesse charakterisiert. Mehrzweckverbände verfolgen gleichzeitig mehrere Interessen. Häufiger Grund für die Mehrzweckrichtung eines Verbandes ist die Verschiedenheit von »innerem« und »äußerem Zweckkreis«, jener geprägt durch »den Gedanken der Gruppensolidarität«, dieser durch die Art der verbündeten Interessen[296].

d_4) Schließlich ist nach dem räumlichen Wirkungsbereich der Verbände eine *geographische Einteilung* möglich[297]:

Internationale Verbände:
Tätigkeitsbereich = mehrere Staatsgebiete; Mitglieder aus verschiedenen Nationen;

Nationale Verbände:
Tätigkeitsbereich = Hoheitsgebiet eines Staates;

Regionale Verbände:
Tätigkeitsbereich = Landesteil oder Teil der Bundesrepublik, der nicht mit einem Bundesland übereinstimmt;

Landes-Verbände:
Tätigkeitsbereich = Bundesland;

Kommunale Verbände:
Tätigkeitsbereich = Kreise, Ämter, Gemeinden.

[294] S. 28 unter (6).
[295] Werner, Verbände, S. 37.
[296] Werner, Verbände, S. 44 f.
[297] Werner, Verbände, S. 49 f.

ABSCHNITT C: METHODOLOGIE UND SYSTEMATIK

Kapitel 1:

Die Methodologie[297a] *der staatsrechtlichen Behandlung der Interessenverbände*

§ 1: Das Problem

Die Staatswissenschaft ist nicht nur, wie dargelegt wurde, in der Beurteilung der »aufdringlichen Realität[298]« Interessenverbände tief gespalten. Sie ist es auch in der Methode des Weges, staatsrechtliche Standorte zur Bewältigung dieser Realität zu finden. Wenig oder gar keine Beachtung findet dabei meist die *erste* Stufe der Bewältigung, also die hier schon mit »Interessenverbände« beantwortete Frage, mit welchem Begriff man den Weg zur zweiten Stufe antritt. Diese *zweite* Stufe heißt: die logische Form der Begründung der konkreten juristischen Sollensurteile für die Interessenverbände aus dem Gesetz, hier dem Grundgesetz[299]. Sie ist Gegenstand mannigfaltiger Überlegungen[299a].

1. Von der Seite der politischen Wissenschaft wird die Staatsrechtswissenschaft aufgefordert, »Grenzen rechtlicher Regelung innerhalb der modernen Gesellschaft[300]« zu erkennen, d. h. rechtsleere Bezirke anzuerkennen, wo »Formen und Inhalte des Lebens der sozialen Gruppen durch Vereinbarungen zwischen diesen Gruppen selbst geregelt werden[301]«. Daraus hat *Forsthoff* in seiner Realanalyse die staatsrechtstheoretischen Folgerungen gezogen, die oben[302] dargestellt wurden.

2. Da hier mit der Mehrzahl der Meinungen von der, vorerst Hypothese bleibenden, Ansicht ausgegangen wird, daß aus dem Grundgesetz staatsrechtliche Sollensurteile für die Interessenverbände abgeleitet werden können, sind nur die Meinungen zu erörtern, die sich mit diesem Problem befassen. Sie lassen sich zugespitzt in *zwei Gruppen* teilen:

a) Die Staatsrechtswissenschaft gehört ihrem Wesen nach zur politischen Wissenschaft. Die »rein rechtliche« Behandlung staatsrechtlicher Fragen reicht daher zur

[297a] Ich muß an dieser Stelle auf eine ausführliche Auseinandersetzung mit der Wissenschaftslehre allgemein verzichten. Insoweit verweise ich auf Brecht, Theorie, und Kantorowicz, Soziologie.

[298] Kaiser, Repräsentation, S. 1.

[299] Engisch, Studien, S. 3—18.

[299a] Vgl. BVerfGE 11, 126 (129 ff.).

[300] Schmid, Grenzen, S. 1233 ff.; ähnlich Sternberger, Verfassung, S. 58.

[301] Schmid, Grenzen, S. 1239.

[302] S. 5.

Begründung verbindlicher Sollensurteile nicht mehr aus[303]. Der Staatsrechtler muß vielmehr zu seiner Urteilsbildung »aus dem Flachland des stereotypen Verfassungslegalismus[304]« in »das öffentliche Feld« einer »kaum absehbaren Fülle von Tatsachenverhältnissen und Beurteilungsweisen[305]« hinaufsteigen, aus ihren Zusammenhängen die Wirklichkeiten des Verfassungslebens, die Verfassungsrealien, erforschen und danach seine Urteile bilden.

Dies ist letztlich der gemeinsame Standpunkt der sog. »phänomenologischen« Methode *Kaisers*[306], des »Verfassungsrealismus« *Hans Hubers*[307] und der *»ontologischen* Betrachtungsweise« *Loewensteins*[304].

b) Dem steht eine Ansicht gegenüber, die mit der ersten in der Ablehnung eines überlebten, normativistischen Positivismus einig ist und eine Staatsrechtslehre »in normativer Selbstisolierung« ablehnt[308]. Sie weist vielmehr auf die doppelte Verhaftung des Rechts in der Sollens- und Seinssphäre hin und vertritt eine dieser Verhaftung angepaßte *differenzierte Methode,* indem neben oder anstatt der teleologischen Methode dann die phänomenologische Methode eingesetzt wird, wenn es um die »wesensanalytische Klarstellung zentraler seinsmäßig gebundener Wesensbegriffe der Staatsrechtslehre« geht[309].

§ 2: Kritik

1. Es sind zunächst einige *allgemeine* Klärungen notwendig:

Die Entwicklung des Verfassungsgesetzes für die Interessenverbände hat, wie die jedes anderen Obersatzes, »eine *intensive* wie eine *extensive* Seite. Einerseits gilt es, den Obersatz durch Auslegung usw. zu entfalten«, andererseits, ihn »durch Zusammenfügung von zerstreuten Gesetzespartikeln, Berücksichtigung von Ausnahmevorschriften u. dergl. mehr in die Breite zu entwickeln[310]«.

Alle obigen Meinungen beschäftigen sich allein mit der *intensiven* Entwicklung des verfassungsrechtlichen Obersatzes. Angesichts des Legalgewichts, das die Interessenverbände inzwischen auf dem Wege der »Nach-und-Nach-Institutionalisierung[311]« durch Länderverfassungen, Bundes- und Ländergesetze erlangt haben, ist dies eine Einseitigkeit, die die rechtspolitische Folge hat, daß ein nur unvollständig entwickeltes Verfassungsgesetz in der Öffentlichkeit beurteilt wird.

303 Koellreutter, Staatsrecht, S. 5.
304 Loewenstein, Ontologie, S. 390 A. 3.
305 So Formulierungen von Stickrodt in JZ 1959, S. 134, zur Beschreibung des »Verfassungsrealismus«, Hans Hubers.
306 Kaiser, Repräsentation, S. 1.
307 Huber, Verbände, S. 12—16.
308 Leibholz, Strukturprobleme, S. 269 (»Zur Begriffsbildung im öffentlichen Recht«).
309 Leibholz, Strukturprobleme, S. 275.
310 Engisch, Studien, S. 15; vgl. zur Auslegung allgemein: Coing, »Die juristischen Auslegungsmethoden und die Lehren der allgemeinen Hermeneutik«, Köln und Opladen 1959; Forsthoff, »Zur Problematik der Verfassungsauslegung«, Stuttgart 1961; Imboden, in Huber-Festschrift, S. 133—150.
311 Weber, BDI-Gespräch, S. 24.

2. Im *einzelnen* deuten *Kaiser* und Hans *Huber* selbst die Grenzen ihrer Methode an: *Kaiser*[312] gibt zu, daß seine Methode nicht unmittelbar zu vollendeter systematischer Beherrschung des Stoffes führt. *Huber*[313] weist drei Gefahren des Verfassungsrealismus auf: Politisierung des Rechtsgedankens, Fehlen an Abgewogenheit und Differenzierung, Idealisierungen des Staatsbildes oder seiner Teile.

Den Methoden *Kaisers, Hubers und Loewensteins* wird hier aus *drei* Gründen *nicht* gefolgt:

1. Das Verfassungsrecht muß zwar in der Seinswelt seine Elemente und Ordnungsstrukturen abstimmen. Der so geschaffenen Verfassung kann aber die Seinswelt nicht ihre eigenen Elemente und Ordnungsstrukturen oktroyieren. Eine Ansicht, nach der die Interessenverbände letztlich mit einer von ihnen je und je neu geschaffenen »Verfassungswirklichkeit« die geschriebene Verfassung in ihr Schlepptau nehmen können, ist als eine rechtspolitisch bedenkliche soziologische Knochenerweichung der Staatsrechtslehre abzulehnen. Sie übersieht, daß »der Rechtsstaat seinem Wesen nach« auch »institutionelles Gefüge ist«, daß ihn »institutionelle Änderungen« also »in seiner Substanz« treffen können[314].

2. Wenn die Verfassungsrechtslehre sich nach der Art der Soziologie und der politischen Wissenschaft in erster Linie mit den Verfassungsrealien befaßt, so stellt sie — gemessen von dem Bereich der »Interessenverbände« her — die Grenzen zwischen Soziologie, politischer Wissenschaft und Staatsrecht umfassend zu Lasten einer wissenschaftsökonomischen Arbeitsteilung in Frage und kann schließlich die Frage dieser Wissenschaften nach »staatsrechtlichen Kategorien mit eigener Unterscheidungs- und Aussonderungskraft[315]« nicht mehr beantworten. Aus diesem Grunde wurde eingangs eine möglichst vollständige Verwertung der sachlichen Vorarbeiten der Sozialwissenschaften und der politischen Wissenschaften vorgeschlagen.

3. »Das Staats- und Verfassungsrecht« ist »nicht entpolitisierbar«, sondern »politisches Recht« insoweit, als es sich auf die Verfassung bezieht, die »politische Ordnung[316]« ist und insoweit gar keinen anderen Gegenstand als das Politische hat[317]. Wenn aber politische Werturteile in das Staatsrecht eingeschaltet werden müssen, denn ohne solche sind auch die Methoden Kaisers, Hubers und Loewensteins nicht vollziehbar, so fragt es sich, ob »die obersten praktischen Prämissen« dieser »politischen Werturteile« überhaupt »aus der Betrachtung des zu erforschenden Gegenstandes, also aus der empirischen Beobachtung der Gesellschaft[318]«, gewonnen werden können. Die Antwort auf diese Frage liegt nicht im Rahmen dieser Arbeit. *Weisser*[318] verneint sie. — Des weiteren kann hier nicht der Frage nachgegangen werden, ob die Methode Kaisers wirklich »phänomenologisch« genannt werden darf[319].

[312] Kaiser, Repräsentation, S. 1.
[313] Huber, Verbände, S. 15 f.
[314] Forsthoff, Umbildung, S. 61.
[315] Vgl. Stickrodt in JZ 1959, S. 134 (Besprechung zu Hans Huber: Staat und Verbände).
[316] Dazu eingehend: Jahrreiss, Verfassungsrechtsprechung und Verfassungsgericht, in: Grundfragen, S. 137—172, insbes. S. 164—172.
[317] Leibholz, Strukturprobleme, S. 267.
[318] Weisser, Politik, S. 16.
[319] Dies ist m. E. zu verneinen; vgl. dazu Bocheński, Denkmethoden, S. 22—35 mit weiteren Nachweisen.

§ 3: Der eigene Weg

1. Bei der »*intensiven* Entwicklung[320]« des Verfassungsgesetzes für seine Anwendung auf die Interessenverbände wird jeweils zunächst versucht, Rationalität und Evidenz der geschriebenen Verfassung aufleuchten zu lassen, indem es je und je *teleologisch*[320a] angestrebt wird, die Konturen des Wert- und institutionellen Gefüges des sozialen Rechtsstaates herauszustellen.

»Seinsmäßig gebundene Begriffe[321]« werden im Rahmen dieses Gefüges – insoweit auf normativer Grundlage – auf politisch-soziologischem Weg gewonnen. Wenn sich dabei ein Herausragen der Verfassungswirklichkeit über das institutionelle Gefüge der Verfassung ergibt, wird die theoretische Bewältigung über den herkömmlichen, später einzuführenden Begriff der *Verfassungswandlung* unternommen.

2. Neben die intensive Entwicklung des Verfassungsgesetzes tritt die *extensive*[322]. Sie kann freilich hier nicht in jedem einzelnen Fall erfolgen, sondern wird vorausgeschickt in einer zusammenfassenden Analyse über das »Legalgewicht der Interessenverbände«, die diesem Abschnitt folgt.

Kapitel 2:

Begründung des Verzichts auf Rechtsvergleichung

Nach der Ansicht *Kaisers*[323] kann eine »Lehre von der staatsrechtlichen Stellung« der Interessenverbände »nicht ohne Rechtsvergleichung entwickelt werden«. Dieser Ansicht wird hier weitgehend nicht gefolgt:

1. Zur Begründung sind zunächst das für einen Vergleich in Frage kommende ausländische Recht und die sich darauf aufbauende Praxis zu skizzieren, wobei für diese Arbeit eine Beschränkung auf die »institutionellen Formen der Zusammenarbeit zwischen Staat und Wirtschaftsverbänden im Ausland[324]« sinnvoll erscheint:

a) Die Anhörung der Verbände im Gesetzgebungsverfahren der Schweiz (Expertenkommissionen, Vernehmlassungsverfahren) und ihre Möglichkeiten der Referendumspolitik[325].

b) Das britische System der Regierungs- und Verwaltungsbeiräte[326].

c) Die gesetzlichen Regelungen des »Lobbyismus« und die Einrichtung der »Public Hearings« in den USA[327].

[320] Dazu Engisch, Studien, S. 15.
[320a] Vgl. BVerfGE 11, 126 (130).
[321] Leibholz, Zur Begriffsbildung im öffentlichen Recht, in: Strukturprobleme, S. 269.
[322] Dazu Engisch, Studien, S. 15.
[323] Kaiser, Repräsentation, S. 1.
[324] Uthmann in: BDI-Gespräch, S. 56–79.
[325] Vgl. dazu die Bibliographie, in: BDI-Gespräch, S. 80.
[326] Vgl. dazu die Bibliographie, in: BDI, Gespräch, S. 81.
[327] Vgl. dazu die Bibliographie, in: BDI, Gespräch, S. 81 f.

d) Die zentralen Wirtschafts- und Sozialräte in den Niederlanden, Belgien, Frankreich und Italien[328].

2. Von diesen Vergleichsgegenständen scheiden für eine auf das Grundgesetz beschränkte Arbeit die zentralen Wirtschafts- und Sozialräte unter 1d sofort aus.

3. Für die Beurteilung der Vergleichsgegenstände USA, Schweiz und Großbritannien ist *allgemein* zu bemerken:

a) »Das *Verbandswesen* wandelt sich von Land zu Land, nicht zuletzt nach der *Regierungsform* und dem *Charakter der politischen Parteien*[329].«

b) Also sind »*Methoden* und *Wirkungsbereich*« der Interessenverbände »abhängig von der Struktur des jeweiligen Parteisystems eines Landes und von dem Einfluß der öffentlichen Meinung in ihm[330].«

4. Wendet man diese Erkenntnisse auf die USA, die Schweiz und England an, so zeigt schon ein kurzer Blick auf die jeweilige verfassungsrechtliche Lage, daß diese Demokratien anders strukturiert und organisiert sind als die Bundesrepublik. Deshalb erscheint der Verzicht auf Rechtsvergleichung, mit der Ausnahme der Regierungs- und Verwaltungsbeiräte in Großbritannien, begründet.

Dagegen kann nicht darauf verzichtet werden, die Ergebnisse der soziologischen und politisch-wissenschaftlichen Forschungen dieser Länder zum Problem der Interessenverbände heranzuziehen.

Kapitel 3:

Die Problematik der Beschränkung auf die verfassungsrechtliche Stellung nach dem Grundgesetz

1. Die Problematik ergibt sich *einmal* aus dem, was über die Möglichkeit der extensiven Entwicklung des Verfassungsgesetzes und das schon vorhandene Legalgewicht der Interessenverbände oben[331] ausgeführt wurde. Dem versucht der den I. Hauptteil abschließende Abschnitt D: »Das Legalgewicht der Interessenverbände nach den Länderverfassungen und nach den allgemeinen Gesetzen«, abzuhelfen.

2. Schwerer wiegt ein *anderer* Aspekt: Es wurde ausgeführt, daß die Interessenverbände im Raum des Öffentlichen anzusiedeln sind[332], daß ihre juristische Wurzel aber in der Sphäre des Privatrechts liegt[333]. Die Interessenverbände »durchwachsen« damit »vertikal« – und stellen in Frage – eine Einteilung, die in »herkömmlicher Weise« dualistisch an der Möglichkeit einer getrennten Befundnahme der Interessenverbände insofern festhält, als rechtliche Wirksamkeit und rechtlicher

[328] Vgl. dazu die Bibliographie, in: BDI, Gespräch, S. 82–84; vgl. für Frankreich noch: Durand, Participation.

[329] Huber, Verbände, S. 25 f.

[330] Fischer-Lexikon, S. 239; ferner: Kaiser, Repräsentation, S. 247–255.

[331] S. 35.

[332] S. 8.

[333] S. 32.

Charakter der Interessenverbände je und je getrennt aus dem Privatrecht oder aus dem öffentlichen Recht hergeleitet werden[334].

Dieser Problematik kann hier nur mit dem Hinweis begegnet werden, daß eine umfassende Untersuchung der Rechtsstellung der Interessenverbände *Verfassung*, allgemeine *Gesetze* von Bund und Ländern und *Privatautonomie* berücksichtigen muß und daß in dieser Arbeit demnach bewußt nur eine Seite jener Rechtsstellung angesprochen wird.

3. Die thematische Beschränkung auf die staatsrechtliche Stellung »nach dem Grundgesetz«, also auf die geschriebene Verfassung, wirft schließlich die Frage auf, ob das *»ungeschriebene Verfassungsrecht«* der Bundesrepublik aus dieser Untersuchung ausgeklammert wird.

Zur Beantwortung dieser Frage ist zunächst auf den *doppelten* Gebrauch des Begriffes »ungeschriebenes Verfassungsrecht« hinzuweisen. In der Schweiz wird dieser Begriff nach *Schindler*[335] für das die Verfassung umgebende gesellschaftliche Milieu, die sie tragende Umgebung des politischen Lebens, die Verfassungs-»ambiance«, verwendet[336].

Dagegen werden *hier* unter »ungeschriebenem Verfassungsrecht« die aus den »demokratisch-rechtsstaatlichen«, im Grundgesetz verkündeten »Grundprinzipien unmittelbar ableitbaren ungeschriebenen Rechtsnormen[337]«, »selbstverständlichen ungeschriebenen Verfassungsgrundsätze[338]«, »ungeschriebenen Verfassungssätze[339]« und »ungeschriebenen verfassungsrechtlichen Pflichten[340]« verstanden.

Dieser Teil des Verfassungsrechts wird in die Betrachtung mit einbezogen.

Kapitel 4:

Wissenschaftssystematische und -gegenständliche Abgrenzungen

§ 1: Vorbemerkungen

Für die richtige Erkenntnis der Interessenverbände ist die Staatsrechtswissenschaft, wie oben wiederholt anerkannt wurde, »auf die Mitwirkung anderer wissenschaftlicher Disziplinen angewiesen[341]«, vor allem der politischen und Sozial-Wissenschaften. Dabei entsteht die Gefahr, daß nicht mehr unterschieden wird zwischen dem, was aus dem Bereich anderer Wissenschaften als wirklich »verbindliche Gegebenheit« der Interessenverbände übernommen werden muß und den methodischen und systematischen Formen, mit denen andere Wissenschaften Ge-

[334] Altmann, Verbände, S. 212.
[335] Schindler, Verfassungsrecht, S. 92 ff.
[336] Huber, Gesellschaft, S. 15; Gruner, Verbände, S. 79.
[337] Maunz, Staatsrecht, S. 58.
[338] BVerfGE 6, 84 (91).
[339] BVerfGE 6, 309 (325); vgl. auch BVerfGE 12, 205 (251).
[340] BVerfGE 6, 309 (328).
[341] Vgl. zu diesem Problem Hamann, Wirtschaftsverfassungsrecht, S. 19 f.

gebenheiten der Interessenverbände »in concreto Rechnung[341]« zu tragen versuchen.

Um solcher Gefahr und dem »Vorwurf der Methodenpolygamie[342]« zu entgehen, erscheinen einige wissenschaftssystematische und -gegenständliche Abgrenzungen notwendig, die die Grenze ziehen zu anderen Wissenschaften oder anderen Zweigen der Rechtswissenschaft, deren Gegenstand die »Interessenverbände« ebenfalls sind oder sein können.

§ 2: Abgrenzung zur Allgemeinen Staatslehre[343]

Die allgemeine Staatslehre ist eine Wesenslehre des Staates[344], die »die Erscheinung des Staates überhaupt sowie die Grundbestimmungen, die er darbietet, wissenschaftlicher Forschung unterzieht[345]«. Ihre Methode ist eine ontologisch-logische[346]. Daher befaßt sich die allgemeine Staatslehre, soweit sie nicht den Staat einseitig »als eine normative Zwangsordnung menschlichen Verhaltens[347]« auffaßt, üblicherweise *auch* mit den typisch-rechtlichen Ordnungen der Staaten. Sie sind aber nur *einer* der Gegenstände oder gar nur der *Ausgangspunkt* der allgemeinen Staatslehren, deren Betrachtungsweise »statisch« ist, »Anatomie des Staates[348]« erstrebend.

Demgegenüber geht es in dieser Arbeit nicht um den Einbau des Materials über die Interessenverbände in den »Gesamtrahmen einer einheitlichen Staatslehre[349]«, sondern um das engere Feld der Interpretation der geltenden Verfassung[350].

§ 3: Abgrenzung zur Rechts-(und Staats-)Philosophie[351]

Gegenstand der Rechtsphilosophie als der »bewertenden Betrachtung des Rechtes«, als der »Lehre vom richtigen Recht« (Stammler)[352] können die Interessenverbände in dreierlei Richtung sein:

a) Soweit sie *Machtfaktoren* darstellen, sind sie Gegenstände politischer *Ethik* im Rahmen des »sittlichen Problems der Macht[352]« auf der Suche nach »politischer Ordnung als gerechter Ordnung«.

b) Soweit sie *Kollektive* darstellen, sind sie Gegenstand der spezielleren *»Ethik* der Kollektive« oder »Sozialen Gebilde« schlechthin[353].

[342] Stern, NJW 1958, S. 695 r. Sp.

[343] Vgl. Georg Jellinek, Staatslehre, S. 3—52; Maunz-Dürig, Randnr. 1 zu Art. 20; Max Weber, Wirtschaft und Gesellschaft, Halbbd. 2, S. 831; Loewenstein, Verfassungslehre, S. VI f., 373; v. d. Heydte, Staat, in: Handbuch der Soziologie, S. 938.

[344] v. d. Heydte, a. a. O., S. 938; Georg Jellinek, a. a. O., S. 9.

[345] Georg Jellinek, a. a. O., S. 9 f.

[346] v. d. Heydte, wie 344.

[347] Kelsen, Allgemeine Staatslehre, S. VIII.

[348] v. d. Heydte, a. a. O., S. 938.

[349] Loewenstein, Verfassungslehre, S. 373.

[350] Maunz-Dürig, Randnr. 1 zu Art. 20.

[351] Vgl. Ritter, Macht; Jöhr, Kompromiß; Radbruch, Rechtsphilosophie, S. 97; Rüstow in: Gesellschaft, S. 62 f.; Werner, Verbände, S. 214—217.

[352] Ritter, Macht, S. 15.

[353] Werner, Verbände, S. 214—217 mit vielen Nachweisen; Leopold v. Wiese, »Ethik der sozialen Gebilde«, Frankfurt (Main), Bonn 1961.

c) Soweit sie sich zur Erzielung von Entscheidungen in vielfältiger Weise des *Kompromisses* bedienen, mündet ihre Handlungsweise ein in das umfassende Problem, das der Kompromiß für die »Gesellschafts-, Wirtschafts- und Staats*ethik*« darstellt[354].

Im Gegensatz dazu kommt es in dieser Untersuchung nicht zu kollektiv- oder sozialethischen Urteilen, etwa zur Unterscheidung von »anständiger« und »weniger anständiger ... Interessenvertretung[355]«.

§ 4: Abgrenzung zur Verfassungs- und Rechtsgeschichte

Im Rahmen dieser Arbeit muß weitgehend auf eine Untersuchung der geschichtlichen Rolle der Interessenverbände im Rechtsbildungs- und Machtprozeß verzichtet werden, die wohl im umfassenden Rahmen der Rolle der Corps intermédiaires immer noch aussteht[356]. Die Ergebnisse der vorliegenden Einzeluntersuchungen werden vielmehr vorausgesetzt[357], nur in Sonderfällen wird die historische Entwicklung zur Klärung angezogen.

Skizzenhaft sei vorangestellt, in welcher historischen Eingebundenheit die heutigen Interessenverbände gesehen werden:

Ihr Nährboden ist dreifacher Art[358]:

1. Die industrielle Revolution
2. Die Handelspolitik
3. Die sozialen Spannungen als Folge beider.

Für das heutige Verständnis der Interessenverbände in ihrer Haltung zum Staat erscheint in Deutschland als Schlüsselfigur *Gustav Stresemann*. Er war der moderne »Lehrmeister in der Kunst, politischen Einfluß auszuüben«. Er ermahnte seine Verbände, »selbst die Hand an die Klinke der Gesetzgebung zu legen[359]«.

§ 5: Abgrenzung zur Soziologie und Rechtssoziologie

Die Interessenverbände werden weithin als nach Maßgabe der geschriebenen Verfassung »unsichtbare, nicht offizielle Machtträger« angesehen, und ihre staatsrechtliche Betrachtung muß daher »die soziologische Analyse des tatsächlichen

[354] Jöhr, Kompromiß.

[355] Rüstow in: Gesellschaft, S. 62 f.

[356] Loewenstein, Verfassungslehre, S. 371.

[357] Vgl. z. B. Kaiser, Repräsentation, S. 30—82; Lütge in: »Protokoll-Verbände«, S. 2—5; E. R. Huber, Verfassungsgeschichte I und II; Hartung, »Deutsche Verfassungsgeschichte«; »Der Weg zum industriellen Spitzenverband«; vgl. ferner: Erich Gruner, »Zur Geschichte und Theorie der Interessenverbände«, S. 335—342 in »Schweizerische Zeitschrift für Volkswirtschaft und Statistik«, 1959, Heft 3; Gerhard Schulz »Über Entstehung und Formen der Interessengruppen in Deutschland seit Beginn der Industrialisierung, S. 124 bis 154 in »Politische Vierteljahresschrift 1961«, Heft 2; Thomas Nipperdey, »Interessenverbände und Parteien in Deutschland vor dem ersten Weltkrieg« in »Politische Vierteljahresschrift«, 1961, Heft 3, S. 262—280.

[358] Spitzenverband, S. 7.

[359] Spitzenverband, S. 55—57.

Machtprozesses[360]« stets im Auge behalten. Das Staatsrecht darf aber bei den »Standorten der Wirklichkeit[361], die ihm die Soziologie in allen ihren Formen – sei es die verstehende Soziologie[362], die Staatssoziologie[363], die politische Soziologie[364] oder die Rechtssoziologie[365] – liefert, nicht stehenbleiben. Das wurde oben begründet.

Es scheint darüber hinaus angezeigt, zur Erhellung der Abgrenzung einige soziologische Fragestellungen zum Problem der Interessenverbände zu erwähnen[366]:

a) »Bestimmt die Klassenzugehörigkeit oder die Interessenbindung unser gesellschaftliches Dasein und Denken?«

b) »Bestimmt der Massenzustand unser gesellschaftliches Dasein und Denken?«

Die hier vollzogene Abgrenzung zur Soziologie in dem Sinne, daß »die soziologische Analyse des tatsächlichen Machtprozesses[360]« stets im Auge gehalten wird, steht in gewissem Gegensatz zur Auffassung Kantorowicz'. Nach ihm kann »für die Rechtswissenschaft nur eine solche sozialwissenschaftliche Betrachtung etwas bedeuten ..., die die Einzelgebiete des sozialen Lebens ... nicht an sich, sondern unter dem Gesichtspunkt ihrer Beziehung zum Rechte betrachtet[366a]«. Es würde einer vertieften, hier nicht möglichen Auseinandersetzung mit der Wissenschaftslehre des Jahrhundertanfangs und der Gegenwart bedürfen, um den Gegensatz zu rechtfertigen. – Kantorowicz selbst erkannte aber, dieser Hinweis möge genügen, der Soziologie den Rang zu: »Systematische und theoretische Wissenschaft von der Wirklichkeit der Gesellschaften[366b]«.

§ 6: Abgrenzung zur Rechtspolitik

Prüft man die in der Einleitung[367] aufgeführten Schlagworte aus der Diskussion zur staatsrechtlichen Stellung der Interessenverbände näher, so weisen sie zum großen Teil rechtspolitischen Gehalt und rechtpolitische Zielsetzung auf.

Solche rechtspolitischen Fragen[368], etwa wie man aus einem angeblichen »naturalistisch-rüden Gegeneinander von Kräften ein diszipliniertes, sinnvolles Konzert der Funktionen[369]« machen kann, wie der angebliche »schrankenlose laissez-faire-Pluralismus der technologischen Massengesellschaft überwunden und wie ... die Interessenverbände durch wirksame und erzwingbare gesetzliche Regelungen in den politischen Prozeß eingegliedert[370]« werden können, sind grundsätzlich nicht Gegenstand dieser Arbeit.

[360] Loewenstein, Verfassungslehre, S. 15, S. 150.
[361] Hans Huber, NZZ II.
[362] Dazu Winckelmann, Gesellschaft, S. 22; Meyer-Cording, Vereinsstrafe, S. 1 f.
[363] Dazu v. d. Heydte, Staat, in: Handbuch der Soziologie, S. 939.
[364] Dazu Stammer, Politische Soziologie, S. 277.
[365] Dazu Eichler, Recht, in: Handbuch der Soziologie, S. 919.
[366] Vgl. »Gesellschaft«.
[366a] Vgl. Kantorowicz, Soziologie, S. 117.
[366b] Vgl. Kantorowicz, Soziologie, S. 145.
[367] Siehe oben S. 6–7.
[368] Vgl. die Zusammenstellung: Fischer-Lexikon, S. 242.
[369] Küster, Gewaltenproblem, S. 411.
[370] Loewenstein, Verfassungslehre, S. 414.

Die Untersuchung wird aber insofern an einigen Stellen rechtspolitischen Gehalt haben, als sie auf manches scharfe Schwert hinweisen muß, das noch unbenutzt in der Kammer des Verfassungsrechts steht.

Sie wird ferner die Problemkreise »Bundeswirtschaftsrat« und »Gewerkschaftlicher Solidaritätsbeitrag« erörtern, die eine starke rechtspolitische Komponente aufweisen.

§ 7: Abgrenzung zur Volks- und Betriebswirtschaftslehre

A. Von besonderer Aktualität ist das Problem der Interessenverbände in der *Volkswirtschaftslehre.* Angesichts der engen Beziehungen zwischen dem freiheitlichen demokratischen Staat und seiner Wirtschaftsordnung[371] hat jede staatsrechtliche Untersuchung zum Verbändeproblem, das die Wirtschaftsverbände umfaßt, auch mittelbar national-ökonomische Bedeutung.

Die Interessenverbände haben darüber hinaus spezifische volkswirtschaftliche Problemstellungen ausgelöst[371a], die hier nicht erörtert werden können, die aber erwähnt werden müssen, um die Konturen der staatsrechtlichen Betrachtung zu schärfen:

1. »Die der Interessenpolitik entsprechende Tendenz zur *Politisierung der Wirtschaft* ... trägt in den *Produktionsprozeß* durch Eingriffe politischer Instanzen ein *Moment der Unsachlichkeit* ...[372].«

2. Untergrabung des *Verantwortungsbewußtseins des Einzelnen* und des *Prestiges des Staates* durch die Interessenverbände – kann die freiheitliche Wirtschaftsordnung ohne diese beiden Kapitalien leben[373]?

3. Was bedeutet die weitgehende Ersetzung der *Konkurrenz* einer Vielzahl von Einzelinteressen durch *Kompromisse* der die Einzelinteressen organisierenden Interessenverbände für das Ordnungsgefüge einer Marktwirtschaft, welche Auswir-

[371] Grundlegend: Werner, Verbände; Böhm, Wirtschaftsordnung; Rapold, Demokratie; ferner: Ludwig Erhard, Strategie und Taktik der Wirtschaftspolitik, in: FAZ vom 3. 12. 1960, S. 7; Hans Roeper, Anschläge auf die Wirtschaftsordnung in: FAZ vom 7. 1. 1961; Josua Werner »Die Verbände in Wirtschaft und Politik« Zürich, Stuttgart 1959; Theodor Eschenburg »Interessengruppen im Marktprozeß« S. 361–365 in »Die Aussprache«, Bonn 1959, Heft 10; Rudolf Krengel, »Wirtschaftspolitik und Interessenvertreter«, S. 92–97 in »Konjunkturpolitik« Berlin 1959, Heft 2; Egon Tuchtfeld, »Wirtschaftspolitik und Verbände« S. 72–84 in »Hamburger Jahrbuch für Wirtschafts- und Gesellschaftspolitik«; Werner Weber, »Das politische Kräftesystem in der Wohlfahrtsstaatlichen Massendemokratie« in »Zum Problem des Gleichgewichts zwischen Wirtschaftspolitik und Staatspolitik« 1956, S. 35–54; Hans Rühle v. Lilienkron, »Gruppenwirtschaftliche Gemeinschaftsformen als Instrument europäischer Marktpolitik«, S. 921–924 in »Der Betrieb« 1961; Walter Heinrich, »Staatsgefüge, Wirtschaftsverbände und Betriebsleben in ihrer Gegenseitigkeit«, S. 107–145 in »Gewerbe und Wirtschaft«, St. Gallen 1953; Max Adenauer, »Die volkswirtschaftliche Funktion von Wirtschaftsverbänden«, S. 49–50 in »Der Städtetag«, 1956, Heft 2; »Erhard: Helfen Sie mir gegen die Interessentenhaufen« in FAZ Nr. 78 vom 2. 4. 1962.

[371a] Vgl. Meinberg, Der Geldwert im Widerstreit der Interessen, Frankfurt (Main) 1961.

[372] Rapold, a. a. O., S. 4, Hervorhebungen vom Verf.

[373] Rapold, Demokratie, S. 41, 43.

kungen hat die Verbandsbildung insbesondere auf das Funktionieren des Wettbewerbs[374]?

4. Tritt neben die beiden herkömmlichen Systeme der *Koordination* der Tätigkeit der Betriebe untereinander und mit den Bedürfnissen der Haushalte, d. h. das der *Marktwirtschaft (Verkehrswirtschaft)* und der *Zentralverwaltungswirtschaft*, nun als drittes Koordinationssystem das *System des organisierten Interessenausgleichs*[375]?

5. Gibt es in einer freien Wirtschaft mit machtvollen Verbänden auf allen Marktseiten noch *verbandsunabhängige Marktdaten* zur staatlichen wirtschaftspolitischen Willensbildung[376]?

B. Außerhalb des Rahmens dieser Arbeit stehen *betriebswirtschaftliche* Aspekte der »Interessenverbände«, wie sie mit den Stichworten »Betriebsverband und Verbandsbetrieb[377]« gekennzeichnet werden können.

§ 8: Abgrenzung zur Wissenschaft von der Politik[377a]

So, wie diese Untersuchung von der *statischen* Betrachtungsweise der Allgemeinen Staatslehre, der »Anatomie des Staates« in § 2 abzugrenzen war, ist sie auch von der *»dynamischen* Gestalt- und Gestaltungslehre des Staates[378]«, von der Politischen Wissenschaft, abzugrenzen.

Im Mittelpunkt der Politischen Wissenschaft als der »Physiologie des Staates« steht »die Lehre von der Macht im Staat[378]«, d. h. bezogen auf die Interessenverbände: die »Darstellung des politischen Konzerts der Verbände«.

Dabei mögen die in dieser Untersuchung angestrebten Standorte des Verfassungsrechtes mitbetrachtet werden. Primärer Gegenstand der Politischen Wissenschaft ist jedoch die dynamisch betrachtete Verfassungswirklichkeit.

Kapitel 5:

Das Problem der besonderen Interessenverbände

1. »Die Tätigkeit der Interessenverbände ist überaus mannigfaltig. Unter ihnen selbst bestehen die größten Verschiedenheiten[380].« Hans *Huber*[381] hat darauf hingewiesen, daß die »Juristen zu wenig Gewicht auf die Unterschiede zwischen den Verbandsgattungen und zwischen den konkreten Verbänden legen«, daß zwar

[374] Werner, Verbände, S. 2 f., 30.
[375] Jöhr, Kompromiß, S. 47—52; Jöhr-Singer, Nationalökonomie, S. 155—159.
[376] Solterer, Grenzen, S. 730, r. Sp.
[377] So das Buch von Erwin Grochla, Berlin 1959.
[377a] Vgl. zum Gegenstand der Wissenschaft von der Politik: Friedrich, S. 6—7.
[378] v. d. Heydte, Staat, S. 938.
[379] Breitling, Verbände, S. 1.
[380] Geyer, NZZ.
[381] Huber, Verbände, S. 5 f.

Bienenzüchterverein und Maschinenarbeitergewerkschaft beide Berufsverbände sind, aber doch »meilenweit voneinander entfernt«.

Mit diesen und ähnlichen Stimmen wird das bisherige Vorgehen, eine unbegrenzte Variationsbreite von organisierten Interessen, »ein so reiches, buntes und so höchst mannigfaltiges Leben auf die ... Schnur einer einzigen durchgehenden[382]« Definition »Interessenverbände« zu spannen, umfassend in Frage gestellt.

2. Das Selbstverständnis der Gewerkschaften und der Unternehmerverbände unterstreicht diese Problematik:

a) »Die *Gewerkschaften* sind ... nicht einfache Interessenverbände. Sie vertreten Existenzinteressen. Die Rolle der *Existenzinteressenverbände* ist in unserer Massengesellschaft zentral. Die Gewerkschaften haben eine ungeheure *Verantwortung* ... für den Fortschritt unserer Massengesellschaft insgesamt[383]«. (Sie sind) »mehr und mehr in Aufgaben hineingewachsen, die den rein privaten Bereich überschreiten; Aufgaben, die man zum Teil als *quasi öffentlich-rechtliche* bezeichnen kann[384]«. »Auf verschiedenen Ebenen sind die Gewerkschaften und die staatliche Organisation ... *Partner*[385].« »Die Gewerkschaften sind die einzige Organisation, die einen maßgeblichen Einfluß im Staat *mit Recht* verlangen können, weil sich ihre Interessen mit denen der Allgemeinheit decken[386].« »Wir als Gewerkschaftler dürfen sogar sagen, *der Staat sind wir*[387].«

Dieses Selbstverständnis steigert sich bis zur Vorstellung eines öffentlich-rechtlichen Verbandes kraft eigenen Rechts: »Also, was wir in den Gewerkschaften vor uns haben, ist eine demokratische Integration ausgesprochener Art, die *neben* dem Staat steht[388].«

Solche Argumente sind nicht ohne Eindruck auf die Staatsrechtswissenschaft geblieben: *Scheuner*[389] billigt den Gewerkschaften den »Status eines anerkannten öffentlich-rechtlichen Verbandes und damit für gewisse Beziehungen eine begrenzte Rechtsfähigkeit auf dem Gebiet des Arbeitsrechts, des Verwaltungsrechts und vielleicht auch des Verfassungsrechts« zu. *Forsthoffs* »Realanalyse« wurde schon[390] erwähnt.

b) Die Unternehmerverbände und ihr Zentralverband haben zwar mit solch massiven Rechtsstellungsansprüchen zurückgehalten. Aber es fragt sich auch hier, ob ein Verband – dessen maßgebliche Vertreter z. B. nach dem 1. Weltkrieg »an den großen internationalen Konferenzen über die Fragen der Reparationen und der Schuldenregelung als Sachverständige teilgenommen[391]« haben, der dem heutigen Staat seinen »Ostausschuß der deutschen Wirtschaft« als Notamtsträger für

[382] In Anlehnung an Goethes Kritik über diejenigen, die ihn nach einer Idee des »Faust« fragten: Gespräch mit Eckermann vom 6. 5. 1827.
[383] Kogon in: Gesellschaft, S. 123.
[384] Olah, Gewerkschaften, S. 19.
[385] Alfred Weber, Gewerkschaften, S. 155 f.
[386] Fette, zitiert nach: Gewerkschaften in der Bundesrepublik, S. 17.
[387] Freitag, zitiert nach: Gewerkschaften in der Bundesrepublik, S. 17.
[388] Alfred Weber, Staat und Gewerkschaftliche Aktion, S. 14.
[389] Scheuner, Selbstverwaltung, DÖV 1952, S. 611, r. Sp.
[390] Siehe oben S. 5.
[391] Spitzenverband, S. 179; vgl. auch Klass, Unternehmer.

wichtige Missionen stellt – mit irgendeiner Liga unzufriedener Steuerzahler, ad hoc formiert, in gemeinsamer Betrachtung zusammengefaßt werden kann.

3. Wenn demgegenüber eine gemeinsame Betrachtung aller Interessenverbände versucht wird, so soll damit nicht das Gewicht der großen Gruppen der Sozialpartner, der sogenannten »sozialen Großverbände[392]« oder je und je anderer Gruppen geleugnet werden.

Drei Gründe sprechen aber für die gemeinsame Betrachtung:

a) Es beruht auf der Eigenstellung der Rechtswissenschaft, daß »die konkrete Individualität als juristisch wesentlich nur in ihrer abstraktesten Eigenschaft in Betracht kommt[393]«, daß »die Fülle des Lebens« mit »grausam vereinfachender Abstraktionskraft[393]« angefaßt werden muß, um juristisch handlich zu werden.

b) Der oben entwickelte Interessenbegriff ist differenziert genug und wertneutral, um den dargestellten Selbstverständnissen und Sonderstellungen der Großverbände jenseits aller Wertung und Egalisierung nuanciert Rechnung zu tragen.

Daß die Großverbände in *diesem* Sinne Interessenverbände bei aller Verfolgung von sogenannten Existenzinteressen bleiben, wird hier allerdings behauptet: Arbeitnehmerinteressen und Unternehmerinteressen müssen in einer freiheitlichen Demokratie mit dem Wirtschaftssystem der Bundesrepublik notwendigerweise zum guten Teil Existenzinteressen sein. Das ändert nichts daran, daß die Gewerkschaften nach einem gefestigten Selbstverständnis »Großorganisationen sich frei zusammenschließender Arbeitnehmer zur Durchsetzung *deren* spezifisch sozialer Interessen[394]« bleiben. Das gleiche gilt entsprechend für die Arbeitgeber und Unternehmer[395].

Aus dem Bekenntnis zur Demokratie und aus der Übernahme von Verantwortung im öffentlichen Raum ist in dieser Hinsicht nichts herzuleiten: Interessenverbände, die dem Allgemeinwohl dienen und es mittragen, dienen zugleich ihrem wohlverstandenen Eigeninteresse. Das Ende der Demokratie wäre das Ende der Interessenverbände.

c) Soweit es auf Grund anzuerkennender Sonderstellungen oder -probleme in dieser Arbeit notwendig wird, einzelne Interessenverbände besonders zu betrachten, geschieht dies jeweils am Ende des allgemeinen Teils, dem die Sonderfrage systematisch oder logisch zuzuordnen ist.

[392] Stammer in »Protokoll Verbände«, S. 22.
[393] Radbruch, Rechtsphilosophie, S. 199.
[394] Fischer-Lexikon, S. 105.
[395] Ebenso Müller, Gedanken zum Solidaritätsbeitrag, S. 16: »Entsprechend ihrem Wesen als Interessenverbände sind die Koalitionen ...«

ABSCHNITT D: DAS LEGALGEWICHT DER INTERESSENVERBÄNDE

Ein großer Teil der eingangs dieser Untersuchung zitierten Diskussionsschlagworte zum Verbändeproblem trägt auf dem Hintergrund die Vorstellung, die Interessenverbände seien Sozialgebilde, »die gewissermaßen draußen vor der Türe« stehen und noch »an den Pforten des Staates rütteln[396]«. Demgegenüber ist schon nach dem soziologischen und politisch-wissenschaftlichen Befund[397] darauf hinzuweisen, daß die Interessenverbände in der Bundesrepublik die Hürde des Vorzimmers längst genommen haben. Dieser Befund ist durch den juristischen zu ergänzen, daß die Interessenverbände *legal* in der Bundesrepublik auf viele Weisen im staatlichen oder öffentlichen Raum mitarbeiten, mitbilden und mitformen[397a].

Es erscheint daher nicht nur aus den oben[398] erörterten Gründen der extensiven Entwicklung des Verfassungsgesetzes notwendig, der staatsrechtlichen Untersuchung einen Überblick über das Legalgewicht voranzuschicken, das die Interessenverbände nach den Länderverfassungen und den allgemeinen Gesetzen in Bund und Ländern schon aufzuweisen haben.

Kapitel 1:

Die Rechtsstellung der Interessenverbände nach den Verfassungen[399] der Bundesländer

§ 1: Überblick

Für das Bonner Grundgesetz wird beklagt, daß es zwar den »Grundsatz der freien Gruppenorganisation der Gesellschaft« durch die Grundrechte der Vereini-

[396] Sternberger in: Gewerkschaften, S. 138.

[397] Breitling, Verbände.

[397a] Scheuner in: DIHT-Interessen, S. 7.

[398] Siehe oben S. 35 u. 37.

[399] Zitiert nach der von der »Interparlamentarischen Arbeitsgemeinschaft«, Bonn, herausgegebenen Sammlung »Recht und Organisation der Parlamente«, Bielefeld 1958: Vf B—W vom 11. 11. 1953 (Ges.Bl. S. 173); Vf BAY vom 2. 12. 1946 (GVBl BAY S. 333); Vf BLN vom 1. 9. 1950 (VOBl I, S. 433) i. d. F. der Änderungsgesetze bis zum 11. 7. 1957 (GVBl S. 742); Vf BRE vom 21. 10. 1947 (BremGBl S. 251) i. d. F. vom 29. 3. 1960 (BremGBl S. 41); Vf HBG vom 6. 6. 1952 (GVBl S. 117); Vf HES vom 1. 12. 1946 (GVBl S. 229) i. d. F. vom 22. 7. 1950 (GVBl S. 131); Vf NDS vom 13. 4. 1951 (GVBl S. 103) i. d. F. vom 7. 7. 1960 (GVBl S. 137); Vf N—W vom 28. 6. 1950 (GVBl S. 127) i. d. F. vom 11. 5. 1954 (GVBl S. 131); RH—PF vom 18. 5. 1947 (VOBl S. 209) i. d. F. vom 10. 7. 1952 (GVBl S. 109); Vf S—L i. d. F. vom 29. 9. 1960 (Amtsbl. S. 759); Vf S—H vom 13. 12. 1949 (GVOBl S. 3) i. d. F. vom 11. 3. 1958 (GVOBl S. 177).

gungs- und Koalitionsfreiheit anerkenne, daß es »den pluralistischen Gruppen aber immer noch an einer gesetzlichen Institutionalisierung fehlt[400]«.

Im Gegensatz zum Grundgesetz finden sich in den Länderverfassungen über die Gewährung der Vereinigungsfreiheit (BAY Art. 114; BLN Art. 18 Abs. 1; BRE Art. 17; HES Art. 15; RH-PF Art. 13, 39 IV, 127; S-L Art. 109) und Koalitionsfreiheit (BAY Art. 170; BLN Art. 18; BRE Art. 48; HES Art. 36; RH-PF Art. 66 Abs. 1; S-L Art. 56 Abs. 1) hinaus besondere Vorschriften über die Rechtsstellung von Interessenverbänden im Verfassungs- und Gemeinschaftsleben. Sie lassen sich in *sechs Gruppen* einteilen:

1. Die Einordnung von Interessenverbänden *in die Staatsorganisation* von Bundesländern, und zwar in *sechs* Formen:

a) Als teilweise *Wahlkörperschaften eines Staatsorgans*, das seinerseits teilweise aus Vertretern von Interessenverbänden zusammengesetzt ist: Art. 34—36 Verf. BAY (Bayer. Senat).

b) Durch Bildung von *Wirtschaftskammern* aus den Vertretern der Interessenverbände von Arbeitnehmern (Gewerkschaften) und Unternehmern bzw. Arbeitgebern (Art. 46 Verf. BRE; Art. 71 Verf. RH-PF).

c) Durch *überbetriebliches Mitbestimmungsrecht* der Gewerkschaften und Unternehmensvertreter in *staatlichen Lenkungsorganen* (Art. 38 III Verf. HES; 70 Verf. RH-PF; 58 II Verf. S-L).

d) Durch Bildung von *Wirtschaftsgemeinschaften* (Art. 68 Verf. RH-PF; 58 I Verf. S-L) aus den Vertretern der Arbeitgeber und Arbeitnehmer.

e) Durch gleichberechtigtes Zusammenwirken der Arbeitgeber- und Arbeitnehmervertreter in den *Industrie- und Handelskammern* (Art. 69 II und III RH-PF).

f) Durch Betrauung der Berufsorganisationen der Arbeitnehmer und Arbeitgeber mit der Wahrnehmung *allgemeiner* beruflicher, wirtschaftlicher und sozialer Interessen (Art. 57 Verf. S-L).

2. Die Garantie der ausschließlichen Tariffähigkeit von Gewerkschaften und/oder Arbeitgeberorganisationen bzw. Unternehmern und die verfassungsmäßige *Allgemeinverbindlichkeitserklärung* oder Einräumung der Möglichkeit dazu (Art. 169 Verf. BAY; 50 II BRE; 29 II HES; 54 I 2 RH-PF; 47 S-L).

3. Die Anerkennung des *innerbetrieblichen Mitbestimmungsrechts* zur Ausführung im Benehmen mit den — oder unter Mitwirkung der — Gewerkschaften (Art. 175 Verf. BAY; 47 BRE; 37 HES; 26 N-W; 67 RH-PF; 58 III S-L).

4. Die Anerkennung des *Streikrechts* der Gewerkschaften, wirtschaftlichen Vereinigungen oder Berufsverbände (Art. 18 III Verf. BLN; 51 III BRE; 29 IV HES; 66 II RH-PF; 56 II S-L).

5. Die Garantie von Einrichtung und Tätigkeit von *Selbstverwaltungsorganen* aus den Kreisen der Berufsverbände, insbesondere auf dem Gebiet der Sozialversicherung (Art. 154 Verf. BAY; 57 IV S. 2 BRE; 35 I S. 2 HES; 53 IV S. 1 RH-PF; 46, 2 S-L).

6. Die Anerkennung von Einrichtung und Tätigkeit der *Verbände der freien Wohlfahrtspflege* (Art. 13, 3 und 87 B-W; 26 RH-PF).

[400] Loewenstein, Verfassungslehre, S. 369 f.

§ 2: Folgerungen

1. Das Länderverfassungsrecht hat bei dem Einbau der Interessenverbände in die Staatsorganisation der Länder Zurückhaltung gewahrt[401]. Eine Institutionalisierung im Sinne der Verwandlung aus Personen des Privatrechts in öffentliche Körperschaften[402] ist nirgendwo erfolgt. Wohl aber ist in den *Fällen der 1. Gruppe* eine *Institutionalisierung insofern* erfolgt, als die dort genannten Interessenverbände, vor allem die der Arbeitnehmer und Arbeitgeber, in solche Beziehung zu Verfassungsorganen gesetzt sind, daß sei als *Verfassungsinstitutionen* in dem Sinne angesprochen werden können, wie ihn das BVerfG für die Parteien nach dem GG geprägt hat[403].

Gerade für die Haltung zu dieser Gruppe ist der Art. 179 Verf. BAY[404] charakteristisch: Der eigentliche Umgang mit der staatlichen Macht bleibt den Interessenverbänden als solchen verschlossen.

In *allen übrigen* Fällen (Gruppe 2–6) hat die Erwähnung in der Verfassung den Sinn, die jeweils genannten Interessenverbände in den jeweils genannten Bereichen als *verfassungsmäßig anerkannte Teilnehmer des geordneten und selbstordnenden freiheitlich-demokratischen Staatslebens* besonders hervorzuheben, *ohne* ihnen indessen den Rang von Verfassungseinrichtungen oder gar Verfassungsorganen zu geben.

2. In allen Fällen (Gruppen 1–6) handelt es sich aber um *institutionelle und funktionelle Garantien,* die »in ihrer politischen Bedeutung und ihrer Rechtswirkung über die bloße Gewährleistung der Koalitionsfreiheit« hinausgehen[405].

3. Über den ungeschriebenen Verfassungsgrundsatz der Bundestreue[406] können sich grundsätzlich aus der dargestellten Verfassungslage in den Bundesländern Folgerungen auch für die Auslegung des Grundgesetzes ergeben.

Aus der Pflicht des Bundes zu bundesfreundlichem Verhalten[407] folgt für die Auslegung der Verfassungssätze des Bundes, daß sie »auf das Verfassungsleben der Länder die größtmögliche Rücksicht nehmen[408]« muß zur »Festigung und Wahrung der wohlverstandenen Belange des Bundes und der Glieder[409]«.

a) Prüft man unter diesem Gesichtspunkt die *Fälle der Gruppe 1* (Interessenver-

[401] Hamann, Wirtschaftsverfassungsrecht, S. 65.

[402] So der Schweizer Sprachgebrauch: Huber, Verbände, S. 21 f.; ferner Art. 179 Verf. BAY. Verf. BAY.

[403] Vgl. Fußnote 161.

[404] Art. 179 lautet: Die in dieser Verfassung bezeichneten sozialen, wirtschaftlichen und kulturellen Körperschaften, Selbstverwaltungsorgane der Wirtschaft und Organisationen der Erzeuger, Verteiler und Verbraucher (Art. 34, 36, 154, 155, 164) sind keine öffentlichen Behörden und dürfen keine staatlichen Machtbefugnisse ausüben. Zwangsmitgliedschaft bei ihnen ist ausgeschlossen.

[405] E. R. Huber, Wirtschaftsverwaltungsrecht II, S. 377.

[406] BVerfGE 3, 52 (57); 4, 115 (140); 6, 309 (328, 361); 8, 122 (127).

[407] BVerfGE 8, 122; Willi Geiger, »Die Pflicht zum bundesfreundlichen Verhalten« in FAZ 1961, Nr. 75 vom 29. 3.

[408] Zippelius in NJW 1958, S. 445 r. Sp.

[409] BVerfGE 6, 309 (361).

bände als Verfassungsinstitutionen), so treten die sechs Formen der Einordnung von Interessenverbänden nicht etwa bei allen Bundesländern auf, sondern es handelt sich um je und je in sich verschiedene Einzelfälle, Ausdruck und Merkmale dafür, daß »in einem so betont föderativen Staat wie der Bundesrepublik Deutschland die Verfassungsräume des Bundes und der Länder grundsätzlich selbständig nebeneinander[410]« stehen. Hier wird also gerade der »Spielraum« der »Länder in der Gestaltung ihrer Verfassung im einzelnen[411]« sichtbar.

b) Nur für die Fälle der Gruppen 2–6 erfordert es die positivrechtlich in Art. 28 Abs. 1 GG verankerte »gewisse Homogenität[411]«, die die grundsätzlich selbständigen Verfassungsräume von Bund und Ländern zur »Sicherung« des »politischen Grundbestands[412]« verbinden soll, zu einem gemeinsamen Befund in Bund und Ländern zu kommen.

Er lautet *negativ* dahin, daß auch nach Bundesverfassungsrecht Interessenverbände von den legalen Teilnehmern des freiheitlich-demokratischen Staatslebens nicht abgesondert werden dürfen, *positiv* dahin, daß die *Interessenverbände verfassungsmäßig anerkannte Teilnehmer des geordneten und selbstordnenden freiheitlich-demokratischen Staatslebens auch nach Bundesverfassungsrecht* sind. Die positivrechtliche Grundlage für diesen Standpunkt bieten, wie später näher auszuführen sein wird, Art. 9 und 21 I S. 1 GG.

Kapitel 2:

Besondere Rechtsstellungen nach allgemeinen Gesetzen des Bundes und der Länder sowie nach den Geschäftsordnungen von Verfassungsorganen des Bundes und der Länder

§ 1: Überblick

Während die im vorigen Kapitel dargestellten Vorschriften der Länderverfassungen im wesentlichen die sogenannten »sozialen Großverbände[413]« berücksichtigen, werden Interessenverbände in kaum begrenzter Variationsbreite in allgemeinen Gesetzen und Geschäftsordnungen[414] von Verfassungsorganen des Bundes und der Länder in weitem Umfang »zur Mitwirkung an Staatsgeschäften herangezogen[415]« oder mit besonderen Stellungen im Behörden- und Gerichtsverfahren ausgestattet. Dabei sind *acht* Fallgruppen zu unterscheiden:

1. Die *Sonderstellung* der Interessenverbände der Arbeitgeber bzw. Unternehmer und Arbeitnehmer im Tarifvertragsrecht, Betriebsverfassungsrecht und Personalvertretungsrecht und Arbeitsgerichtsverfahren bzw. Disziplinarverfahren und die

[410] BVerfGE 4, 178 (189).
[411] BVerGE 9, 268 (279).
[412] Maunz-Dürig, Randnr. 19 zu Art. 28.
[413] Siehe Fußnote 392.
[414] Der Streit um die Rechtsnatur parlamentarischer Geschäftsordnungen kann hier nicht erörtert werden; vgl. Maunz-Dürig, Randnr. 21, 22 zu Art. 40 GG.
[415] Reuß, Die Organisation der Wirtschaft, in: »B. N. Sch.« III 1, S. 131.

Sonderstellung dieser und anderer Interessenverbände im Recht der Sozialversicherung und im Steuerrecht.

2. Die *verfahrensmäßige Beteiligung* von Interessenverbänden im Gesetzesvorbereitungs- oder Gesetzgebungsverfahren oder bei der unmittelbaren oder mittelbaren Staatsverwaltung.

3. Der *organisatorische Einbezug* von Interessenverbänden in die unmittelbare oder mittelbare Staatsverwaltung durch *Beiräte, Fachausschüsse* oder *beratende Ausschüsse.*

4. Die *Beteiligung* von Interessenverbänden *in Beschlußorganen von Behörden* der unmittelbaren Staatsverwaltung.

5. Die *Vorbereitung oder technische Durchführung* von staatlichen Maßnahmen *nicht* hoheitlicher Art durch Interessenverbände.

6. Die *Ausübung staatlicher Hoheitsaufgaben* durch Interessenverbände.

7. Die *Sonderstellung* von Interessenverbänden bei der *Rechts-* und *Steuerberatung.*

8. Die Sonderstellung von Interessenverbänden bei der *Rechtshilfe* (= Vertretung gegenüber Privatpersonen und Behörden sowie vor Gerichten).

§ 2: Einzeldarstellung

1. Die Sonderstellung der Interessenverbände der Arbeitgeber bzw. Unternehmer und Arbeitnehmer im Tarifvertragsrecht, Betriebsverfassungsrecht, Personalvertretungsrecht, Arbeitsgerichts- bzw. Disziplinarverfahren und die Sonderstellung dieser und anderer Interessenverbände im Sozialgerichtsverfahren ist im Gegensatz zu den anderen besonderen Rechtsstellungen für Interessenverbände allgemein bekannt. Daher kann dieser summarische Hinweis genügen[416]. Das gleiche gilt für die Sonderstellung der Berufs- und Wirtschaftsverbände im Steuerrecht[416a].

2. Die *verfahrensmäßige Beteiligung* von Interessenverbänden im Gesetzesvorbereitungs- oder Gesetzgebungsverfahren oder bei der unmittelbaren oder mittelbaren Staatsverwaltung:

Hier sind zwei Untergruppen zu bilden:

a) Anhörung, gutachterliche Äußerungen oder Dokumenteanforderung *nach dem Ermessen* des Verfassungsorgans oder der Behörde: z. B. 1) §§ 23 I, 62, 74 Gemeinsame Geschäftsordnung der Bundesregierung, bes. Teil; 2) § 73 II GO BT; 3) §§ GO-

[416] Vgl. zur Sozialversicherung: Dersch, Die Sozialversicherung, in: B. N. Sch. III/1, S. 503 ff.; zum Sozialgerichtsverfahren: Bernhard Volmer, Prozeßvertretung vor den Gerichten der Sozialgerichtsbarkeit, in: NJW 1954, S. 1100—1103; zum Arbeitsgericht: Wilhelm Herschel, Vom Arbeitsschutz zum Arbeitsrecht, in: Rechtsleben I, S. 305—315; ders., das Arbeitsrecht, in: B. N. Sch. III/1, S. 325—371; Neumann-Duisberg, Das Mitbestimmungsrecht, in: B. N. Sch. III/1, S. 373—416; ders., Kollektivvertrag und individualrechtliche Grenzen der Kollektivmacht, in: JZ 1960, S. 525; E. R. Huber, Wirtschaftsverwaltungsrecht II, §§ 90—100; zur Arbeitsverwaltung: Thiele, Verbände, S. 90—91.

[416a] Vgl. W. Ch. Schlieder, »Berufs- und Wirtschaftsverbände im Steuerrecht«, Düsseldorf 1960.

Landtage 32 II B-W; 30 II HES; 24 II S-L; 4) Art. 46 I Schumanpl.; 5) § 19 II Vieh- und FleischG (für anerkannte Marktverbände).

b) *Subjektive öffentliche Rechte* der Interessenverbände auf Anhörung, Darlegung, Vorlage, Bemerkungen und Anregungen: z. B. 1) Art. 46 II, III; 48 II, III Schumanpl.; 2) § 3 II Ges. Verkehr mit unedlen Metallen; 3) §§ 3 I, 8 I BinnenschiffsverkehrsG; 4) § 33 HAG; 5) § 6 HandelsklassenG.

3. Der organisatorische *Einbezug* von Interessenverbänden *in die* unmittelbare oder mittelbare *Staatsverwaltung* durch *Beiräte, Fachausschüsse* oder *beratende Ausschüsse:* z. B.

1) Insgesamt ca. 56 Beiräte bei Bundesministerien[417]. 2) Art. 18, 19 Schumanpl.; 3) Art. 124 II EWG; 4) Art. 193 EWG und 165 Euratom i. V. m. Art. 5 Abk. über gemeinsame Organe für die Europäischen Gemeinschaften; 5) § 5 I FischG; 6) § 9 BBankG; 7) § 16 III GewO; 8) §§ 4, 5 MindArbBedG; 9) § 4 G. ü. d. Einrichtung einer Bundesstelle für den Warenverkehr der Gew. Wirtschaft; 10) §§ 3 ff. AVAVG; 11) § 3 Ges. ü. Err. einer Bundesversicherungsanstalt für Angestellte; 12) § 17 G. ü. d. Gewährung von Kindergeld und ü. d. Errichtung von Familienausgleichskassen; 13) § 12 IV Ges. ü. d. Entschädigung ehemal. dt. Kriegsgef.

4. Die *Beteiligung* von Interessenverbänden *in Beschlußorganen von Behörden* der unmittelbaren oder mittelbaren Staatsverwaltung: z. B.

1. Art. X und XI der EURATOM-Versorgungsagentur-Satzung.
2. §§ 10 BundesbahnG; 5, 6 PostverwG; 61 ff. GüKG.
3. § 8 ZuckerG; § 7 GetreideG; § 14 Milch- und FettG; § 16 Vieh- und FleischG.
4. § 17 f. Ges. NRW ü. Westd. Rundfunk i. V. m. § 19 Satzung WDR.
5. §§ 5, 7 G. ü. KfW und 10 G. ü. Dt. Genossenschaftskasse.

5. Die *Vorbereitung* oder technische *Durchführung von staatlichen Maßnahmen nichthoheitlicher Art* durch Interessenverbände (nach deren Anerkennung): z. B. §§ 13 Milch- und FettG; 19 Vieh- und FleischG; 7 ZuckerG.

6. Die *Ausübung staatlicher Hoheitsaufgaben* durch Interessenverbände auf den Gebieten Dampf-, Elektro-, Gas- und Wassertechnik[418].

7. Die Sonderstellung von Interessenverbänden bei der *Rechts- und Steuerberatung*[419]: z. B. § 7 RBerMG; § 107a AO; § 95 Bundesvertriebenengesetz.

8. Die Sonderstellung von Interessenverbänden bei der *Rechtshilfe* (= Vertretung gegenüber Privatpersonen und Behörden sowie vor Gerichten)[420]: z. B. 1) § 13 UWG; 2) § 12 MSchG; 3) §§ 73 VI und 166 II SGG[421]; § 11 AGG, 30 e II BDO; 4) mittelbar § 67 II VwGO.

[417] Vgl. im einzelnen: Kipp, DÖV 1957, S. 521.

[418] Vgl. dazu Reuß, Die Organisation der Wirtschaft, in: »B. N. Sch.« III/1, S. 131; auch BVerfGE 11, 6 ff.

[419] H. Brangsch, Rechtsberatung und Rechtshilfe durch Verbände, in: NJW 1953, S. 732.

[420] Vgl. 419, ferner: H. Brangsch, Prozeßvertretung durch Verbände, in: NJW 1955, S. 1823; Wolfgang Huber, Nochmals: P. d. V., in: NJW 1956, S. 780 f. Die oben angeführten Sonderstellungen treten neben die herkömmliche Standes- und Ehrengerichtsbarkeit, die hier nicht aufgeführt wird.

[421] Vgl. dazu BVerfGE 9, 124 (146).

§ 3: Rechtsprechung

Die Rechtsprechung hat sich in Entscheidungen des BVerfG, oberer Bundesgerichte und anderer Gerichte mehrfach zu Rechtsfragen geäußert, die die hier betrachteten besonderen Rechtsstellungen betreffen oder ergänzen. Dabei wurden diese Rechtsstellungen zugleich bestätigt (unter a) und begrenzt (unter b).

a) Das BVerfG[422] hat die den Interessenverbänden in den §§ 73 und 166 SGG zugebilligte Sonderstellung bei der Rechtshilfe ausdrücklich gebilligt.

Interessenverbände genießen *Namensschutz* und sind, auch soweit sie nicht rechtsfähig sind, zur Geltendmachung von *Ansprüchen* aus der Verletzung des *Namens*rechts aktiv legitimiert[423].

Interessenverbände genießen strafrechtlichen *Ehrenschutz*, sind also beleidigungsfähig und berechtigt, sich dem Strafverfahren gegen den Beleidiger als Nebenkläger anzuschließen[424].

Es genügt bei einem nicht rechtsfähigen Interessenverband zur hinreichenden Bestimmtheit der *Parteibezeichnung im Zivilprozeß*, wenn die Mitglieder unter ihrem zum Begriff gewordenen Sammelnamen klagen, soweit satzungsmäßig berufene Vertreter namentlich im Klagerubrum aufgeführt sind[425].

b) Neben diesen Bestätigungen der Interessenverbände zieht sich unübersehbar durch die Rechtsprechung das Bestreben, die den Verbänden zugewiesenen Sonderstellungen nicht auszuweiten und eine Mediatisierung des klageberechtigten Staatsbürgers durch seinen jeweiligen Interessenverband nicht zuzulassen:

Ein Interessenverband ist zur Geltendmachung von Grundrechten seiner Mitglieder im Wege der Verfassungsbeschwerde nicht legitimiert[426].

Ein Interessenverband kann nicht Klage auf Vornahme eines Verwaltungsaktes erheben, dessen Erlaß nur seine Mitglieder je für sich beanspruchen können[427].

Die vor Gerichten zugelassenen Interessenverbandsvertreter können auf Grund der ihnen von der Partei erteilten Prozeßvollmacht eine Untervollmacht nur an solche Personen erteilen, die selbst Verbandsvertreter i. S. der jeweiligen Vorschrift sind[428].

Der Schiedsrichter darf nicht der Vertreter der Interessen der Partei sein, die ihn ernannt hat[429], daher ist die Bildung und Zusammensetzung des Schiedsgerichtes nicht wirksam vereinbart, wenn sich die Parteien in einem Vertrag dem Schiedsgericht eines Verbandes unterwerfen, dem nur eine Partei angehört und dessen Schiedsgericht, abgesehen von dem Vorsitzenden, nur aus Verbandsmitgliedern zusammengesetzt ist[430].

[422] BVerfGE 9, 124 (146).

[423] Das dürfte sich ergeben aus: OLG Frankfurt, NJW 1952, S. 792 und LG Hamburg, NJW 1959, S. 1927.

[424] Das dürfte sich ergeben aus BGHSt 6, 191; LG Würzburg in NJW 1959, S. 1934; vgl. ferner: Schönke-Schröder, Vorbem. III, 1 zu § 185; Rotberg, in: Rechtsleben II, S. 201.

[425] LG Essen in NJW 1953, S. 1716; LG Bonn in NJW 1957, S. 1883.

[426] Schon arg. a maiori von BVerfGE 10, 134; jetzt ausdrücklich BVerfG in NJW 1963, S. 1243.

[427] OVG Münster, NJW 1958, S. 1555; siehe jetzt VwGO § 61 Nr. 2.

[428] BAG in NJW 1956, S. 1413.

[429] Rosenberg, Lehrbuch, S. 846 und 857.

[430] OLG Karlsruhe, NJW 1957, S. 1036.

§ 4: Zusammenfassung und Auswertung

1. Die Interessenverbände sind nach den allgemeinen Gesetzen und nach den genannten Geschäftsordnungen *verfahrensmäßig* zum Teil völlig, zum Teil nahezu institutionalisiert[431], Institutionalisierung verstanden als »offiziell anerkannte Beteiligung am Verwaltungsgeschehen« und Staatsgeschehen[432].

Damit ist für viele der gegenseitigen Fühlungnahmen zwischen Staat und Interessenverbänden eine förmliche Basis geschaffen[432a], besonders ausgeprägt dort, wo die Verbandsvertreter in Beschlußorganen von Behörden oder Ausschüssen Stuhl an Stuhl gleichberechtigt mit den Vertretern des Staates sitzen[433].

Die Vielfalt der Fälle ist dahin zusammenzufassen, daß die Interessenverbände als *öffentlich anerkannte Beratungsorgane* gewertet werden müssen, freilich *gesetzliche* Organe, *nicht Verfassungsorgane*[434].

2. Die Interessenverbände der sog. *Sozialpartner* sind als »Arbeitsrechtsgesetzgeber« anerkannt[435]. Ihnen ist mit dem Rechtsinstitut des Tarifvertrages eine »der bedeutendsten Rechtsquellen für den größten Teil der Bevölkerung[436]« anvertraut. *In diesem Bereich* empfinden sie daher zu Recht ihre »Aufgabe als die einer übergeordneten Verantwortung« und ihre Stellung als die von »Verbänden höherer Ordnung[437]«.

3. Auf den Gebieten der Rechtsberatung und Rechtshilfe vollzieht sich »ein Strukturwandel zu Gunsten der Interessenverbände«, der »das gegenwärtige System der Rechtsbesorgung« entscheidend verändert[437]. Die Interessenverbände sind hier mindestens als »persönlich und sachlich zumutbare[438]« *Rechtsberatungs- und Rechtshilfeorgane* anerkannt, sie erreichen damit freilich *nicht* den Rang von *»unabhängigen Organen der Rechtspflege[439]«*.

4. Angesichts dieser Vielzahl von Positionen, die die Gesetzgebung den Interessenverbänden im Organisationswesen des Staates eingeräumt hat[440], ist es für die Bundesrepublik ein unrichtiger juristischer Befund, wenn vom »Fehlen einer gesetzlichen Institutionalisierung, die der überwiegenden Bedeutung der Interessenverbände für den sozio-politischen Prozeß« entspricht, gesprochen wird[441].

5. Die geschilderte Gesetzeslage wird durch *eine Fülle nahezu gewohnheitsrechtlicher oder doch faktischer Beziehungen* zwischen Interessenverbänden und Staat

[431] Hans Huber, Verbände, S. 22.
[432] Werner Weber in: BDI-Gespräch, S. 20.
[432a] Vgl. Kurt Bernhard, »Mitwirkung von Verbänden an der Gesetzgebung« in »Bayerische Verwaltungsblätter« 1961, Heft 12, S. 375—376.
[433] Finer, Macht, S. 45.
[434] Zu dieser Unterscheidung vgl. Nawiasky, Staatslehre, 3. Teil, S. 75.
[435] Hans Huber, NZZ III.
[436] Herschel in: Rechtsleben I, S. 309.
[437] Schulte-Kellinghaus in: NJW 1955, S. 1628, l. Sp.
[438] BVerfGE 9, 124 (136).
[439] BRAO § 1 für den Rechtsanwalt.
[440] Werner Weber, Spannungen, S. 39.
[441] So aber Loewenstein, Verfassungslehre, S. 370.

unterstrichen, für die der folgende Auszug aus der Begrüßungsrede eines Landesverbandsvorsitzenden charakteristisch ist:

»Ich begrüße die anwesenden Mitglieder des *Bundestages* sowie die Vertreter der *Landesregierung* und des *Landtages* ... Ich begrüße die Vertreter der *befreundeten Organisationen der Wirtschaft* sowie die *Vertreter des Deutschen Gewerkschaftsbundes.* Mein Gruß gilt den Repräsentanten der Landesuniversitäten als den *Vertretern der Wissenschaft,* den Spitzen der Behörden der *Justiz* und der *Verwaltung.* Mein Gruß gilt ferner Vertretern der politischen *Parteien* sowie den Abgesandten der *Presse* und des *Rundfunks.* Durch ihre Anwesenheit erweisen sie uns allen eine Ehre[442].«

[442] Ernst Hilbert, Vors. der Landesvereinigung der industriellen Arbeitgeberverbände Nordrhein-Westfalens e. V., Düsseldorf, anläßlich des 50jährigen Jubiläums in »Tradition und Fortschritt«, S. 5.

»Der Sozial-Rechtsstaat, soll er nicht schwer – vielleicht bis zur Verzerrung des Wesens – erkranken, braucht den staatszugewandten Bürger in großer und immer größerer Zahl[1].«

Jahrreiss

[1] Vgl. Jahrreiss, Grundfragen, S. 71—88 (88).

II. Hauptteil:
Die Stellung der Interessenverbände nach den Grundrechten

ABSCHNITT A: ALLGEMEINER TEIL

Kapitel 1:

Einleitung: Die Grundrechte als verfassungsmäßige Grundlage und Grenze der Verbändetätigkeit

§ 1: Grundlagen:

»Die Vereinsfreiheit berechtigt zur freien Verbandsbildung[2]«, die Koalitionsfreiheit zur freien Koalitionsbildung[3]. An der Spitze nahezu aller verfassungsrechtlichen Beiträge zum Verbändeproblem steht daher die ausdrückliche oder stillschweigende Berufung auf die *Grundrechte* des Grundgesetzes als die verfassungsrechtliche *Grundlage* der Verbändetätigkeit[4]. Diese Berufung beschränkt sich nicht auf Artikel 9 GG:

Zwar haben sich die Grundrechte aus den im 18. Jahrhundert proklamierten Rechten der Freiheit und Gleichheit entwickelt, und an ihrer Wiege stand als Grundgedanke der Schutz des Einzelmenschen gegen den als allmächtig und willkürlich gedachten Staat[5].

Gemäß Art. 19 Abs. 3 GG geht aber die berechtigende Geltung der Grundrechte über den Kreis natürlicher Personen[6] hinaus, ist nicht auf »die Sphäre des einzelnen gegenüber dem Staat[7]« beschränkt. Vereinigungen und Koalitionen als solche werden *selbst* in den Schutz der Vereinigungs- bzw. Koalitionsfreiheit einbezogen[8], und die Grundrechte stehen damit grundsätzlich zur Berufung von Einzelmenschen *und* ihren Vereinigungen[9]. Die geschilderte Rechtslage führt für die folgenden Untersuchungen zu wichtigen Folgerungen (in § 5), zu deren Ableitung noch weiter ausgeholt werden muß (§§ 2—4):

[2] Reuß in »B. N. Sch.« III/1, S. 109.
[3] Dietz in »B. N. Sch.« III/1, S. 419, Nr. 2 S. 422.
[4] Vgl. z. B. Scheuner, BDI-Gespräch, S. 11; Krüger, Interessenverbände, S. 1217 r. Sp.; Reuß, wie 2; E. R. Huber, Wirtschaftsverwaltungsrecht II, S. 381 ff.
[5] BVerfGE 1, 97 (104).
[6] BVerfGE 4, 96 (102).
[7] BVerfGE 3, 383 (391).
[8] BVerfGE 4, 96 (101), v. Mangoldt-Klein A III 2 zu Art. 9.
[9] BVerfGE 3, 383 (391).

§ 2: Grundrechte und Freiheitsproblematik

Grundrechte werden seit jeher als Sicherungen der *Freiheitssphäre*[10] begriffen, als Grundfreiheiten und Freiheitsrechte[11].

Sie sind daher konstitutiv mit der *Problematik* verbunden, die sich an die *Freiheit* als »das Grundrecht des mündig gewordenen Menschen« knüpft[12].

a) *Historisch* besteht diese Problematik darin, daß der Freiheitsbegriff der Neuzeit das Produkt zweier großer historischer Bewegungen ist: Des *Liberalismus,* aus germanischer Wurzel, der voll war »von dem Klang und Widerklang: Der Einzelne ist seines Glückes Schmied[13]!«, – und – aus romanischer Wurzel – der *Demokratie,* die sagte: Der Staat, das sind wir alle[14]. *Dort* ist die Freiheit, »Schutz des Rechtsgenossen vor Vergewaltigung und Einengung seiner persönlichen Initiative«, *hier* »Anspruch jedes Staatsbürgers auf unmittelbare Beteiligung an den Staatsgeschäften[15]«.

So folgt der historischen Problematik eine *begriffliche:* die gefährliche Verwirrung unserer Zeit im Gebrauch des Freiheitsbegriffs[16].

b) Ökonomisch und *soziologisch* liegt die Problematik der Freiheit in den Feststellungen *Naumanns* beschlossen: »Das Zeitalter der wachsenden Masse und der wachsenden Arbeitsteilung der verschiedenen Gruppen der Masse ist von Natur ein Zeitalter immer verwickelter wirtschaftlicher Abhängigkeiten[17].« ... »Alle fühlen, daß sie gemeinsam ihre Geschäfte machen müssen, daß auf Vereinzelung wirtschaftliche Todesstrafe gesetzt ist[18].« ... »Die alte Frage der Abhängigkeit des Menschen vom Menschen ist in ein neues Stadium getreten[19].«

c) Aus der aufgezeigten »konstitutiven Gefahr, die in der Freiheit liegt[20]«, ergibt sich die *juristische* Problematik: Die »Grund- und Freiheitsrechte ... enthüllen bei näherem Zusehen eine höchst beunruhigende Fragwürdigkeit[21].« Sie sind dauernd der Gefahr der Aushöhlung durch wirtschaftliche und politische Mächte ausgesetzt[22].

§ 3: Zur philosophischen Freiheitsdiskussion

Aus der allseitigen Offenbarung der Freiheit als *gefährlicher* Freiheit hat zunächst die *philosophische* Diskussion um die demokratische Freiheit ihre charakte-

[10] BVerfGE 7, 198.
[11] Vgl.: Konvention zum Schutze der Menschenrechte und *»Grundfreiheiten«,* ferner: Jahrreiss, Grundfragen, S. 108.
[12] Guardini, Freiheit, S. 623, 1. Sp.
[13] Naumann, Schriften, S. 226.
[14] Ritter, Macht, S. 106 ff.
[15] Ritter, Macht, S. 115.
[16] Ritter, Macht, S. 106.
[17] Naumann, Schriften, S. 225.
[18] Naumann, Schriften, S. 226.
[19] Naumann, Schriften, S. 228 f.
[20] Guardini, Ende, S. 96.
[21] Fechner, Grenze, S. 1.
[22] Fechner, Grenze, S. 3 f.; Böhm, Wirtschaftsordnung S. 64 f.

ristischen Züge erhalten, wobei den Folgerungen dieser Diskussion hier nur in zwei zeitgenössischen Philosophen Raum gegeben werden kann:

Guardini hat »von dem großen Ernst« gesprochen, auf dem die demokratische Freiheit beruht, und der daraus kommt, daß »der Staat das ist, wozu der einzelne ... ihn macht[23]«.

Jaspers hat aufgezeigt, daß solche Freiheit »nur mit der Verwandlung des Menschen« erwächst, »gebunden an die Weise der Kommunikation zwischen wandlungsbereiten Menschen«, daß sie daher »kein Gegenstand« ist und kein Dasein hat, das »in der Welt vorkommend erforschbar« wäre[24].

§ 4: Das Grenzziehungsproblem und seine Lösung im Grundgesetz

Nach alledem stand der Grundgesetzgeber gegenüber den Grund- und Freiheitsrechten vor einem *Problem der Grenzziehung:* Er mußte die Grenzen bestimmen, innerhalb deren sich die »Freien« bewegen können: Eng genug, um die Rechts- und Wirtschaftsordnung zu sichern, weit genug, um auch dem mächtigsten »Freien« Gelegenheit zu geben, frei zu sein[25]. Im Hinblick auf den Stand der Betrachtung fallen drei *Lösungen* des Grenzziehungsproblems ins Auge:

1. Das schon eingangs[26] skizzierte *Menschenbild* des Grundgesetzes, das sich aus einer Gesamtsicht der Artikel 1, 2, 12, 14, 15, 19 und 20[27] ergibt: Nach ihm kann der Mensch »auch als Person nur in Gemeinschaft mit anderen Personen existieren. Er ist gemeinschaftsverflochten und gemeinschaftsgebunden. Seine Freiheit kann daher nicht prinzipiell unbegrenzt sein[28]«. Sie steht in einer auf das Miteinander zugeordneten *Polarität zur Gemeinschaft.*

2. Die aus diesem Menschenbild folgende Entscheidung für ein *»sozialbereites* und *sozialgebundenes Hauptfreiheitsrecht*[29]« in Art. 2 Abs. 1, wobei »sozial« so zu verstehen ist, daß »schon die Berührung mit der Persönlichkeitssphäre eines anderen Menschen einer Handlung den Bezug auf das Soziale gibt[30]«.

3. Die Entscheidung für eine *»wertbetonte*[31]*«* und *»wehrhafte Demokratie*[32]*« schon im Grundrechtsteil,* die ihren Ausdruck vor allem findet in der sachlichen Schranke freier Verbandsbildung[33] des Art. 9 Abs. 2 und in Art. 18, der mit der Ausrichtung an der freiheitlichen demokratischen Grundordnung die Brücke geschlagen hat von der »objektiven Wertordnung« des Grundrechtsteiles[34] zu den »obersten Grundwerten[35]« des Staates i. S. des Bonner Grundgesetzes.

[23] Guardini, Freiheit, S. 625 r. Sp.
[24] Jaspers, Ursprung, S. 150 f.
[25] Vgl. Kronstein, »Recht und wirtschaftliche Machtentfaltung« in BB 1960 S. 221.
[26] Vgl. S. 2.
[27] BVerfGE 4, 7 (16).
[28] Wintrich, Grundrechte, S. 7.
[29] Maunz-Dürig, Randnrn. 6 u. 25 zu Art. 2; ferner: BVerfGE 9, 83 (88).
[30] BVerfGE 6, 389 (433).
[31] BVerfGE 7, 198 (205).
[32] Jahrreiss: Grundfragen, S. 108.
[33] Reuß in »B. N. Sch.« III/1, S. 110; ferner BVerfGE 2, 1 (13).
[34] BVerfGE 7, 198 (205).
[35] BVerfGE 2, 1 (12 f.).

§ 5: Folgerungen

Die Untersuchung der Stellung der Interessenverbände nach den Grundrechten hat also von dem Befund auszugehen, daß die Grundrechte der in ihnen verankerten und durch sie ausgedrückten Macht des Freien *Grenzen am Recht* setzen[36], durch ihre Zuordnung zu einer »mit positivem Inhalt erfüllten demokratischen Staatsordnung[37]« und Gemeinschaftsordnung.

Daraus folgt für diesen Hauptteil, daß die Grundrechte in ihrer *Rechts- und Rechtsbegrenzungsfunktion* aufzuzeigen sind. Dem versucht die Gliederung des besonderen Teils zu entsprechen, der die Grundrechte einmal als *Grundlage* und sodann als *Grenze* der Interessenverbände zum Gegenstand hat.

§ 6: Definition des Begriffes »Grundrechte«

Unter *Grundrechten* im Sinne dieses Hauptteils ist nicht nur der im ersten Abschnitt des Grundgesetzes enthaltene Bestand zu verstehen. Soweit dazu Anlaß ist, werden ferner die folgenden Rechte oder Einrichtungen, welche z. T. echte Grundrechte, z. T. »subjektive grundrechtsähnliche Ansprüche[37a]« gegen den Staat verleihen, mit in die Betrachtung einbezogen: Das Wahl- und Stimmrecht nach Art. 20 Abs. 2; die gleichen staatsbürgerlichen Rechte und Pflichten für alle Deutschen sowie die Unabhängigkeit bürgerlicher, staatsbürgerlicher und beamtenrechtlicher Rechtsstellungen vom religiösen Bekenntnis (Art. 33), die Unabhängigkeit der Richter, der Anspruch auf den gesetzlichen Richter und auf rechtliches Gehör, der Ausschluß rückwirkender oder mehrmaliger Strafbarkeit (Art. 103), der Schutz bei Freiheitsentziehungen (Art. 104) und die Rechte der Religionsgesellschaften (Art. 140)[38].

Hingegen werden die Privilegien der Abgeordneten (Art. 38, 46, 47, 48) und die Rechte politischer Parteien im III. Hauptteil behandelt.

Kapitel 2:

Das Gemeinschaftsbild der Grundrechte

§ 1: Einführung

Für die Rechtsstellung der Interessenverbände nach den Grundrechten erscheint es wichtig, vor *Einzel*untersuchungen eine *Gesamt*aussage *der Grundrechte* über die Gemeinschaft zu suchen:

Aus dem bisherigen Ergebnis, daß »Freiheit im Sinne des Grundgesetzes wert-

[36] Hans Huber, Verbände, S. 28 f.
[37] BVerfGE 5, 85 (122).
[37a] BVerfGE 12, 81.
[38] Vgl. auch Maunz, Staatsrecht, S. 84 f.

und gemeinschaftsgebundene Freiheit[39]« ist, und daß der Grundrechtsteil den Menschen als »sozialbezogene Persönlichkeit[40]« auffaßt, ist noch nichts über diese *Gemeinschaft im einzelnen* zu entnehmen.

Wohl steht damit fest, daß das Grundgesetz den Gegensatz zwischen Individuum und Gesellschaft nicht als *ausschließend,* sondern als *ergänzend* betrachtet im Sinne eines komplementären Verhältnisses, einer *Polarität;* dies entspricht moderner soziologischer Erkenntnis[41].

Wenn eine Aussage über die Gemeinschaft hier aus dem Gemeinschafts*bild* der Grundrechte abgeleitet werden soll, so ist zunächst darauf hinzuweisen, daß staatsrechtliche Normen auch aus solchen *»Gesamtsichten«* abgeleitet werden können[42].

Freilich muß die Grenze einer solchen *Gesamtsicht,* die aber doch beschränkt ist auf einen Verfassungs*teil,* gezogen werden: Abschließendes über das Gemeinschaftsbild der Grundrechte kann erst gesagt werden, wenn man sie *teleologisch* in der Eingebundenheit sieht, die ihnen das Grundgesetz durch das »ausdrückliche Bekenntnis zum sozialen Rechtsstaat (Art. 20 Abs. 1; 28 Abs. 1 S. 1)[43]« verleiht.

§ 2: Die Dreiheit Staat—Individuum—Vereinigungen von Individuen

Der *erste Befund* über das Gemeinschaftsbild ergibt:

Der ältere liberale, die Grundrechte früher beherrschende Gegensatz Staat—Individuum ist überholt. Der Grundrechtsteil wird von der Dreiheit Staat—Individuum—Vereinigungen von Individuen beherrscht[44]:

Das zeigt sich *einmal* in der erwähnten funktionellen und institutionellen Garantie für Vereine, Vereinigungen und Koalitionen durch Art. 9[45]. *Sodann* kommt es zum Ausdruck durch weitere »Grund- und Staatsbürgerrechte mit gruppenschützender Funktion[46]«: Das Recht der freien Meinungsäußerung: Art. 5, insbesondere der Pressefreiheit und Freiheit der Berichterstattung durch Rundfunk und Film; Versammlungsfreiheit: Art. 8; Wahl-, Stimm- und Petitionsrecht: Art. 20 Abs. 2 und 17.

Vor allem wird dieser Rechtsstandpunkt in Art. 19 Abs. 3 transparent, der sich durch »Erstreckung der Grundrechtsfähigkeit auf Verbandseinheiten[47]« von der »phobie des groupements« *Rousseaus* und der französischen Revolution[48] eindeutig

[39] Wintrich, Grundrechte, S. 21.
[40] BVerfGE 6, 389 (422).
[41] König, Daseinsgestaltung, S. 879.
[42] Vgl. BVerfGE 4, 7 (16).
[43] BVerfGE 4, 96 (102).
[44] Scheuner in »Legitime Interessenvertretung«, S. 7; ders.: BDI-Gespräch S. 12; ders.: in DIHT-Interessen, S. 9 und 23; grundlegend Maunz-Dürig, Randnr. 53 zu Art. 1, Abs. 1, Fußnote 1 zu 1 aa zu Art. 19 Abs. 3; ferner: Vorwort BDI-Gespräch S. 5; wohl auch Kaiser, Repräsentation, S. 29.
[45] Siehe oben S. 58, ferner Altmann, Verbände, S. 225; auch BVerfGE 4, 96.
[46] Ehmke, Grenzen, S. 105 f., ähnlich Werner Weber, Bewährung, S. 11 f.
[47] Maunz-Düring, Randnr. 3 zu Art. 19 Abs. 3.
[48] Kägi, Die Verfassung als rechtliche Grundordnung des Staates, 1945, S. 45; ferner: Krüger, Interessenverbände, S. 1217, l. Sp.; Imboden, Rousseau, S. 22.

distanziert und den »an sich individuellen Rechtswert der Persönlichkeitsentfaltung« erstreckt auf die »Persönlichkeitsentfaltung in Gemeinschaft[49]«.

Damit hat das Grundgesetz einer »säkularen sozialen und politischen Entwicklung von größter Tragweite[50]« Rechnung getragen: Das Wohl des freiheitlichen demokratischen Staates entfaltet sich nicht nur in freien Individuen, sondern auch in freien Teilordnungen unter Individuen[51]. Mehr noch:

Es hat die sozialen Gliederungen als notwendiges Element einer freiheitlichen Demokratie anerkannt, ohne die der in der Sozial-Rechts-Staatsentscheidung zum Ausdruck kommende Verfassungsgrundsatz des »gemäßigten Staatswesens nicht vollzogen werden könnte: Die Vorstellung, daß sich in einem Staate das isolierte Individuum und der Staat allein gegenüberstehen sollen, stimmt viel eher mit Staatsgestaltungen überein, die eine absolute Staatsmacht kennen. Es ist kein Zufall, daß der größte Gegner der sogenannten intermediären Gewalten, dieser Zwischenglieder zwischen Staat und Individuum, Jean Jacques Rousseau gewesen ist, in dessen Gesellschaftslehre die moderne Wissenschaft sehr viel stärker als früher die Ansätze totalitären Denkens festgestellt hat. Es ist wiederum kein Zweifel, daß einer der großen Verteidiger des gemäßigten Staatsprinzips, ... Montesquieu, die Bedeutung der Corps intermédiaires, der Zwischenbildungen zwischen der Macht des Herrschers und dem Bürger, besonders betont und als ein Element der Mäßigung der Macht bezeichnet hat[51a]«.

§ 3: Die originäre Stellung der Interessenverbände im Staatsordnungsbild

Hier erhebt sich nun die Frage, ob die genannten freiwilligen Zusammenschlüsse nach der Sicht des GG eine eigene, *originäre* Stellung im Staatsleben haben. Das wird von *Hamann*[52] mit der aus Art. 19 Abs. 3 abgeleiteten Begründung verneint, das Gruppenrecht sei strukturell nicht vom Einzelrecht verschieden, Gruppenrecht sei (nur) ebenso stark wie Einzelrecht.

Demgegenüber ist darauf hinzuweisen, daß das Grundgesetz alle oben genannten Vorschriften aufgestellt hat, »um dem staatlichen Leben ... eine neue Ordnung[53]« zu geben. In diesem Ordnungsbild sind die freiwilligen Vereinigungen mitgesehen, teils konkret, als »Vereinigungen zur Wahrung und Förderung der Arbeits- und Wirtschaftsbedingungen« (Art. 9 Abs. 3), teils als Vereine und Gesellschaften ohne nähere Funktionsbezeichnung (Art. 9 Abs. 1); jedoch besteht auch bei den letzteren kein Zweifel, daß es sich nicht um jene pseudofreien Organisationen handelt, deren sich der Staat im sowjetischen Herrschaftsbereich als »Transmissionen« oder »Hebel« bedient, um seine Macht auf die Volksmasse zu übertragen[54]. Das Grundgesetz nimmt nach den obigen Vorschriften vielmehr in Kauf, daß sich der Staatsbürger

[49] Maunz-Düring, Randnr. 2 Art. 19 Abs. 3.
[50] Hans Huber, NZZ III.
[51] Ähnlich Werner Weber, BDI-Gespräch, S. 19.
[51a] Scheuner, in »DIHT-Interessen«, S. 11; vgl. auch Freund, Demokratie, S. 283.
[52] Hamann, Wirtschaftsverfassungsrecht, S. 61.
[53] Präambel des GG, zu deren Bedeutung, BVerfGE 5, 85.
[54] Vgl. dazu BVerfGE 5, 85 (188 f.).

und seine freien Vereinigungen – ausgerüstet mit den Waffen der öffentlichen Meinung – den Parteien, dem Staat und dem Parlament konfrontieren[55]. Daher führt das *Bundesverfassungsgericht* für *zwei* Fälle solcher Konfrontation zu Recht aus:

»Es läßt sich nicht bezweifeln, daß außerparlamentarische Aktionen vielfältiger Art denkbar sind, die einer legitimen Einwirkung auf das Parlament dienen können, vor allem, soweit sie dazu bestimmt sind, die Abgeordneten über die bei den Wählern zu bestimmten politischen Fragen vorhandenen Meinungen zu unterrichten. An sich ist es daher verfassungsrechtlich nicht zu beanstanden, daß »Interessentengruppen« auf die Mitglieder des Parlaments einzuwirken suchen; auch Massenaktionen der Arbeiterschaft sind grundsätzlich nicht unzulässig[56].«

§ 4: Die nähere Bestimmung des verfassungsrechtlichen Status der Interessenverbände

Das Ergebnis des I. Hauptteiles[57] wird so auch im Gemeinschaftsbild des Grundrechts bestätigt: Die freien Vereinigungen und zugleich die Interessenverbände sind verfassungsmäßig anerkannte Teilnehmer des geordneten und selbstordnenden Staatslebens. Da dieses geordnete und selbstordnende Staatsleben nicht ein dem Staatsorganismus fremder Sozialkörper, sondern sein integrierender Bestandteil ist, läßt sich insoweit die traditionelle Trennung von Staat und Gesellschaft nicht aufrechterhalten. Dies ist eine Aussage von großer staatsrechtlicher Tragweite, deren theoretische Durchleuchtung den Rahmen dieser Arbeit sprengen würde. Dieser Verzicht fällt insoweit leicht, als für die notwendigen Fragestellungen auf *Ehmke*[57a] verwiesen werden kann.

Wenn mithin im folgenden zur Konturbildung noch öfter die Formel Staat und Gesellschaft bemüht wird, so nicht, um jene traditionelle Trennung zu bestätigen, sondern nur, um auf dem Boden der Tradition selbst deren Unsicherheit bestätigt zu finden.

§ 5: Die Stellung des Einzelmenschen in der Dreiheit Staat—Individuum—Vereinigungen

Dieser *erste* Befund aus dem Gemeinschaftsbild muß freilich durch einen *zweiten* ergänzt werden, der die Frage beantwortet, wie sich das Auftreten der freien Vereinigungen im Staatsleben nach diesem Gemeinschaftsbild auf die *Stellung des Einzelmenschen* auswirkt.

Bedeutet es Institutionalisierung einer »Verbandspluralistischen Gesellschaft[58]«? Bedeutet es die verfassungsmäßige Anerkennung der Ansicht *Naumanns:* »Der

[55] Vgl. dazu Kaiser, Repräsentation, S. 267.
[56] BVerfGE 5, 85 (232).
[57] Siehe oben S. 54—55.
[57a] Vgl. »Wirtschaft und Verfassung«, S. 3—56.
[58] Briefs nach Wickel in »Gewerkschaften«, S. 719.

Verbandsmensch ist der Normalmensch unserer Zeit[59]«? – Bedeutet es Anerkennung einer »mittelbaren Staatsbürgerschaft« in dem Sinne, daß der einzelne nur »durch das Medium seines Verbandes in Fühlung mit dem Staat« steht[60]?

Gegenüber diesen und den im I. Hauptteil zitierten Formeln ist eine Besinnung darauf notwendig, welche Gegenstände eine Verfassung mit Werthaftigkeit ausstatten kann und wie sie die Werte rangmäßig einstufen kann:

Radbruch[61], dem hier gefolgt wird, hat dargelegt, daß es nur *drei Arten* absolut wertfähiger Gegenstände gibt: Menschliche Einzelpersönlichkeiten, Gesamtpersönlichkeiten und Werke. Daraus folgen drei Wertarten: *Individualwerte, Kollektivwerte* und *Werkwerte.*

Je nach der rangmäßigen Einstufung dieser Werte sind *drei* Einstellungen einer Verfassung zum Verhältnis von Staat, Individuum, Vereinigungen von Individuen möglich:

a) Die *individualistische* Auffassung: Hier stehen Werkwerte und Kollektivwerte im Dienst der Persönlichkeitswerte. b) Die *kollektivistische* Auffassung: Persönlichkeitswerte und Werkwerte stehen im Dienst der Kollektivwerte. c) Die *transpersonale* Auffassung: Persönlichkeitswerte und Kollektivwerte stehen im Dienste der Werkwerte.

Betrachtet man das bisher entwickelte Gemeinschaftsbild der Grundrechte in diesem Spiegel, so beantwortet das Grundgesetz hier die Frage nach der Stellung des Einzelmenschen *transpersonal:* Die »Spannung Individuum–Gemeinschaft« wird »im Sinne der Gemeinschaftsbezogenheit und Gemeinschaftsverbundenheit der Person entschieden, ohne dabei deren Eigenwert in Frage zu stellen[62]«. Beide, Individuen und freie Vereinigungen, werden der freiheitlichen demokratischen Grundordnung (Art. 18) verpflichtet, von der sie als ihrer staatsrechtlichen ratio essendi abhängig sind.

Bezogen auf die Interessenverbände bedeutet das: Das Gemeinschaftsbild der Grundrechte erlaubt keine »Entsetzung des Menschen aus einem Teil seiner Lebensmitte durch den Verband[63]«. Wohl aber sieht es voraus, daß sich der Mensch in der modernen Massengesellschaft zur allseitigen Ergänzung oder gar Erreichung seiner Lebensmitte mit anderen vereinigt, und es garantiert Institution und Funktion solcher Vereinigungen in den Grenzen einer »obersten Grundwertordnung«, von deren »grundlegenden Prinzipien« hier zu erwähnen sind: »Die Achtung vor den im Grundgesetz konkretisierten Menschenrechten, vor allem dem Recht der Persönlichkeit auf Leben und freie Entfaltung, die Volkssouveränität, die Gewaltenteilung, die Verantwortlichkeit der Regierung, die Gesetzmäßigkeit der Verwaltung, die Unabhängigkeit der Gerichte, das Mehrparteienprinzip und die Chancengleichheit für alle politischen Parteien mit dem Recht auf verfassungsmäßige Bildung und Ausübung einer Opposition[64].«

[59] Zitiert von Stolz BB 1956, S. 228.
[60] Lütge in »Protokoll Verbände«, S. 5.
[61] Radbruch, Rechtsphilosophie, S. 147–151.
[62] BVerfGE 4, 7 (15 f.); 8, 274 (329).
[63] Hans Huber, Verbände, S. 8.
[64] BVerfGE 2, 1 (12 f.).

Kapitel 3:

Das Problem der sozialen Grundrechte und die Interessenverbände

§ 1: Einführung

Die Interessenverbände berufen sich, wie mehrmals gezeigt wurde, zur Legitimation ihres Wirkens oft auf ihre Funktion, notwendige Elemente dafür zu sein, daß »die Begegnung zwischen Staat und Bürger auch in den wirtschaftlichen und sozialen Bereichen zu einer fruchtbaren wird[65]«. Diese Berufung lenkt den Blick schon im Grundrechtsteil der Verfassung auf mögliche staatsrechtliche Grundlagen in der Form sogenannter *sozialer Grundrechte* oder *sozialer Verfassungsrechte*[66].

§ 2: Die sozialen Grundrechte

Im Gegensatz zu den herkömmlichen liberalen Grundrechten, die in erster Linie Abwehrrechte des einzelnen gegen den »Staat« sind[67], negative Statusrechte[68], sind die sozialen Grundrechte *Forderungsrechte gegen den Staat auf bestimmte Gewährungen im sozialen Bereich,* z. B. auf ärztliche Hilfe, Lohn, Urlaub, Versicherung, Mutterschutz u. a. m.[69], die den Begünstigten einen bestimmten Sozialstatus gewähren sollen (»demokratische Statusrechte, positive Statusrechte oder Teilhaberrechte[70]«).

Je nach der Art der Staatsleistungen, auf die ein Recht gewährt wird, sind die sozialen Grundrechte *gruppengebunden* (Jugend, uneheliche Kinder, Mütter, Arbeiter und Angestellte).

Da die logische Kehrseite der staatlichen Gewährung solcher Rechte die staatliche Anerkennung der *Interessen* der Begünstigten an dem Leistungsinhalt *als berechtigte* ist, erhält jede Interessenvertretung in diesem Bereich von daher einen besonderen Rang und eine besondere Legitimation. Die Frage, ob das Grundgesetz soziale Grundrechte enthält, kann daher für die staatsrechtliche Stellung der Interessenverbände mittelbar von großer Bedeutung sein.

[65] Krüger, Interessenverbände, S. 1219, 1. Sp.

[66] Grundlegend: v. Mangoldt-Klein, Vorbem. A IV vor Art. 1; vgl. ferner die Literaturangaben bei Werner, »Allgemeine Verwaltungsgerichtsbarkeit und Sozialgerichtsbarkeit« in NJW 1954, S. 1625—1628, insbes. S. 1627 und Fechner, Grenze, S. 9 f.; Leibholz, Strukturprobleme, S. 87, 130 f.; ders., Repräsentation, S. 122 f.; ders., Rechtsstaat, S. 15; Wintrich, Grundrechte, S. 19; Wandersleb-Trautmann, S. 158 f.

[67] BVerfGE 7, 198.

[68] v. Mangoldt-Klein, A. II 3 a vor Art. 1.

[69] Vgl. Werner a. a. O., S. 1627 1. Sp.; Wandersleb-Trautmann a. a. O.

[70] v. Mangoldt-Klein, A II 3 b vor Art. 1; Leibholz, Strukturprobleme S. 130.

§ 3: Die Rechtslage nach dem Grundgesetz

Es besteht Einigkeit[71], daß der Grundrechtsteil des Grundgesetzes und auch die an anderen Stellen des Grundgesetzes normierten grundrechtsgleichen Rechte oder Einrichtungen[72] keine sozialen Grundrechte enthalten.

Hingegen wird ein soziales Grundrecht »auf ein Mindestmaß an substantiellen Gütern für ein menschenwürdiges Dasein, wenn der Bedürftige sie sich nicht beschaffen kann[73]«, aus einer Gesamtschau von Art. 1 Abs. 1 (Menschenwürdebekenntnis mit staatlichem Achtungs- und Schutzgebot), Art. 2 Abs. 1 Satz 1 (Recht auf Leben) und dem Prinzip des sozialen Rechtsstaats (Art. 20 Abs. 1, 28 Abs. 1) abgeleitet[74]. Dies ist ein so enger Bereich von »Betroffenen«, daß er allein für die staatsrechtliche Stellung der Interessenverbände nicht oder höchstens bei Einzelaktionen Bedeutung gewinnt.

§ 4: Folgerungen

Gerade das *Fehlen sozialer Grundrechte* (mit der oben erwähnten Ausnahme) hat aber für die Interessenverbände eine besondere Bedeutung:

Es ist allgemein anerkannt, daß soziale Grundrechte zu Eingriffen des Staates in die Bürgerfreiheit zwingen, weil sie sonst weitgehend nicht erfüllt werden können[75]. Soziale Grundrechte stellen ferner, soweit sie gruppengebunden sind, radikal-egalitäre Gleichsetzungen von Interessen und Wünschen einer bestimmten sozialen Gruppe mit dem Gesamtwohl dar[75].

Demgegenüber verbietet das dem Staatsbild des Grundgesetzes zugrunde liegende »Ideal der sozialen Demokratie in den Formen des Rechtsstaates[76]« (Art. 20 und 28), daß das Gesamtwohl »von vorneherein gleichgesetzt wird mit den Interessen und Wünschen einer bestimmten Bevölkerungsschicht; annähernd gleichmäßige Förderung des Wohles aller Bürger ... wird grundsätzlich erstrebt[76]«, und der Sozialstaat darf, weil er ein Rechtsstaat ist, nicht Zwangsanstalt werden.

Daher muß die staatliche Ordnung der freiheitlichen Demokratie i. S. des GG systematisch auf die Aufgaben der *freiheitlichen* Anpassung und Verbesserung des Bürgerwohls und des *freiheitlichen* sozialen Kompromisses angelegt sein[76]. M. a. W.: »Der Sozial-Rechtsstaat, soll er keine Zwangsanstalt sein, muß in der Freiheit des *Jedermann* zum Staat ruhen[77].«

Nun ist aber ohne weiteres einsichtig, daß der Staatsapparat überlastet wäre,

[71] Werner, NJW 1956, S. 1627, l. Sp.; Ballerstedt, in »B.N.Sch.« III/1, S. 53; Nipperdey in »N.N.Sch.« II, S. 5 f.; Wintrich, Grundrechte, S. 19; Leibholz, Strukturprobleme, S. 87; BVerfGE 1, 97 (104 f.).

[72] Siehe oben S. 61 unter § 6.

[73] Nipperdey in »N. N. Sch.« II, S. 5 f.

[74] Vgl. die Literatur bei Maunz-Dürig, Randnrn. 43 und 44 zu Art. 1 Abs. 1; ferner BVerwGE in NJW 1954, S. 1541.

[75] Leibholz, Strukturprobleme, S. 130 f.; Wandersleb-Trautmann, S. 158 f. mit Hinweisen. auf die Verf. der UdSSR.

[76] BVerfGE 5, 85 (198).

[77] Jahrreiss, Grundfragen, S. 86.

wenn er den Befund im Sozialbereich – »von Individuum zu Individuum gehend« – »einsammeln« müßte. Außerdem benötigte er dazu ein »ius supremae inspectionis«, das er als freiheitlich-demokratischer Staat ex definitione nicht haben kann.

Mithin setzt die soziale Demokratie in den Formen des Rechtsstaates, wie sie das Grundgesetz vorsieht, Interessenverbände als Sachwalter des »politischen Clearingssystems der unterschiedlichen Gruppeninteressen[78]« voraus. Sie sind im Zeitalter der Massendemokratie[79] notwendiger, wenn auch nicht einziger Ausdruck der »Freiheit« des Bürgers »zum Staate[80]«.

Kapitel 4:

Das Problem der Drittwirkung[80a] der Grundrechte und die Interessenverbände

§ 1: Der Ausgangsbefund

So sehr die Interessenverbände nach dem im vorigen Kapitel entwickelten Gehalt des Grundgesetzes dazu geeignet und berufen sind, an der Verwirklichung der sozialen Demokratie in den Formen des Rechtsstaates mitzuwirken, so sehr wird diese Mitwirkung dadurch *begrenzt,* daß der Eigenwert der Persönlichkeit – wie gezeigt – »Ausgangspunkt der Rechtsstaatsvorstellung[81]« ist. »Die Duldung sozialer Abhängigkeit ist kein Element des Rechtsstaates[81]«, hier ist eine feste Grenze errichtet für die Berufung der Interessenverbände auf das Sozialstaatsprinzip.

Demgegenüber lautet heute der allgemeine Sozialbefund zunehmend auf »Gefährdung der Grundrechte (des Einzelnen) ... von der Seite der .. *wirtschaftlichen und sozialen* Zusammenhänge[82]« und »Verstrickung« der Interessenverbandsmitglieder »in weitgehende Abhängigkeit[83]«: »Man beginnt zu erkennen, daß das Individuum nicht nur gegenüber staatlichen Gewalten, sondern auch gegenüber der Bürokratie der Verbände des Schutzes bedarf[84].«

Schon vorhandene »Abhängigkeitsverhältnisse von sehr unterschiedlichen Graden« machen klar, wie leicht *»Schutz*funktionen in *Herrschafts*tendenzen umschlagen[85]«.

Auf der Suche nach Schutz vor diesen »sozialen Gewalten[86]« hat man sich nicht

[78] BMI-Bericht, S. 79.
[79] Naumann (Schriften, S. 136) sprach schon 1900 von der »Ironie ..., daß die Proklamierung der Rechte des Ich in die Formel der freiwilligen Massenbildung umschlägt, aber es gibt in der Tat keinen anderen Weg, das Einzel-Ich politisch wirksam zu machen.«
[80] Jahrreiss, Grundfragen, S. 86.
[80a] Vgl. zur Kritik am Problem der Drittwirkung Horst Ehmke, »Wirtschaft und Verfassung«, Karlsruhe 1961, S. 78 ff.
[81] Scheuner, »Rechtsstaat« in »Rechtsleben« I, S. 262.
[82] Fechner, Grenze, S. 16 f.
[83] Scheuner, BDI-Gespräch S. 11.
[84] Meyer-Cording, Vereinsstrafe, S. 7.
[85] Eschenburg, Unbehagen.
[86] Nipperdey, Boykott, S. 447, 1. Sp.

—wie oben — damit begnügt, die Grenze des Sozialstaats durch das Rechtsstaatsprinzip aufzuzeigen. Vielmehr entstand die Frage, ob die *Grundrechte* angesichts der gewandelten Situation nicht als *negative* Statusrechte gegenüber *»sozialen Gewalten*[86]« schlechthin, unter Erweiterung ihrer Wirkungsrichtung allein gegen den Staat, Anwendung finden können.

Die Grundrechte verlieren dann ihre »staatsbezogene Natur[87]« und werden Rechte des Menschen oder Bürgers auf gewisse Sphären der Nichteinmischung durch den Staat *oder auch* durch private Einzelne oder private Verbände. Bei der von *Nipperdey*[88] entwickelten Lehre von der *»Drittwirkung der Grundrechte« (Ipsen)* geht es also um das Problem der Einwirkung der Grundrechte auf das Privatrecht.

§ 2: Streitstand

Der heutige Streitstand[89] kann wie folgt zusammengefaßt werden:

Einmütigkeit besteht darüber, daß das Grundgesetz in seinem Grundrechtsteil eine Wertentscheidung gefällt hat, die als »verfassungsrechtliche Grundentscheidung für alle Bereiche des Rechts« gilt und auch das bürgerliche Recht beeinflußt[90].

Wie diese Einwirkung im einzelnen erfolgt, ist umstritten:

1. Eine von *Nipperdey*[91] angeführte Lehre tritt für die *»absolute* Wirkung gewisser Grundrechte« ein, »die *unmittelbar* Bestimmungen des Privatrechts aufheben, ändern, ergänzen oder neu schaffen sollen«. Um welche Grundrechte es sich handelt, »ist dabei für jede einzelne Grundrechtsnorm unter Berücksichtigung ihres konkreten Inhalts, ihres Wesens und ihrer Funktion in unserem heutigen Gemeinwesen sorgfältig zu prüfen[92]«.

Diese Lehre beruft sich darauf, daß die Gefährdung der Rechtssphäre des einzelnen Staatsbürgers durch andere als staatliche Gewalten zugleich eine »Anpassung der Funktion der Grundrechte an die gewandelte historische Situation[93]« bedingt.

2. Die vor allem von *Dürig*[94], *Reimers*[95] und dem *Bundesverfassungsgericht*[96] vertretene Gegenmeinung befürwortet eine *mittelbare* Einwirkung der Grundrechte auf das Privatrecht über »dessen wertausfüllungsfähige und wertausfüllungbedürftige Normen[97]«. Sie nennt *sechs* Gründe für ihre Entscheidung[98]:

a) Eine Entscheidung des Grundgesetzgebers für absolute Wirkung ist nicht ersichtlich.

b) Die absolute Wirkung widerspricht der historischen Entwicklung.

[87] Schneider, Grundgesetz, S. 941, r. Sp.
[88] Vgl. Nipperdey, Boykott, S. 446, r. Sp. mit weiteren Nachweisen.
[89] Vgl. die erschöpfende Literaturübersicht bei Maunz-Dürig, A. VI zu Art. 1 Abs. 3.
[90] BVerfGE 7, 198 (205).
[91] Vgl. jetzt: Nipperdey in »Enneccerus-Nipperdey«, 15. Aufl., 1. Halbbd., S. 74 ff.
[92] Nipperdey, a. a. O., S. 98.
[93] Nipperdey, a. a. O., S. 96.
[94] Zuletzt: Maunz-Dürig A VI zu Art. 1 Abs. 3.
[95] Reimers, Die Bedeutung der Grundrechte für das Privatrecht, Hamburg 1958.
[96] BVerfGE 7, 198 (204—207); 12, 113 (124 f.).
[97] Dürig, in »N. N. Sch.« II, S. 525.
[98] Reimers, a. a. O., S. 20.

c) Die absolute Wirkung steht nicht mit dem Subsidiaritäts- und Solidaritätsgrundsatz im Einklang.

d) Die absolute Wirkung führt zu Rechtsunsicherheit.

e) Gefahr für die Vertragsfreiheit.

f) Überforderung des Bundesverfassungsgerichtes.

§ 3: Der eigene Standpunkt: Eingeschränkte absolute Drittwirkung, im übrigen mittelbare Einwirkung

1. In den Grundrechten offenbart sich die Staatsräson des sozialen Rechtsstaates nach dem Grundgesetz[99]. Die umfassende Einführung der absoluten Drittwirkung i. S. *Nipperdeys* würde »einen ganzen Komplex von wichtigen Verfassungsnormen aus reinen Freiheitsverbürgungen . . . in Pflichten enthaltende Rechtssätze verwandeln, wobei das Ausmaß der Pflichten« – als Rechtsunsicherheitshypothek zu Lasten des Zivilrechts – »offenbleibt«. Das bedeutet verfassungspolitisch eine »Verfassungswandlung« auf »interpretativem Wege« ohne Beispiel, »durch Umdeutung der Grundrechte in wesentlich sozial determinierte Pflichtbindungen[100]«. Dieser Weg ist daher abzulehnen.

2. Auf der anderen Seite läßt es sich nicht leugnen, daß jedenfalls *solche* Interessenverbände »vom Gehalt her als ein Stück Staatsverwirklichung anzusehen[101]« sind, *denen die Verfassung einen bestimmten öffentlichen Sozialbereich zur Selbstordnung garantiert hat:*

Das sind die in Art. 9 Abs. 3 genannten Vereinigungen »zur Wahrung und Förderung der Arbeits- und Wirtschaftsbedingungen«, soweit sie auf die kollektive Gestaltung des Arbeits- und Soziallebens ausgerichtet sind[102].

Hier handelt es sich weitgehend um eine Umwälzung von Staatsverantwortung und um Begründung »neuer Unterworfenheit des Menschen« ... »Trotz« ihrer »privatrechtlichen Form« treten solche sozialen Großverbände »als ... dem Rechtsgenossen faktisch übergeordneter und als ein gefestigter und dauerhafter Rechtssetzer« auf, weitgehend auch für die Nichtmitglieder im gleichen Sozialbereich. »So ist für den Rechtsunterworfenen an *diesem* Verbandsrecht die Eigenschaft der Fremdgesetzlichkeit und Fremdautorität nicht wesentlich schwächer als beim staatlichen Recht[103].«

Es handelt sich daher »nicht mehr um koordinationsrechtliche Beziehungen[104]«, daran vermag auch »das Partikelchen demokratischer Mitwirkung der Mitglieder bei der Willensbildung[105]« dieser Verbände nichts zu ändern.

[99] Vgl. Arndt, Gehör, S. 8, l. Sp.

[100] Forsthoff, Umbildung, S. 47.

[101] Krüger, in BDI-Gespräch, S. 39; ders., Interessenverbände, S. 1219, r. Sp.

[102] Ob unter Art. 9 Abs. 3 auch Wirtschaftsverbände ohne spezifische sozialpolitische Akzentuierung fallen (vgl. Hamann, Wirtschaftsverfassungsrecht, S. 106 mit weiteren Nachweisen), bedarf hier keiner Entscheidung.

[103] Huber, Verbände, S. 9; ähnlich Loewenstein, Verfassungslehre, S. 387.

[104] Krüger, in BDI-Gespräch, S. 38.

[105] Hans Huber, Verbände, S. 10.

3. Aus diesen Überlegungen ergibt sich die *eigene* Lösung:

Eingangs[106] wurden alle Interessenverbände im Bereich des *Öffentlichen* angesiedelt. Eine Reihe von Interessenverbänden verliert hier nicht ihren grundsätzlich *privatrechtlichen* Charakter.

Hingegen stellt sich gegenüber solchen Interessenverbänden, die als ein Stück Staatsverwirklichung in einem verfassungsmäßig genau umschriebenen öffentlichen Sozialbereich umgewälzte Staatsverantwortung übernommen haben (soziale Großverbände), die Frage nach der »Freiheit von ungerechter Herrschaft[107]« ebenso wie gegenüber dem Staat.

Sie führt für *diese* Verbände zur Bejahung der absoluten Drittwirkung, da diese Gebilde *insoweit* den Bereich des Privatrechts höchstens noch als leere Hülle mit sich tragen. Diese grundrechtsverpflichteten Interessenverbände sind nach dem Grundgesetz die Arbeitnehmer- und Arbeitgeberorganisationen (Art. 9 Abs. 3).

Als positivrechtliche Grundlage dieser Lösung wird auf die wohl einzige im Grundgesetz verankerte absolute Drittwirkung in Art. 9 Abs. 3 S. 2 hingewiesen. Daß man auf dem hier *beschrittenen* Wege auch in Grundrechten Strukturelemente des Staates auffinden kann, ist nicht bestritten[108].

[106] Siehe oben S. 8.

[107] Jahrreiss, Grundfragen, S. 82.

[108] Vgl. dazu Arndt, Gehör, S. 8, l. Sp.; v. Mangoldt-Klein, Vorbem. A VI 4. vor Art. 1.

ABSCHNITT B:
BESONDERER TEIL I: DIE GRUNDRECHTE ALS VERFASSUNGSRECHTLICHE GRUNDLAGE DER INTERESSENVERBÄNDE

Kapitel 1:

Die positive Vereinigungs- und die positive Koalitionsfreiheit

§ 1: Vorbemerkung

Eine breite Behandlung dieser Freiheiten würde den Rahmen der Untersuchung sprengen. Es wird hier nur angestrebt, von denjenigen *allgemeinen* Ergebnissen der bisherigen Arbeiten auszugehen, die für die staatsrechtliche Stellung der Interessenverbände bezeichnend und für die weiteren Untersuchungen grundlegend sind. Hingegen muß für Einzelheiten auf das Vereinsrecht und das Arbeitsrecht verwiesen werden.

§ 2: Die positive Vereinigungsfreiheit

Das Grundgesetz gibt in Art. 9 Abs. 1 allen Deutschen das Recht, Vereine und Gesellschaften — d. h. »dauernde Vereinigungen mehrerer juristischer oder natürlicher Personen zur Verfolgung bestimmter gemeinschaftlicher Zwecke unter einer Leitung[109]« — zu bilden. Dieses Hauptfreiheitsrecht im Bereich der privaten »personalen Zusammenschlüsse[110]« ist für die meisten Interessenverbände die umfassende verfassungsrechtliche Grundlage.

Das ergibt sich einmal aus dem *Kreis der berechtigten »Deutschen«* (Art. 116 Abs. 1): Alle natürlichen Personen, alle inländischen juristischen Personen des Privatrechts (Art. 19 Abs. 3 i. V. m. Art. 9 Abs. 1), schließlich die Vereine und Gesellschaften als solche[111]. Das letztere ist allerdings bestritten[112]: Vereine und Gesellschaften als solche sind aber, soweit sie juristische Personen sind, über Art. 19 Abs. 3 i. V. m. Art. 9 Abs. 1 berechtigt, z. B. die rechtsfähigen Interessenverbände dazu, sich zu »Verbändeverbänden« (Spitzenverbänden) zusammenzuschließen.

Soweit die Vereine und Gesellschaften nicht rechtsfähig sind, ergibt sich ihre Zugehörigkeit zum Kreis der Berechtigten aus dem *Inhalt des Grundrechts des Art. 9 Abs. 1: Dieses enthält:*

a) *Eine »Individualgarantie[113]«*: Das Freiheitsrecht der einzelnen Deutschen (natürliche und juristische Personen), die auf die Gründung, den Bestand und den

[109] Füßlein in »N. N. Sch.« II, S. 431.
[110] BVerfGE 10, 354 (362).
[111] v. Mangoldt-Klein, A III Nr. 1—4 zu Art. 9.
[112] A. A. Füßlein in »N. N. Sch.« II, S. 429.
[113] E. R. Huber, Wirtschaftsverwaltungsrecht, I, S. 250.

Untergang der Vereinigungen gerichteten Organisationsverträge abzuschließen (Privatautonomie), und zwar mit dem *dreifachen* Inhalt der vollen Vertragsfreiheit[114]: Der Abschlußfreiheit, Gestaltungsfreiheit und Aufhebungsfreiheit, ohne fachliche und bezirkliche Beschränkungen[115], nur mit den sachlichen und persönlichen Beschränkungen des Art. 9 Abs. 2 (dazu unten § 4).

b) *Eine doppelte »korporative Garantie*[116]*«*: Die Rechte dieser Vereinigungen auf Entstehen und Bestand und ihre Kehrseite, die *institutionelle Garantie* der Vereine und Gesellschaften[117], und die *funktionelle* Garantie der Vereins- und Gesellschaftstätigkeit im Rahmen der sachlichen Schranken des Art. 9 Abs. 2.

Die Interessenverbände reichen heute weit in den internationalen Raum hinein[118], und so stellt sich hier die – soweit ersichtlich – bisher nicht behandelte Frage, wieweit die Verbände sich für die verschiedenen Formen dieser internationalen Aktivität auf Art. 9 Abs. 1 berufen können. *Drei* Fälle sind zu unterscheiden:

a) Deutsche Interessenverbände schließen sich mit ausländischen zu einem internationalen Spitzenverband zusammen: Hier wirkt die funktionelle Garantie.

b) Deutsche Interessenten schließen sich mit ausländischen in der Bundesrepublik zu einem Interessenverband zusammen: Hier erhält die Vereinigung durch die Beteiligung der »Deutschen« den Grundrechtsschutz.

c) Deutsche Interessenten schließen sich mit ausländischen im Ausland zu einem Interessenverband zusammen: Hier genießen die Deutschen für alle »Vereinigungsfunktionen« in der Bundesrepublik den vollen Grundrechtsschutz des Art. 9 Abs. 1, soweit die sachlichen Schranken des Art. 9 Abs. 2 gewahrt sind.

§ 3: Die positive Koalitionsfreiheit

Für einen Teil der Interessenverbände mit besonderem Vereinigungszweck wird in Art. 9 Abs. 3 S. 1 eine besondere Gewährleistung normiert in Gestalt der sog. positiven Koalitionsfreiheit: Es wird für jedermann und alle Berufe das Recht gewährleistet, zur Wahrung und Förderung der Arbeits- und Wirtschaftsbedingungen Vereinigungen zu bilden.

Der *Kreis der Berechtigten* weicht von dem des Abs. 1 ab: Jedermann und alle Berufe sind berechtigt, es handelt sich um ein Menschenrecht, das *einzelnen Inländern und Ausländern* sowie (Art. 19 Abs. 3) *inländischen juristischen Personen* zugestanden wird. Dabei ist der Kreis der Berechtigten zusätzlich durch das erwerbsständische Element »alle Berufe[119]« gekennzeichnet. Berechtigt sind schließlich auch die *Vereinigungen als solche*[120], die zur Förderung der Arbeits- und Wirtschafts-

[114] Maunz, Wirtschaftsrecht, S. 10.
[115] Reuß in »B. N. Sch.« III/1, S. 110.
[116] E. R. Huber, Wirtschaftsverwaltungsrecht I, S. 250.
[117] v. Mangoldt-Klein, A III 2 zu Art. 9.
[118] Vgl. z. B. Scheuner, BDI-Gespräch, S. 17.
[119] Dazu BVerfGE, 4, 96 (104 f.).
[120] Bestritten: wie hier E. R. Huber, Wirtschaftsverwaltungsrecht II S. 381; v. Mangoldt-Klein, A V 3; Nipperdey, Marktwirtschaft, S. 37; BVerfGE 4, 96 (101); A. A. Bonner Komm. A 3 d zu Art. 9.

bedingungen gebildet worden sind, d. h. im wesentlichen[121] »die Vereinigungen der Arbeitnehmer und Arbeitgeber[122] mit arbeitsrechtlich-sozialpolitischer Frontrichtung[123]«. Das letztere ergibt sich aus dem *Inhalt* dieses Freiheitsrechtes:

Die positive Koalitionsfreiheit ist — ebenso wie die positive Vereinigungsfreiheit — ein *»Doppelgrundrecht*[124]: Einmal das *»individuelle* Freiheitsrecht der Arbeitgeber und Arbeitnehmer«, sich zu Koalitionen zusammenzuschließen, »andererseits ein *korporatives* oder *kollektives* Daseins- und Betätigungsrecht der Berufsverbände selbst, unabhängig vom Staat und vom sozialen Gegenspieler die Arbeitgeber- oder Arbeitnehmerinteressen bei der kollektiven Gestaltung der Arbeitsbedingungen wahrzunehmen[125]«.

Ihre *besondere* Bedeutung gewinnt die positive Koalitionsfreiheit im Hinblick auf die Interessenverbände dadurch, daß hier nicht nur die Vereinigung als solche, sondern *die Vereinigung* zu einem *bestimmten Gesamtzweck*, nämlich zu einer aktiven Wahrnehmung von »Interessen[126]« der Arbeitnehmer und Arbeitgeber *garantiert* wird. Das verleiht diesem Freiheitsrecht, wenn es nicht sinnlos sein soll, einen über den Grundrechtsbereich hinausragenden »wirtschafts- und sozialverfassungsrechtlichen Gehalt[125]«: »Mit dem Grundrecht der Koalitionsfreiheit« ist zugleich die »Institution eines gesetzlich geregelten und geschützten Tarifvertragssystems verfassungsrechtlich gewährleistet, dessen Partner[127]« freie Interessenverbände im Sinne des Art. 9 Abs. 3 sein müssen. *Damit überläßt der Staat einen tragenden Bereich der Wirtschafts- und Sozialverfassung der Selbstordnung durch Interessenverbände.* So bestätigt sich die verfassungsrechtliche *Sonderstellung*, die sich in den bisherigen Untersuchungen für diese Interessenverbände ergab.

§ 4: Verbotene Vereinigungen

Das Grundgesetz gewährleistet die positive Vereinigungs- und[128] Koalitionsfreiheit nur mit den *drei* sachlichen und persönlichen Einschränkungen, die Art. 9 Abs. 2 abschließend[129] aufzählt. Jenseits dieser Schranken sind die Vereinigungen kraft unmittelbar geltenden Rechtes (Art. 1 Abs. 3 i. V. m. Art. 9 Abs. 2) verboten, wobei das Verbotsverfahren außerhalb dieser Betrachtung liegt[130]. *Verboten* sind:

1. *Vereinigungen, deren Zwecke oder deren Tätigkeit den Strafgesetzen zuwiderlaufen:* Die Vereinigung *als solche* muß in Zweck oder Tätigkeit strafrechtlich in

[121] Siehe aber Dietz, in »B.N.Sch.« III/1, S. 421.
[122] Dietz, in »B.N.Sch.« III/1, S. 420.
[123] Bonner Komm., A 3 a, b zu Art. 9 und h. L.; a. A. Hamann, Wirtschaftsverfassungsrecht, S. 106.
[124] v. Mangoldt-Klein, A. V 3 zu Art. 9.
[125] E. R. Huber, Wirtschaftsverwaltungsrecht II, S. 381.
[126] BVerfGE 4, 96 (106).
[127] BVerfGE 4, 96 (108).
[128] Die Anwendung von Art. 9 Abs. 2 auf die Koalitionen ist bestr.: Wie hier v. Mangoldt-Klein, A VI 1 zu Art. 9 mit Überblick über den Streitstand.
[129] Füßlein in »N.N.Sch.« II, S. 435.
[130] Vgl. zum Verfahren: Füßlein in »N.N.Sch.« II, S. 438—440; Willms, »Das Vereinigungsverbot des Art. 9 Abs. 2 und seine Vollziehung« in NJW 1957, S. 1617—1619.

Erscheinung getreten sein, wofür sowohl die Billigung der Mehrheit der Mitglieder als auch das zustimmende Verhalten der Organe gegenüber *kriminellen* Tatbeständen (Verbrechen, Vergehen, Übertretungen) genügt[131].

Zweck oder Tätigkeit brauchen dabei nicht von der Vereinigung öffentlich proklamiert oder schriftlich niedergelegt bzw. sonst ausdrücklich vorgesehen sein. Entscheidend ist jeder »anfängliche wie nachträgliche, offenkundige wie verborgene strafgesetzwidrige« Haupt- oder Nebenzweck[132], z. B. wenn ein ad hoc als »pressure group« formierter Interessenverband zur Parlamentsnötigung (§ 105 StGB), Hinderung von Parlamentsmitgliedern (§ 106 StGB), Bannkreisverletzungen (§ 106 a StGB) oder Verletzung des Parlamentsfriedens (§ 106 b StGB) schreitet.

Art. 9 Abs. 2 gestattet dagegen nicht, Bestehen oder Tätigkeit von »unangenehmen« Interessenverbänden allgemein oder einzeln für strafbar zu erklären und so ein Verbot zu erreichen. Solche Gesetze wären »verfassungswidrige Ausnahmestrafgesetze[133]«.

2. *Vereinigungen, die sich gegen den Gedanken der Völkerverständigung richten.* Diese Norm ist von ihrem *Zweck* her, Friedenssicherung durch Völkerverständigung[134], eindeutig zu interpretieren und bedarf keiner weiteren Erläuterung. Ziele und Tätigkeit eines Interessenverbandes richten sich *nicht* gegen den Gedanken der Völkerverständigung, »wenn der Verband die Interessen – etwa der deutschen Wirtschaft – gegenüber dem Ausland in angemessenen Grenzen wahrnimmt[135]«.

3. *Vereinigungen, die sich gegen die verfassungsmäßige Ordnung richten:* Im Gegensatz zu dem lebhaften Streit[136] um den Begriff der verfassungsmäßigen Ordnung i. S. des Art. 2 Abs. 1 herrscht über diesen Begriff in Art. 9 Abs. 2 im wesentlichen Einmütigkeit[137]: Vereinigungen sind gegen die verfassungsmäßige Ordnung gerichtet, wenn sie in ihren Zielen oder in ihrer Tätigkeit den Umsturz der freiheitlich-demokratischen und rechtsstaatlich-sozialen Ordnung erstreben, wie sie die Prinzipien des geschriebenen und ungeschriebenen Verfassungsrechts aufrichten.

Interessenverbände sind daher verboten, wenn sie die ihnen zur Verfügung stehende Macht »in extremer Weise gemeinschafts- und sozialschädlich mißbrauchen[138]« oder wenn sie *bewußt* Umwälzungen im Staatsgefüge herbeiführen, die einem Umsturz der »sozialen Demokratie in den Formen des Rechtsstaats« gleichkommen oder ihn anstreben.

Die Generalklausel der verfassungsmäßigen Ordnung soll mithin das staatliche Wert- und Ordnungsgefüge der Bundesrepublik vor denjenigen Vereinigungs-Oligarchien schützen, die mit ihrer Eigengesetzlichkeit die staatliche Ordnung zu überrollen trachten und Staat im Staate zu werden drohen.

[131] Füßlein in »N.N.Sch.« II, S. 436.

[132] Bonner Komm., A II 2 b, zu Art. 9.

[133] E. R. Huber, Wirtschaftsverwaltungsrecht, I, S. 254; v. Mangoldt-Klein, A IV 3 zu Art. 9.

[134] Überblick bei v. Mangoldt-Klein, A. IV 5 zu Art. 9.

[135] E. R. Huber, Wirtschaftsverwaltungsrecht, I, S. 253.

[136] Streitstand: Maunz-Dürig, Randnr. 17 ff. zu Art. 2 I.

[137] Grundlegend: Huber, Wirtschaftsverwaltungsrecht I, S. 253 und 662 ff.; v. Mangoldt-Klein, A IV 4 zu Art. 9; Bonner Komm., A II 2 c zu Art. 9; Füßlein in »N.N.Sch.« II, S. 437.

[138] E. R. Huber, Wirtschaftsverwaltungsrecht, I, S. 253.

§ 5: Folgerungen

Die institutionelle und funktionelle Garantie für Interessenverbände in Art. 9 macht einen Prozeß sichtbar, »der den klassischen liberalen Parlamentarismus weit hinter sich läßt[139]«.

Durch die Koalitionsfreiheit des Art. 9 Abs. 3 zieht sich der Staat aus einem tragenden Bereich der Sozialordnung zugunsten einer gesteigerten Indienstnahme der Selbstordnungskraft bestimmter Interessenverbände zurück. Das Verbandsziel »zur Wahrung und Förderung der Arbeits- und Wirtschaftsbedingungen« wird durch einen darin ausgedrückten gleichlautenden *Verfassungsauftrag* überhöht und verleiht diesen Interessenverbänden eine verfassungsrechtliche Sonderstellung, die im folgenden noch näher zu bestimmen sein wird.

Kapitel 2:

Die aus Art. 9 GG ableitbaren negativen Ansprüche des öffentlichen Rechts

§ 1: Übersicht

Aus der *positiven* Vereinigungs- und Koalitionsfreiheit im Sinne des Grundgesetzes folgt für die Interessenverbände »die *negative Freiheit der Unabhängigkeit von staatlicher Einflußnahme[140]«* als weiteres wesentliches Element ihrer staatsrechtlichen Stellung.

Die Einzeldarstellung dieses Freiheitsrechtes soll durch die es konkretisierenden und aus ihm fließenden *»negativen Ansprüche des öffentlichen Rechts[141]«* erfolgen, d. h. die »gegen den Staat oder einen anderen Träger hoheitlicher Gewalt gerichteten Rechte, kraft deren bestimmte Unterlassungen gefordert werden können, zu denen der Träger hoheitlicher Gewalt den Berechtigten gegenüber verpflichtet ist[141]«. Diese Ansprüche gehen auf:

a) Freiheit von Organisations- bzw. Koalitionszwang (dazu § 2)
b) Freiheit von Zulassungszwang (dazu § 3)
c) Freiheit von Staatsaufsicht (dazu § 4)

§ 2: Der Anspruch der Interessenverbände auf Freiheit von Organisations- bzw. Koalitionszwang

1. *Die zwangsweise Bildung privatrechtlicher Spitzenverbände aus Interessenverbänden:* Der Staat kann zur Erfüllung von Staatsaufgaben oder zur besseren Erfüllung von Selbstverwaltungsaufgaben eines Sozialbereiches den Wunsch haben, bestehende Interessenverbände, die noch keinen eigenen Spitzenverband gegründet haben, zu einem privatrechtlichen Spitzenverband zusammenzuschließen.

[139] Altmann, Verbände, S. 225.
[140] Rapold, Beitrag, S. 132; vgl. auch Ramm in NJW 1962, S. 465 ff.
[141] E. R. Huber, Wirtschaftsverwaltungsrecht I, S. 691.

Diese zwangsweise Bildung privatrechtlicher Spitzenverbände ist *unzulässig:* Auch die Interessenverbände selbst können sich, wie oben dargelegt, auf die positive Vereinigungsfreiheit des Art. 9 Abs. 1 berufen. Diese positive Vereinigungsfreiheit kann nur gewahrt werden, wenn eine *negative* Vereinigungsfreiheit des Inhalts in ihr mitgegeben ist, daß auf keinen Berechtigten ein gesetzlicher oder außergesetzlicher Zwang zur Vereinigung ausgeübt wird[142].

2. Daraus folgt weiter, daß *die zwangsweise Bildung von Interessenverbänden allgemein unzulässig* ist.

3. *Die zwangsweise Bildung öffentlich-rechtlicher Verbände neben bestehenden Interessenverbänden:* Grundsätzlich schützt Art. 9 Abs. 1 nicht gegen die »gesetzlich angeordnete Zugehörigkeit zu einer Organisation des öffentlichen Rechts[143]«. Solche Organisationen dürfen gegründet werden, um legitime öffentliche Aufgaben wahrzunehmen, und zwar grundsätzlich gemäß Art. 2 Abs. 1 in den Schranken der verfassungsmäßigen Ordnung[144].

Anders ist die Rechtslage jedoch, wenn für den Aufgabenbereich des vorgesehenen öffentlich-rechtlichen Verbandes schon Interessenverbände bestehen (das kann grundsätzlich nur der Fall sein, wo keine Hoheitsmittel eingesetzt werden müssen): Hier folgt aus der institutionellen und funktionellen Garantie des Art. 9 Abs. 1 ein begrenztes Subsidiaritätsgebot des Inhalts, daß die Bildung eines öffentlich-rechtlichen Verbandes nur zulässig ist[145], wenn:

a) Die Aufgaben nur bei einer Mitgliedschaft *aller* Interessenten erfüllt werden können, der Interessenverband aber nur einen Teil der Interessenten zu Mitgliedern zählt. Oder:

b) Die Aufgaben nicht in einer die öffentlichen Interessen befriedigenden Weise durch den Interessenverband erfüllt werden können.

4. *Die zwangsweise Bildung öffentlich-rechtlicher Verbände aus Interessenverbänden:* Ebenso wie der einzelne werden auch Interessenverbände als solche durch Art. 9 Abs. 1 GG nicht davor geschützt, durch Zwangsmitgliedschaft zu öffentlich-rechtlichen Verbänden zusammengeschlossen zu werden. Neben den allgemeinen Voraussetzungen für derartige Zusammenschlüsse[146] ist jedoch noch folgendes zu bemerken:

Durch solchen Zusammenschluß dürfen nicht unmittelbar oder mittelbar die Garantien des Art. 9 angetastet werden (Art. 19 II), d. h., die Interessenverbände als solche dürfen nicht einem sonst für sie unzulässigen »ordnenden und begrenzenden Zugriff des Staates unterworfen werden[147]«.

5. *Aufnahmezwang, Zwangsbeischluß, Ausschlußverbot:* Im Rahmen des allgemeinen Vereins- oder Gesellschaftsrechts folgt aus der Vereinigungsfreiheit auch das Recht der Aufnahme- und Ausschlußfreiheit. Faktischer oder rechtlicher Zwang zur

[142] Reuß in »B.N.Sch.« III/1, S. 111.

[143] BVerfGE 10, 354 (463).

[144] BVerfGE 10, 89 (102).

[145] Vgl. Reuß in »B.N.Sch.« III/1, S. 124 f.; Quidde, Zwangsmitgliedschaften, S. 525; Scheuner, in DIHT-Interessen, S. 16.

[146] Reuß in »B. N. Sch.« III/1, S. 124 f.; BVerfGE 10, 89 (102—110); 7, 377 (400 f.).

[147] Ballerstedt in »B.N.Sch.« III/1, S. 28.

Aufnahme von Mitgliedern, zum Beitritt zu Interessenverbänden oder zur Aufrechterhaltung der Mitgliedschaft (Ausschlußverbot) ist demnach gemäß Art. 9 Abs. 1 unzulässig[148].

6. Dem Anspruch der allgemeinen Interessenverbände auf Freiheit von Organisationszwang entspricht ein Anspruch der besonderen Interessenverbände des Art. 9 Abs. 3 auf *Freiheit von Koalitionszwang* aus Art. 9 Abs. 3 S. 1, der durch die zusätzliche Sicherung des Art. 9 Abs. 3 S. 2 unterstrichen wird. Im einzelnen gilt das unter 1—5 Ausgeführte entsprechend[149].

§ 3: Der Anspruch der Interessenverbände auf Freiheit von Zulassungszwang

Unvereinbar mit Art. 9 Abs. 1 ist es, wenn die Errichtung oder Tätigkeit von Interessenverbänden, handele es sich um Einzelverbände oder »Verbändeverbände«, von einer besonderen staatlichen Zulassung abhängig gemacht wird[150].

Hingegen müssen die Interessenverbände diejenigen Voraussetzungen erfüllen, die das Vereins- und Gesellschaftsrecht für die jeweils von den Interessenverbänden gewählte Rechtsform vorsieht.

§ 4: Der Anspruch der Interessenverbände auf Freiheit von Staatsaufsicht

Aus Art. 9 und der Wesensgehaltsgarantie in Art. 19 Abs. 2 folgt, daß staatliche Aufsichtsrechte, die durch präventive oder repressive Kontrollen von Interessenverbänden der Sache nach auf eine Aufhebung der Vereinigungs- bzw. Koalitionsfreiheit hinauslaufen, grundgesetzwidrig sind. So wäre es z. B. unzulässig, gesetzlich eine Satzungsgenehmigung durch die Aufsichtsbehörde zur Entstehungsbedingung von Interessenverbänden zu machen oder gar eine so weitgehende Staatsaufsicht wie bei den öffentlichen Körperschaften[151] einzuführen[152].

Hingegen unterliegen Interessenverbände insoweit einer Staatsaufsicht, wie dieses vom Vereins- und Gesellschaftsrecht für die Rechtsform des jeweiligen Interessenverbandes vorgesehen ist (vgl. z. B. §§ 43 BGB; 288—293 AktG, 62 GmbHG; 81 GenG), und es wäre zulässig, in ein Gesetz über Interessenverbände ähnliche Bestimmungen aufzunehmen, da es sich hier nur um Konkretisierungen der sachlichen Verbandsschranken handelt, die oben[153] dargestellt wurden.

Nach den bisherigen Untersuchungen bedarf es schließlich keiner weiteren Ausführungen darüber, daß die Tätigkeit der Interessenverbände »in hohem Maße allgemeine und öffentliche Interessen und sogar die verfassungsmäßige Ordnung berühren« kann[154]. Daher wäre mit der Vereinigungs- und Koalitionsfreiheit ein

[148] E. R. Huber, Wirtschaftsverwaltungsrecht I, S. 252; Reuß in »B.N.Sch.« III/1, S. 114.

[149] E. R. Huber, Wirtschaftsverwaltungsrecht, II, S. 384; Dietz in »B.N.Sch.« III/1, S. 435 ff.; v. Mangoldt-Klein: A V 11 und 12 zu Art. 9.

[150] E. R. Huber, Wirtschaftsverwaltungsrecht I, S. 251.

[151] Vgl. Reuß in »B.N.Sch.« III/1, S. 125.

[152] Zum Ganzen vgl. E. R. Huber, Wirtschaftsverwaltungsrecht I, S. 256; Reuß, a. a. O., S. 121 f.

[153] Siehe oben S. 74 f. (§ 4); auch E. R. Huber, a. a. O., S. 256.

[154] Reuß, a. a. O., S. 121.

Gesetz vereinbar, das etwa, ähnlich wie Art. 179 BAY, Verf.[155], die Schranken der verfassungsmäßigen Ordnung für die Interessenverbände betont und darüber staatliche Aufsichtsorgane wachen läßt[156], z. B. mit folgendem Wortlaut:

»Die Interessenverbände sind keine öffentlichen Behörden und dürfen keine staatlichen Machtbefugnisse ausüben. Zwangsmitgliedschaft bei ihnen ist ausgeschlossen. Über die Einhaltung dieser Bestimmung wacht ... als Aufsichtsbehörde.«

Kapitel 3:

Weitere subjektive öffentliche Rechte und Einrichtungsgarantien der Grundrechte als verfassungsrechtliche Grundlage der Interessenverbände

§ 1: Einführung

Infolge einer öffentlichen Meinung, die Existenz und Handlungen der Interessenverbände gern durch die Ressentimentbrille »Gruppenegoismus« sieht, werden leicht die Befugnisse, Ansprüche oder Rechtsstellungen übersehen, welche die Grundrechte den Interessenverbänden über die Vereinigungsfreiheit hinaus gewährleisten.

Erst vor dem Hintergrund dieser weiteren verfassungsrechtlichen Grundlagen wird auch die oben aus Art. 9 abgeleitete *Privatautonomie* — d. h. »das Recht der Interessenverbände zur eigenen Ordnung ihrer inneren Angelegenheiten durch privatrechtliche Gestaltungsmittel[157]« — transparent mitsamt der sie bildenden Einzelrechte[157] der

a) Satzungsgebung.
b) Bestimmung des zeitlichen, sachlichen, persönlichen und räumlichen Verbandsbereichs, der Verbandsaufgaben, der Einnahmen und Ausgaben.
c) Selbstschöpfung anderer verbindlicher Privatrechtsnormen.
d) Regelung der Willensbildung durch Stimmrechtsregelung.
e) Ehrengerichtsbarkeit mit abgestuftem Ahndungssystem.
f) Schiedsgerichtsbarkeit nach den allgemeinen Vorschriften der §§ 1025 ff. ZPO.

Unter *subjektiven öffentlichen Rechten* im Sinne dieses Kapitels ist zu verstehen »jede Rechtsmacht, durch die innerhalb einer Rechtsbeziehung, an der mindestens auf der einen Seite ein Träger hoheitlicher Gewalt in dieser Eigenschaft beteiligt ist, einem der hoheitlichen Gewalt zugeordneten Rechtssubjekt zur Wahrung seiner Interessen eine Befugnis oder ein Anspruch gegenüber dem rechtlich gebundenen Träger der hoheitlichen Gewalt im Wege der Anerkennung oder der Verleihung eingeräumt ist[158]«.

Unter *»Einrichtungsgarantien«* werden objektive Verfassungsrechtsnormen ver-

[155] Vgl. den Wortlaut oben, S. 49, Fußn. 404.
[156] Vgl. Reuß in »B.N.Sch.« III/1, S. 121 f.
[157] Reuß in »B.N.Sch.« III/1, S. 116 ff.; vgl. auch: Flume, »Rechtsgeschäft und Privatautonomie« in »Rechtsleben« I, S. 135—238, insbes. 136—147.
[158] E. R. Huber, Wirtschaftsverwaltungsrecht I, S. 681.

standen, die öffentlich-rechtliche Einrichtungen (*institutionelle* Garantien) oder privatrechtliche Einrichtungen (*Institutionsgarantien*) gewährleisten[159].

Voraussetzung subjektiver öffentlicher Rechte ist eine Rechtsbeziehung, die durch das Wirken *hoheitlicher* Gewalt bestimmt ist[160], und Voraussetzung wirksamer Einrichtungsgarantien als Rechtsgrundlage, daß die Begünstigten zum Kreis der vom Verfassungsrecht »Betroffenen« gehören:

Nun wurde im I. Hauptteil[161] dargelegt, daß nach neuerlicher »Realanalyse« *Forsthoffs* diese Voraussetzungen für die Interessenverbände nicht mehr gegeben wären. Die Auseinandersetzung mit der Meinung *Forsthoffs* erfolgt im III. Hauptteil. Hier wird entgegen *Forsthoff* davon ausgegangen, daß die obigen Voraussetzungen (Superorität des Staates; Verfassungsgeltung auch für Interessenverbände) erfüllt sind.

§ 2: Das Problem der partiellen Grundrechtsgeltung für Interessenverbände ohne allgemeine Rechtsfähigkeit

Soweit die Interessenverbände (inländische) juristische Personen sind, gelten die Grundrechte für sie gemäß Art. 19 Abs. 3, »soweit sie ihrem Wesen nach auf diese anwendbar sind«.

Auf Grund der oben[162] skizzierten historischen Entwicklung des deutschen Vereinsrechts ist jedoch ein großer Teil der Interessenverbände in Vereinigungsformen ohne allgemeine Rechtsfähigkeit organisiert, daher stellt sich die Frage der (partiellen: Art. 19 Abs. 3) Grundrechtsfähigkeit dieser Personenvereinigungen.

Der klare Wortlaut des Art. 19 Abs. 3 gestattet »keine Analogieschlüsse oder Erstrechtfolgerungen« des Inhalts, daß aus dieser Vorschrift auch die (partielle) Grundrechtsfähigkeit *nicht* rechtsfähiger Personenvereinigungen gefolgert werden könnte[163].

Ebensowenig kann aus dieser Norm aber gefolgert werden, »daß nur Personengruppen, die allgemeine Rechtsfähigkeit besitzen, Träger von Grundrechten sein können«[164]. Schon bei den Beratungen zu Art. 19 Abs. 3 wurde vielmehr darauf hingewiesen, daß juristischen Personen als solchen, *kraft* der Grundrechtsträgerschaft der sie unmittelbar oder mittelbar tragenden natürlichen Personen, grundsätzlich die Grundrechtsfähigkeit zukomme[165]. Dieses Argument gilt auch für nichtrechtsfähige Vereinigungen.

Hier soll die partielle Grundrechtsfähigkeit i. S. des Art. 19 Abs. 3 für die nichtrechtsfähigen Interessenverbände im Anschluß an *Dürig*[166] auf einem anderen Weg hergeleitet werden:

[159] v. Mangoldt-Klein, Vorbem. A VI 3 vor Art. 1.
[160] E. R. Huber, a. a. O., S. 682.
[161] Siehe oben S. 5.
[162] Siehe oben S. 23.
[163] Maunz-Dürig, Randnr. 55 zu Art. 19, Abs. 3.
[164] BVerfGE 3, 383 (391); Maunz-Dürig, Randnr. 13 b zu Art. 19 Abs. 3.
[165] Abgeord. Dr. Heuß, vgl. JÖR, NF. Bd. 1, S. 181.
[166] Maunz-Dürig, Randnr. 55 und 56 zu Art. 19 Abs. 3.

Nach dem Ergebnis der bisherigen Untersuchung sind *alle* freien Vereinigungen i. S. des Art. 9, mithin rechtsfähige und nichtrechtsfähige, verfassungsmäßig anerkannte Teilnehmer des geordneten und selbstordnenden Staatslebens. Dieser Befund wurde durch eine *teleologische* Interpretation im Hinblick auf das im Staatsbild des Grundgesetzes zum Ausdruck kommende »Ideal der sozialen Demokratie in der Form des Rechtsstaates[167]« gewonnen.

Die gleiche teleologische Interpretation führt dazu, daß der für rechtsfähige und nichtrechtsfähige Vereinigungen gleichermaßen grundrechtlich geschützte Vorgang des Vereinigens dann grundrechtlich nicht als abgeschlossen angesehen werden kann, wenn die Vereinigung besteht. Die dargestellten institutionellen und funktionellen Garantien, die Art. 9 enthält, bleiben ein Torso, wenn die zu erhöhter Handlungswirksamkeit[168] vereinigten Einzelnen »in ihrem neuen Stande als solchem« die Grundrechtsfähigkeit in dem Maße, wie sie »diesem neuen Stande als solchem« nach dem Wesen der Grundrechte zukommen kann, verlieren. *Daher gelten die Grundrechte für alle (inländischen) Interessenverbände, soweit sie ihrem Wesen nach auf diese anwendbar sind.*

Daraus folgt weiter, *welcher Kreis von Grundrechten* durch Art. 19 Abs. 3 oder über den obigen Weg für die Vereinigungen in Betracht kommt: Nicht nur die Grundrechte des Katalogs im Teil I, sondern *auch die oben[169] aufgeführten Grundrechte außerhalb des Katalogs[170].*

§ 3: Überblick über die Rechte und Garantien

Daß die Grundrechte subjektive öffentliche Rechte im Sinne der Definition des § 1 begründen, darf als heute gesicherte Erkenntnis des Verfassungsrechts vorausgesetzt werden[171]. Danach ergibt sich folgender Überblick über die *weiteren*[172] Grundrechte, die »nach dem Wesen der Interessenverbände« für diese als subjektive — öffentliche Rechte oder Einrichtungsgarantien — grundsätzlich gelten können:

Art. 2 Abs. 1: Entfaltungsfreiheit.
Art. 3 Abs. 1 und 3: Gleichheitsrechte.
Art. 4 Abs. 1 und 2: Bekenntnis- und Religionsausübungsfreiheit.
Art. 5 Abs. 1 und 3: Meinungsäußerungsfreiheit, Unterrichtungsfreiheit, Berichterstattungsfreiheit, Freiheit der Kunst, Wissenschaft, Forschung und Lehre.
Art. 7 Abs. 4 S. 1: Recht zur Errichtung von privaten Schulen.
Art. 8: Versammlungsfreiheit.
Art. 10: Brief-, Post- und Fernmeldegeheimnis.
Art. 11: Freizügigkeit.
Art. 12 Abs. 1 u. 2: Berufs- und Arbeitsfreiheit.

[167] BVerfGE 5, 85 (198).
[168] So schon Tocqueville: Démocratie en Amérique, Vol. 2, p. 122—125.
[169] Siehe oben S. 61.
[170] Ebenso: v. Mangoldt-Klein, A. VI 1 zu Art. 19; wohl auch Maunz-Dürig, Randnr. 53 zu Art. 19 Abs. 3; anders ohne Begründung: Maunz, Staatsrecht, S. 85.
[171] Vgl. dazu im einzelnen: v. Mangoldt-Klein, Vorbem. A VI 2 vor Art. 1.
[172] Art. 9 bleibt hier außer Betracht, da er oben behandelt wurde.

Art. 13: Unverletzlichkeit der Wohnung.
Art. 14 Abs. 1: Gewährleistung von Eigentum und Erbrecht.
Art. 17: Petitionsrecht.
Art. 19 Abs. 4: Rechtsweggarantie.
Art. 101 Abs. 1 S. 2: Anspruch auf den gesetzlichen Richter.
Art. 103 Abs. 1—3: Anspruch auf rechtliches Gehör; ex-post-facto-Verbot; ne bis in idem.

§ 4: Einzeldarstellung

I. Vorbemerkung. Im folgenden können jeweils nur die für die Interessenverbände wichtigen Einzelheiten dargestellt werden. Im übrigen wird auf die angegebene Speziallitteratur mit weiteren Nachweisen verwiesen.

II. Art. 2 Abs. 1: Entfaltungsfreiheit: Die Frage, ob das »Hauptfreiheitsrecht[173]« auf Interessenverbände angewendet werden kann, ist mit der Frage der Anwendung auf juristische Personen umstritten[174].

Die Frage kann nicht mit dem Hinweis verneint werden[175], daß Personenvereinigungen nicht i. S. des Art. 2 Abs. 1 »Persönlichkeit« zu entfalten vermögen. Mit dieser Begründung läßt sich jedes der grundsätzlich als Individualrechte gestalteten Grundrechte der Anwendung über Art. 19 Abs. 3 oder über den oben gezeigten anderen Weg entziehen. Vielmehr ist darauf abzustellen, »ob die praktisch werdende jeweilige Erscheinungsform der allgemeinen Handlungsfreiheit nur als individuelles oder auch als kollektives Freiheitsrecht gedacht werden kann[176]«, da sonst Art. 2 Abs. 1 zu einem trojanischen Pferd des Kollektivismus wird.

Vor allem ist hier auf das Verhältnis zu Art. 9 abzustellen, der als lex specialis in erster Linie die Grundrechtsgrundlagen der Interessenverbände enthält[177]. In diesem Sinne wurden oben die organisationsrechtlichen und tarifrechtlichen Vertragsfreiheiten aus Art. 9 Abs. 1 bzw. Abs. 3 abgeleitet. Überblickt man in Fortführung dieser Grundhaltung die oben dargestellte Tragweite der in Art. 9 Abs. 1 und Abs. 3 jeweils für die Interessenverbände enthaltenen Individualgarantie und doppelten korporativen Garantie, so ergibt sich im überschaubaren Bereich der Bedeutung des Art. 2 Abs. 1 auf nichtökonomischem[178] und ökonomischem Gebiet[179] kein Fall, der nicht in den Bereich der besonderen Freiheitsrechte des Art. 9 GG fällt. Nur für solche Fälle wäre aber die Anwendung von Art. 2 Abs. 1 auf Interessenverbände zu bejahen.

Diese Ansicht steht im *Gegensatz* zu der Entscheidung des *Bundesverfassungsgerichts* in Bd. 10, 89 (99), wo die Frage der Zulässigkeit der Zwangseingliederung

[173] Maunz-Dürig, Randnr. 6 zu Art. 2 Abs. 1.
[174] Dafür: BVerfGE 10, 89 (99); Maunz-Dürig, Randnr. 68 zu Art. 2 Abs. 1; Bonner Komm., A. II, 1 a zu Art. 2; Hamann, Grundgesetz, S. 80; dagegen: v. Mangoldt-Klein, A III 9 zu Art. 2 mit weiteren Nachweisen.
[175] So v. Mangoldt-Klein a. a. O.
[176] Maunz-Dürig, Randnr. 68 zu Art. 2 Abs. 1.
[177] Vgl. für das Verhältnis von Art. 2 Abs. 1 zu den folgenden Freiheitsrechten: BVerfGE 1, 264 (273 f.); 52 (57); Maunz-Dürig, Randnr. 7 ff. zu Art. 2.
[178] Maunz-Dürig, Randnrn. 33—42 zu Art. 2 Abs. 1.
[179] Maunz-Dürig, Randnrn. 43—65 zu Art. 2 Abs. 1.

von Handelsgesellschaften am Maßstab des Art. 2 Abs. 1, nicht an dem des Art. 9 gemessen wird. Nach der hier vertretenen Ansicht ist der Maßstab für diesen Fall aus dem negativen Anspruch des öffentlichen Rechts auf Freiheit von Organisations- bzw. Koalitionszwang zu gewinnen, der aus Art. 9 folgt und oben[180] dargelegt wurde.

III. Art. 3. Die Gleichheitsrechte: Nach einmütiger Auffassung von Wissenschaft[181] und Rechtsprechung[182] gilt der umfassende Gleichheitssatz des Art. 3 Abs. 1 mitsamt seinen »Konkretisierungen[183]« in Art. 3 Abs. 3 für juristische Personen, er war sogar der wesentliche Anlaß, Art. 19 Abs. 3 in das Grundgesetz aufzunehmen[184]. Gemäß der hier vertretenen Ansicht gilt er damit auch für die nichtrechtsfähigen Interessenverbände[185].

Allgemein wirkt sich der Gleichheitssatz als *umfassendes Paritätsgebot* beziehungsweise *Diskriminierungs- oder Privilegierungsverbot* im Verhältnis von Interessenverbänden und staatlicher Gewalt aus, die (Art. 1 Abs. 3) durch ihn als unmittelbar geltendes Recht gebunden ist. Angesichts der großen Bedeutung, die der Gedanke der Parität als »ein befriedigendes, ... eminent auf Ausgleich und Verständigung hinweisendes Prinzip[186]« im demokratischen Staate hat, sollen hier einzelne Konturen der Gleichheitsrechte ausführlicher herausgestellt werden:

Im einzelnen untersagt der Gleichheitssatz, gleichliegende Sachverhalte, die aus der Natur der Sache heraus und unter dem Gesichtspunkt der Gerechtigkeit[187] klar eine gleichartige Regelung fordern (wesentlich Gleiches)[188], *willkürlich* ungleich zu behandeln, nicht dagegen, wesentlich Ungleiches entsprechend der bestehenden Ungleichheit ungleich[188].

Neben das Willkürverbot treten als *weitere Grenzen* für die staatliche Gewalt die *Konkretisierungen* des allgemeinen Gleichheitssatzes in Art. 3 Abs. 3 und sonstige *»Grundsatznormen,* in denen *für* bestimmte *Bereiche der Rechts- und Sozialordnung* Wertentscheidungen des Verfassungsgebers verbindlich ausgedrückt sind[189]«.

In diesen Grenzen bleibt der staatlichen Gewalt aber ein weiter *Spielraum.* Nur wenn sie die äußersten Grenzen ihres Ermessens[190] willkürlich[188] überschreitet, wenn für die getroffene Regelung jeder sachlich einleuchtende Grund für Differenzierung oder Gleichbehandlung fehlt, verletzt sie den Gleichheitssatz. Dieser läßt

[180] S. 76 ff.
[181] Maunz-Dürig, Randnr. 53 zu Art. 19 Abs. 3; v. Mangoldt-Klein, A II 9 zu Art. 3; Bonner Komm., A II 1 a zu Art. 3; Hamann, Grundgesetz S. 90; Ipsen »Gleichheit« in »N.N.Sch.« II, S. 135.
[182] BVerfGE 1, 14 (52); 3, 383 (390); 4, 7 (12).
[183] BVerfGE 9, 237 (248).
[184] JÖR N.F. Bd. 1, S. 180—183.
[185] Ebenso: BVerfGE 3, 383 (391 f.).
[186] Scheuner, BDI-Gespräch, S. 12.
[187] BVerfGE 2, 118 (119 f.).
[188] BVerfGE 1, 14 (52).
[189] BVerfGE 6, 55 (71); 9, 237 (248).
[190] BVerfGE 4, 7 (18).

also Differenzierungen zu, die durch sachliche Erwägungen gerechtfertigt sind, bzw. erlaubt, von gewissen ins einzelne gehenden Differenzierungen abzusehen[191].

Die *Anwendung* des Gleichheitssatzes beruht stets auf einem Vergleich von *Lebensverhältnissen,* die *nie in allen, sondern stets nur in einzelnen Elementen gleich sind.* Es ist dabei Sache des Ermessens der staatlichen Gewalt zu entscheiden, welche Elemente der zu ordnenden Lebensverhältnisse sie als maßgebend dafür ansieht, sie im Recht gleich oder verschieden zu behandeln[192]. Selbst die Konkretisierungen des Gleichheitssatzes in Art. 3 Abs. 3, die nicht Anlaß zu einer Ungleichbehandlung sein dürfen, bedeuten z. B. nicht, »daß das betreffende Kriterium unter keinen Umständen vom Gesetzgeber verwendet werden darf und daß deshalb die Schaffung verschiedener Rechtsnormen im Staat, deren Anwendungsbereich von jenen Kriterien abhängt, notwendig unzulässig sein würde[193]«. Vielmehr sind nur Diskriminierungen verboten.

Aus diesem Inhalt des Gleichheitssatzes sollen nun kasuistisch nach der Rechtsprechung des Bundesverfassungsgerichtes einige *Folgerungen* für die Interessenverbände gezogen werden:

1. Der aus dem Gleichheitssatz für politische Parteien als solche abgeleitete *Grundsatz der Chancengleichheit*[194] hat für das »Tätigwerden gesellschaftlicher Mächte und Institutionen[195] keine Wirkung. Sie können sich aber auf das den einzelnen Mitgliedern zustehende Recht auf Gleichheit der Teilhabe an der politischen Willensbildung berufen[196].

2. Ein Verstoß gegen Art. 3 liegt nicht schon dann vor, wenn wirtschaftlich gleiche Lagen rechtlich verschieden behandelt werden. Der Gleichheitssatz erfordert also nicht, daß der Gesetzgeber die Interessenverbände unbedingt gleichmäßig behandelt[197].

3. Aus einer unterschiedlichen Beteiligung der Interessenverbände an der Vorbereitung der Gesetzgebung und an der parlamentarischen Behandlung kann über den Gleichheitssatz *für die Geltung des Gesetzes* nichts hergeleitet werden: »Ob ein Gesetz den Gleichheitssatz verletzt, richtet sich nicht danach, wie es zustande gekommen ist, sondern ausschließlich nach seinem sachlichen Inhalt[198].«

4. »Begünstigt der Gesetzgeber unter Verstoß gegen den Gleichheitssatz bestimmte Gruppen, so kann das Bundesverfassunggericht entweder die begünstigende Vorschrift für nichtig erklären oder feststellen, daß die Nichtberücksichtigung einzelner Gruppen verfassungswidrig ist[199].«

5. Der Staat kann die sozialen Großverbände, die mit Art. 9 Abs. 3 durch »Übertragung übergeordneter Verantwortung[200]« wie dargelegt — eine Sonder-

[191] BVerfGE 3, 58 (146).
[192] BVerfGE 6, 273 (280).
[193] Wengler, »Rechtsgleichheit und Vielheit der Rechte« in »Rechtsleben« I, S. 242.
[194] BVerfGE 3, 383; 8, 51 (63 f.).
[195] BVerfGE 8, 51 (68).
[196] BVerfGE 8, 51 (68—71).
[197] BVerfGE 6, 84 (91); 11, 283.
[198] BVerfGE 4, 7 (25).
[199] BVerfGE 8, 28 (29).
[200] Werner Weber, BDI-Gespräch, S. 20.

stellung erhalten haben, entsprechend dieser Sonderstellung anders als andere Interessenverbände behandeln. Aus Artikel 3 folgt aber kein Recht dieser Interessenverbände auf Ungleichbehandlung i. S. von bevorzugter Behandlung.

IV. Art. 4 Abs. 1 und 2: Bekenntnis- und Religionsausübungsfreiheit

1. Soweit Art. 4 Abs. 1 die Freiheit des Glaubens und des Gewissens schützt, handelt es sich um »Vorgänge... aus dem forum internum des Menschen«, um die Freiheit der inneren Überzeugung in Sachen des Glaubens und des Gewissens[201].

Einen vergleichbaren *inneren* Bereich gibt es bei den Interessenverbänden nicht.

Dagegen steht den Interessenverbänden aus Art. 4 Abs. 1 die *Freiheit des* religiösen und weltanschaulichen *Bekenntnisses* zu: Das »*nach außen* gewandte« Recht[202] »zu sagen, was man glaubt oder nicht glaubt«, »religiöse oder weltanschauliche Lehren, Vorstellungen und Überzeugungen« zu verbreiten.

Das wird zwar für die juristischen Personen bestritten[204]. Gerade die unbeschränkte Variationsbreite der Interessen, die die Interessenverbände vertreten, bringt es aber mit sich, daß viele dieser Verbände, besonders die altruistischen, als festigenden irrationalen Kern ihrer Organisation ein gemeinsames religiöses oder weltanschauliches Bekenntnis ihrer Mitglieder aufweisen. Hier ist es ein nicht wegzudenkender oder sogar existenznotwendiger Bestandteil des Verbandslebens, dieses Bekenntnis kollektiv zu äußern und zu verbreiten oder den Zwecken einer Religion oder Weltanschauung durch andere Förderungsmaßnahmen zu dienen.

2. Aus dem Vorgesagten folgt weiter, daß die *»Kultusfreiheit*[205]*«* des Art. 4 Abs. 2 für die Interessenverbände gilt: Auf Grund dieser Freiheit darf die »Religionsausübung als objektiver Vorgang« im privaten häuslichen, sonst geschlossenen oder öffentlichen Bereich »nicht gestört, nicht behindert, nicht verhindert oder unmöglich gemacht[206]« werden, sie darf aber ebenso nicht aufgezwungen werden[207].

Als Beispielsbereiche wesensgemäßer Anwendung auf Interessenverbände dienen Messen und Gottesdienste bei Tagungen von Interessenverbänden auf konfessioneller Grundlage.

V. Art. 5 Abs. 1 und 3: Freiheit der Meinungsäußerung und Meinungsverbreitung; Informationsfreiheit; Pressefreiheit; Freiheit der Berichterstattung durch Funk und Film, Freiheit für Kunst, Wissenschaft, Forschung und Lehre.

Es bedarf im Hinblick auf die Organisation und Arbeit der Interessenverbände – *begonnen* mit den teils unverlangt, teils verlangt gegebenen Stellungnahmen, *über* die eigenen periodischen Veröffentlichungen und Filmstellen *bis* hin zu den eigenen wissenschaftlichen Instituten – keiner weiteren Ausführungen, daß die

[201] v. Mangoldt-Klein, A III 1, zu Art. 4.
[202] v. Mangoldt-Klein, A III 1 zu Art. 4; Bonner Komm., A II 1 b zu Art. 4.
[203] v. Mangoldt-Klein, A III 1 und 2 zu Art. 4.
[204] Für Art. 4 Abs. 1: v. Mangoldt-Klein, A II 6 zu Art. 4; dagegen: Bonner Komm., II 2 a zu Art. 4; zweifelnd: Maunz-Dürig, Fußnote 1 zu Randnr. 54 zu Art. 19 Abs. 3.
[205] v. Mangoldt-Klein, A IV zu Art. 4.
[206] Bonner Komm., A II 2 b zu Art. 4.
[207] v. Mangoldt-Klein, A IV 1 zu Art. 4.

Rechte aus Art. 5 Abs. 1 und 3 ihrem Wesen nach auf die Interessenverbände anwendbar sind[208].

Es handelt sich um charakteristische Beispiele für »Grundrechte mit gruppenschützender Funktion[209]«.

VI. Das Vorgesagte gilt ebenso für die folgenden Rechte:

a) Das Recht zur Errichtung von privaten Schulen (Art. 7 Abs. 4 S. 1)[210].

b) Das Recht auf Versammlungsfreiheit (Art. 8)[211].

c) Die Rechte des Brief-, Post- und Fernmeldegeheimnisses (Art. 10)[212].

d) Das Recht auf Freizügigkeit (Art. 11)[213], und zwar als Recht der freien Sitzverlegung[214].

VII. Art. 12 Abs. 1, 2 und 4: Berufs- und Arbeitsfreiheit

1. Berufsfreiheit (Art. 12 Abs. 1): Ob das »Grundrecht der Berufsfreiheit[215]« auf Interessenverbände angewendet werden kann, entscheidet sich ebenso wie die gleiche Frage im Zusammenhang mit der Entfaltungsfreiheit (Art. 2 Abs. 1) nach dem Verhältnis dieses Freiheitsrechtes zu Art. 9 GG.

Für juristische Personen des Privatrechts ist die Frage der Anwendung umstritten, wird aber überwiegend bejaht[216].

Nach der oben[217] vertretenen Ansicht enthält Art. 9 für die Interessenverbände die Rechte auf Bestimmung oder Änderung des sachlichen Verbandsbereiches und der Verbandsaufgaben, verbunden mit den Rechten auf Aufnahme, Entfaltung und Ausübung einer entsprechenden Verbandstätigkeit. Daher erscheint es nicht nur überflüssig, sondern angesichts der Regelungsbefugnis nach Art. 12 Abs. 1 S. 2[218] auch nachteilig, die entsprechenden Rechte aus Art. 12 abzuleiten. Art. 12 Abs. 1 wird vielmehr durch das Spezialgesetz des Art. 9 verdrängt.

2. Art. 12 Abs. 2 und 4: Arbeitsfreiheit: Die für den einzelnen in diesen Vorschriften enthaltenen Rechte auf »Freiheit von Arbeitszwang und Zwangsarbeit[219]« sind für die Interessenverbände ebenfalls in der Spezialnorm des Art. 9 enthalten,

[208] Ebenso für die jur. Personen: Maunz-Dürig, Randnr. 53 zu Art. 19 Abs. 3; v.Mangoldt-Klein, A II 6 zu Art. 5; Bonner Komm., A II 1 a zu Art. 5; Ridder in »N.N.Sch.« II, S. 269.

[209] Ehmke, Grenzen, S. 105 f.

[210] Maunz-Dürig, Randnr. 53 zu Art. 19 Abs. 3.

[211] Maunz-Dürig, Randnr. 53 zu Art. 19 Abs. 3; v. Mangoldt-Klein, A II 5 zu Art. 8; Füßlein in »N.N.Sch.« II, S. 443—455.

[212] Maunz-Dürig, a. a. O.; v. Mangoldt-Klein, A II 6 zu Art. 10; Bonner Komm., A II vor 1 a zu Art. 10; Oehler: in »N.N.Sch.« II, S. 608.

[213] Maunz-Dürig, a. a. O., v. Mangoldt-Klein, A II 4 zu Art. 11.

[214] Dürig in »N.N.Sch.« II, S. 520 f.

[215] BVerfGE 7, 377 (402).

[216] Maunz-Dürig, Randnr. 53 zu Art. 19 Abs. 3 (zweifelnd); v. Mangoldt-Klein, A II 6, VI 4 zu Art. 12 (bejaht); Bachof in »B.N.Sch.« III/1, S. 178 ff. (bejaht).

[217] Siehe oben S. 72 f., 79.

[218] Dazu BVerfGE 7, 377.

[219] v. Mangoldt-Klein, A VII zu Art. 12.

und zwar in Form der daraus herzuleitenden negativen Ansprüche des öffentlichen Rechts, die Gegenstand des vorigen Kapitels waren.

VIII. Art. 13 Abs. 1: Unverletzlichkeit der Wohnung

Nach überwiegender Ansicht ist das Grundrecht des Art. 13 Abs. 1 auf die Geschäftsräume juristischer Personen anzuwenden[220].

Dabei wird in der Diskussion[221] oft unmerklich der Schluß vollzogen: Da unter die Räume, »welche eine Person zum Mittelpunkt ihres Daseins gemacht hat[221]« (= Wohnung), die Geschäftsräume fallen, gilt Art. 13 Abs. 1 auch für juristische Personen. Aus dieser Betrachtungsweise ist jedoch nichts herzuleiten.

Vielmehr geht es hier wieder entscheidend um das Verhältnis zu Art. 9: Die darin enthaltene doppelte korporative Garantie[222] ist ein Wolkengebilde, wenn sich die Garantie von Institution und Funktion der Vereine und Gesellschaften nicht auf die räumlichen Grundlagen der Vereinigungen mit erstreckt. Wegen der Spezialität von Art. 9 kommt daher eine Anwendung von Art. 13 Abs. 1 auf die Interessenverbände nicht in Frage.

IX. Art. 14 Abs. 1: Eigentum und Erbrecht

1. Es bedarf keiner besonderen Darlegungen, daß die *Eigentumsgarantie* des Grundgesetzes in ihrer doppelten[223] Form — als »Institutsgarantie«, das heißt als »grundsätzliche Anerkennung des Sacheigentums und der Existenz frei verfügbarer Vermögensrechte des einzelnen[223]« und als »Rechtsstellungsgarantie« der konkreten Rechtsstellung »der Inhaber der von der Verfassung als Eigentum verstandenen einzelnen Berechtigungen[224]« — ihrem Wesen nach auch auf die Interessenverbände anwendbar ist[225].

2. Zweifelhaft ist jedoch, ob das gleiche für das *Erbrecht* gilt. Nach dem geltenden Erbrecht des BGB kann eine juristische Person oder ein Gesamthandsverband *nie Erblasser* sein, nur *Erbe*[226].

Eine uneingeschränkte Anwendung des Artikel 14 Abs. 1 ist insoweit nach dem Wesen des Erbrechts nicht möglich[227]. Ferner ist die Ansicht abzulehnen, unter die grundrechtliche Gewährleistung des Erbrechts fielen auch die Bestimmungen über das Vermögensschicksal juristischer Personen nach der Auflösung[228]. Der Begriff

[220] So: v. Mangoldt-Klein, A III 5 zu Art. 13; Maunz, Staatsrecht, S. 86; Kern in »N.N.Sch.« II, S. 54; zweifelnd: Maunz-Dürig, Randnr. 54 zu Art. 19 Abs. 3; verneinend: Hamann, Grundgesetz, C 9 zu Art. 19.

[221] Kern, a. a. O., S. 103.

[222] Siehe oben S. 73.

[223] Weber in »N.N.Sch.« II, S. 355.

[224] Weber in »N.N.Sch.« II, S. 361.

[225] So für die jur. Personen: BVerfGE 4, 7 (17); Maunz-Dürig, Randnr. 53 zu Art. 19 Abs. 3; v. Mangoldt-Klein, A II 10 zu Art. 14; Bonner Komm., A II, 3 zu Art. 14; Hamann, Grundgesetz C 9 zu Art. 19; Weber a. a. O., S. 361 f.

[226] Bartholomeyczik, Horst, Erbrecht, 3. Aufl., München und Berlin 1958, S. 25 und 34.

[227] So aber: v. Mangoldt-Klein, A II 10 zu Art. 14.

[228] So aber: Bonner Komm., A II 3 zu Art. 14.

Erbrecht erscheint so eindeutig, daß er auf völlig anders geartete Institute des Gesellschafts- und Vereinsrechts nicht übertragen werden kann.

Danach können für die Interessenverbände nach dem Wesen des Erbrechts i. S. des Art. 14 Abs. 1 folgende Gewährleistungen abgeleitet werden: a) Die Gewährleistung der Erbrechtsfreiheit i. S. eines subjektiven öffentlichen Rechts der Interessenverbände auf die Erhaltung ihrer aktiven Erbrechtsfähigkeit. b) Die Garantie des Instituts »Erbrecht« im System des Privatrechts[229].

X. Art. 17: Petitionsrecht

1. Aus Art. 17 leiten manche ein subjektives öffentliches Recht der Interessenverbände auf Teilhabe am öffentlichen Leben derart ab, daß die Interessenverbände Gesetzgebung und Verwaltung mit ihren Vorstellungen vertraut machen dürfen und dazu ein umfassendes subjektives öffentliches Recht auf Anhörung und Vorlage haben[230]. Der Verfasser hat in mehreren Gesprächen feststellen können, daß Vertreter von Interessenverbänden Art 17 GG (ausschließlich) in diesem Sinne interpretieren.

Demgegenüber ist auf *dreierlei* hinzuweisen:

a) Das Petitionsrecht i. S. des Art. 17 ist *nicht* mehr, wie das *historische* Petitionsrecht, »das eigenständige Recht von Ständen, Kammern u. a., Anträge, Wünsche und Beschwerden an die Regierung oder an den Monarchen zu richten[231]«. An die Stelle dieses Petitionsrechtes sind vielmehr heute die *parlamentarischen* Rechte getreten. Daraus folgt:

b) Das gemeinschaftlich ausgeübte Petitionsrecht ist streng von Gemeinschaftsakten der Teilnahme an der Gesetzgebung zu trennen, z. B. dem Volksbegehren des Art. 29 GG; solche Initiativrechte sind vielmehr »mehr und etwas anderes[232]«, nämlich politische Mitwirkungsrechte.

Damit ist der Bereich des Petitionsrechts abgegrenzt vom »Tätigwerden des Volkes als Staatsorgan«, welches nicht im Petitionsrecht, sondern in Kompetenznormen geregelt wird[233].

c) Das Recht, »in Gemeinschaft mit anderen« (Art. 17) — d. h. »unter Gesamtnamen und Sammelbezeichnungen« — petitionieren zu dürfen, begründet *noch kein Petitionsrecht der Interessenverbände als solcher*, Art. 17 ist also *kein unmittelbares* Gruppengrundrecht. Hierzu bedarf es vielmehr wieder des Rückgriffs auf die Wesensprüfung i. S. des Art. 19 Abs. 3. Deren unbestrittenes Ergebnis ist freilich, daß *auch Interessenverbände Inhaber des Petitionsrechts* sind[235].

[229] Zu diesen beiden Garantien: Vgl. v. Mangoldt-Klein, A II 6 zu Art. 14.
[230] Jahn, Zeitwende, S. 159.
[231] Maunz-Dürig, Randnr. 2 zu Art. 17.
[232] So v. Mangoldt-Klein, A II 6 zu Art. 17; vgl. ferner: BVerfGE 8, 42, Leitsatz 1; 8, 104, Leitsatz 5; 8, 122, Leitsatz 2; a A. Hamann, NJW, 1957, S. 794.
[233] BVerfGE 8, 104, Leitsatz 6.
[234] Maunz-Dürig, Randnr. 26 zu Art. 17.
[235] Vgl. i. e. (für juristische Personen des Privatrechts): Maunz-Dürig, Randnr. 27 zu Art. 17; v. Mangoldt-Klein, A II 7 zu Art. 17; Bonner Komm. A II 1 a zu Art. 17; Hamann, Grundgesetz C 1 zu Art. 17; Mattern in »N.N.Sch.« II, S. 631.

2. Auf diesem Wege begründet Art. 17 zwei subjektive öffentliche Rechte der Interessenverbände gegen den Staat:

a) Den Anspruch (status negativus), alles zu *unterlassen,* was das Recht des Art. 17 beschränken kann, sich schriftlich mit Bitten oder Beschwerden an die zuständigen Stellen oder an die Volksvertretung zu wenden[236].

b) Den Anspruch *auf Erledigung* (status positivus), d. h. Entgegennahme, sachliche Prüfung und Verbescheidung. Diese Verbescheidung darf sich »nicht auf eine bloße Empfangsbestätigung beschränken[237]«, braucht aber nicht mehr zu sein als »ein sachlicher Bescheid, aus dem ersichtlich ist, wie die angegangene Stelle die Petition zu behandeln gedenkt[236]«.

3. Kann schon nach diesen kurzen Betrachtungen keine Rede davon sein, daß das Petitionsrecht dem Berechtigten Befehlsgewalt gegenüber dem Staat oder gar hoheitliche Befugnisse zuweist[238], so bestätigen *Begriff* und *Zulässigkeitsvoraussetzungen* der Petition i. S. des Art. 17 diesen Befund:

a) Der Begriff der Petition[239]: Die *Bitten oder Beschwerden* i. S. des Art. 17 sind sachliche schriftliche Eingaben an die zuständigen Stellen oder die Volksvertretung, die eine Prüfung sachlich nachprüfbarer Fragen und Probleme zu veranlassen suchen. Daher scheiden als Petition i. S. des Art. 17 aus:

Alle *Eingaben ohne Handlungs- oder Unterlassungsaufforderung,* z. B. reine *Informationen* über die Verbandstätigkeit.

Ferner bloße Auskunftsersuchen, da Art. 17 keine besondere Unterrichtungsfreiheit neben der allgemeinen des Art. 5 Abs. 1 schaffen will. — Schließlich alle nicht *schriftlichen* Eingaben.

b) Die *Zulässigkeit* der Petition: Sie hängt von *zwei* Voraussetzungen ab:

b 1) Zulässiger Petitionsadressat: Die Stelle, bei der die Petition eingereicht wird, muß grundsätzlich zuständig sein, d. h. eine der im Instanzenzug entscheidungsbefugten Stellen[240]. Oder sie muß der Bundestag bzw. ein Länderparlament sein, bzw. ein Unterorgan dieser Volksvertretungen, d. h. ein Ausschuß, *nicht* aber Fraktionen oder Abgeordnete[241].

b 2) Zulässiger Petitionsinhalt: Eine zulässige Petition liegt dann nicht vor, »wenn etwas gesetzlich Verbotenes gefordert wird oder die Form der Petition den Anforderungen nicht entspricht, die an jede bei einer Behörde einzureichende Eingabe zu stellen sind, also etwa beleidigenden, herausfordernden oder erpresserischen Inhalt hat[242]«.

4. Überblickt man die skizzierten Einzelheiten, so ist das Petitionsrecht *kein* (geheimes) *Tor* für die Interessenverbände, um *die Mauer der Kompetenznormen des Grundgesetzes zu umgehen.*

[236] Maunz-Dürig, Randnr. 3 zu Art. 17.
[237] BVerfGE 2, 225 (230).
[238] So aber Hamann, NJW 1957, S. 794 f.
[239] Vgl. Maunz-Dürig, Randnr. 14—23 zu Art. 17; Mattern in »N.N.Sch.« II, S. 630 f.
[240] BVerfGE 2, 225 (229).
[241] Maunz-Dürig, Randnr. 60—62 zu Art. 17.
[242] BVerfGE 2, 225 (229).

Es ist vielmehr, abgesehen von den Form- und Zulässigkeitserfordernissen, der *Ort einer gnadenähnlichen*[243] *Begegnung*, wo der Staat durch eines seiner Organe, außerhalb von Rechts- und Instanzenweg – also vergleichsweise »unkonventionell« – dem einzelnen und dessen Vereinigungen sein Ohr leiht, *ohne* Verpflichtung zum sachlichen Engagement in der erbetenen Richtung, aber frei, das Vorgetragene zum Element oder gar Gegenstand seiner Willensbildung zu machen.

Art. 17 GG begründet mithin *kein* umfassendes Mitwirkungsrecht der Interessenverbände bei der Ausübung der Staatsgewalt i. S. eines umfassenden subjektiven öffentlichen Rechts auf Anhörung bei Gesetzgebung, Regierung und Verwaltung.

XI. Das Grundrecht auf Gerichtsschutz (Art. 19 Abs. 4) und die allgemeinen Prozeßgrundrechte (Art. 101 Abs. 1 S. 2; Art. 103 Abs. 1–3)

1. Nach dem in diesem Hauptteil bisher skizzierten *materiellrechtlich* lückenlosen Grundrechtsschutz der Interessenverbände bedarf es keiner weiteren Darlegungen, daß die Rechtsweggarantie des Art. 19 Abs. 4 gleichfalls für Interessenverbände gilt. Denn ohne die in dieser Norm gewährte »institutionelle Garantie einer Gerichtsbarkeit, die zur Entscheidung über die Rechtmäßigkeit von Maßnahmen der öffentlichen Gewalt berufen ist[244]« und ohne ihre Kehrseite, das *»formelle Hauptgrundrecht*[245]*«* auf Justizgewährung, bliebe jener materiellrechtliche Schutz ein Torso.

Soweit daher die Interessenverbände als solche Träger von Grund- und anderen Rechten[246] sein können, sind sie Träger des Rechtes aus Artikel 19 Abs. 4[247].

Die allgemeinen Prozeßgrundrechte der Art. 101 Abs. 1 S. 2 und Art. 103 Abs. 1–3 sind ihrem Wesen nach auch auf Interessenverbände anwendbar[248]. Das ergibt sich schon aus dem, was oben über das Legalgewicht[249] und das Problem der Strafbarkeit der Interessenverbände[250] ausgeführt wurde.

2. In dem Maße, wie die Interessenverbände nach den einschlägigen Prozeßnormen parteifähig sind, haben sie also ebenso wie der einzelne ein subjektives öffentliches Recht auf ein ordnungsgemäßes Verfahren[251]. Soweit eine Strafbarkeit der Verbände in Frage kommt[252], genießen sie darüber hinaus die strafrechtlichen Rechtsstaatsgarantien.

[243] v. Mangoldt-Klein, A. II 2 Art. 17.
[244] Maunz-Dürig, Randnr. 3 zu Art. 19 Abs. 4.
[245] Klein nach Maunz-Dürig, Randnr. 2 zu Art. 19 Abs. 4.
[246] Zum Begriff »Recht«, i. S. des Art. 19 Abs. 4: Vgl. Maunz-Dürig, Randnr. 33–38 zu Art. 19 Abs. 4.
[247] Vgl. Maunz-Dürig, Randnr. 16 zu Art. 19 Abs. 4; Bonner Komm., A II 4 a zu Art. 19 Abs. 4; v. Mangoldt-Klein, A VII zu Art. 19.
[248] Vgl. für jur. Personen: Maunz-Dürig, Randnr. 53 zu Art. 19 Abs. 3; v. Mangoldt-Klein, A. VI 3 b zu Art. 19.
[249] Siehe S. 47–55.
[250] Siehe S. 24 f.
[251] Vgl. BVerfGE 3, 359 (263).
[252] Siehe die oben auf S. 24 f. angegebene Literatur mit weiteren Nachweisen.

Kapitel 4:

Art. 1 Abs. 1 und die Interessenverbände als Garanten oder Helfer menschenwürdigen Daseins

Insbesondere: Die Frage der staatsrechtlichen Sonderstellung von »Existenzinteressenverbänden«.

§ 1: Grundlagen

Einerlei, ob man im Bekenntnis des Art. 1 GG zur unantastbaren Würde des Menschen ein *subjektives* öffentliches Recht[253] oder eine »höchstrangige aktuelle Norm des *objektiven* Rechts[254]« sieht, es steht außer Zweifel, daß diese Norm ihrem Wesen nach nicht auf Interessenverbände angewendet werden kann[255].

Andererseits bestehen aber offenbare *Beziehungen* zwischen der Menschenwürde i. S. dieses Artikels und den Interessenverbänden: Von diesen Beziehungen wurden schon der Staatsordnungswert der Verbändetätigkeit[256], die Hilfe bei der Staatswillensbildung in der Massendemokratie[257], die Entlastung des Staates im wirtschaftlichen und sozialen Bereich[258] und die Rolle der Interessenverbände als notwendige Sachwalter des politischen Clearingsystems der unterschiedlichen Gruppeninteressen im sozialen Rechtsstaat[259] erwähnt. Weitere mannigfache Beziehungen ergeben sich aus dem dargelegten »Legalgewicht« der Interessenverbände[260], das ferner in vielen Teilen geradezu als eine Bestätigung der aktuellen Menschenwürdebeziehung der Interessenverbände angesehen werden kann.

§ 2: Die »Menschenwürdebeziehung« der Interessenverbände

Das Bekenntnis zur Menschenwürde und die Verpflichtung auf sie (Art. 1) bleiben Leerformeln, wenn dem Menschen der Zugang zu einer *ökonomisch-sozial* und *geistig-seelisch* tragbaren Existenz verschlossen wird[261]. (Es wurde oben schon aufgezeigt, daß aus diesem Grundgedanken in Verbindung mit dem Sozialstaatsprinzip subjektive öffentliche Rechte hergeleitet werden können[262].)

Zu erörtern bleibt, ob aus dieser Erkenntnis eine staatsrechtliche *Sonderstellung* für diejenigen Interessenverbände abzuleiten ist, die nach insoweit übereinstimmendem Sozialbefund als »Zwischenglied zwischen dem Individuum und dem

[253] Nipperdey in »N.N.Sch.« II, S. 11 ff.
[254] Maunz-Dürig, Randnr. 15 zu Art. 1 Abs. 1.
[255] Vgl. Nipperdey a. a. O., S. 11 f.
[256] Siehe oben S. 7.
[257] Siehe oben S. 7.
[258] Siehe oben S. 7 f.
[259] Siehe oben S. 66—68.
[260] Siehe oben S. 47—55.
[261] Maunz-Dürig, Randnr. 43 zu Art. 1 Abs. 1; v. Mangoldt-Klein, A III 3 d zu Art. 1; Wintrich, Grundrechte, S. 19.
[262] Siehe oben S. 67.

Staat[263]« heute »unanfechtbare Existenznotwendigkeit[264]« besitzen, und zwar zur Existenzsicherung oder -hilfe der Individuen, da der Bürger »sich nicht aller Dinge selbst annehmen« kann, sondern sich dieser Kollektive bedienen muß[265], und zwar in zweierlei Hinsicht:

a) als Garanten oder Helfer einer *ökonomisch und sozial* tragbaren Existenz[266]: »Die Chance« für ein ökonomisches oder soziales Existenzinteresse, »befriedigt zu werden, wächst mit der sozialen Mächtigkeit des gesellschaftlichen Patrons (Verbandes), der es vertritt[267]«.

Die »wirklich Mühseligen und Beladenen« bleiben daher oft mangels Organisation unter dem tragbaren Existenzniveau[268].

b) als Garanten oder Helfer einer *geistig-seelisch* tragbaren Existenz[269], wobei die Ausgangsbefunde stichwortartig lauten: Heimatlosigkeit im Getriebe des wirtschaftlichen Alltags; Bedürfnis nach sozialem Kontakt und Geborgenheit; umfassende Angst vor dem Alleinstehen; seelische Anlehnungsbedürftigkeit; Anlagenentfaltung nur in Kommunikation möglich, aber »der Mensch erfährt die Welt nicht mehr als bergenden Inbegriff[270].«

§ 3: Historischer Befund und Folgerungen

Die aufgezeigte Beziehung *von Interessenverbänden zu den der Menschenwürde anhängenden Existenzinteressen* gewinnt noch an Gewicht, wenn man berücksichtigt, daß es sich keineswegs nur um einen aktuellen, sondern schon um einen *historischen Befund*[271] handelt:

Das durch den Liberalismus von Zunftfesseln und staatlichen Bindungen befreite Individuum wird in der industriellen Gesellschaft des 19. Jahrhunderts entfremdet und sucht hilflos und einsam, da es mangels beherrschten Lebensraumes und ohne die mit diesem gegebenen Daseinsreserven sonst dem Untergang preisgegeben ist, Wurzeln in Interessenverbänden, mit anderen Entwurzelten.

Es nimmt vor diesem historischen Hintergrund nicht wunder, wenn — z. T. unter weiterer Bezugnahme auf das Sozialstaatsprinzip (Art. 20, 28 GG) als »normative

[263] Dresbach in »Legitime Interessenvertretung«, S. 9.

[264] Häberlin, NZZ.

[265] Geyer, NZZ.

[266] Werner, Verbände, S. 26, 35, 186, 217; Scheuner, BDI-Gespräch, S. 10 f.; Werner Weber, BDI-Gespräch S. 21; Hans Huber, Verbände, S. 24; Forsthoff, Realanalyse, S. 813 f.; Kulemann, Berufsvereine, S. XV; Hans Huber, Gesellschaft, S. 41 f.; Heinrich, Verbände, S. 110; Freyer, Freiheit, S. 63—68.

[267] Forsthoff, Realanalyse, S. 813.

[268] Hans Huber, Gesellschaft, S. 42.

[269] Werner, Verbände, S. 25, 187, 217; Scheuner, BDI-Gespräch, S. 11; Krüger, BDI-Gespräch, S. 36; Hans Huber, Verbände, S. 24; Gehlen, Seele, S. 114 ff.; Guardini, Ende, S. 65 u. 75.; Erhard, Wirtschaftspolitik; Wintrich, Grundrechte, S. 6, 7, 18 f.; Meyer-Cording, Vereinsstrafe, S. 1—4.

[270] Guardini, Ende, S. 65.

[271] Freyer, Freiheit, S. 65; Forsthoff, Verfassungsprobleme, S. 6—9; Demontage, Monatsblätter 1957, S. 367; Spitzenverband, S. 7; Werner, Verbände, S. 26.

Richtschnur administrativer, aber auch legislativer Gerechtigkeit[272]« – einige Interessenverbände aus der Vertretung von Existenzinteressen die staatsrechtlichen Folgerungen ziehen, die oben[273] eingehend dargestellt wurden.

Diese Folgerungen werden dabei erst völlig transparent, wenn man die aus Art. 1 Abs. 1 S. 2 abgeleiteten »Pflichtigkeiten des Staates« berücksichtigt[274]:

a) zu einer situationsgerechten und »sozialadäquaten« Gesetzgebung;

b) zur Befolgung und Sicherung dieser Gesetze durch die vollziehende Gewalt und die Rechtsprechung;

c) zu steten Bemühungen von Regierung und Verwaltung um die sozialgerechte Anpassung der Lebensbedingungen aller Einzelnen an die jeweilige Situation.

§ 4: »Soziales Aktionsrecht« der Interessenverbände als »Partner« des Staates?

Nach allem stellt sich die Frage: Können Interessenverbände aus der Vertretung von Existenzinteressen a) ein *umfassendes soziales Aktionsrecht* (status activus) ableiten, das sie b) als *Partner des Staates* ausüben[275]?

1. Es erscheint dogmatisch durchaus möglich, aus einer Gesamtschau von Grundrechtsnormen und Verfassungsprinzipien ein einheitliches neues Grundrecht abzuleiten. So leitet z. B. *E. R. Huber*[276] das Recht auf Wirtschaftsfreiheit aus der Gewerbefreiheit, Freizügigkeit, Vereinigungsfreiheit, Eigentumsfreiheit, Vertragsfreiheit und Wettbewerbsfreiheit ab.

Versucht man in dieser Weise, aus Art. 1 Abs. 1 i. V. m. Art. 9 und dem Sozialstaatsprinzip (Art. 20 und 28) ein umfassendes soziales Aktionsrecht von Interessenverbänden abzuleiten, so stößt man alsbald auf Art. 9 Abs. 3 und die Frage, welchen Sinn das »neue« Aktionsrecht neben dieser Norm haben soll.

Indem der Staat, wie oben[277] *dargelegt, mit Artikel 9 Abs. 3 einen tragenden Bereich der Wirtschafts- und Sozialverfassung der Selbstordnung durch Interessenverbände überlassen hat, hat er den die staatsrechtlich relevanten Existenzinteressen vertretenden Verbänden schon die Sonderstellung eingeräumt, die die Vertretung von Existenzinteressen verlangt.* Art. 9 Abs. 3 läßt keine weiteren Sonderstellungen in Form anderer sozialer Aktionsrechte zu.

2. Die Vertretung dieser Existenzinteressen führt ferner *nicht* dazu, daß die vertretenden Interessenverbände *Partner* des *Staates* werden, etwa in der Form eines öffentlich-rechtlichen Verbandes kraft eigenen Rechts[278]:

[272] Scheuner, »Rechtsstaat« in »Rechtsleben« II, S. 261.

[273] Vgl. S. 45—46.

[274] Wertenbruch, Menschenwürde, S. 180.

[275] Dahin geht wohl das oben S. 45 dargestellte Selbstverständnis der Gewerkschaften; neuerdings vertritt auch der Bundesminister für Familien- und Jugendfragen diesen (bedenklichen) Partnerschaftsgedanken, beschränkt ihn aber auf solche Verbände, die »nicht Interessenten für die eigenen Belange« sind, »sondern freiwillige Träger gesellschaftlicher Mitverantwortung«. Vgl. »Jugendpolitik in Partnerschaft von Verbänden und Staat« in Bulletin Nr. 88/1962, S. 749.

[276] E. R. Huber, Wirtschaftsverwaltungsrecht, I, S. 646 f.

[277] Siehe oben S. 76.

[278] So aber die Ansicht der Gewerkschaften, siehe oben S. 45.

Das Menschenbild des Grundgesetzes ist, gemäß dem Staatsbild des freiheitlich-demokratischen sozialen Rechtsstaates, bewußt auf weitgehende »eigenverantwortliche Lebensgestaltung« angelegt. Der Mensch, dessen Würde in Art. 1 Abs. 1 zum obersten Staatswert erhoben ist, »wird ... als fähig angesehen, und es wird ihm demgemäß abgefordert, seine Interessen und Ideen mit denen der anderen auszugleichen[279].

Artikel 8, 9, 17 und 21 zeigen, daß dabei nicht allein an eine »Individualausfüllung und -erfüllung des Menschenbildes« gedacht ist. Das Grundgesetz sieht vielmehr einen vielfältigen »Integrationsprozeß« von »einzelnen, Gruppen, politischen Parteien, Verbänden und sonstigen gesellschaftlichen Gebilden[280]« voraus, ohne eine noch so verdienstvolle Teilnahme an diesem Prozeß irgendwie statusmäßig anders zu honorieren, als dies in den genannten Normen geschieht.

Jahrreiss hat in seiner Rektoratsrede über »Freiheit und Sozialstaat[281]« das »dienende Herrschen« und das »herrscherliche Gehorchen[282]« als Elemente des freien Sozial-Rechtsstaats aufgezeigt, der »in der Freiheit des *Jedermann* zum Staat« ruht.

Diejenigen Interessenverbände, die aus der Freiheit des in ihnen vereinigten Jedermann zum Staat in den Formen der genannten Normen ein Angebot herleiten, das »herrscherliche Gehorchen« aufzugeben und selbst Staat zu werden, gehen damit von einem falschen Menschen- und Staatsbild aus.

Das Geheimnis und die Möglichkeit des »herrscherlichen Gehorchens« setzt gerade auf der Gegenseite des »dienend herrschenden« Staates voraus, daß er mit großer Selbstverständlichkeit davon ausgeht, daß die einzelnen allein oder in Verbänden von ihrer Freiheit den umfassendsten Gebrauch machen, ohne daß sie aus einer daraus etwa resultierenden gesteigerten Verantwortung für die Gesellschaft insgesamt ein besonderes »Verdienst« oder eine besondere »Würdigkeit« herleiten könnten[283].

Exkurs: Es sei schon hier angemerkt, daß *auch* von daher der sogenannte »Solidaritätsbeitrag« verfassungsrechtlich gesehen werden muß, den Interessenverbände einzuführen gedachten. Die abschließende Behandlung dieser Frage erfolgt im III. Hauptteil.

[279] BVerfGE 8, 85 (204 f.).
[280] BVerfGE 8, 85.
[281] Jahrreiss, Grundfragen, S. 71—88.
[282] a. a. O., S. 86.
[283] Vgl. den Anwendungsfall BVerfGE 11, 310 (321).

Kapitel 5:

Grundrechtsähnliche »Allgemeine Regeln des Völkerrechts« und internationale Interessenverbände

§ 1: Einleitende Sozialbefunde

»Der Staat begegnet der Verbandsmacht keineswegs nur in seinen Ministerialbüros und im Parlament, er trifft sie auch in Luxemburg, in Paris oder Straßburg. Wo er auf internationaler Ebene tätig ist, sieht er sich bereits in eine ständige Aussprache mit den Organisationen hineingezogen[284].« Mit diesem Befund ist für unsere Zeit die Fortsetzung einer Entwicklung bestätigt, die *Naumann*[285] schon 1913 wie folgt interpretierte:

»Es entsteht ein neuer Beruf der Menschheitssekretäre. Über allen zahllosen Syndikats-, Verbands-, Gesellschafts-, Gewerkschafts- und Wohlfahrtssekretären siedeln sich vielsprachige Allerweltsbeamte an, sei es das internationale Sekretariat der Schneider in Berlin, oder das ... der Kürschner in Hamburg, oder die internationale Union der Gasthofsbesitzer in Köln, oder die internationale Föderation für Milchwirtschaft in Brüssel, oder die internationale Automobilvereinigung in Paris, oder das Sekretariat der Bergarbeiter in Manchester.« — Nachdem er die Anzahl dieser Büros mit über 223 angegeben hat, fährt er fort: »Auf allen Gebieten des menschlichen Lebens regt sich der Internationalismus. ... Wieviel jeder einzelne Verband leistet, ob er bereits die Grundlage der endgültigen Organisation ist, kann dabei nicht untersucht werden ... Die Menschheit bildet sich Organe.«

§ 2: Staats- und völkerrechtliche Grundlagen

Da Artikel 25 GG den »allgemeinen Regeln des Völkerrechts« unmittelbar Eingang in die Rechtsordnung der Bundesrepublik verschafft und sie dem deutschen innerstaatlichen Recht — wenn auch nicht dem Bundesverfassungrecht — im Range vorgehen[286], so fragt es sich, ob im Hinblick auf die obigen Sozialbefunde bereits »allgemeine Regeln des Völkerrechts« entstanden sind, die den Interessenverbänden weitere »grundrechtsähnliche[287]« Gruppenrechte einräumen könnten.

Auszuklammern ist dabei die Frage, ob Interessenverbände u. U. als völkerrechtliche *Repräsentanten* für die im Staat oder in mehreren Staaten geeinten Volksgemeinschaften zu handeln berechtigt sind. »Über diese Frage entscheidet ebenso wie im Staatsrecht im Völkerrecht die verfassungsrechtliche Kompetenzordnung eines Landes[288]«, die Gegenstand des III. Hauptteils ist.

[284] Scheuner, BDI-Gespräch, S. 17; vgl. ferner: Reuß in »B.N.Sch.« III/1, S. 144 f.
[285] Naumann, Schriften, S. 376 f.
[286] BVerfGE 6, 309 (363).
[287] BVerfGE 8, 1 (11, 17).
[288] Leibholz, Repräsentation, S. 196.

Die Ableitung weiterer Gruppenrechte für die Interessenverbände erscheint aber grundsätzlich möglich, sofern diese nach den allgemeinen Regeln des Völkerrechts als *Völkerrechtssubjekte*[289] anzuerkennen sind:

a) Zweifelsfrei ist dies für das *Internationale Komitee vom Roten Kreuz* 1. in den Genfer Konventionen vom 12. 8. 1949 zum Schutze der Kriegsopfer und 2. dadurch geschehen, daß nahezu alle Staaten der Welt das Internationale Rote Kreuz nach Völkergewohnheitsrecht als Völkerrechtssubjekt besonderer Art anerkennen[290].

b) Die 24 in der »Conference on Jewish Material Claims against Germany« vereinigten *jüdischen Weltorganisationen* sind durch die Unterzeichnung von zwei Protokollen an dem deutsch-israelischen Abkommen über die deutschen Entschädigungsleistungen vom 10. 9. 1952 beteiligt und damit in diesem Fall als Völkerrechtssubjekte anerkannt worden[291].

c) *Blaisdell*[292] interpretiert die Erwähnung von Interessenverbänden »in the United Nations' and other postwar charters« — mithin wohl Art. 71 UN-Charta und u. a. das oben[293] dargestellte Legalgewicht der Interessenverbände auf Grund der verschiedenen Europäischen Verträge — als weitgehende völkerrechtliche Anerkennung dieser Verbände.

d) Schließlich kann an den ganzen Bereich des *Minderheitenrechts*[294] gedacht werden, auf den hier jedoch nicht weiter eingegangen wird, da sich die in der Bundesrepublik wohnenden Minderheiten in Parteiform organisiert haben[295].

§ 3: Folgerungen

Die dargestellte Entwicklung erlaubt nicht den Schluß, daß Interessenverbände schon allgemein als völkerrechtsfähig angesehen werden. Wohl aber darf man darin *die ersten Anzeichen werdender* neuer *Rechte* im Völkerrechtsbereich erblicken, die mit der weiteren »Entwicklung eines ökonomischen und politischen Weltsystems mit zunehmender Solidarität und Interessengemeinschaft statt der isolierten Lokalsysteme früherer Zeiten[295a]« weiter erstarken werden.

[289] Zu diesem Begriff: Verdross, Völkerrecht, S. 84 ff.
[290] Vgl. Verdross, Völkerrecht, S. 110 f.
[291] Vgl. Kaiser, Repräsentation, S. 149.
[292] Annals vol. 319, p. 149.
[293] Siehe oben S. 47—55.
[294] Vgl. Verdross, Völkerrecht, S. 478—480.
[295] Vgl. den Fall BVerfGE 1, 208 (239—241).
[295a] Kjellén, zitiert nach Schieder, Wandel S. 89.

Kapitel 6:

Die »Interessenverbände der öffentlichen Hand«[295b] *und die Grundrechte*

§ 1: Grundlagen

Unter den im ersten Hauptteil[296] definierten Begriff »Interessenverbände« fallen auch Willensgruppen, die teilweise oder ganz aus juristischen Personen des *öffentlichen* Rechts gebildet werden, soweit sie dadurch nicht zu öffentlich-rechtlichen Verbänden werden.

Damit wird dem Sozialbefund Rechnung getragen, daß »auch die öffentliche Hand sich heute der Verbandsform bedient, um ihre Interessen gegenüber dem Parlament und den Organen der öffentlichen Verwaltung zur Geltung zu bringen. Beispiele hierfür sind die großen Dachverbände von Städten und Gemeinden, die Organisationen der öffentlich-rechtlichen Unternehmungen oder etwa die Gesellschaft zur Förderung der öffentlichen Wirtschaft[297]«.

Es fragt sich, ob die bisher aus den Grundrechten für die Interessenverbände abgeleitete Rechtsstellung auch für diese »Interessenverbände der öffentlichen Hand« gilt. Selbst wenn man die Begriffe des Staates und der öffentlichen Hand differenziert[298], mündet diese Frage doch in das *Problem* ein, ob Grundrechte staatlicher Einrichtungen gegen den Staat möglich sind[299].

§ 2: Die Rechtslage nach dem GG

Zur Lösung ist zunächst darauf hinzuweisen, daß die oben vollzogene Ausklammerung öffentlich-rechtlicher Verbände aus dem Begriff »Interessenverbände« für einen großen Teil der »Interessenverbände der öffentlichen Hand« die Rechtslage klärt. Alle Verbände, »die trotz ihrer privatrechtlichen Organisationsformen als öffentlich-rechtliche Verbände kraft Wesens« im oben[300] definierten Sinne angesehen werden müssen, scheiden damit von vorneherein aus.

Für die verbleibenden eigentlichen Interessenverbände ist von dem unbestrittenen Kernergebnis der bisherigen Diskussion über die Grundrechtsfähigkeit von Erscheinungsformen des Staates auszugehen: Grundrechte können nicht subjektive Rechte der Erscheinungsformen von *Hoheitsgewalt* sein[301]. Das bedeutet für Interessenverbände der öffentlichen Hand, die als solche ex definitione unmittelbar keine Hoheitsgewalt ausüben:

Ist ein Interessenverband der öffentlichen Hand *materiell identisch* mit dem hinter ihm stehenden Hoheitsträger, besteht mithin materiell Identität zwischen

[295b] Vgl. Pohle, Die Interessenverbände der öffentlichen Hand in »Verwaltungsarchiv« 1962, S. 333 ff.
[296] Siehe oben S. 32.
[297] Hellwig, BDI-Gespräch, S. 34.
[298] Dazu fordert *Hellwig*, BDI-Gespräch, S. 34 auf.
[299] Dazu ausführlich Maunz-Dürig, Randnr. 34 ff. zu Art. 19 Abs. 3.
[300] Siehe oben S. 15.
[301] Maunz-Dürig, Randnr. 9 und 34 ff. zu Art. 19 Abs. 3.

Hoheitssubjekt und Verbandssubjekt, so kann er sich *nicht* auf die aus den Grundrechten entwickelten Rechtspositionen als solche berufen. Seine Rechtsstellung ist vielmehr aus den verschiedenen Normen und Garantien des Grundgesetzes für den Bestand der öffentlichen Körperschaften herzuleiten[302].

Der Staat und seine Erscheinungsformen können durch das privatrechtliche Gewand auch hier nicht den Kompetenznormen entgehen.

Ist dagegen ein Interessenverband der öffentlichen Hand nur eingerichtet als *unmittelbarer* Sachwalter von Individualinteressen hinter ihm stehender einzelner natürlicher Personen oder privater juristischer Personen des Privatrechts, so kann er sich auf die in diesem Hauptteil dargestellten Rechte – ebenso wie die »Interessenverbände der privaten Hand« – berufen.

[302] Fuß, »Grundrechtsgeltung für Hoheitsträger«, DVBl 1958, S. 739; Hamann, »Wirtschaftswerbung in Rundfunk und Fernsehen«, NJW 1957, S. 1423 r. Sp.; Maunz-Dürig, Randnr. 46 zu Art. 19 Abs. 3.

ABSCHNITT B:
BESONDERER TEIL II: DIE GRUNDRECHTE ALS VERFASSUNGSMÄSSIGE GRENZE DER INTERESSENVERBÄNDE

Kapitel 1:

Die Grundrechte als Grenze des Interessenkampfes (Art. 2 Abs. 1; 18)

§ 1: Einleitung

Ausgehend von dem Sozialbefund, daß »das Schicksal der Demokratie von der Fähigkeit der führenden Gruppen abhängt, sich ihrer Zusammengehörigkeit und ihrer gemeinsamen Verantwortung gegenüber der Demokratie bewußt zu werden[303]«„ wurde eingangs[304] skizziert, daß das Grundgesetz im Grundrechtsteil den in den Grund- und Freiheitsrechten garantierten Freiheiten der Interessenverbände *drei* Sicherungsgrenzen gezogen hat:

1. Das *Menschenbild des Grundgesetzes.*
2. Das *sozialbereite und sozialgebundene Hauptfreiheitsrecht* in Art. 2 Abs. 1.
3. Die Entscheidung für eine *wertbetonte und wehrhafte Demokratie* in Art. 9 Abs. 2 und Art. 18.

Von diesen Grenzen war bereits Art. 9 Abs. 2 als sachliche und persönliche Einschränkung der positiven Vereinigungs- und Koalitionsfreiheit zu behandeln[305]. Der Begrenzungsinhalt des Menschenbildes wird Gegenstand des *nächsten* Kapitels sein. Die Bedeutung der *hier* behandelten Grenzen aus Art. 2 Abs. 1 und Art. 18 scheint *essentiell* auf dem Gebiet des *Interessenkampfes* zu liegen. »Die Erfahrung hat« nämlich »gezeigt, daß beim Handeln« in der Gruppe und »für die Gruppe zunehmend die Hemmungen und Skrupel schwinden, die die Entschlüsse des für sich selbst handelnden Individuums bestimmen[306].«

§ 2: Art. 2 Abs. 1 Halbsatz 2 als allgemeine Vorbehaltsschranke

Die Interessenverbände können sich nach der oben[307] entwickelten Ansicht auf die Entfaltungsfreiheit nach Art. 2 Abs. 1 nicht berufen, da für alle denkbaren Fälle unbenannter Freiheitsrechte die weite Spezialnorm des Art. 9 als »subjektives Auffangrecht[308]« ausreichend erscheint.

[303] Aron, Eliten, S. 1113.
[304] Siehe S. 60.
[305] Siehe oben S. 74 f.
[306] Meyer-Cording, Vereinsstrafe, S. 5.
[307] Siehe S. 82 f.
[308] Maunz-Dürig, Randnr. 71 zu Art. 2 Abs. 1.

Damit ist aber nicht ausgeschlossen, daß der Soweit-Satz des Art. 2 Abs. 1 auch für Art. 9 seine Funktion als *»Verfassungsvorbehalt* zur Interpretation immanenter Grundrechtsschranken[309]« erfüllen kann, sofern nicht diese *»allgemeine* Vorbehaltsschranke[310]« durch die *»besondere* Vorbehaltsschranke[310]« des Art. 9 Abs. 2 GG verdrängt wird.

Art. 2 Abs. 1 errichtet *drei* Schranken für die dargestellten Freiheitsrechte aus Art. 9: Sie finden ihre Grenze an den Rechten anderer, der verfassungsmäßigen Ordnung und dem Sittengesetz.

Von diesen allgemeinen Schranken stimmt die der verfassungsmäßigen Ordnung *wörtlich* mit der besonderen in Art. 9 Abs. 2 überein. Dies gilt *auch* für den *Begriffsinhalt:* Soweit der Begriff der verfassungsmäßigen Ordnung an den verschiedenen Stellen des Grundgesetzes (Art. 2 Abs. 1; 9 Abs. 2; 20 Abs. 3; 28 Abs. 1 und 3; 98 Abs. 2) verschieden bestimmt wird[311], wird dies mit den »unterschiedlichen Funktionen« und mit dem »Bezug auf verschiedenartige Adressaten« begründet[312]. Dabei herrscht aber Einigkeit, daß Funktion und Adressat in Art. 2 Abs. 1 und Art. 9 Abs. 2 gleich sind[313]. Für die Schranke der verfassungsmäßigen Ordnung ist mithin kein Rückgriff auf Art. 2 Abs. 1 möglich und nötig, es gilt vielmehr insoweit Art. 9 Abs. 2 mit dem oben dargelegten Begriffsinhalt[314], nach dem dieser Vorbehalt das staatliche Wert- und Ordnungsgefüge, insbesondere auch der Kompetenznormen des Grundgesetzes, schützen soll.

Hingegen werden die Freiheitsrechte der Interessenverbände über Art. 2 Abs. 1 durch die allgemeinen Vorbehaltsschranken *»Rechte anderer«* und *»Sittengesetz«* begrenzt, von denen nur geringere Teile durch die beiden Spezialschranken »Verstoß gegen die Strafgesetze nach Zweck und Tätigkeit« und »Richtung gegen den Gedanken der Völkerverständigung« in Art. 9 Abs. 2 überdeckt werden:

a) *Verletzung der Rechte anderer:* Eine Verletzung der Rechte anderer liegt vor, wenn die Interessenverbände unrechtmäßig in die subjektiven privaten und öffentlichen Rechte oder Anwartschaftsrechte einzelner Menschen und ihrer Vereinigungen oder juristischer Personen des Privatrechts, oder in die privaten Rechte des Fiskus eingreifen[315].

b) *Verletzung des Sittengesetzes:* Sittengesetz sind »die Summe derjenigen sittlichen Normen, die Allgemeingut der abendländischen Kultur sind[316]«.

[309] Maunz, Staatsrecht, S. 93.

[310] v. Mangoldt-Klein, Vorbem. B XV 3 a vor Art. 1.

[311] Streitstand bei Maunz-Dürig, Randnr. 17 zu Art. 2 Abs. 1 u. bei v. Mangoldt-Klein, A IV 2 b zu Art. 2.

[312] So neben den Vorgenannten auch: BVerfGE 6, 32 (38).

[313] v. Mangoldt-Klein, A IV 2b zu Art. 2.

[314] Siehe oben S. 130 f.

[315] Vgl. Maunz-Dürig, Randnr. 13—15 zu Art. 2 Abs. 1; v. Mangoldt-Klein, A IV 1 zu Art. 2; auf die weiteren Streitfragen kann hier nicht eingegangen werden.

[316] Peters nach v. Mangoldt-Klein, A IV 3 zu Art. 2; vgl. ferner Maunz-Dürig, Randnr. 16 zu Art. 2 Abs. 1, für Streitfragen gilt das Vorgesagte.

§ 3: Die Verwirkung von Grundrechten wegen Mißbrauch zum Kampfe gegen die freiheitliche demokratische Grundordnung: Art. 18 GG

1. Den Interessenverbänden stehen u. a. die Freiheit der Meinungsäußerung, insbesondere die Pressefreiheit (Art. 5 Abs. 1), die Lehrfreiheit (Art. 5 Abs. 3), die Versammlungsfreiheit (Art. 8), die Vereinigungsfreiheit (Art. 9), das Brief-, Post- und Fernmeldegeheimnis (Art. 10) und das Eigentumsrecht (Art. 14) zu[317].

Durch Art. 18 werden die Verbändetätigkeit und der Interessenkampf im Rahmen dieser Rechte auf die »freiheitliche demokratische Grundordnung« begrenzt. Mißbrauch dieser Rechte zum Kampf gegen die freiheitliche demokratische Grundordnung führt zur Verwirkung, die samt ihrem Ausmaß durch das Bundesverfassungsgericht im Verfahren nach §§ 13 Nr. 1; 36—42 Bundesverfassungsgerichtsgesetz ausgesprochen wird.

2. Hier stellt sich zunächst die Frage nach dem *Verhältnis des Art. 18 zu* Art. 9 Abs. 2, wo sich das Grundgesetz im Kampf gegen antidemokratische Verbände ebenfalls Zähne einsetzt, allerdings *dort* mit einem ipso iure (unmittelbar) geltenden Verbot, während *hier* eine Gerichtsentscheidung konstitutiven Charakters[318] nötig ist.

Will man die rechtsstaatliche Garantie, die Art. 18 mit dem Verfahren vor dem unabhängigen Verfassungsorgan (Art. 1 Abs. 1 BVerfGG) Bundesverfassungsgericht den Betroffenen bietet, nicht zugunsten des unmittelbaren Zugriffs der Verwaltungsbehörden auf Grund Art. 9 Abs. 2 ad absurdum führen, so muß das Verhältnis der beiden Vorschriften dahin bestimmt werden, daß *Art. 18* als *lex specialis* dem Art. 9 Abs. 2 vorgeht[319].

3. *Entscheidend* dafür, ob die in Art. 18 versuchte Grenzziehung scharfe Kontur und damit Effektivität gewinnt, ist die Bestimmung des Begriffs *»freiheitliche demokratische Grundordnung«*, der sich ebenso in den Art. 21 Abs. 2 S. 1 und 91 Abs. 1 findet. Die bisherige Literatur[320] begnügt sich mit einer mehr oder weniger knappen Übernahme der Definition des Bundesverfassungsgerichts[321].

a) Bei der Begriffsbestimmung ist davon auszugehen, daß der Begriff in den drei Artikeln, wo er verwendet wird, im Sinnzusammenhang mit — und als Kriterium für die Notwendigkeit von — *außergewöhnlich* weitreichenden hoheitlichen *Ordnungsakten* erscheint. Er ist dort jeweils ein *Ordnungsbegriff* für Grenzfälle, in denen wertbetonte Toleranz umschlägt in wehrhafte Demokratie, also »Ausdruck des bewußten verfassungspolitischen Willens zur Lösung des Grenzproblems der freiheitlich demokratischen Staatsordnung[322]«.

b) Dieses Grenzproblem ist die *Selbstgefährdung* der freiheitlichen Demokratie *durch grenzenlose Toleranz*, die Selbstaufgabe an demokratische Ordnungen min-

[317] Siehe oben S. 85—88.
[318] E. R. Huber, Wirtschaftsverwaltungsrecht I, S. 255.
[319] E. R. Huber, Wirtschaftsverwaltungsrecht I, S. 254 f.; v. Mangoldt-Klein, A. II 5 zu Art. 18 mit weiteren Nachweisen.
[320] Maunz-Dürig, Randnr. 114 zu Art. 21; v. Mangoldt-Klein, A 4 b zu Art. 18; Bonner Komm.: A II 1 d zu Art. 18.
[321] Vgl. BVerfGE 2, 1 (12, 13); 3, 58 (118); 5, 85 (139, 141 ff.); 10, 118 (123).
[322] BVerfGE 5, 85 (139); 10, 118 (123).

derer Freiheit oder gar den totalen Staat. Insoweit kann der Begriff nicht ohne Rückblick auf die historischen Erfahrungen der wertneutralen Formaldemokratie des Weimarer Staates, insbesondere bei der Auslegung des Art. 76 WRV, bestimmt werden.

c) Als *Grund*ordnung beschränkt sich der Ordnungsbegriff auf die Grundlagen, »ein *umfassendes Staatsprinzip*, das Raum läßt für die Betätigung mehrerer, den demokratischen Gedanken in verschiedenen Abwandlungen[323]« vertretenden Meinungsgruppen. Daher umfaßt der Begriff (nur) die »obersten Grundwerte[324]« der freiheitlichen Demokratie, er steigt also nicht hinunter in den trivialen Alltag einzelner umstrittener Institutionen.

d) Die Grundlagen für die Ermittlung dieser obersten Grundwerte sind *nicht irgendeiner* freiheitlichen demokratischen Gesamtordnung zu entnehmen, vielmehr der Aussage des Grundgesetzes. Insofern besteht bei aller Beschränkung auf oberste Prinzipien ein Bezug zu allen Teilen der Aussage des Grundgesetzes.

e) Nach diesen Ergebnissen »läßt sich die freiheitliche demokratische Grundordnung als eine Ordnung bestimmen, die unter Ausschluß jeglicher Gewalt- und Willkürherrschaft eine rechtsstaatliche Herrschaftsordnung auf der Grundlage der Selbstbestimmung des Volkes nach dem Willen der jeweiligen Mehrheit und der Freiheit und Gleichheit darstellt[325]«. Einzelne Elemente dieser Ordnung wurden oben[326] aufgezählt.

4. *Mißbrauch* der Grundrechte *zum Kampf* gegen diese Ordnung liegt nicht schon dann vor, wenn ein Interessenverband diese obersten Prinzipien »nicht anerkennt, sie ablehnt, ihnen andere entgegensetzt. Es muß vielmehr eine aktiv-kämpferische Haltung gegenüber der bestehenden Ordnung hinzukommen«. Der Verband »muß planvoll das Funktionieren dieser Ordnung[327]« bekämpfen wollen und sich dazu der Grundrechte bedienen.

§ 4: Folgerungen und Zusammenfassung

Freiheitsrechte und Freiheit kommen den Interessenverbänden nach dem Willen des Bonner Grundgesetzes als »Überwindung der eigenen Willkür[328]« zu. Sie wird verstanden als »soziale Gestaltungskraft der Demokratie«, die von der »strukturlosen Masse egozentrischer Einzelmenschen zur menschgemäßen Ordung« führt[329]. Daher werden die Interessenverbände den leitenden Grundsätzen der freiheitlichen demokratischen Ordnung verpflichtet, und insofern ist das Wesen ihrer Freiheit politische Verantwortung. Sie besteht »in dem, was als Freiheit« für »die, in deren Gemeinschaft« die Verbände mitleben, »ebenfalls vorhanden ist[330]«.

[323] BVerfGE 3, 58 (118).
[324] BVerfGE 2, 1 (12).
[325] BVerfGE 2, 1 (12 f.).
[326] Siehe oben S. 65 a. E.
[327] BVerfGE 5, 85 (11).
[328] Jaspers nach Rapold, Beitrag S. 85.
[329] Rapold, Beitrag S. 87.
[330] Schütz, Freiheit, S. 645.

Wenn vielfach beklagt wird, daß der »Gruppenherrschaft eine legale Zuordnung zur verfassungsmäßigen Machtverteilung fehlt[331]«, so in dieser Hinsicht zu Unrecht: Es besteht nach dem Grundgesetz eine legale Verpflichtung der Interessenverbände auf die freiheitliche demokratische Grundordnung, und zwar des Inhalts, daß die die Freiheit im obigen Sinne garantierenden Ordnungselemente des Staates nicht auf dem Wege der »unsichtbaren Herrschaft« von den Interessenverbänden zu bedeutungslosen Kulissen reduziert oder gar beseitigt werden dürfen.

Kapitel 2:

Das Menschenwürdebekenntnis des Art. 1, das Prinzip der Selbstverantwortung des einzelnen und das Problem der Mediatisierung des einzelnen durch Interessenverbände[331a]

§ 1: Der verfassungsrechtliche Obersatz

In der Verpflichtung auf die »freiheitliche demokratische Grundordnung« durch Art. 18 ist für die Interessenverbände die staatsrechtliche Bindung an »die Achtung vor den im Grundgesetz konkretisierten Menschenrechten, vor allem vor dem Recht der Persönlichkeit auf Leben und freie Entfaltung[332]« enthalten.

Diese Bindung kann freilich nur transparent und effektiv werden, wenn es gelingt, die große Persönlichkeits-Blankoanweisung des Bindungsinhalts in *greifbare Elemente* zu zerlegen, die klären, was das Grundgesetz über das Menschenbild festlegt, wenn es die Würde des Menschen in Art. 1 zum obersten Wert macht.

Der Grundbestand solcher Elemente umfaßt:

a) Die *»Fähigkeit zu eigenverantwortlicher Lebensgestaltung[333]«:* »Für den politisch-sozialen Bereich bedeutet das, daß es nicht genügt«, wenn der Einzelne noch so gut versorgt wird. Er soll vielmehr »in möglichst weitem Umfang verantwortlich auch an den Entscheidungen für die Gesamtheit mitwirken. Der Staat hat ihm dazu den Weg zu öffnen; das geschieht in erster Linie dadurch, daß der geistige Kampf, die Auseinandersetzung der Ideen frei ist, daß *geistige Freiheit* gewährleistet wird ... Sie bewahrt ... das System der freiheitlichen Demokratie ... vor Erstarrung[334]«.

Mit diesem Gebot der unbedingten Respektierung des Gedankens der Selbstverantwortung und der Mündigkeit des Bürgers wird eine klare Trennungslinie zu saturierenden Wohlfahrtsstaattendenzen gezogen[335].

[331] Hans Huber, Gesellschaft, S. 42.
[331a] Vgl. grundlegend: Max Imboden, »Die politischen Systeme«, S. 97—108.
[332] BVerfGE 2, 1 (13).
[333] BVerfGE 5, 85 (204).
[334] BVerfGE 5, 85 (204 f.).
[335] Vgl. Nipperdey in »N.N.Sch.« II, S.7.

b) *Eine Sphäre privater Lebensgestaltung mit einem unangetasteten Kernbereich geistiger, politischer und wirtschaftlicher Freiheit,* ohne die jene Eigenständigkeit und Selbstverantwortung nicht wachsen und bestehen können[336/7].

Diesem Obersatz steht ein höchst disparater Sozialbefund (Untersatz) gegenüber:

§ 2: Der Sozialbefund

Es wurde schon an vielen Stellen nötig, Teile des Sozialbefundes zum Verhältnis Einzelmensch–Interessenverbände, gesehen vom Persönlichkeitsbekenntnis des Art. 1 her, in diese Arbeit einzuführen. Das Folgende versucht, diese Einzelteile zu einem Ganzen weiterzuführen und zu ergänzen. Dabei wollen die darzustellenden Beziehungen in der (realistischen) Eingebundenheit gesehen werden, mit der sie oben versehen wurden, als aufgezeigt wurde, daß die Interessenverbände in unserem freiheitlichen demokratischen Staat notwendige Anwälte der ökonomisch-sozialen und geistig-seelischen Existenz des einzelnen sind.

a) Das »Interessengedränge« und »Interessengeschrei« verstellt zunehmend die Möglichkeit, daß der einzelne seine Beziehung zum Staat und der Staat seine Beziehungen zum einzelnen an einem wohlverstandenen Kernbereich des »bonum commune« ausrichten.

Die einzelnen, die (nur) Träger von »Allgemeininteressen« sind, z. B. die Konsumenten oder die Steuerzahler als solche, resignieren vor dem Gewoge der Interessenverbände[338] und haben als »Stiefkinder der ganzen Entwicklung[339]« noch als Quellen zu dienen, aus denen die Mittel zur Interessenbefriedigung fließen.

b) Die Fähigkeit zur Selbstverantwortung und zu privater Lebensmeisterschaft ist nicht denkbar ohne »ideologische Gehalte[340]«, ohne das Leben von Fragen, »die ehedem eigentliche Anliegen des abendländischen Menschen waren[341]«. Nun hat es den Anschein, »als ob in dem großen Interessengewoge« diese »Fragen zu verstummen anfingen[342]«.

Es ist eine bedrückende Bilanz, wenn *Gehlen*[343] nach Zitierung von *Finer* – »In unserer Zeit liegt der Nachdruck aller Hadernden durchaus auf dem Erwerb von Reichtümern. Die meisten möchten reicher sein und weniger und in angenehmeren Berufen arbeiten« – selbst fortfährt; »Für die Wahrheit dieses Satzes sprechen viele Beobachtungen, spricht vor allem die staunenswerte Abwesenheit aller asketischen Ideale, die einem historisch interessierten Menschen auffallen muß, von Idealen, die in früheren Zeiten, welche doch auch Übersteigerungen luxurierender Bedürfnisse zeigten, dennoch als eine niemals grundsätzlich bestrittene Gegenform festgehalten worden waren.«

[336/7] BVerfGE 6, 32 (40 f.).
[338] Rapold, Beitrag, S. 2 f.
[339] Werner, Verbände, S. 168.
[340] Hans Huber, Verbände, S. 26.
[341] Hans Huber, Verbände, S. 27.
[342] Hans Huber, Verbände, S. 27.
[343] Gehlen, Seele, S. 78.

c) Je mehr sich die Verbände mit Interessenwünschen im Bereich der *Staatsapparatur* engagieren müssen, um aus dem »dicht verwachsenen Institut öffentlicher Hilfe[344]« Früchte zu erheischen, desto mehr werden sie »selber Bestandteile zunehmender Kollektivierung menschlicher Beziehungen[345]«. Ihr Druck und Gewicht ist dort um so größer, je geschlossener das Mitglied in die Organisation eingefügt ist, je konformer eine große Mitgliederzahl als *Abhängigkeitsgemeinschaft* vom Verband auf die Waage des Staates gelegt werden kann.

Damit unterliegen die Interessenverbände der Gefahr der sozialen Staatsapparatur[346]: »Man spricht vom Menschen, aber er wird nicht wirklich gesehen. Die Bewegung geht auf ihn zu, aber er wird nicht erreicht. Man hantiert mit ihm, aber er kommt nicht in den Griff[347].«

d) *Lähmung des Selbstbehauptungswillens und wirtschaftliche Verweichlichung*[348]: Indem das Angewiesensein auf Verbandshilfe als Normalzustand beurteilt wird, gewöhnt sich der einzelne an die »Drogen der Subventionen oder sonstigen Unterstützungen[348]«, die ihm der Verband erkämpft oder gewährt. Diese gleichsam mediatisierte Inanspruchnahme der Staatsapparatur hat noch eine weitere Wirkung: »Das Gefühl für das Eigensein und die Eigensphäre des Menschen, vorher die Grundlage allen sozialen Verhaltens, verschwindet immer mehr. Immer selbstverständlicher werden Menschen als Objekte behandelt[349].« Die »soziale Person« erdrückt die »intime Person[350]«.

e) Das alles mündet, z. T. es hervorrufend, in das gefährlichste Phänomen: »Eine geistige Unselbständigkeit« und »Herabsetzung der Urteilskraft[351]«. »Der Mensch sucht im Verband nicht mehr nur irgendeine Ergänzung, sondern teilweise abdankend ... flieht er in ihn hinein[352].«

Und danach: »Die Freiheit der äußeren und inneren Bewegung scheint für ihn kein ursprünglich empfundener Wert zu sein. Er fügt sich vielmehr mit Selbstverständlichkeit in die Organisation ein, welche die Form der Masse ist, und gehorcht dem Programm als der Weise, wie ›der Mensch ohne Persönlichkeit‹ in Richtung gebracht wird[353].«

An dieser Stelle (spätestens) geht der Sozialbefund über die verfassungsrechtliche Problematik der Menschenwürde i. S. des Art. 1 hinaus und mündet ein in die umfassendere Problematik der Gefahren für die freiheitliche Demokratie, und zwar wegen der Nähe dieses Menschenbildes des »Organisierten[354]« zu den Elementen *totaler Herrschaft:* »Die außerordentliche Gefahr der totalen Herrschaft für die

[344] Künneth, Mensch, S. 3.
[345] Hans Huber, NZZ II.
[346] Künneth, Mensch, S. 5.
[347] Guardini, Ende, S. 87 f.
[348] Küng, NZZ I.
[349] Guardini, Ende, S. 69 f.
[350] Max Scheler, Ethik, S. 563.
[351] Scheuner, BDI-Gespräch, S. 11.
[352] Hans Huber, Verbände, S. 8.
[353] Guardini, Ende, S. 69.
[354] Hans Huber, Verbände, S. 27.

Zukunft der Menschheit besteht weniger darin, daß sie tyrannisch ist und politische Freiheit nicht duldet, als daß sie jede Form der Spontaneität, das heißt das Element des Handelns und der Freiheit in allen Tätigkeiten zu ertöten droht[355].«

§ 3: Die Menschenwürdeverpflichtung als Grenze der Interessenverbände

1. Angesichts einerseits der »immanenten Unzulänglichkeit jeder Enumeration[356]« von Elementen zur Konkretisierung des Menschenwürdegebotes und andererseits der Vielschichtigkeit und Weite des obigen Sozialbefundes erhebt sich die Frage, ob die über Art. 18 erfolgte Verpflichtung der Interessenverbände auf das Menschenwürdegebot überhaupt rechtliche Wirksamkeit erlangen kann.

Es liegt vielmehr nahe anzunehmen, daß hier *»Grenzen der Möglichkeit rechtlicher Ordnung unserer Lebensverhältnisse[357]«* erreicht sind: »Es gibt Lebensverhältnisse, die zwar ihrem Wesen nach nur in einer Ordnung bestehen können, denen diese Ordnung aber nicht vom Gesetz her geschaffen werden kann, weil das Gesetz zwar an ein Tun oder Lassen Rechtswirkungen zu knüpfen vermag, aber außerstande ist, selbst elementare Wirkungen zu schaffen[358].«

Man muß noch weiter gehen: *Jahrreiss* hat es als einen Teil der »Wesensnot des Gesetzgebens[359]« herausgestellt, daß der Gesetzgeber sich ganz oder teilweise im Menschenbild vergreift: *»Die Norm wird dann vom Leben verworfen[360].«*

Nun sind »dem Massenmenschen des technischen Zeitalters alle Spannungen zuwider. Das Ausweichen vor dem ... Entscheidungszwang beherrscht seit langem das Leben der pluralistischen Gesellschaft[361]«. – Danach entsteht die Möglichkeit, daß mangels Annahme durch das Leben das Menschenbild des Grundgesetzes und die aus ihm abgeleiteten Verpflichtungen ins Leere verpuffen.

2. Als Auswege aus diesem »Dilemma« bieten sich zwei Thesen an:

a) Dem Menschenwürdegebot ist Genüge getan, wenn der Mensch sich frei für und gegen den Eintritt und das Verbleiben in einem Interessenverband entscheiden kann. Diese These kann man mit zwei Argumenten stützen:

a 1) Das Menschenbild des Grundgesetzes ist weithin das aus historischer Erfahrung geborene Produkt »stimmungsmäßiger Ablehnung des Staates«. Damit ist aber nur *staatliche* Herrschaft abgelehnt. »Andere Herrschaft, ausgeübt in kleinen oder großen nichtstaatlichen Herrschaftsverbänden, nehmen jene Menschen willig hin oder fordern sie nachdrücklich[362].«

a 2) Wenn es auch so scheint, als ob zunehmend eine »Übertragung von Personenrechten und Personenfreiheit auf das anonyme Kollektiv[363]« stattfindet, so kann die

[355] Arendt, Freiheit, S. 691.
[356] Löw, Menschenwürde, S. 520.
[357] Schmid, Grenzen, S. 1234.
[358] Schmid, Grenzen, S. 1235.
[359] Jahrreiss, Grundfragen, S. 47.
[360] Jahrreiss, Grundfragen, S. 48.
[361] Pentzlin in FAZ 1958, Nr. 260 S. 10.
[362] Vgl. Jahrreiss, Grundfragen, S. 76 f.
[363] Jahn, Zeitwende, S. 155.

»Gemeinschaft doch nie Träger des vollen Menschentums[364]« werden, weil sie »Personalität im vollwertigen kategorialen Sinne des Wortes[364]« nicht hat. Sind demgemäß aber »gerade die höchsten Werte, die sich in der Gemeinschaft realisieren lassen, nicht eigentliche Werte der Gemeinschaft, sondern Werte der Individuen[364]«, so findet mit der Umbildung des einzelnen zum »Verbandsmenschen« recht eigentlich kein Menschenwürdeverlust statt.

b) »Das Bild der freien, selbstverantwortlich sich entscheidenden Persönlichkeit« ist auch für die Interessenverbände in allen Lagen »als oberster Richtwert zu beachten«. Es darf aber dort von ihm abgewichen werden, »wo zwingende Gründe realbedingter Natur eine solche Abweichung verlangen«. Das ergibt sich aus einer allen Grundrechten und Grundwerten immanenten »soziologischen Grenze[365]«. Die zwingenden Gründe realbedingter Natur heißen dann:

b 1) Für den einzelnen schwer überschaubare und komplizierte Massendemokratie[366].

b 2) Dem Sozialleben immanente Spannungen zwischen dem »Selbständigkeitsverlangen des Individuums und seinen kollektiven Bindungen[367]«, die sogar im Grundgesetz eingestanden werden, indem es den Menschen zwischen Freiheitsverbürgungen und Sozialstaatsprinzip stellt[368].

3. Gegenüber allen »Erweichungslösungen« ist – wie schon oben[369] ausgeführt – darauf hinzuweisen, daß die *Menschenwürdeverpflichtung* der Interessenverbände im Grundgesetz durch das Rechtsstaatsprinzip *erhärtet* wird (Art. 20 Abs. 2; 28 Abs. 1). Nur von daher kann entschieden werden, welche soziologischen Grenzen durch das Sozialstaatsprinzip der Menschenwürdeverpflichtung gezogen werden müssen[370]:

»Gehört ein weites Maß sozialer Sicherheit, dargeboten von Staat *und* Gesellschaft, heute zu den unentbehrlichen Grundlagen persönlicher Entfaltung, so gilt es doch immer eingedenk zu sein, daß nicht in Unterwerfung erkaufte Ruhe und Sicherheit, sondern die mit aktivem politischen Bürgersinn einhergehende Verantwortung und Freiheit das Lebenselement des Rechtsstaates bilden[371].

4. Daraus ist vor allem eine *praktische Folgerung* zu ziehen: Die Interessenverbände dürfen als Grundrechtsträger nicht Selbstzweck sein, sondern können ihre Aufgabe nur um der Menschen willen erfüllen, die ihre Mitglieder sind[372]. Entwickelt sich aus dem Bestreben zur Interessenvertretung der Mitglieder nach Befriedigung dieser Interessen das Bestreben zur Existenzsicherung des Verbandes selbst – *Gehlen* bezeichnet dies als Sozialvorgang des »Umschlagens« –, so besteht die Gefahr der Herausbildung von Institutionen, die selbsterhaltend sind allein

[364] Hartmann, Ethik, S. 323.
[365] Fechner, Grenze, S. 30.
[366] Aßmann, Verbandswesen, S. 654.
[367] Meyer-Cording, Vereinsstrafe, S. 4.
[368] Hamann, Wirtschaftsverfassungsrecht, S. 61.
[369] Siehe oben S. 91 ff.
[370] So vor allem Scheuner in »Rechtsleben« II, S. 250, 262.
[371] Scheuner, a. a. O., S. 262, Hervorhebung vom Verf.
[372] Erdmann, BDI-Gespräch S. 27.

dank ihrer Macht über die einzelnen Individuen[373]. (»Verbände haben ein Katzendasein«, sagte ein Verbandssyndikus dem Verfasser.)

In solchen Fällen darf und muß die staatliche Gewalt dem Interessenverband bedeuten, daß er seine Legitimitätswurzel verloren hat[374]. *Verfassungsrechtlicher Ausdruck* dieses Verlustes ist, daß solchen Interessenverbänden die Nutzung personaler Freiheitsrechte nur sehr eingeschränkt gewährt werden kann oder gar verneint werden muß, da nach dem Wesen der Freiheitsrechte (Art. 19 Abs. 2) solche Sozialgebilde nicht oder nur in engen Grenzen grundrechtsfähig sind[375].

Kapitel 3:

Die negative individuelle Vereinigungsfreiheit

Der wichtigste Schutz des Individuums gegen die Macht der Interessenverbände, die zu den Vereinigungen und Gesellschaften, i. S. des Art. 9 Abs. 1 zählen, ist die sogenannte *negative individuelle Vereinigungsfreiheit:*

Diese Freiheit ist zwar in Art. 9 Abs. 1 nicht genannt. Es besteht aber Einmütigkeit darüber, daß die Gewährleistung der positiven Vereinigungsfreiheit als »ein begrifflich und sachlich notwendiges Korrelat[376]« weiterhin das Recht enthält, einer Vereinigung fernzubleiben und unorganisiert seinen Weg zu gehen.

Staat oder Interessenverbände dürfen also keinerlei gesetzlichen oder außergesetzlichen (faktischen) Zwang auf das Individuum zum Zusammenschluß oder Beitritt zu einem Interessenverband ausüben (Verbot des Organisationszwanges oder der Zwangsmitgliedschaft[377]).

Das bedeutet ferner, daß der Staat dem einzelnen (u. U. gegen Interessenverbände) die Chance verschaffen oder offenhalten muß, unorganisiert »Freiheit zum Staate« im oben[378] ausgeführten Sinne zu haben[379].

Mit der Gewährung der negativen Vereinigungsfreiheit ist schließlich unvereinbar, daß – *ohne* Mitgliedschaft – eine Beitragspflicht statuiert wird[380]. Sie würde einer faktischen Mitgliedschaft gleich- oder nahekommen, und gerade das *wirtschaftliche Pendant* zur negativen Vereinigungsfreiheit, das *Freisein von Beiträgen*, beseitigen.

[373] Vgl. Werner, Verbände, S. 36.
[374] Leibholz, Grundgesetz, S. 21.
[375] Vgl. Scheuner in »Rechtsleben« II, S. 262.
[376] E. R. Huber, Wirtschaftsverwaltungsrecht I, S. 252.
[377] v. Mangoldt-Klein, A. III 8 zu Art. 9; Füßlein in »N.N.Sch.« II, S. 435; Hamann, B 3 zu Art. 9; BVerfGE 4, 7 (26); 10, 89 (102).
[378] Siehe oben S. 107.
[379] Leibholz, Grundgesetz, S. 21.
[380] Vgl. auch Reuß in »B.N.Sch.« III/1, S. 114.

Kapitel 4:

Die negative individuelle Koalitionsfreiheit, insbesondere das Problem der Beiträge von Nichtorganisierten (Stichwort: Solidaritätsbeitrag)

Die Frage, ob das Grundgesetz in Art. 9 Abs. 3 oder in anderen Vorschriften dem einzelnen gegenüber dem Staat und sozialen Gewalten das Recht gewährt, unkoaliert zu bleiben *(negative individuelle Koalitionsfreiheit)*, wird von der überwiegenden Meinung, wenn auch mit unterschiedlichen Begründungen und in unterschiedlichem Umfang, bejaht[381].

Neuerdings ist dieses Problem durch das staatsrechtliche Gutachten von *Ridder*[382] zum Problem des sog. *Solidaritätsbeitrages* erneut aufgerollt worden.

§ 1: Die negative individuelle Koalitionsfreiheit

1. Vorbemerkung: Gegenstand dieser Arbeit ist nur die staatsrechtliche Problematik. Im übrigen wird auf die Lehrbücher des Arbeitsrechtes verwiesen.

2. Nach der von *Nipperdey* angeführten Meinungsgruppe[383] gewährleistet Art. 9 Abs. 3 nicht das Recht, unkoaliert zu bleiben. Dieses Recht kann vielmehr nur *relativ* daraus abgeleitet werden, daß Art. 9 Abs. 3 i. V. m. Art. 2 Abs. 1 der Koalition als solcher die Handlungsfreiheit in den Grenzen der Rechte anderer gewährleistet, zu denen das Recht des einzelnen auf positive Koalitionsfreiheit gehört. Daraus leitet *Nipperdey*, indem überraschend im Rahmen der Handlungsfreiheit der Koalition auch die Freiheit zum Koalitions*zwang* erscheint, den folgenschweren Satz ab: »Der Koalitionszwang ist zulässig, soweit er nicht Rechte des Unorganisierten verletzt oder gegen die verfassungsmäßige Ordnung oder das Sittengesetz verstößt[384].«

Dieser *relative*, aus den Grenzen der Freiheit der Koalition als solcher zum Koalitionszwang an der positiven Koalitionsfreiheit des Einzelnen bestimmbare Raum soll nach *Nipperdey* die individuelle negative Koalitionsfreiheit ausmachen.

Diese Ansicht ist in vollem Umfang abzulehnen:

a) Es wurde oben[385] gezeigt, daß neben der institutionellen und funktionellen Garantie des Art. 9 Abs. 3 ein Rückgriff auf die allgemeine Handlungsfreiheit nach Art. 2 Abs. 1 zur Begründung von weiteren Handlungsfreiheiten weder notwendig noch möglich ist.

b) Unabhängig davon ist aber *weiter* die angeblich im relativen Sinne nach dieser Ansicht bestehende negative Koalitionsfreiheit in Wirklichkeit die positive

[381] Streitstand bei: Müller, Solidaritätsbeitrag, S. 15 u. Fußnoten 90—92; vgl. auch Biedenkopf in JZ 1961, S. 346 ff.

[382] Ridder, Helmut, Gestattet das Grundgesetz für die Bundesrepublik Deutschland die Erhebung sogenannter Solidaritätsbeiträge? — Gutachten vom 2. 2. 1961.

[383] Hueck-Nipperdey, Lehrbuch des Arbeitsrechts II, § 10 (S. 114—125); Bonner Komm., A. II 3 e zu Art. 9; Ridder, Gutachten, S. 12 f.; weiteres siehe A. 143 zu Dietz, Koalitionsfreiheit, S. 457.

[384] Hueck-Nipperdey, a. a. O., S. 119.

[385] Siehe oben S. 82 f.

Koalitionsfreiheit, denn diese angebliche negative Koalitionsfreiheit wird definiert als der Raum, der aus dem Recht der Koalition zum Koalitionszwang durch die positive Koalitionsfreiheit des Einzelnen herausgeschnitten wird.

c) Zu den größten Bedenken gibt schließlich die Überhöhung Anlaß, die *Ridder*[386] dieser Lehre gegeben hat: Er bestimmt das Ausmaß der Handlungsfreiheit der Koalition aus Art. 2 Abs. 1 unter Heranziehung des den Koalitionen, wie oben[387] dargestellt, in Art. 9 Abs. 3 erteilten Verfassungsauftrages mit dem Ergebnis: »Die hier insbesondere nach Art. 2 und Art. 12 GG in Betracht kommenden Distanzierungsrechte der Nichtorganisierten müssen soweit zurücktreten, wie es die Koalitionsaufgabe erfordert[388].«

Nach dieser Ansicht könnte der Staat in letzter Konsequenz durch je und je an soziale Mächte erteilte Aufträge die Freiheit der einzelnen beliebig mittelbar einschränken, unter Berufung auf die angebliche »verfassungsrechtliche Zulässigkeit der auf Kosten grundrechtlicher Abwehrfreiheiten gehenden Therapeutica[389]«, die die Sozialmächte jeweils anzuwenden belieben.

3. Es ist daher der Gegenmeinung[390] zu folgen, die entscheidend darauf abstellt, daß Art. 9 Abs. 3 GG die Koalitionsfreiheit nur für *freiwillig* gebildete Koalitionen gewährleistet.

Wenn *Nipperdey*[391] dies ablehnt, weil die Freiwilligkeit als die Bedingung des Rechts aus Art. 9 Abs. 3 nur für die *Entstehung* der Koalition nötig sei, keineswegs aber dann »das Verbot *einzelner Formen der Mitgliederwerbung* durch die frei gebildete Koalition umfasse, die sich unorganisierten Dritten gegenüber im praktischen Ergebnis als »Zwang« auswirken, so wird übersehen, daß Art. 9 Abs. 3 zwar ein *Doppel*grundrecht ist, aber in erster Linie oder mindestens ebenso stark wie der Koalition dem einzelnen zusteht: Wie soll dann aber, so ist zu fragen, »für jedermann« das Recht zur Koalitionsbildung gewährleistet sein, wenn der Jedermann, der nicht das Glück hatte, bei der freiwilligen Bildung einer Koalition mitzuwirken, nun einem angeblich legalen Zwang mit seiner Freiheit gegenübersteht. Das Dilemma dieses Jedermann wird erst recht groß, wenn er eine neue Koalition mit anderen, demselben Zwang unterliegenden Individuen bilden will. Hier spätestens »schlägt eine Beschränkung der negativen Koalitionsfreiheit in eine solche der positiven Koalitionsfreiheit um[392]«.

Nach diesen praktischen Ergebnissen ist deshalb (logisch) festzuhalten: Die notwendige Bedingung der Möglichkeit von positiver Koalitionsfreiheit ist negative Koalitionsfreiheit. Daher folgen beide Freiheitsrechte aus Art. 9 Abs. 3 GG.

[386] Gutachten, S. 13 f.
[387] Siehe oben S. 76.
[388] Gutachten, S. 13.
[389] Gutachten, S. 14.
[390] E. R. Huber, Wirtschaftsverwaltungsrecht II, S. 384—389; Dietz in »B.N.Sch.« III/1 S. 353—458 mit vielen Nachweisen; v. Mangoldt-Klein, A V Nr. 11 u. 12; Scheuner, BDI-Gespräch S. 17 u. DVBL. 1958, S. 847, l. Sp.; Quidde, Zwangsmitgliedschaften, DÖV 1958, S. 521; Werner Weber, BDI-Gespräch S. 24.
[391] a. a. O., S. 118.
[392] Dietz, a. a.O., S. 455 f.

Alle Formen des rechtlichen oder faktischen Koalitionszwanges sind dem Staat oder den Interessenverbänden bzw. ihren Mitgliedern verboten[393].

§ 2: Das Problem der Beiträge von Nichtorganisierten[394]

1. *Der Sozialbefund:* Das Problem tauchte auf, als der *Bayerische Bauernverband* von allen Landwirten seines Bereichs vor einiger Zeit eine »Landwirtschaftsabgabe« einführen wollte.

Es wurde akut, als am 16. und 17. 1. 1961 der Hauptvorstand der *IG Bau – Steine – Erden* in Wiesbaden von dem Zentralverband des Deutschen Baugewerbes und dem Hauptverband der Deutschen Bauindustrie eine tarifliche Vereinbarung forderte, wonach diejenigen Bauarbeiter, die nicht Mitglied der Gewerkschaft sind, zu einem angemessenen Beitrag herangezogen werden sollten. Ziel ist die gleichmäßige Belastung für Aufwendungen, die bisher einseitig von den Gewerkschaftsmitgliedern getragen wurden, aus denen aber auch diejenigen Nutzen ziehen, die nicht Mitglieder der Gewerkschaft sind.

Hauptargument ist eine staatspolitisch bedenkliche Situation, weil der Unorganisierte allen Nutzen der Organisierten genießt, aber dadurch besser gestellt wird, daß er nichts beizutragen hat. Er wird dadurch in seiner Ohne-mich-Haltung bestärkt, der Gewerkschaft wird als deren Folge mit stagnierender Mitgliederzahl finanziell das Wasser abgegraben, und am Ende steht eine schwache Gewerkschaft ohne die Mittel, ihre verfassungsmäßige Ordnungsaufgabe (Art. 9 Abs. 3) zu erfüllen.

Am 2. 2. 1961 hat der Hauptvorstand der Gewerkschaft die grundsätzliche Forderung nach diesem sog. *Solidaritätsbeitrag* durch Vorschläge über Einzug, Verwaltung und Verwendung der Gelder ergänzt:

Von den unorganisierten Bauarbeitern soll 1% ihres Lohnes an eine *Vorteilsausgleichskasse* abgeführt werden. Für die organisierten wird dieses 1% auf die Zahlung des Gewerkschaftsbeitrages angerechnet. Dieses 1% beträgt die Hälfte des Beitrages der Organisierten, weil erfahrungsgemäß 50—60% gewerkschaftlichen Aufwandes erforderlich sind, um die Lohn- und Arbeitsbedingungen zu ordnen, an denen der Unorganisierte in allen Fällen auch teilhat.

Die einkommenden Gelder sollen für fachliche, staatspolitische und allgemeine Ausbildung der Arbeitnehmer, soziale Zwecke, Nachwuchsförderung und Forschung *angelegt werden.*

Die *Vorteilsausgleichskasse* soll die R*echtsform* eines e. V. haben, mit zwei Organen: Einer je zur Hälfte aus Delegierten von Gewerkschaften und Arbeitgebern

[393] Über diese Adressaten herrscht Übereinstimmung, wenn auch auf verschiedenen Wegen: Vgl. dazu einerseits E. R. Huber, a. a. O., S. 385, andererseits v. Mangoldt-Klein, a. a. O., A V 12.

[394] Vgl. dazu: Ridder, Gutachten vom 2. 2. 1961; Müller, Gedanken; Krüger, Thesen; Tschudi, Arbeitskarte; Leber, Rechtsentwicklung contra Gewerkschaften; Briefs, Solidaritätsbeitrag; Vetter, Die saturierte Gewerkschaft; Urteil des Schweizerischen BG vom 13. 9. 1949: Müller u. a. contra Zürcher Autogewerbeverband und SMUV; Pressemitteilungen der IG Bau-Steine-Erden vom 16. 1. 1961, 2. 2. 1961; FAZ vom 18. 1. 1961; 21. 1. 1961; 10. 2. 1961; 18. 2. 1961.

bestehenden *Mitgliederversammlung*. Einem aus fünf Gewerkschaftlern und fünf anerkannten Persönlichkeiten des öffentlichen Lebens bestehenden Vorstand[395]. Inzwischen ist der Vorschlag des Solidaritätsbeitrages vertagt worden, und die Sozialpartner des Baugewerbes haben sich über andere Formen (Stiftung) der Zuwendungen für Bauarbeiter geeinigt.

2. Die Gewerkschaft stützte sich auf die staatsrechtlichen Gutachten *Krügers und Ridders*, auf das staats- und arbeitsrechtliche Gutachten *Müllers* sowie rechtsvergleichende Hinweise[396], beim Abschluß dieser Arbeit lagen eine ausführliche kritische Analyse von *Briefs*[396] und eine vorläufige Stellungnahme der Arbeitgeber mit dem Schwerpunkt auf arbeitsrechtlichen Bedenken[397] vor.

3. Für die *eigene Stellungnahme* sind zunächst die Ergebnisse dieser Arbeit kurz zusammenzufassen, die das Problem des Solidaritätsbeitrages berühren:

a) Von allen »Verbandsbildungen« innerhalb der Gesellschaft erkennt der Staat heute nur die Kirchen als gleichgeordnete, mit eigenen und ursprünglichen Hoheitsfunktionen ausgestattete Rechtsgemeinschaften an[398].

b) Der Dienst am Allgemeinwohl durch die Vertretung von Existenzinteressen und die den Sozialpartnern durch Art. 9 Abs. 3 anvertraute übergeordnete Verantwortung – indem ihnen der Staat einen bestimmten öffentlichen Sozialbereich zur Selbstordnung überläßt – sind von den Sozialpartnern als »herrscherlich Gehorchenden« zu erfüllen. Sie werden weder Partner des Staates in der Form öffentlich-rechtlicher Verbände kraft eigenen Rechtes, noch erlangen sie andere Würdigkeiten als die, durch ihren Auftrag zu Interessenverbänden höherer Ordnung zu werden[399]. Daraus folgt vor allem:

c) Einen anderen Anspruch auf Dauer und Bestand als den der institutionellen und funktionellen Garantie in Art. 9 Abs. 3 GG[400] haben die Sozialpartner nicht. Indem ihnen der Verfassungsauftrag als freien Vereinigungen erteilt wird, liegt zwar eine gesteigerte Indienstnahme von geformter sozialer Spontanität durch den Staat vor, aber diese Indienstnahme verleiht keine Ansprüche auf (finanziellen) Beistand, wenn die freie Verwurzelung unter den Einzelnen aufhört, weil die Einzelnen ihre Spontanität langsam aufgeben und nicht mehr Mitglied der freien Organisationen werden wollen. Der Verfassungsauftrag des Art. 9 Abs. 3 geht von dem »moralischen Gewicht[401]« einer *ungeteilten* Freiwilligkeit aus. Freiwilligkeit im finanziellen Bereich heißt bei Interessenverbänden: Unmittelbare Selbstfinanzierung aus der Quelle der Mitgliederbeiträge.

Aus diesen Ergebnissen folgt als *eigene Stellungnahme:*

4. a) *Der den Sozialpartnern in Art. 9 Abs. 3 GG (mittelbar) erteilte Verfassungsauftrag verleiht den Sozialpartnern, die aus dem freien Raum der Gesellschaft*

[395] Vgl. dazu i. e. Pressemitteilungen der IG Bau-Steine-Erden vom 16. 1. 1961 u. 2. 2. 1961 mit Anlagen.
[396] Vgl. i. e. Fußnote 394.
[397] Vgl. FAZ Nr. 44 vom 21. 2. 1961, S. 4.
[398] Siehe oben S. 20 f.
[399] Siehe oben S. 93 f.
[400] Siehe oben S. 72–74.
[401] Briefs, Solidaritätsbeitrag.

kommen, keine irgendwie geartete Pseudo-Fiskalhoheit gegenüber der Gesellschaft, keine Rechte auf »autonome Hilfe seitens der Gesellschaft[402]*«:*

Seit jeher sind »die Grundrechte der politischen Verfassung gleichzeitig Richtlinien und Grenzen der geschriebenen oder ungeschriebenen Finanzverfassung; das ... Recht ... auf Eigentum (Art. 14) und Freiheit (Art. 2) sichert den Staatsbürger auch gegen fiskalische Ansprüche des Hoheitsträgers«, die diese Grundrechte antasten[403].

Mit diesem Grundsatz wäre es unvereinbar, wenn der Staat im Fiskalbereich scheinbar »achtend« herrschte, aber auf dem Umweg über je und je erteilte Verfassungsaufträge und an ihnen aufgehängte Pseudo-Fiskalhoheiten den Einzelnen einem »Rattenschwanz von Beiträgen[404]« aussetzen könnte.

Soweit vielmehr Verfassungsaufträge zur Entlastung des Staates erteilt werden, und soweit deren finanzielles Gewicht die Freiheit der freien Beauftragten übersteigt, richtet sich der Aufwendungsersatzanspruch – wie auch das Bundesverfassungsgericht ausführt[405] – gegen den Staat. Wenn davon ein Verlust der Unabhängigkeit befürchtet wird, so ist dies nach den oben[406] entwickelten negativen öffentlichen Rechten der Koalition unbegründet.

Dieser Anspruch ist jedoch klar von dem Fall zu *unterscheiden*, daß die Koalition mangels Mitgliedern zugrunde geht. Hier trifft den Staat, wie oben unter 3 c) ausgeführt, *keine* irgendwie geartete *Stützungspflicht*. Das Risiko der Freiheit trägt die Koalition selbst[407].

Entgegen der Ansicht *Krügers*[408] ist aus dem sog. »Investitionshilfeurteil[409]« des BVerfG für diese Frage nichts herzuleiten. Dort handelt es sich, wie schon Leitsatz 2 sagt, um Probleme der *Wirtschaftslenkung*, deren Grundfragen, Rechtsformen und Mittel in völlig andere Richtungen zielen[410].

b) *Beiträge von Nichtorganisierten in den Formen des Solidaritätsbeitrages verstoßen gegen das Grundrecht der individuellen negativen Koalitionsfreiheit aus Art. 9 Abs. 3:*

Entgegen *Krüger*[411] und mit *Ridder*[412] ist davon auszugehen, daß der Solidaritätsbeitrag die Frage nach der negativen Koalitionsfreiheit stellt.

b 1) Dabei kommt *Ridder* in Aufnahme der dargestellten Thesen *Nipperdeys*[413] zur Bejahung der Zulässigkeit: »Schwinden die Voraussetzungen erfolgreicher Koalitionspolitik infolge Sinkens der Mitgliederzahl, so bleibt die der Gewerkschaft gestellte Aufgabe gleichwohl dieselbe.

[402] a. A. Krüger, These IV.
[403] Schmölders, Finanzpolitik, S. 21.
[404] So Vetter, Die saturierte Gewerkschaft.
[405] Vgl. BVerfGE 11, 239 (241–243).
[406] Siehe oben S. 76–79.
[407] Ebenso Ridder, Gutachten, S. 13 f.
[408] Krüger, These VI.
[409] BVerfGE 4, 7.
[410] Vgl. E. R. Huber, Wirtschaftsverwaltungsrecht II, S. 197–354.
[411] Krüger, These II (1).
[412] Ridder, Gutachten.
[413] Siehe oben S. 109 f.

»Daher müssen nach dem Maße des Schwindens Mittel des Koalitionszwanges gegenüber den nächst den Mitgliedern der »Sache« am nächsten stehenden, denjenigen, die zwar keinen Auftrag zur Geschäftsführung erteilt haben, deren Interesse aber von der Koalition wahrgenommen wird ... in steter Verschärfung statthaft werden ... Sinkt schließlich die Mitgliederzahl soweit, daß auch die Therapeutica des Koalitionszwanges nichts mehr ändern können ... so endet die verfassungsrechtliche Zulässigkeit der auf Kosten grundrechtlicher Abwehrfreiheiten gehenden Therapeutica wieder[414].«

Es bedarf bei der Vielzahl der Sozialpartner nur des Gedankens an unruhigere Zeiten, um das Bedenkliche dieser Ansicht herauszustellen, die die Freiheit des Einzelnen zur Funktion von Koalitionsagonien macht, wenn auch der also Drangsalierte seinem Zwanggeber nicht bis auf das gesellschaftliche Sterbebett folgen muß.

Diese Ansicht und ihre Rechtfertigung des Solidaritätsbeitrages sind daher in vollem Umfang abzulehnen:

b 2) Vielmehr ist aus der oben[415] gegebenen Begründung der negativen Koalitionsfreiheit und dem unter a) Ausgeführten die *Unzulässigkeit* des Solidaritätsbeitrages zu folgern:

Da es kein Recht der Koalition als solcher gibt (als Bestandteil der kollektiven positiven Koalitionsfreiheit), Beiträge von Nichtorganisierten zu erheben[416], kann auch kein so geartetes Recht über die Schrankenwirkung des Art. 2 Abs. 1[417] (Rechte anderer) die negative Koalitionsfreiheit einengen. Sie umfaßt schon daher das Recht auf Freisein von Solidaritätsbeiträgen als Abschlagszahlung für das Recht auf eine unkoalierte Existenz.

c) An diesem Ergebnis kann durch den Gedanken des *Vorteilsausgleiches*[418] nichts geändert werden: *Briefs*[419] hat nachgewiesen, daß (auch) partielle Lohnerhöhungen u. U. durch Preissteigerungen auf weite Kreise der Verbraucher abgewälzt werden. Es gibt also viele Fälle, in denen die Koalierten ernten, wo sie nicht gesät haben. Verfassungsrechtlich ist dies nicht unzulässig, sondern der Lohnkampf ist in der funktionellen Garantie des Artikels 9 Abs. 3 GG mitenthalten. Daher wäre es ein unzulässiges venire contra factum proprium, wenn die Gewerkschaften von den Unkoalierten fordern, was die Koalierten dauernd nicht tun.

[414] Ridder, Gutachten S. 13 f.
[415] Siehe oben S. 109—111.
[416] Siehe oben S. 108.
[417] Siehe oben S. 99 f.
[418] Vgl. Müller, Gedanken, S. 15.
[419] Briefs, Solidaritätsbeitrag.

Kapitel 5:

Der Gleichheitssatz (Art. 3) als Grenze für die Sonderstellung sozialer Großverbände und gegen unsachliche Differenzierungen

1. Nachdem *gegenüber den Sozialpartnern* i. S. des Art. 9 Abs. 3 GG die »Drittwirkung« der Grundrechte bejaht wurde, gebietet Art. 3 Abs. 1 diesen Interessenverbänden in allen ihren Teilen, dem einzelnen *Mitglied* Gleichheit vor der Satzung zu gewährleisten.

Insbesondere sind gemäß Art. 3 Abs. 2 Männer und Frauen im Sinne der oben[420] gegebenen allgemeinen Auslegung des Gleichheitssatzes *als Mitglieder* dieser Verbände gleichberechtigt.

Gemäß Abs. 3 des Art. 3 müssen schließlich die Sozialpartner bei Erfüllung ihres Verfassungsauftrages aus Art. 9 Abs. 3 gegenüber *jedermann* eine Benachteiligung und Bevorzugung nach bestimmten *äußeren*[421] (Geschlecht, Abstammung, Rasse, Sprache, Heimat, Herkunft) oder *inneren*[422] (Glauben, Weltanschauung) Merkmalen vermeiden.

2. Die *allgemeine* Begrenzungswirkung des Gleichheitssatzes gegenüber den Interessenverbänden ergibt sich *mittelbar* aus der oben[420] dargelegten Bindung (Art. 1 Abs. 3) von Gesetzgebung, Exekutive und Rechtsprechung:

Gerade die dem Teilinteresse verpflichteten Interessenverbände, und unter ihnen besonders die mit starkem Legalgewicht ausgestatteten sozialen Großverbände, neigen dazu, bei dem Kampf um staatliche Wohltaten für ihre Mitglieder auch die kleinsten faktischen Unterschiede zu den Mitgliedern von Konkurrenzverbänden oder Gegenverbänden zu tiefgreifenden Differenzierungen zu überspitzen.

Solcher Argumentationsflut wird durch den Gleichheitssatz, sie begrenzend und eindämmend, und die staatliche Gewalt verpflichtend, das Wehr eingesetzt, »daß nicht alle tatsächlichen Verschiedenheiten zu unterschiedlicher Behandlung ... führen dürfen, sondern nur solche tatsächlichen Ungleichheiten, denen aus Erwägungen der Gerechtigkeit und Zweckmäßigkeit auch für das Recht entscheidende Bedeutung zukommt[423]«.

3. Der Gleichheitssatz verbietet vor allem, daß die staatliche Gewalt sich in einem ihrer Teile dem Selbstverständnis von »Sozialen Großverbänden« anschließt, die ihre Mitglieder schlechthin als die »Staatsgesellschaft« und damit deren Interessen als »das Gemeinwohl« auffassen[424].

Dem wirkt insbesondere das Verbot der Diskriminierung oder Privilegierung nach der »Herkunft« entgegen (Art. 3 Abs. 3), unter der auch *soziale Herkunft* zu verstehen ist[425]. Es wirkt sich im sozialen Interessengewoge als Gebot »auf ge-

[420] Siehe oben S. 83—85.
[421] Ipsen in »N.N.Sch.« II, S. 145.
[422] Ipsen in »N.N.Sch.« II, S. 146.
[423] BVerfGE 3, 225 (240).
[424] Vgl. Wickel, Gewerkschaften als Gesellschaft, insbes. S. 715.
[425] v. Mangoldt-Klein, A V 2 a zu Art. 3; Ipsen in »N.N.Sch.« II, S. 173.

rechte Güter- und Chancenverteilung durch den Staat[426]« und Verbot der unsachlichen Identifizierung mit noch so massiv vorgetragenen partikulären Interessen aus.

4. Die Begrenzungswirkung, die der Gleichheitssatz mittelbar insbesondere dadurch ausübt, daß er ein umfassendes Paritätsgebot für die Exekutive aufstellt, wird im III. Hauptteil behandelt.

Kapitel 6:

Die Interessenverbände und die Produktion öffentlicher Meinung

§ 1: Die Garantie der öffentlichen Meinung durch Art. 5 GG[426a]

Gemäß Art. 5 Abs. 1 hat jedermann das Recht zur Meinungsäußerung und Meinungsverbreitung. Zur Meinungsbildung gewährt das Grundgesetz weiterhin die Freiheit, sich aus allgemein zugänglichen Quellen ungehindert zu unterrichten.

Sollen diese Individualrechte keine Leerformeln bleiben, so genügt es nicht, wenn durch Art. 5 allein die »individuelle Meinungsbildung in natürlicher Freiheit vor dem forum internum des Einzelmenschen[427]« als geschützt angesehen wird. In jenen Vorgang vor dem forum internum müssen vielmehr bei bestimmten Gegenständen über den Weg der Unterrichtungsfreiheit verläßliche Elemente aus dem Raum außerhalb des forum internum (»Informationen«) einfließen, die notwendige Bedingungen der Möglichkeit wirklicher individueller Meinungsbildung sind. Soweit diese Informationen aus dem Raum des Öffentlichen kommen, ist die volle individuelle Meinungsbildung nur gesichert, wenn ihr eine öffentliche Meinungsfreiheit beigegeben wird. Denn anders würden bereits im Raum des Öffentlichen die Möglichkeiten privater Meinungsfreiheit aufgehoben.

Bildung und Bestand der sog. öffentlichen Meinung sind daher durch Art. 5 GG mitgarantiert[428]. Dabei ist freilich begriffskritisch mit *Tönnies*[429] zu bemerken, daß es die öffentliche Meinung nicht gibt, sondern nur öffentliche Meinungen, die teils *tagesgebunden-kurzlebig,* teils *zeitgebunden-flüssig* sind.

In den hochtechnischen Massendemokratien unserer Zeit wittert der Bürger am ehesten Bedrohung der öffentlichen Meinung vom Staatsapparat her, der oft keine verläßlichen Informationen oder bewußt unvollständige Informationen gibt[429a]. Zunehmend tritt jedoch die Erkenntnis hinzu, daß es Interessen auch außerhalb der Staatsapparatur gibt, »denen die Verbreitung gewisser Wahrheiten uner-

[426] Ipsen, wie vor.

[426a] Vgl. grundlegend BVerfGE 12, 205 (259 ff.); 12, 113 (125); Löffler, »Die öffentliche Meinung«, München u. Berlin 1962.

[427] Ridder in »N.N.Sch.« II, S. 265.

[428] So im Ergebnis auch Ridder in »N.N.Sch.« II, insbesondere S. 249—262, 265, 288 ff.; ihm folgend: v. Mangoldt-Klein, A II 3 zu Art. 5; BVerfGE 8, 104 (104, 112 f.).

[429] Vgl. i. e. Fischer-Lexikon, S. 214—218.

[429a] Vgl. Lederer, William J., »Eine Nation von Schafen«, Hamburg, 1961.

wünscht«, ja oft »gewisser falscher Vorstellungen erwünscht ist[429b]«. Es ist daher legitim, auch zu den Interessenverbänden hingewendet zu fragen: »Werden wir richtig informiert[429b]?«

§ 2: Die Beziehung der Interessenverbände zu der öffentlichen Meinung

Die Beziehung der Interessenverbände zu der öffentlichen Meinung hängt entscheidend mit dem Prozeß der Bildung und Formung dieser Meinung zusammen:

Mittel der Bildung und Formung sind neben der freien Rede, Presse, Rundfunk, Fernsehen, Film, Plakat und Flugblatt. *Orte* der Bildung und Formung sind neben der ungeformten Öffentlichkeit (Straße) soziale und soziologische Gemeinschaften aller Art, von Schule und Gottesdienstraum bis zu Clubs, Salons und Stammtischen[430].

So ergibt sich schon durch Mittel und Orte der Bildung öffentlicher Meinung *eine erste Beziehung* zu den Interessenverbänden: Die obengenannten Mittel liegen im natürlichen (durch Art. 9 GG mitgarantierten) Griff-, Entfaltungs- und Artikulationsbereich der Interessenverbände[431], wie schon *Tocqueville* für den Fall der Presse eindringlich schilderte[432].

Weitere Beispiele stellen die verschiedenen, den Interessenverbänden verliehenen Legalgewichte im Rahmen von Mitteln und Orten der öffentlichen Meinung dar, z. B. beim Rundfunk[433], ferner das »Schulwesen der Organisationen[434]«. Diese erste Beziehung ist mithin dahin zu umschreiben, daß die Interessenverbände *»Mitträger der öffentlichen Meinung«* sind, *»konstitutive«* Ausgangselemente[435].

Eine *zweite* Beziehung der Interessenverbände zur öffentlichen Meinung erwächst daraus, daß sie zu den *Adressaten* der Interessenwahrnehmung zählt[436]: Es wurde oben[437] bereits eingeführt, daß das »Koordinationssystem des organisierten Interessenausgleiches[438]« entscheidend den Kompromiß als Ziel erstrebt. Die Möglichkeit günstiger Kompromisse erscheint für einen Verband um so größer, je mehr Interessen als Eingangsgewicht des Koordinationsvorgangs präsentiert werden können. Um Interessen *präsentieren,* ins Spiel bringen zu können, bedarf es der öffentlichen Meinung[439]. Nur auf diesem Wege können für den Koordinationseingang noch die letzten Interessen erfaßt, mobilisiert und versammelt werden, um so ein etwa vorhandenes Untergewicht aufzuholen.

[429b] Vgl. Jaspers, Karl, »Werden wir richtig informiert?« in Universitas 1963, S. 1—14 (6).
[430] Fischer-Lexikon, S. 216 f.
[431] Leibholz, Verfassungsstaat, S. 27.
[432] Tocqueville, Démocratie en Amérique, Vol 2. p. 118—121: »Les journaux font les associations, et les associations font les journaux (119); Le journal représente l' association (121).«
[433] Siehe oben S. 52 und Kaiser, Repräsentation, S. 213.
[434] Kaiser, Repräsentation, S. 215.
[435] Kaiser, Repräsentation, S. 225; vgl. auch BVerfGE 8, 104 (113).
[436] Siehe oben S. 16 u. Kaiser, Repräsentation, S. 181, 211—232.
[437] Siehe oben S. 40 f.
[438] Jöhr-Singer, Nationalökonomie, S. 155.
[439] Kaiser, Repräsentation, S. 225 f.

§ 3: Die Bedrohung der öffentlichen Meinung durch die Interessenverbände

Sie ergibt sich *zunächst* aus dem *»dialektischen Verhältnis*[440]*«*, in dem die beiden Beziehungen der Interessenverbände zu der öffentlichen Meinung zueinander stehen: Obwohl die Interessenverbände Mitträger der öffentlichen Meinung sind, ist letztere nur nötig und nützlich am Koordinations*eingang*. Bei dem vor und hinter diesem Eingang liegenden Tätigkeitsformen wirkt Öffentlichkeit oft störend. Daher werden gern notwendige Unterrichtungsquellen des Einzelnen verstopft.

Sie ergibt sich ferner aus der Notwendigkeit, Interessengewichte zu präsentieren. Das verleitet zu Manipulationen und Produktionen der öffentlichen Meinung, wenn die unbeeinflußte Sozialspontaneität nicht genug Gewichte erbringt[440].

§ 4: Zur Bedeutung der öffentlichen Meinung in der freiheitlichen Demokratie nach dem Bonner GG

Die verfassungsrechtliche Tragweite der erwähnten Bedrohung ist nicht vollständig mit der eingangs dargestellten Garantie der öffentlichen Meinung durch Art. 5 GG bezeichnet. Dazu bedarf es vielmehr eines kurzen Gesamteinblicks in die Bedeutung der öffentlichen Meinung für die — und in der — Demokratie nach dem Grundgesetz.

a) Diese Bedeutung geht *historisch* von Prinzipien aus, die schon in der Urform der Demokratie angelegt wurden, in der griechischen Polis[441]:

1. Handeln und Reden galten als die *politischen* Tätigkeiten, »sie galten als gleich ursprünglich und einander ebenbürtig[442]«.

2. Da es den Griechen als eine gleichsam präpolitische Art des Menschenumgangs galt, andere Mitbürger der Polis durch Gewalt zu zwingen, statt zu überzeugen, war »das zentrale Anliegen der Bürger das Miteinandersprechen[442]«.

b) Die Bedeutung der öffentlichen Meinung läßt sich für den Staat des Grundgesetzes in *sechs* Punkten zusammenfassen:

1. Die öffentliche Meinung ist entscheidende und notwendige Komponente der *politischen Willensbildung des Volkes* (Art. 21 Abs. 1 S. 1), die wiederum die notwendige Vorstufe der staatlichen Willensbildung ist[443]. Daraus folgt aber weiter:

2. Die *»Urteilsklarheit der Staatsbürger«*, mit der »echte Demokratie steht und fällt[444]«, weil ohne sie eine staats*bürgerliche Verantwortung* nicht möglich ist, stützt sich »auf eine gesunde, einflußreiche und aktive öffentliche Meinung[445]«.

3. Die öffentliche Meinung ist die *Klammer*, die den Zerfall der freiheitlichen Demokratie unter dem Anfall der zentrifugalen Partikularinteressen verhindert,

[440] Beispiele bei Kaiser, Repräsentation, S. 214 f.; Schuijt, Öffentliche Meinung, S. 49 f.; Leibholz, Verfassungsstaat, S. 26 f.; Loewenstein, Verfassungslehre, S. 16; Jaspers, Ursprung, S. 131.

[441] Arendt, Mensch, insbes. S. 39.

[442] Arendt, Mensch, S. 39.

[443] BVerfGE 8, 104 (112 f.); Nawiasky, Staatslehre, I. Teil, S. 245 f.; ferner für den Sonderfall der finanzpolitischen Willensbildung: Schmölders, Finanzpolitik, S. 96.

[444] Litt, Selbsterziehung, S. 86.

[445] Schuijt, Öffentliche Meinung, S. 51.

indem durch sie der Weg zur Findung des »Allgemeinwohles«, des wohlverstandenen *»Allgemeininteresses«* eröffnet wird[446].

4. Kraft der unter 3) dargestellten Integrationsfunktion ist die »Bildung der öffentlichen Meinung ... der wichtigste Aspekt der Machtdynamik der heutigen pluralistischen Gesellschaft geworden[447]«, die öffentliche Meinung selbst »ein Machtfaktor erster Ordnung[448]«.

Art. 5 GG verlangt deshalb, daß keines der modernen Instrumente der Meinungsbildung einseitig dem Staat oder *einer* gesellschaftlichen Gruppe ausgeliefert ist. Vielmehr sollen darin alle gesellschaftlich relevanten Kräfte zum Ausdruck kommen[448a]: »Nur die freie öffentliche Diskussion über Gegenstände von allgemeiner Bedeutung sichert die freie Bildung der öffentlichen Meinung, die sich im freiheitlich demokratischen Staat notwendig ›pluralistisch‹, im Widerstreit verschiedener und aus verschiedenen Motiven vertretener, aber jedenfalls in Freiheit vorgetragener Auffassungen, vor allem in Rede und Gegenrede, vollzieht[448b].«

5. Nach allem erscheint die öffentliche Meinung als eine säkularisierte vox dei, als »die letzte und höchste Autorität, der sich heute die westlichen Demokratien nicht entziehen können[448].« Als so unentbehrliche »moderne Art der Akklamation[449]« wird ihr zu Recht die »Rolle einer *Vierten Gewalt im Staat*[450]« oder eines »unsichtbaren Parlaments[450a]« zugewiesen.

6. Damit aber ist die in Art. 5 garantierte öffentliche Meinung Bestandteil nicht nur der verfassungsmäßigen Ordnung i. S. des Art. 9 Abs. 2, sondern auch der freiheitlichen demokratischen Grundordnung i. S. des Art. 18[451].

§ 5: Der verfassungsrechtliche Schutz der öffentlichen Meinung gegenüber den Interessenverbänden

Er ergibt sich aus dem Vorgesagten (Nr. 6) auf Grund der früher entwickelten Rechtssätze:

Über das *besondere* Gesetz des Art. 18 kann ein Interessenverband Grundrechte verwirken, wenn ein Mißbrauch der öffentlichen Meinung als Kampf gegen die freiheitliche demokratische Grundordnung zu werten ist.

Über das *allgemeine* Gesetz des Art. 9 Abs. 2 kann ein Interessenverband zum verbotenen werden, wenn Organisation oder Manipulation der öffentlichen Meinung durch diesen Verband als Verstoß gegen die verfassungsmäßige Ordnung zu werten sind.

[446] Vgl. Middelhauve in Finer, Macht, S. 9.
[447] Loewenstein, Verfassungslehre, S. 16; vgl. ferner zum Integrationsprozeß: Huber, NZZ III.
[448] Leibholz, Verfassungsstaat, S. 26.
[448a] Vgl. BVerfGE 12, 205 (262).
[448b] Vgl. BVerfGE 12, 113 (125).
[449] Schmitt, Verfassungslehre, S. 246.
[450] Kaiser, Repräsentation, S. 212.
[450a] Löffler, Meinung.
[451] So auch Leibholz, Freiheitliche demokratische Grundordnung, S. 556, r. Sp.

Kapitel 7:

Justizielle Grundrechte und Verbandsgerichtsbarkeit

§ 1: Verbandsgerichte der Sozialpartner

Aus der hier vertretenen Ansicht von der eingeschränkten »Drittwirkung« der Grundrechte[452] gegenüber Interessenverbänden folgt, daß sich der einzelne vor den Verbandsgerichten der *Sozialpartner* auf folgende justizielle Grundrechte berufen kann:

a) Das Recht auf *gerichtliches Gehör* (Art. 103 Abs. 1).
b) *Ausschluß rückwirkender Strafgesetze* (Art. 103 Abs. 2).
c) *Verbot mehrfacher Bestrafung* wegen derselben Tat (Art. 103 Abs. 3).

§ 2: Verbandsgerichte der übrigen Interessenverbände

Angesichts der wachsenden Bedeutung aller Spielarten von Verbandsgerichtsbarkeit[453] fragt es sich, ob diese justiziellen Grundrechte nicht bei allen Gerichten *aller* Interessenverbände Anwendung finden müssen.

Nichts herzuleiten für die Lösung dieser Frage ist aus Art. 1 Abs. 3: Dort wird zwar die *»Rechtsprechung«* an die Grundrechte als unmittelbar geltendes Recht gebunden. Es besteht jedoch Einmütigkeit, daß Rechtsprechung i. S. dieser Norm der aus dem herkömmlichen Gewaltenteilungsschema bekannte *dritte Funktionsbereich der Staatsgewalt* ist. Danach ist aus Art. 1 Abs. 3 nur eine Bindung der *staatlichen* Gerichtsbarkeit und *übertragenen* staatlichen Gerichtsbarkeit (= ständische Berufs- und Ehrengerichtsbarkeit der Kammern) herzuleiten[454].

1. Das Recht auf gerichtliches Gehör (Art. 103 Abs. 1 GG)

a) *Schiedsgerichte* von Interessenverbänden: Gemäß § 1034 Abs. 1 S. 1 ZPO haben die Schiedsrichter die Parteien zu hören, und gemäß § 1041 Nr. 4 ZPO kann die Aufhebung des Schiedsspruchs beantragt werden, wenn der Partei das rechtliche Gehör nicht gewährt war.

Die Frage nach der Geltung von Art. 103 Abs. 1 bei diesen Gerichten ist daher nur dann sinnvoll, wenn das Recht auf gerichtliches Gehör in den beiden Normen anders als in Art. 103 Abs. 1 zu verstehen ist. Das *Reichsgericht*[455] hat in dieser Hinsicht entscheidend auf das freie Ermessen der Schiedsrichter (§ 1034 Abs. 2 ZPO) abgestellt, also den Grundsatz des rechtlichen Gehörs unter Hinweis auf die Ungebundenheit des schiedsrichterlichen Verfahrens eingeengt. Demgegenüber ist mit dem BGH[455] festzuhalten, daß die Ungebundenheit des § 1034 Abs. 2 ZPO nur »im übrigen« gilt, d. h. »soweit das Verfahren nicht durch die Gehörpflicht ...

[452] Siehe oben S. 70 f.
[453] Vgl. Kaiser, Repräsentation, S. 296 ff.
[454] Vgl. statt aller: Maunz-Dürig, Randnr. 118 zu Art. 1 Abs. 3.
[455] Vgl. dazu Riehle, NJW 1950, S. 854, l. Sp. u. BGH NJW 1952, S. 27, r. Sp.

festgelegt ist«. Es ist ferner mit *Riehle*[455] rechtspolitisch zu bedenken, daß es keiner Stärkung des Schiedsgedankens und der Schiedseinrichtungen dient, »wenn eine ipso iure gegebene völlige Freiheit der Schiedsrichter« von der Gewährung des gerichtlichen Gehörs angenommen wird.

Die Schiedsgerichte von Interessenverbänden haben nach allem gemäß §§ 1034 Abs. 2, 1041 Nr. 4 ZPO das gerichtliche Gehör in dem Umfang zu gewähren, wie es Art. 103 Abs. 1 GG für die staatlichen Gerichte vorschreibt, soweit sich nicht im Einzelfall aus den Besonderheiten des schiedsgerichtlichen Verfahrens etwas anderes ergibt[456]. Eine *direkte* Berufung auf das höherrangige allgemeine Gesetz des Art. 103 Abs. 1 GG kommt daher nicht in Betracht[457].

b) *Sonstige Gerichte,* insbesondere *Verbandsstrafgerichte:*

Alle Verbandsgerichte sind an die Gebote natürlicher Gerechtigkeit gebunden und zur ordnungsgemäßen Untersuchung verpflichtet. Diese Grundsätze gehören zu den sachlichen Bedingungen, die der Staat der Tätigkeit von Verbandsgerichten stellt. Aus diesen Prinzipien ist abzuleiten, daß auch Verbandsgerichte das gerichtliche Gehör zu gewähren haben[458].

Daher bedarf es auch hier keines *direkten Rückgriffes* auf Art. 103 Abs. 1 GG.

2. Der Ausschluß rückwirkender Strafgesetze (Art. 103 Abs. 2 GG) und das Verbot mehrfacher Bestrafung (Art. 103 Abs. 3 GG)

Die Frage, ob das Mitglied einen Anspruch gegen den Interessenverband hat, ohne vorherige satzungsmäßige Festlegung nicht bestraft zu werden, stellt sich gegenüber dem Interessenverband nicht mit gleicher Tragweite wie gegenüber dem Staat. Das gleiche gilt für das Verbot mehrfacher Bestrafung:

Verbandsstrafen sind Mittel zur Sicherung mitgliedschaftlicher Pflichten[459] und Ausfluß der Privatautonomie des jeweiligen Verbandes[460].

Ihr Erlaß und ihre Festsetzung unterliegen daher den Schranken, die die wertausfüllungsfähigen Normen des Privatrechts (§§ 138, 242, 826 BGB) ihnen setzen. Über diese Normen wirken nach allseits[461] anerkannter Meinung die Grundrechte als verfassungsmäßige Grundentscheidung, indem sie deren Gerechtigkeitsgehalt ausfüllen oder ergänzen.

Angesichts dieser Kautelen besteht kein Anlaß, die Normen der Art. 103 Abs. 2 und 3 zu *unmittelbaren* Bestandteilen des Verbandsrechts *der* Interessenverbände zu machen, die keine Sozialpartner sind.

[456] BGH NJW 1959, S. 2213—2215.
[457] So auch Maunz-Dürig, Randnr. 84 zu Art. 103 Abs. 1.
[458] Vgl. BGH NJW 1956, S. 1793 f.; BGH NJW 1959, S. 982—984.
[459] Vgl. BGH NJW 1956, S. 1793.
[460] Siehe oben S. 79.
[461] Siehe oben S. 69.

»Je suis tenté de croire que souvent on s'exagère l'influence qu'exercent ces lois. Je pense que pour produire de grands effets, elles ont besoin de circonstances particulières qu'elles ne font pas naître et qui ne dépendent pas d'elles[1].«

Tocqueville

[1] Tocqueville, Ancien Régime, vol. 1, p. 42.

III. Hauptteil:

Die Stellung der Interessenverbände nach der Institutions- und Kompetenzordnung des Grundgesetzes

Einleitung:

§ 1: Grundlagen

Das Verhältnis der Interessenverbände zu den »Elementen oder Bestandteilen der Staatsmaschinerie[2]*«* ist neben ihrem Verhältnis zum Einzelnen heftig umstritten[3]. Hier wird weitgehend ein pathologischer Zustand diagnostiziert, der mit »Ausverkauf staatlicher Würde, staatlicher Autorität und staatlicher Kompetenzen[4]« zu umschreiben ist:

a) *Erster* Gegenstand dieses Hauptteils ist das aus diesem Sozialbefund folgende *Problem des »Institutionsverlustes*[5]*«:* Unter *Institutionen* wird dabei der Apparat von Verfassungs- und Staatsorganen und -einrichtungen verstanden, durch den in der Bundesrepublik Deutschland nach dem GG die demokratische Herrschaft ausgeübt werden soll[6]. *Institutionsverlust* soll bezeichnen den durch die Interessenverbände herbeigeführten Abbau oder Umbau dieser Institutionen und des durch sie gebildeten Ordnungsgefüges[7].

b) *Zweiter* Gegenstand dieses Hauptteils ist das Problem des verfassungsrechtlichen *Kompetenzverlustes* der Institutionen: *Kompetenz* soll dabei sein die den Institutionen verfassungsmäßig erteilte Befugnis, in einem bestimmten Bereich als Staats- oder Verfassungsorgan tätig zu werden[8].

§ 2: Der »Institutionsverlust« in der Soziologie und Folgerungen daraus

Der obige Begriff des »Institutionsverlustes« weicht von dem der soziologischen Theorie der Institution ab[7]. Dort versteht man unter *Institution* das *Verhältnis* von sozialen Ordnungsgebilden einerseits und üblichen Modellen menschlichen Verhaltens andererseits. *Institutionsverlust* bedeutet dann Verlust des Gleichge-

[2] Loewenstein, Verfassungslehre, S. 10.
[3] Grundlegend: Eschenburg, Herrschaft.
[4] Hans Huber, Verbände, S. 11, 19 m. weiteren Nachweisen.
[5] Matthes in »Protokoll Verbände«, S. 30.
[6] Vgl. Loewenstein, Verfassungslehre, S. 10.
[7] Vgl. Matthes in »Protokoll Verbände«, S. 30; König, Soziologie, S. 134—140.
[8] Vgl. Hans Huber, Verbände, S. 19; BVerfGE 8, 104 (115 f.).

wichtszustandes zwischen sozialen Ordnungsgebilden und menschlichem Verhalten.

Wohl aber lenken die Ergebnisse der soziologischen Theorie erneut den Blick auf das Verhältnis von geschriebener Staatsverfassung und lebendiger Gesellschaftsverfassung, von »Verfassungsrecht und sozialer Struktur[9]«. In dieses umfassendere Problem mündet daher die Frage nach dem Verhältnis der Interessenverbände zu der Institutions- und Kompetenzordnung der geschriebenen Verfassung ein. Das Problem wird unten eingehend behandelt. Hier ist im Lichte der dargestellten soziologischen Theorie schon vorweg eine praktische Folgerung zu ziehen: Die Theorie macht die strenge Trennung fragwürdig, die das *Bundesverfassungsgericht*[10] zwischen den Bereichen der *»politischen Willensbildung des Volkes«* und der *»staatlichen Willensbildung«* wie folgt vornimmt:

»Während die im gesellschaftlich-politischen Raum erfolgende Bildung der öffentlichen Meinung und die Vorformung der politischen Willensbildung des Volkes sich ungeregelt und durch alle verfassungsrechtlich begrenzten Kompetenzräume hindurch unter Mitbeteiligung aller lebendigen Kräfte nach dem Maße ihres tatsächlichen Gewichts und Einflusses vollziehen, ist das Tätigwerden als Staatsorgan – gleichgültig, in welcher Form und mit welcher Wirkung es geschieht – im freiheitlich-demokratischen Rechtsstaat durch Kompetenznormen verfassungsrechtlich begrenzt[11].«

§ 3: Anmerkungen zum Aufbau und Rechtfertigung von Rückgriffen

Ebenso wie im zweiten Hauptteil werden die sich aus der oben skizzierten Problematik ergebenden *allgemeinen* Fragen in einem *dogmatischen* Teil vorab behandelt. Der dann folgende *besondere* Teil prüft die verfassungsrechtliche Stellung der Interessenverbände zu einzelnen Verfassungsorganen, Organteilen und Staatseinrichtungen und ihren »Kompetenzräumen[12]«.

In den beiden folgenden Abschnitten des allgemeinen Teils sind *Rückgriffe* unerläßlich auf die im wesentlichen schon dargestellten »Werte und Wertsysteme, welche nach dem GG dessen Institutions- und Kompetenzordnung den Sinn geben und deren Telos ausmachen[13]«. Diese Rückgriffe sind gerechtfertigt durch Art. 1 Abs. 3, 20 Abs. 3 und 28 GG, in denen das Grundgesetz eine »rein sachliche Zweckbestimmung« seiner Institutionen ausdrücklich ablehnt und sie den Werten des politischen Gemeinwesens verpflichtet[14].

[9] So der Titel des Buches von *Schindler.*
[10] BVerfGE 8, 104 (112 f., 114 f.).
[11] BVerfGE 8, 104 (114 f.).
[12] BVerfGE 8, 104 (115).
[13] Loewenstein, Verfassungslehre, S. 10.
[14] Vgl. Loewenstein, Verfassungslehre, S. 10 f.; ferner: BVerfGE 5, 85 (122).

ABSCHNITT A:
ALLGEMEINER (DOGMATISCHER) TEIL

Kapitel 1:

Die demokratische Herrschaftsordnung des Bonner Grundgesetzes und die Interessenverbände

§ 1: Vorbemerkung

Gegenstand dieses Kapitels sind nur die für das Verhältnis zu den Interessenverbänden wichtigen Institutions- und Kompetenzkonturen der Demokratie i. S. des GG »als Sachverhalt des Staatsrechtes[15]«. Auf weitere Einzelheiten wird bewußt verzichtet.

§ 2: Die Demokratie und ihre Vor-Ordnung im Bonner Grundgesetz

Das Grundgesetz hat sich »für die *Demokratie* als Grundlage des staatlichen Aufbaus entschieden (Art. 20, 28)[16]«. Es bedient sich dieses Wortes nicht als Generalklausel, sondern klärt dessen oft beklagte Vieldeutigkeit[17], indem es die Sachverhalte: 1. Demokratie als spezifisches *Formalprinzip* staatlicher Herrschaft und 2. Demokratie als *Wertordnung* unterscheidet und näher bestimmt[18].

1a) Der *Gesamtbürgerschaft*[19] verleiht Art. 20 Abs. 2 S. 1 GG im Rahmen der demokratischen Herrschaftsordnung die *dynamische*[20] Funktion, *»soziale Grundlage der Herrschaft*[21]*«* zu sein und zu bleiben (arg. Art. 79 Abs. 3). An der *Ausübung* der Staatsgewalt wird aus der Gesamtbürgerschaft nur die *Aktivbürgerschaft*[19] (Art. 20 Abs. 2 S. 2) beteiligt, und zwar in dem ihr für das Tätigwerden als Staatsorgan abschließend zugewiesenen Kompetenzraum der Wahlen und Abstimmungen[22]. Andere Arten unmittelbarer Staatswillensentscheidungen durch die Aktivbürgerschaft als die in Art. 20 Abs. 2 S. 2 genannten verstoßen gegen die Kompetenzordnung des Grundgesetzes[23]. Im übrigen wird die Staatsgewalt abschließend durch ein System von *Organen* ausgeübt (Art. 20 Abs. 2 S. 2), die Demokratie ist also *repräsentativ.*

[15] Rapold, Beitrag, S. 21.
[16] BVerfGE 1, 14 (33).
[17] Rapold, Beitrag, S. 51; Tocqueville in: Albertini, Freiheit, S. 145.
[18] Ähnlich bez. der Sachverhalte: Rapold, Beitrag, S. 50—105.
[19] Vgl. Maunz-Dürig, Randnr. 49 zu Art. 20.
[20] Vgl. Ehmke, Grenzen, S. 111.
[21] Jahrreiss, Grundfragen, S. 92.
[22] BVerfGE 8, 104 (112—122); Maunz-Dürig, Randnr. 54 zu Art. 20.
[23] So Maunz-Dürig, Randnr. 54 zu Art. 20.

1b) Art. 20 Abs. 2 sagt klar, daß es in der Demokratie des Grundgesetzes *Staatsgewalt* geben soll und daß sie ausgeübt werden soll. Damit wird gegenüber möglichen Idealisierungen und Utopien festgestellt, daß Demokratie nach dem GG *Herrschaft* ist[24], nicht lässiges Dahinschleifenlassen der Staatszügel in der Nähe der Anarchie, sondern »Herrschaft« als »die Chance, für einen Befehl bestimmten Inhalts bei angebbaren Personen Gehorsam zu finden[25]«. »Das Verhältnis der Überordnung und Unterordnung bleibt auch für den Aufbau des demokratischen Staates« i. S. des Grundgesetzes »konstitutiv[26]«.

Indem Art. 20 Abs. 2 S. 2 die Ausübung des größten Teils der Staatsgewalt Organen anvertraut, ist diese Herrschaft *näher* dahin zu bestimmen, daß sie *essentiell* »Herrschaft von wenigen Menschen über die vielen«, Oligarchie ist[27].

1c) Die demokratische Herrschaftsordnung ist allerdings gemäß ihrer dargelegten dynamischen Grundlage (Art. 20 Abs. 2 S. 1) als *offene Herrschaft* (pouvoir ouvert)[28] gestaltet, indem »neben die Herrschaftsordnung eine *Freiheitsordnung«* gestellt wird, als deren wesentliche Elemente im *politischen* Teil »die in Freiheit sich bildenden und umbildenden Parteien[29]« (Art. 21) und die Vereinigungen (Art. 9) ohne Parteicharakter erscheinen.

2a) Wenn es auch zum Wesen dieser *offenen* freiheitlichen demokratischen Herrschaft gehört, »auf eine in sich selbst ruhende höchste Obrigkeit[30]« im Sinne einer für immer statisch und dogmatisch festgelegten Ideologiebindung zu verzichten – das wäre *geschlossene* Herrschaft (»pouvoir clos«)[31] – so hat sie das GG doch mit einem festen Maß versehen, das in einer verbindlichen »Vor-Ordnung zur Herrschaftsordnung[32]« oder einer »obersten Grundwertordnung[33]« Ausdruck findet:

2b) Die demokratische Herrschaft soll »Herrschaft nach dem Maß des *Menschen* im Menschen[34]« sein (Art. 1). Dazu hat das Grundgesetz »eine wertgebundene Ordnung« durch Grundlegung der Herrschaft in der »freiheitlichen demokratischen Grundordnung« (Art. 18, 21 Abs. 1, 91 Abs. 1) aufgerichtet, »die die öffentliche Gewalt begrenzt ... Die obersten Prinzipien dieser Wertordnung sind gegen Verfassungsänderungen geschützt (Art. 1; 20; 79 Abs. 3)[35]«. Die einzelnen Bestandteile der Ordnung wurden oben dargelegt[36].

[24] Thoma, Demokratie, S. 5—7; Jahrreiss, Grundfragen, S. 91 f.; Künneth, Verantwortung, S. 3.
[25] Max Weber, Wirtschaft und Gesellschaft, Halbbd. 1, S. 28.
[26] Künneth, wie 24.
[27] Jahrreiss, Grundfragen, S. 91.
[28] Burdeau, Traité, vol. IV, p. 275—277.
[29] Thoma, Demokratie, S. 17.
[30] Thoma, Demokratie, S. 16; vgl. auch Scheuner, BDI-Gespräch, S. 47.
[31] Burdeau: Traité, vol. IV, p. 277.
[32] Jahrreiss, Grundfragen, S. 95.
[33] BVerfGE 2, 1 (12).
[34] Jahrreiss, Grundfragen, S. 11.
[35] VBerfGE 6, 32 (40).
[36] Siehe oben S. 65.

§ 3: Insbesondere: Die Gewaltenteilung [36a] im GG

Die als Einheit gedachte[37], »in ihrem sozialen Fundament[38]« ungeteilte (Art. 20 Abs. 2 S. 1) Staatsgewalt wird in Art. 20 Abs. 2 S. 2 – abgesehen von den der Aktivbürgerschaft übertragenen Wahlen und Abstimmungen – zur »Herrschaftsausübung[38]« an drei »konkurrierende Träger von Herrschaftskompetenzen[38]« abschließend »verteilt«: Gesetzgebung, vollziehende Gewalt und Rechtsprechung. Durch diese Norm – zusammen mit Art. 1 Abs. 3; 20 Abs. 3; 92 i. V. m. 97 Abs. 1 sowie den Überschriften der Abschnitte VII, VIII, IX[39] des Grundgesetzes – wird die *Gewaltenteilung* als »ein tragendes Organisationsprinzip[40]« in die demokratische Herrschaftsordnung des Grundgesetzes eingeführt.

a) Hierdurch ist die Demokratie i. S. des GG eindeutig unterschieden von jeder Spielart der sogenannten *»Volksdemokratien«*, in der die Gewalten bei der Volksvertretung ungeteilt gehäuft sind[41].

Demokratische Herrschaft nach dem Grundgesetz soll vielmehr in »politischer Machtverteilung« und in »Mäßigung der Staatsherrschaft[42]« durch gegenseitige Hemmung, durch »Ineinandergreifen[42]« der »Träger von Herrschaftskompetenzen[38]« ausgeübt werden.

b) Gegenüber dieser Grundentscheidung ist es in dem hier interessierenden Zusammenhang von geringer Bedeutung, ob das Grundgesetz im übrigen – und die Verfassungswirklichkeit der Bundesrepublik – jene Sicht »dreifach gegliederter Staatstätigkeit« durch »dreifach gegliederte Staatsorgangruppen[43]« einhalten und bestätigen. Daß dies nicht der Fall ist, ist allgemein anerkannt[44] und vor allem durch *Jahrreiss*[45], *Peters*[46] und – von der Seite der politischen Wissenschaften neuerdings – durch *Sternberger*[47] eingehend begründet worden.

c) Durch solche Ungenauigkeiten und Abweichungen wird aber das Prinzip der Gewaltenteilung nicht zu einer »institutionellen Randerscheinung[48]«. Vielmehr will das Grundgesetz »den ewig wahren Kern von *Montesquieus* Lehre[49]« verwirk-

[36a] Vgl. grundlegend zur Gewaltenteilung: Werner Kägi, »Von der klassischen Gewaltenteilung zur umfassenden Gewaltenteilung« in »Huber-Festschrift«, S. 151 ff.

[37] Bonner Komm., Erl. II 2 a u. b zu Art. 20.

[38] Jahrreiss, Grundfragen, S. 177.

[39] v. Mangoldt-Klein, A V 5 b zu Art. 20.

[40] BVerfGE 3, 225 (247).

[41] Maunz-Dürig, Randnr. 57 zu Art. 20.

[42] BVerfGE 3, 225 (247); v. Mangoldt-Klein, A V 5 b zu Art. 20.

[43] Maunz-Dürig, Randnr. 76 zu Art. 20.

[44] Vgl. die Literatur bei Jahrreiss, Grundfragen, S. 175, Fußn. 1 und bei Maunz-Dürig, Randnr. 77 zu Art. 20; ferner BVerfGE 1, 372 (394 f.); 3, 225 (247); 4, 331 (346); 7, 183 (188).

[45] Jahrreiss, Die Wesensverschiedenheit der Akte des Herrschens und das Problem der Gewaltenteilung in: Grundfragen, S. 175—197.

[46] Peters, Die Gewaltentrennung in moderner Sicht, Köln und Opladen 1954.

[47] Sternberger, Gewaltenteilung und parlamentarische Regierung in der Bundesrepublik Deutschland in »Politische Vierteljahresschrift«, 1. Jahrg., 1/1960, S. 22—37.

[48] So im Ergebnis Rapold, Beitrag, S. 104.

[49] Peters, a. a. O., S. 23 f.

licht sehen: Die Ausübung der Staatsgewalt soll in der Hand verschiedener voneinander unabhängiger Organe liegen[49], und »jede Anreicherung der Kompetenzen einer der ... Gewalten«, die unter Einbruch in den Kernbereich der Zuständigkeiten einer der »anderen Gewalten eine irgendwie geartete Diktatur der einen über die andere(n) Gewalt(en) ermöglicht[50]«, verstößt gegen diese Grundentscheidung für »Machtbeschränkung durch Machtverteilung zum Schutze der Freiheit[51]«.

§ 4: Insbesondere: Das Sozialstaatsprinzip

Über die bisher zum »Sozialstaatsprinzip[52/53]« (Art. 20, Abs. 1; 28, Abs. 1) erarbeiteten Ergebnisse hinaus weist die in § 3 dargestellte Grundentscheidung einen weiteren Weg zum grundgesetzgemäßen Verständnis dieses Prinzips, der die erlangten Ergebnisse bestätigt:

a) Werner *Weber*[54] hat die Alternative des Sozialstaats »mit seiner unaufhaltsamen Tendenz zur Verplanung des Lebens« wie folgt bezeichnet: »Entweder gelingt es ihm, zur Begründung einer autoritativen obrigkeitlichen Verantwortung zu gelangen, wohlgemerkt einer demokratisch bezeugten Verantwortung, oder er endet im Totalitarismus, wobei wahrscheinlich die stärkste der jetzt vorhandenen ... Gruppenmächte Träger dieses Totalitarismus wird.«

Die letztere Möglichkeit wird unterstrichen durch die von *Jahrreiss*[55] diagnostizierte weit verbreitete »stimmungsmäßige Ablehnung des Staates«, gepaart mit williger Hinnahme anderer Herrschaft, »ausgeübt in kleinen oder großen nichtstaatlichen Herrschaftsverbänden«.

b) Die Grundentscheidung für die Gewaltenteilung ist gleichzeitig eine Entscheidung gegen die letztere Alternative des Sozialstaatsprinzips: Das Grundgesetz verbietet eine Verwirklichung des Sozialstaatsgedankens derart, daß sich »im sozialen Körper soziale Macht, die auch zur politischen Macht und zu einer Macht über den Staat wird, ungehindert und ungeteilt ansammeln kann[56]«.

c) Gegen diese Einbindung des Sozialstaatsprinzips durch das Prinzip der Gewaltenteilung können Bedenken erhoben werden auf Grund des Sozialbefundes, daß jede »soziale Machtballung immer wieder ihre Grenze an einer anderen sozialen Macht finde, die ein Gegeninteresse verkörpert[56]«. Bei einem solchen »paritätischen Pluralismus auf der Grundlage der Balance der Gruppenmächte[57]« stellt sich dann die Frage nach der Rechtsgrenze der Gewaltenteilung nicht, da die Macht durch andere Macht begrenzt wird.

Demgegenüber hat Werner *Weber*[57] eingehend dargelegt, daß der paritätische Pluralismus, wenn überhaupt, so nur »temporär« funktioniert.

Die staatsrechtliche Antwort ist allerdings aus dem »Grundsatz der Rechtsstaat-

[50] v. Mangoldt-Klein, A V 5 b zu Art. 20.
[51] Hans Huber, Verbände, S. 28.
[52/53] BVerfGE 6, 32 (41); 6, 55 (72).
[54] Werner Weber, BDI-Gespräch, S. 22 f.
[55] Jahrreiss, Grundfragen, S. 76 f. (Freiheit und Sozialstaat).
[56] Hans Huber, Verbände, S. 29.
[57] Werner Weber, BDI-Gespräch, S. 22 f.

lichkeit[58]« abzuleiten: »Der Rechtsstaat will, daß die Macht, zumal die unverantwortliche Macht, ihre Grenze nicht nur an anderer Macht, sondern auch am Rechte finde[59].« Diese Ansicht wird dadurch bestätigt, daß das Grundgesetz in Art. 28, Abs. 1 S. 1 den in Art. 20, Abs. 1 festgelegten demokratischen und sozialen Bundesstaat näher als sozialen *Rechts*staat kennzeichnet: Die mit dieser sprachlichen Verbindung ausgedrückte »innere Beziehung zwischen Sozial- und Rechtsstaat soll besagen«, daß in der demokratischen Herrschaftsordnung der Bundesrepublik »den Grundsätzen des Sozialstaates *und* des Rechtsstaates entsprochen werden muß[60]«.

§ 5: Insbesondere: Das Rechtsstaatsprinzip

Das Prinzip der Gewaltenteilung als Anwendungsfall des Rechtsstaatsprinzips bei der Begrenzung des Sozialstaatsprinzips lenkt den Blick auf die *formelle* Seite der Rechtsstaatsverwirklichung[61]. *Rechtsstaat im formellen Sinne* heißt also: Gesetzesstaat[62], in dem sich alle »Einrichtungen und Verfahrensweisen der Herrschaft[63]« auf eine staatlich gesetzte Norm, also auf ein einfaches Gesetz oder auf die Verfassung unmittelbar zurückführen lassen müssen.

Dieser Anwendungsfall lenkt aber weiter den Blick über den *formellen* Gehalt des Rechtsstaatsprinzips hinaus: Die Technik des Gewaltenteilens (formelle Komponente) wurde von Montesquieu zur Sicherung der Bürgerfreiheit (materielle Komponente) vorgeschlagen[64]. Daher ist der Rechtsstaat »nicht nur der Staat einer gesetzmäßigen Verwaltung oder der umfassenden Gerichtskontrolle, nicht nur der Grundsatz der Rechtssicherheit und Vollzugsbindung. In einem *materialen* Sinn verstanden meint er ein auf der Achtung personaler Freiheit und auf dem Prinzip einer zu ihrem Schutze gemäßigten und fest geordneten Staatsmacht aufgebautes Gemeinwesen, dessen vom Volk ausgehende Rechtsordnung alles Staatshandeln an diese Grundlagen und an das Streben nach einer gerechten und gleichmäßigen Gestaltung der menschlichen Beziehungen bindet[65]«. *(Rechtsstaat im materiellen Sinne.)*

In der Form einer verfassungsrechtlichen »Grundentscheidung[66]« bestätigt die materielle Seite des Rechtsstaatsprinzips damit die Grenzen, die im zweiten Hauptteil aus den Grundrechten für die Interessenverbände abgeleitet wurden.

[58] BVerfGE 6, 32 (41).
[59] Hans Huber, Verbände, S. 29.
[60] v. Mangoldt-Klein, A VII, 1 zu Art. 20; eingehend dazu: Jahrreiss in »Freiheit und Sozialstaat« (Grundfragen, S. 71—88).
[61] Ebenso: Jahrreiss, Grundfragen, S. 6; Maunz-Dürig, Randnr. 74 zu Art. 20.
[62] Maunz-Dürig, Randnr. 58 zu Art. 20.
[63] Jahrreiss, Grundfragen, S. 6.
[64] Vgl. Peters, Gewaltentrennung, S. 23; Sternberger, Gewaltenteilung, S. 31.
[65] Scheuner in »Rechtsleben« II, S. 250; vgl. auch Jahrreiss, Grundfragen, S. 5 f.
[66] BVerfGE 6, 32 (41).

§ 6: Insbesondere: Die Staatswillensbildung und Interessenverbände als »intermediäre Gewalten«

1. Ob die Vereinigung von Rechtsstaatsprinzip und Sozialstaatsprinzip in dem »leitenden Prinzip des sozialen Rechtsstaats[67]« effektiv werden und ihre Begrenzungsfunktion erfüllen kann, ob sich der »gewährende Sozialstaat und der gewährleistende Rechtsstaat in einer Verfassung zusammenfügen lassen[68]«, wird von *Forsthoff*[68] verneint, der das Grundgesetz als eine »prinzipiell rechtsstaatliche Verfassung« verstanden wissen will. Die staatstheoretische Seite des Problems kann hier nicht weiterverfolgt werden.

Ebenso aber, wie oben[69] bei der Menschenwürdeverpflichtung der Interessenverbände gefragt werden mußte, ob das Menschenbild des Grundgesetzes nicht »vom Leben verworfen[70]« wird, erhebt sich hier die *Frage, ob das Prinzip des sozialen Rechtsstaates nicht vom heutigen »Bürgersinn« verworfen wird.* Hierzu hat *Menger*[71] dargelegt, daß in diesem Staat neben dem Satz »Eigentum verpflichtet« ebenbürtig der Satz steht »Freiheit verpflichtet«.

Jahrreiss[72] hat ebenso eindringlich die Interdependenz von staatszugewandtem Bürgersinn und gesundem Sozial-Rechtsstaat aufgezeigt und gleichzeitig das Versagen der Bürger geschildert, die hin- und herpendeln »zwischen verantwortungsabwälzender Forderung nach Versorgung durch den die *anderen* schmälernden Staat und verantwortungsverweigernder Zurückweisung des verlangenden Staates[73]«.

Schließlich hat *Forsthoff*[74] die Gründe dieses Versagens dahin bestimmt, daß der Sozialstaatsvollzug den Staatsbürger immer mehr zum Interessenten gegenüber dem Staat gemacht habe, so daß »das Ringen um den Anteil an der Staatswillensbildung« nunmehr zum »Ringen um den Anteil bei der Verteilung geworden« ist[75].

2. Alle diese Befunde zeigen auf, daß im Grenzfall das Schicksal des Sozial-Rechtsstaat im Sinne des GG von der richtig vollzogenen Teilnahme der Einzelnen und ihrer Interessenverbände an der *Staatswillensbildung* abhängt[76]. Besonders bedeutsam dürfte hier sein, ob das Prinzip des sozialen Rechtsstaats in der *Massendemokratie* eine nur *individualistisch* zu verstehende »Freiheit des Jedermann zum Staate[77]« fordert, oder ob der geforderte »staatszugewandte Bürger in großer und immer größerer Zahl[78]« diese Wendung auch — oder gar nur — *kollektiv* vollzie-

[67] BVerfGE 6, 55 (72).
[68] Forsthoff, Verfassungsprobleme, S. 3.
[69] Siehe oben S. 106—108.
[70] Jahrreiss, Grundfragen, S. 48.
[71] Menger, Sozialer Rechtsstaat, insbes. S. 26 f.
[72] Jahrreiss, Grundfragen, S. 85—88.
[73] Jahrreiss, Grundfragen, S. 86.
[74] Forsthoff, Verfassungsprobleme, S. 13—23.
[75] Forsthoff, Verfassungsprobleme, S. 15.
[76] Vgl. Coing, BDI-Gespräch, S. 47.
[77] Jahrreiss, Grundfragen, S. 86.
[78] Jahrreiss, Grundfragen, S. 88.

hen kann. Damit ist die Frage nach der staatsrechtlichen Zulässigkeit *»intermediärer Gewalten*[79]*«* in der Gestalt von Interessenverbänden bei der Staatswillensbildung, bei diesem Teil des »Aufbaues des demokratischen Staates von unten nach oben[80]« gestellt. Es geht also um die staatsrechtliche Legalisierung und Legitimierung der im I. Hauptteil[81] dargestellten ordnungspolitischen Bedeutung der Verbändetätigkeit im Lichte des Sozial-Rechts-Staatsprinzips.

3a) Der *Sozialbefund:* Der Staatswillensbildung in der offenen Demokratie des GG[82], d. h. der eigentlichen politischen Entscheidung der verfassungsrechtlich berufenen Staatsorgane, geht in den meisten Fällen ein Prozeß der *»Vorformung des politischen Willens*[83]*«* voraus: »Die Bildung der politischen Richtung des Staates geht hervor aus einem Gespräch, das in der Presse, in den Massenbeeinflussungsmitteln, in Reden und Kundgebungen ... laufend stattfindet[83].« In diesen Integrationsprozeß gehen ein »die vielfältigen, sich möglicherweise widersprechenden, ergänzenden, gegenseitig beeinflussenden Wertungen, Auffassungen und Äußerungen des Einzelnen, der Gruppen, der politischen Parteien, Verbände und sonstigen gesellschaftlichen Gebilde[84]«. Im Bereich der Verformung des politischen Willens wirken auch Interessenverbände als Vertreter vereinigter einzelner Interessenten.

3b) *Der staatsrechtliche Befund:* Auszugehen ist von dem Satz der allgemeinen Staatslehre, daß sich »keine Herrschaft auf längere Zeit« hält, »wenn sie ihre Entscheidungen nicht sachlich zu treffen bemüht ist und im Normalfall auch sachlich trifft ... Sachlichkeit der Herrschaft *in der Demokratie* zu verbürgen, ist bei der Massenhaftigkeit geäußerter Meinungen eine Aufgabe mit einer besonderen Last ... Sie setzt voraus, daß die vielen Meinungen nach Möglichkeit auf Sachlichkeits-Ebene gebracht ... werden. Das erfordert Diskussion ...[85]«.

Entsprechend dieser Erkenntnis hält das Grundgesetz die im II. Hauptteil dargestellten Garantien für Vereine, Vereinigungen und Koalitionen bereit, verbunden mit dem schon dargestellten Arsenal von weiteren »Grund- und Staatsbürgerrechten mit gruppenschützender Funktion«, insbesondere mit dem umfassenden Schutz der öffentlichen Meinung[86]. Darin liegt eine Bejahung des »Systems differenzierter Gruppenfilter[87]« durch Interessenverbände, ... mit deren Hilfe politische Meinungen von unten in die staatliche Willensbildung eingehen, — durch die wirtschaftliche Notwendigkeit »in das werdende Recht eingehen[88]«.

Der Sozial-Rechtsstaat i. S. des GG kann mithin als Staatsprinzip nicht ohne einen »bestimmten, illusionsfreien Begriff des Gemeinwohls« erfaßt werden: »Es ist ein stufenmäßig aufgebautes Wohl. Es ist aber nie etwas Fertiges, sondern weithin erst Ergebnis dialektisch geführter Auseinandersetzung.« Daher setzt der

[79] Koellreutter, Staatsrecht, S. 70—71.
[80] Huber, Verbände, S. 17.
[81] Siehe oben S. 7 f.
[82] Siehe oben S. 127; ferner: Scheuner, BDI-Gespräch, S. 14.
[83] Scheuner, wie vor.
[84] BVerfGE 8, 104 (113).
[85] Jahrreiss, Grundfragen, S. 98 f.
[86] Siehe oben S. 116—119.
[87] Stammer, Politische Soziologie, S. 281; vgl. auch Friesenhahn, Regierung, S. 28.
[88] Vgl. Hans Huber, Verbände, S. 17.

»freiheitlich-demokratische Rechtsstaat den Interessenkampf« voraus und steht »seinem Wesen nach der Interessenvertretung« offen[88].

Von dieser Erkenntnis öffnet sich schon ein Weg zu dem unten zu behandelnden »*Mit*wirkungsgebot« des Art. 21, Abs. 1 S. 1: Diese Norm berücksichtigt in ihrem Wortlaut die Vorformung des politischen Willens, indem sie den Parteien kein Willensbildungsmonopol einräumt.

3c) *Zusammenfassung:* Der Sozial-Rechtsstaat i. S. des Grundgesetzes setzt voraus, daß in die nach Art. 20 Abs. 2 durch bestimmte Organe wahrgenommene Ausübung der Staatsgewalt (»Bildung des Staatswillens«)[89] das Ergebnis eines sozialen staatszugewandten Integrationsprozesses – genannt Mitwirkung an der politischen Willensbildung des Volkes (Art. 21 Abs. 1 S. 1) – mit einfließt. Interessenverbände sind legale und legitime Mitformer dieses politischen Willens.

4. Indem somit durch das GG Staatswillensbildung und politische Volkswillensbildung in Korrelation gesetzt sind, wird die dargestellte[90] soziologische Theorie vom Institutionsverlust erneut aktuell:

Die strenge Trennung der Ebenen von Staatswillensbildung und Volkswillensbildung, wie sie BVerfGE 8, 104 (112–116) vornimmt, darf danach zwar so verstanden werden, daß der Vielfalt der möglichen Integrationsformen im Vorfeld der politischen Willensbildung im Raum der Staatswillensbildung die strenge Ordnung von Institutionen und Kompetenzen gegenübersteht.

Das Bundesverfassungsgericht hat jedoch unterlassen, aus dem Gedanken des Sozial-Rechtsstaates darauf hinzuweisen, daß das Schicksal jener strengen Institutions- und Kompetenzordnung davon abhängt, daß die auf sie hinfließende Mitwirkung an der politischen Willensbildung institutions- und kompetenz*achtend* erfolgt. Eine die Ordnung der Staatswillensbildung mißachtende politische Willensbildung des Volkes führt im Bereich der Staatswillensbildung zum Institutions- und Kompetenzverlust[91]. Insofern erkennt das GG die soziologische Theorie vom Institutionsverlust an, wenn es sich in Art. 9 Abs. 2; 18; 21 Abs. 2 und 91 Abs. 1 gegen Fälle äußerster Mißachtung zu schützen sucht.

§ 7: Auswertende Folgerungen zu Kapitel 1

1. Die demokratische Herrschaftsordnung des Grundgesetzes erlaubt keine »Herrschaft der Verbände[92]«. *Staatliche Herrschaft* auszuüben, ist nach der die Herrschaft abschließend regelnden Kompetenznorm des Art. 20 Abs. 2 S. 2 den Interessenverbänden in jeder Form versagt. (Das Problem der Delegation wird später erörtert.)

Das hindert aber nicht, daß die Interessenverbände im Vorfeld der Staatswillensbildung legal und legitim *»soziale Mächtigkeit«* erlangen und sich dort zwischen den Einzelnen und den Staat als Gruppenfilter einschieben. Bevor solche »soziale

[89] BVerfGE 8, 104 (115).

[90] Siehe oben S. 124.

[91] Vgl. das Beispiel bei Naumann, Schriften, S. 137; Krüger, BDI-Gespräch S. 39, spricht von der »Möglichkeit einer negativen Einwirkung aus der bürgerlichen Sphäre auf die Staatsverwirklichung«.

[92] Eschenburg.

Mächtigkeit« vorschnell als »Herrschaft« eingruppiert wird, sollte die Erkenntnis Max *Webers*[93] beachtet werden, daß »nicht alles Gemeinschaftshandeln herrschaftliche Struktur« zeigt.

2. Das mit dem Prinzip des Rechtsstaates im *formellen* und *materiellen* Sinne vereinigte Sozialstaatsprinzip wirkt sich den Interessenverbänden gegenüber »weniger als Berechtigung, wie als Bindung aus[94]«:

Der Raum, den ihnen der Staat zu sozialer Mächtigkeit freigibt, »unterliegt den tragenden Grundsätzen der Gemeinschaftsordnung[95]« des Grundgesetzes, als deren *Kernsatz in der Individualsphäre* erscheint: Bei aller Notwendigkeit sozialer Sicherheit bilden »nicht in Unterwerfung erkaufte Ruhe und Sicherheit, sondern die mit aktivem politischem Bürgersinn einhergehende Verantwortung und Freiheit das Lebenselement[94]« des Sozial-Rechtsstaats.

3. Die von der Institutions- und Kompetenzordnung des Grundgesetzes für die staatliche Willensbildung vorgeschriebenen Formen, Verfahren und Machtschranken durch Machtverteilung können durch Mißachtung von seiten der Interessenverbände im Vorfeld der politischen Willensbildung des Volkes gefährdet werden[95a].

Das Grundgesetz gebietet daher den Interessenverbänden eine institutions- und kompetenzachtende Handhabung ihrer sozialen Mächtigkeit[96].

Aus der letzteren Möglichkeit des negativen Hinüberwirkens »aus der bürgerlichen in die staatliche Sphäre« folgt, daß eine institutions- und kompetenzachtende Tätigkeit der Interessenverbände »vom Gehalt her als ein Stück Staatsverwirklichung anzusehen« ist, daß ihnen legal und legitim im Vorfeld zu der Staatswillensbildung »ein Stück zur Verwirklichung aufgegebener Staatlichkeit« zufällt[97].

Daraus folgt aber *nicht*, daß dies eine neue Wirklichkeit ist, »ein Stück praktisch dargestellter Erneuerung des Staatsbildes«, wegen dessen dann auch verfassungsrechtlich de lege interpretenda oder gar de lege ferenda bestimmte Folgerungen für die heutige Institutions- und Kompetenzordnung zu ziehen wären[98].

Das Staatsprinzip des Sozial-Rechtsstaates i. S. des GG setzt vielmehr solche Entwicklungen geradezu voraus. Es wird durch sie erfüllt, nicht gesprengt oder antiquiert.

[93] Max Weber, Wirtschaft und Gesellschaft, 2. Halbbd., S. 541.

[94] Scheuner in »Rechtsleben« II, S. 262.

[95] Kaiser, Repräsentation, S. 200.

[95a] Vgl. Eschenburg, Theodor, »Institutionelle Sorgen in der Bundesrepublik«, München, 1961.

[96] Vgl. Hans Huber, Verbände, S. 19.

[97] Krüger, BDI-Gespräch, S. 39.

[98] A. A. Krüger, BDI-Gespräch, S. 28 f. und die oben S. 45 zitierten Ansichten der Gewerkschaften.

Kapitel 2:

Das Verhältnis von geschriebener Staatsverfassung (GG) und Gesellschaft(sverfassung)

§ 1: Grundlagen

Mit dem am Ende des ersten Hauptteils aufgezeigten Legalgewicht der Interessenverbände wurde beispielhaft sichtbar, wie weit diese im Raum des Öffentlichen handelnden Gesellschaftsgebilde in den Bereich des Staatlichen hineinragen. Dieses »Verwachsensein« erwies sich im vorigen Kapitel als echte *Interdependenz* der Gesellschaftsordnung *in einem bestimmten Bereich* und der von der geschriebenen Verfassung geschaffenen Institutions- und Kompetenzordnung.

§ 2: Das Problem der »Interdependenz« von Verfassungsrecht und Sozialstruktur

Diese *Interdependenz* ist für das Verhältnis der *gesamten* Gesellschaftsordnung zur Staatsordnung vielseitig anerkannt[99], sie zeigt sich in unserer Zeit besonders deutlich in der viel erwähnten »Verwirtschaftlichung der Politik« als Folge bestimmter »Engagements des demokratischen Staates in der Wirtschaft[100]«.

Bezogen auf die geschriebene Verfassung und die *»nicht* gesetzte Sozialordnung[101]« mündet die Interdependenzproblematik ein in die Frage nach dem Verhältnis von *»Verfassungsrecht und sozialer Struktur«*, das grundlegend *Schindler*[102] in seinem gleichbetitelten Buch, neuerdings, in einer kaum übersehbaren Literaturfülle, u. a. *Loewenstein*[103] und – im Zusammenhang mit dem Verbändeproblem – Hans *Huber*[104] untersucht haben:

Daß das Verfassungsrecht in seiner Wirksamkeit soziologisch bedingt ist, dürfte nach diesen Ergebnissen nicht zweifelhaft sein[105]. Daher werden auch bei der Diskussion des Verhältnisses von Staat und Verbänden mit Recht Auffassungen in Frage gestellt[106], die von vorneherein von der »Austragung eines vermeintlichen Gegensatzes« ausgehen. Daher ist weiter angesichts des den Interessenverbänden

[99] Eucken, Grundsätze, S. 14, 332–334, 341; Böhm, Wirtschaftsordnung; Jahreiss, Grundfragen, S. 44–48, 80; Forsthoff, Realanalyse, insbes. S. 811; Rapold, Beitrag, S. 119; Werner, Verbände, S. 3; o. V., NZZ.

[100] Rapold, Beitrag, S. 4 mit vielen Nachweisen.

[101] Jahrreiss, Grundfragen, S. 45.

[102] Schindler, Struktur.

[103] Loewenstein, Ontologie.

[104] Huber, Verbände, S. 14 ff.

[105] Vgl. ferner: Strauß, Verfassung, S. 7; Hans Huber, Gesellschaft, S. 10 ff.; Gerstenmaier, Ordnung, S. 4; BVerfGE 3, 58 (119) [auch 6, 132 (147)] spricht von »soziologischer Geltung« von Rechtsvorschriften.

[106] Durch: BDI-Gespräch S. 5; Geyer, NZZ.

zur Verwirklichung übertragenen »Stückes Staatlichkeit[107]« nichts dagegen einzuwenden, wenn man diese Verbände in*sofern* »ebensosehr« als »politische wie wirtschaftliche Gebilde[108]« ansieht.

§ 3: Die verfassungsrechtliche Tragweite des Interdependenzproblems

Aus den Folgerungen, die – wie oben dargestellt – von bestimmten Interessenverbänden[109] und Staatsrechtslehrern[110] aus dieser Interdependenz gezogen werden, wird deutlich, daß *das Wie des Verhältnisses von Verfassungsrecht und sozialer Struktur noch ungeklärt ist, andererseits* aber *dringend der Klärung bedarf.*

Dieser Tatbestand ist um so bedenklicher, als die heutigen freiheitlich-demokratischen Verfassungen weithin gerade das Ergebnis von Ansprüchen »auf bürgerliche Mitgestaltung im Staat« sind, die aus der wirtschaftlichen Macht der bürgerlichen Gesellschaft abgeleitet wurden[111] und plastischen Ausdruck in der Forderung fanden: No taxation without representation.

Schieder hat das Verhältnis von Staat und Gesellschaft, politischer und gesellschaftlicher Verfassung vor diesem Hintergrund *»ein, vielleicht das Grundproblem der modernen Welt genannt*[112]«.

Diese Bewertung erscheint nicht zu schwerwiegend, wenn man sich die *möglichen Erklärungen für das ungeklärte Wie* – bezogen auf das GG – vor Augen hält.

a) Der Gesetzgeber des GG hat sich ganz oder teilweise vergriffen, »die Norm wird vom Leben verworfen[113]«. Oder:

b) Faßt man Gesetzordnung, auch auf Verfassungsebene, nur als »ein Mittel«, »ein Ver-mitt-elndes« zwischen ihrer Ausgangssozialordnung – und einer heraufkommenden anderen Sozialordnung auf[114], so kommt in Frage, daß die Ordnung des GG ihre Mittlerfunktion schon beendet hat, weil eine neue Sozialordnung besteht, die man z. B. »Verbandsdemokratie[115]« nennen könnte.

c) Schließlich bietet sich eine Erklärung an, die durch eine andere ungeklärte Interdependenz unserer Zeit nahegelegt wird: Das Verhältnis von Freiheit und Notwendigkeit: *Thielicke*[116] hat die Frage aufgeworfen, ob die Freiheitsidee im Westen nicht deshalb »der Schwerelosigkeit einer Phrase nahezukommen droht«, weil »unser allgemeines Bewußtsein ... die freiheitsbegrenzenden Mächte, vor allem in seinen blindwütigen Milieutheorien und seinen Milieuvernarrtheiten, derart überschätzt, daß die Begriffe Freiheit und Verantwortung schon a limine abgewürgt sind«.

[107] Siehe oben S. 134.
[108] Werner, Verbände, S. 106.
[109] Siehe oben S. 44 f.
[110] Siehe oben S. 45.
[111] E. R. Huber, Verfassungsgeschichte I, S. 789 ff.
[112] Schieder, Wandel, S. 9, und Verfassung.
[113] Vgl. dazu Jahrreiss, Grundfragen, S. 48.
[114] Vgl. dazu Jahrreiss, Grundfragen, S. 45.
[115] Werner Weber, zitiert nach Burneleit, S. 20.
[116] Thielicke, Was heißt Freiheit? in »Universitas« 1961, Heft 1, S. 1–18 (15 f.).

Es kann ähnlich auch eine »Sozialvernarrtheit« der Verfassungsdoktrin geben, durch die die Wirksamkeit der geschriebenen Verfassung beeinträchtigt oder beseitigt wird.

Die Klärung des Verhältnisses der geschriebenen Verfassung — (des Grundgesetzes) — zur Gesellschaft(sverfassung) der Bundesrepublik ist nach allem die notwendige Vorstufe zu jeder verfassungsrechtlichen Analyse der Stellung der Interessenverbände nach der Institutions- und Kompetenzordnung dieses Grundgesetzes: Immer mehr wird in der Diskussion »die Integration — oder auch Desintegration — des Gesellschaftslebens aus Interessenstandpunkten heraus« zum Schulbeispiel dafür erhoben, wie durch soziale Mächtigkeit »die Grenz- und Isolierfunktion staats- und verfassungsrechtlicher Linienführung ... unterspült[117]« werden kann. Es fragt sich, ob die Interessenverbände zu Recht auf dieser rechtspolitischen Anklagebank sitzen.

Die folgenden Ausführungen zur Lösung des Gesamtproblems dieses Kapitels müssen sich auf Grundlagen beschränken.

§ 4: Grundlagen der Problemlösung

Eine Aussage über das Verhältnis von geschriebener Staatsverfassung und Gesellschaft(sverfassung) setzt die Klärung von vier Wesensbegriffen voraus:

1. Staat
2. Recht
3. Gesellschaft
4. Verfassung des Staates

Je nachdem, wie diese Wesensbegriffe verwendet werden, ist das Ergebnis der Diskussion verschieden:

1. *Das Wesen des Staates:* Aus der Fülle der nichtjuristischen und juristischen Staatstheorien[118] sind für den Gegenstand dieser Arbeit *drei* von besonderer Bedeutung:

a) Die juristische Lehre *Kelsens* vom »Staat als Normensystem[119]«, »als einer normativen Zwangsordnung menschlichen Verhaltens[120]«, als »einer spezifisch normativen Einheit und keinem irgendwie kausalgesetzlich zu erfassenden Gebilde[121]«.

b) Die Lehre der verstehenden Soziologie Max *Webers* vom Staat als »Abläufe und Zusammenhänge spezifischen Handelns *einzelner* Menschen[122]«.

c) Die Wesensdeutung des Staates »als geistig-soziale Wirklichkeit« durch *Smend*[123] aus dem dynamischen Vorgang »dauernder *Integration*[124]« durch Per-

[117] Schwarz, Zweite Kammer, S. 163.
[118] Vgl. dazu Georg Jellinek, Staatslehre, S. 136—183; Kelsen, Staatslehre, S. 7—20; Kelsen, Staatsbegriff; Giese, Staatsrecht, S. 11—13.
[119] Kelsen, Staatsbegriff, Abschnitt II.
[120] Kelsen, Staatslehre, Vorrede, S. VIII.
[121] Kelsen, Staatsbegriff, S. V.
[122] Max Weber, Wirtschaft und Gesellschaft, Halbbd. 1, S. 6.
[123] Smend: Verfassung und Verfassungsrecht.
[124] a. a. O. S. 20.

sonen, »(persönliche Integration)[125]«, »kollektivierende Lebensformen (funktionelle Integration)[126]« und Integration »vermöge Anteils an einen sachlichen Wertgehalt[127]« (»sachliche Integration«)[128].

2. *Das Wesen des Rechtes:* Aus den verschiedenen Ansichten vom Wesen des Rechtes[129] und ihren beiden großen Gruppen, den *Real*auffassungen[130] und den *Ideal*auffassungen[131], sind zwei Realauffassungen für die weiteren Untersuchungen wichtig:

a) Die *ökonomische Rechtsauffassung* des Marxismus: »Das Gesetz muß auf der Gesellschaft beruhen, es muß Ausdruck ihrer gemeinschaftlichen ... Interessen und Bedürfnisse sein[132].« »Das Recht und damit auch die Rechtssätze sind nur ein Überbau der Wirtschaftsordnung[133].«

b) Die *politische Rechtsauffassung*[134], die Macht und Recht gleichsetzt, für die also Recht erst dann und soweit existiert, als es »der genaue *Ausdruck* der wirklichen in der Gesellschaft bestehenden Machtverhältnisse« ist[135].

3. *Das Wesen der Gesellschaft:* Hier gilt es aus den vielfältigen Ansichten und Gesellschaftslehren[136] für die heutige Lage festzuhalten, daß die deutsche *Jurisprudenz* im Anschluß an *Hegel*[137] *Gesellschaft* im wesentlichen als Zusammenfassung aller *Erscheinungen außerhalb des Staates* versteht (»Das Verhältnis des einzelnen zum Einzelnen«)[138], während die moderne Soziologie den Staat in ihren Gesellschaftsbegriff miteinschließt.

4. *Das Wesen der Verfassung des Staates:* Aus der Vielfalt der möglichen Ansichten über das Wesen des Staates, des Rechtes und der Gesellschaft ergibt sich ohne weiteres eine ebenso große Vielfalt von Möglichkeiten, das Wesen der Verfassung des Staates zu bestimmen[139].

Für diese Untersuchung genügt die Folgerung, daß das *Wesen der Staatsverfassung* nie ohne die Vorfragen bestimmt werden kann, *was* jeweils »verfaßt« wird und *wie* es verfaßt wird.

[125] a. a. O. S. 25.
[126] a. a. O. S. 32.
[127] a. a. O. S. 47.
[128] a. a. O. S. 45.
[129] Vgl. dazu Fechner, Rechtsphilosophie, Teil B (S. 22—51).
[130] Vgl. dazu Fechner, Rechtsphilosophie, Teil B I (S. 22—36).
[131] Vgl. dazu Fechner, Rechtsphilosophie, Teil B II (S. 37—51).
[132] Marx, zitiert nach Fechner, wie vor, S. 27.
[133] Ehrlich, zitiert nach Fechner, wie vor, S. 28.
[134] Vgl. Fechner, Rechtsphilosophie S. 29—32.
[135] Lassalle, zitiert bei Fechner, wie vor, S. 31.
[136] Vgl. Georg Jellinek, Staatslehre, S. 83—89; Winckelmann, Gesellschaft; Stein, Lorenz v., Gesellschaft; Radbruch, Rechtsphilosophie S. 152; Fischer-Lexikon, Stichworte Gesellschaft und Gesellschaftslehre.
[137] Hegel, Jubiläumsausgabe VII, Stuttgart, 1929—1940, §§ 268—270.
[138] Lorenz v. Stein, vgl. Winckelmann, wie 136, S. 10.
[139] Vgl. dazu i. e., Georg Jellinek, Staatslehre, S. 505, 539; Kelsen, Staatslehre, § 36 (S. 248 bis 254); Jahrreiss, Grundfragen, S. 164—167; Schmitt, Verfassungslehre, S. 3—41; E. R. Huber, Verfassungssinn; E. R. Huber, Wirtschaftsverwaltungsrecht I, S. 20 ff.; Küchenhoff, Staatslehre, S. 48—50; Loewenstein, Verfassungslehre, S. 127—165; Smend, Verfassung, S. 75 ff.; Sternberger, Verfassung.

§ 5: Anwendung der Lösungsgrundlagen auf das Grundgesetz

Überblickt man an Hand der gewonnenen Kriterien die bisher erarbeiteten Ergebnisse, so ergibt sich für das Grundgesetz und die Bundesrepublik zur Problematik dieses Kapitels:

a) Das *Wesen des Staates* i. S. des GG ist durch eine oberste Grundwertordnung und einen Kernbestand von Institutionen und Kompetenzen gekennzeichnet, die gegen jede Änderung geschützt sind (Art. 1 und 20 i. V. m. Art. 79 Abs. 3). Diesem *statischen* Element ist ein *dynamisches* beigefügt, indem die Staatswillensbildung offen gestaltet ist, in Interdependenz mit der politischen Willensbildung des Volkes.

b) Das *Wesen der Staatsverfassung*, deren *Wie* feststeht, ist demgemäß gekennzeichnet durch eingehende und strenge Festlegung des »Staates« als Träger hoheitlicher Gewalt (»Staat als politischer Verband«)[140] und – in den Grenzen des obigen Kernbestandes – elastische Zurückhaltung gegenüber allen anderen Teilen des Gemeinwesens.

c) Die *Gesellschaft* ist im sozialen Rechtsstaat des GG über den Kanal der politischen Willensbildung des Volkes mit der Staatswillensbildung verbunden. Der Sozial-Rechtsstaat des GG umfaßt die Gesellschaft aber auch, soweit sie in jeder anderen Weise – in den oben bezeichneten Grenzen – die Freiheit ihrer Mitglieder äußert. Insofern können Staat und Gesellschaft nach dem GG nicht unterschieden werden.

d) Das *Wesen des Verfassungsrechtes* ist im GG nach allem aus einer gemischten Ideal- und Realauffassung zu bestimmen. Der unabänderliche Kernbestand von Normen ist nur *werttheoretisch* erfaßbar. Im abänderlichen Teil der Verfassung ist Raum für realtypische Wesensbestimmungen, soweit diese nicht gegen den unabänderlichen Kernbestand verstoßen. So ist z. B. für die ökonomische Rechtsauffassung des Marxismus im abänderlichen Teil *kein* Raum wegen der »Absage des Marxismus an den Individualismus im Recht; wegen des umfassenden Vorrangs des Kollektivs vor dem einzelnen[141]«.
Das *Soziale* kann in den bezeichneten Grenzen im Verfassungsrecht der Bundesrepublik »in zweifacher Gestalt« wirksam werden: »Als *wesensgemäßes Element des Rechtes*, insofern«, als ein Teil des Verfassungsrechts der Bundesrepublik »eine gesellschaftliche Erscheinung ist, sodann« stets »als *methodischer Gesichtspunkt*, der der Erfassung rechtlicher Phänomene dient[142]«.

Mit diesen Ergebnissen zum Verhältnis von Grundgesetz und Gesellschaft stimmen die im ersten Hauptteil[143] bezogenen Standpunkte zur phänomenologischen Methode *Kaisers*, zu dem Verfassungsrealismus *Hans Hubers* und der ontologischen Betrachtungsweise *Loewensteins* überein.

[140] Ballerstedt in »B.N.Sch.« III/1, Fußn. 125, S. 48.
[141] Fechner, Rechtsphilosophie, S. 29.
[142] Vgl. Eichler in »Soziologie«, S. 913.
[143] Siehe oben S. 34–37.

§ 6: Die »Realanalyse« Forsthoffs

1. In den bisherigen Erörterungen ist noch keine endgültige Stellung bezogen zur dargestellten[144] Realanalyse *Forsthoffs,* nach der für die Bundesrepublik nicht mehr »an der Priorität und Superiorität des Staates gegenüber der Gesellschaft festgehalten werden kann«, weil sich die Gesellschaft durch »neuartige kollektive Disziplinierungen großen Stils[145]« dem Staat vorgeordnet hat und *neben* dem Staat als Partner steht:

2. *Forsthoff* geht davon aus, daß der *Staat* — genannt Bundesrepublik — »aus dem Prozeß der Selbstordnung hervorgegangen« ist[146]. Das steht im Gegensatz zu dem Selbstverständnis, das in der Präambel zum GG ausgedrückt wird: Dort wird der Wille ausgedrückt, die »staatliche Einheit zu *wahren«* und »dem staatlichen Leben« . . . »eine *neue Ordnung* zu geben.«

Der Verfassungsgeber setzt also einen fortbestehenden gesamtdeutschen Staat voraus und sieht die Bundesrepublik nicht als völlig neues Staatswesen an, sondern als Neuorganisierung des darniederliegenden deutschen Einheitsstaates für das Staatsgebiet der Bundesrepublik, in der Form eines Bundesstaates[147].

Die von *Forsthoff*[148] verneinte Priorität des Staates gegenüber der Gesellschaft kann nach der Präambel des Grundgesetzes nicht in Zweifel gezogen werden.

3. Konkludent zieht die Realanalyse *Forsthoffs* die Gültigkeit dieser *juristischen Konstruktion* mit dem Hinweis auf die »Nullpunkt-Situation des Jahres 1945[149]« in Zweifel. Damit wird nichts anderes als eine Anmaßung oder Blindheit des Verfassungsgebers behauptet, der sich entweder über Tatbestände des vor dem Inkrafttreten des GG schon abgeschlossenen »Reintegrationsvorganges[149]« hinwegsetzt oder sie nicht gesehen hat.

Gegen diese Ansicht sprechen die Ergebnisse der bisherigen Betrachtung: Nach ihnen hat der Verfassungsgeber jene gezeigte Fähigkeit der Gesellschaft zur Selbstordnung dadurch anerkannt, daß er den Trägern der nach 1945 erfolgten »kollektiven Disziplinierungen großen Stils[150]« in dem Verfassungsauftrag des Art. 9 Abs. 3 weiterhin einen tragenden Bereich der Sozialordnung zur Selbstordnung beließ, ferner dadurch, daß er ihnen große Wirkungsräume bei der Vorformung der politischen Willensbildung garantierte[151]. Darüber hinaus hat der Gesetzgeber mit der Verleihung umfassender Legalgewichte jene Anerkennung vertieft und bis heute bestätigt.

4. Abgesehen davon, daß das GG an keiner Stelle den Anspruch der »Priorität und Superiorität des Staates gegenüber der Gesellschaft[152]« aufgibt, ergibt auch die

[144] Siehe oben S. 5.
[145] Realanalyse, S. 810 f.
[146] Realanalyse, S. 810.
[147] Vgl. BVerfGE 5, 85 (127) und v. Mangoldt-Klein, A IV 2. und VII 2. zur Präambel.
[148] Realanalyse, S. 811.
[149] Realanalyse, S. 808.
[150] Realanalyse, S. 810.
[151] Auf die Sonderstellung der *Parteien,* für die *Forsthoff* (S. 811) ebenfalls die Partnerstellung verlangt, wurde oben S. 17 ff. hingewiesen.
[152] Realanalyse, S. 811.

vorstehende Realanalyse, daß sich der Verfassungsgeber durchaus »*realistisch*« verhalten hat, also bei seiner Normsetzung »das vorverfassungsmäßige Gesamtbild[153]« der sogenannten Verfassungsrealien voll berücksichtigt hat. Die Norm wird daher – entgegen *Forsthoff* – vom Leben *nicht* verworfen.

Mehr – wie *Forsthoff* – zu fordern hieße ferner, den rechtshistorischen Grundsatz von der »Unabhängigkeit der verfassungsgebenden Versammlung bei der Erfüllung ihres Auftrages[154]« über das sachlich gebotene Maß hinaus einschränken.

Die Realanalyse Forsthoffs wird daher in ihrem staatsrechtlichen Ergebnis abgelehnt. Daraus ergibt sich gleichzeitig, daß die oben[155] schon anders abgelehnte Partnerschaftstheorie der Gewerkschaften auch auf diesem Wege nicht zu rechtfertigen ist.

Kapitel 3:

Verfassungswandlung und Verfassungsrealismus

§ 1: Einleitung

Trotz der Ablehnung der Theorien *Forsthoffs, Hans Hubers, Kaisers und Loewensteins* wurde oben mehrmals anerkannt, daß es eine »lebendige politische Verfassung[156]«, eine »konstitutionelle Realität[157]« oder »Verfassungswirklichkeit[158]« in der Bundesrepublik gibt *und* daß die »Wandelbarkeit« dieser »Realverhältnisse« die Wandelbarkeit des geschriebenen Verfassungsrechts notwendigerweise nach sich zieht, *soweit* es von diesen Realverhältnissen abhängt[159].

Es wurde ferner als notwendig aufgezeigt, dieses »soziologische Junktim[160]« der geschriebenen Verfassung zu klären und zu bewältigen, weil vielfach[161] *unmerklich* die sogenannte *Verfassungswirklichkeit in den Rang ungeschriebenen Verfassungsrechts* erhoben wird mit der Folge, daß man die geschriebene Verfassung nach der jeweiligen politischen Wirklichkeit verschieden deutet[161a].

Das Ergebnis dieser Entwicklung hat *Leibholz*[162] umfassend gezeichnet: »Man würde zu einer Art soziologischem Positivismus gelangen, der die Tendenz haben würde, die Rechtswissenschaft zu einer konkreten Situationsjurisprudenz zu degradieren, und der das Recht letzthin zur ausschließlichen Disposition der jeweils die Wirklichkeit beherrschenden sozialen und politischen Kräfte stellen würde. Ein

[153] BVerfGE 2, 380 (403).
[154] BVerfGE 1, 14 (61).
[155] Siehe oben S. 93 ff.
[156] Sternberger in »Gewerkschaften«, S. 133.
[157] Kaiser, Repräsentation, S. 364.
[158] BVerfGE 8, 332 (349).
[159] Fechner, Rechtsphilosophie, S. 142.
[160] v. Borch, Stil, S. 10; vgl. ferner Jahrreiss, Grundfragen, insbes. S. 45, 60, 169; Arndt, Grundgesetz, S. 7; Fechner, Grenze S. 12; Schneider, Grundgesetz S. 951, r. Sp.
[161] Vgl. statt aller Gruner, Wirtschaftsverbände, S. 78 f.; Key, Pressure Groups, p. 200.
[161a] Dazu grundlegend Burdeau, Auflösung.
[162] Leibholz, Demokratie, S. 279 f.

solcher soziologisch-politisierender Positivismus würde letzthin nicht minder relativistisch-anarchistische und desintegrierende Folgerungen zeitigen, wie der von ihm so nachdrücklich bekämpfte Rechts- und Begriffspositivismus.«

Für die verfassungsrechtliche Bewältigung der »pouvoirs de fait[163]« wurde oben[164] der von *Laband*[165] entwickelte Begriff *»Verfassungswandlung«* eingeführt. Hier soll noch einmal in einer *ausführlichen Konfrontation mit der* schon abgelehnten *Theorie des Verfassungsrealismus* geprüft werden, ob das Gefährt der »Verfassungswandlung« seine ihm gestellte Aufgabe erfüllen kann, die lebenswichtige[166] Symbiose von »Verfassungsrecht und Verfassungswirklichkeit[167]« so zu vollziehen, daß weder eine »wirklichkeitslose Verfassung« noch eine »verfassungslose Wirklichkeit[168]« am Ende steht.

Dabei ist das Problem noch durch folgende Hinweise zu vertiefen:

a) Die heutige Zeit ist in den freiheitlichen Demokratien allgemein dadurch gekennzeichnet, daß »die *formalpolitischen* Forderungen der Staats- und Regierungsform der Repräsentation und der Volksrechte«, die am Anfang der Bewegung des politischen Liberalismus stehen, an Bedeutung zurückgehen[169]. Hingegen wird die Frage dringend, »inwieweit die *formale Geltung* der geschriebenen Verfassung unserer Zeit mit ihrer *materiellen Gültigkeit* für die Massen der Gemeinschaftsmitglieder übereinstimmt[170]«.

b) Neben der üblichen *Rechtsquellentrias* (geschriebenes Recht, Gewohnheitsrecht, Observanz) hat *Walter Jellinek* als weitere ungeschriebene Rechtsquelle *»Tatsachen mit ursprünglicher Rechtssatzwirkung«* eingeführt, um den Rechtscharakter *fundamentaler politischer Vorgänge* (z. B. einer Revolution) zu erfassen[171].

§ 2: Staatsrechtliche Abgrenzungen und Standortbestimmung des Problems

Das hier in Frage stehende Problem ist abzugrenzen von dem der *Staatsumstürze,* d. h. den *gewaltsamen verfassungswidrigen* Verfassungsänderungen mit ihren beiden Unterformen, der *Revolution* und dem *Staatsstreich:* Revolution ist Staatsumsturz durch bisher nicht herrschende Mächte der betreffenden Staaten, Staatsstreich ist Staatsumsturz durch bisher herrschende oder mitherrschende Mächte[172].

Das Problem ist damit in dem Kreis der *»Evolutionen*[172]*«* eingeordnet, d. h. der u. U. zwar tiefgreifenden, aber im Ansatz verfassungsmäßigen Verfassungsänderun-

[163] Burdeau, Traité, Tome I, p. 361 ss, 497 ss.
[164] Siehe S. 37.
[165] Laband, Wandlungen der deutschen Reichsverfassung. Dresden, 1895.
[166] *Chroust* führt in »Meaning«, p. 336 aus: Challenges and callenge-trends, which to an eminent degree reflect the sozial dynamics and vitality of any society, are of gravest concern to law in that their handling may determine either the progress or the destruction of the society in which they arise.
[167] Ebenso trennt Krüger, Bundeswirtschaftsrat, S. 546.
[168] Krüger, wie vor, S. 545.
[169] Vgl. Küng, NZZ I.
[170] Loewenstein, Ontologie, S. 390.
[171] Wolff, Rechtsquellen, S. 33.
[172] Küchenhoff, Staatslehre, S. 180.

gen. In diesem Kreis steht es in dem Problemsektor des *»Bedeutungswandels*[173]*«* von Verfassungsbestimmungen, »wenn in ihrem Bereich neue, nicht vorgesehene Tatbestände auftauchen, oder bekannte Tatbestände durch ihre Einordnung in den Gesamtablauf einer Entwicklung in neuer Beziehung oder Bedeutung erscheinen[174]«.

Die im Grundgesetz einschlägige Norm ist Art. 79.

§ 3: Der Verfassungsrealismus

1. Die von *Hans Huber* unter der »behelfsmäßigen« Bezeichnung *»Verfassungsrealismus«* zusammengefaßten Ansichten[175] haben gemeinsam, daß ihre Rechts- und Staatsauffassungen den Realauffassungen vom Recht nahestehen oder sie doch verwerten. (Im folgenden wird im wesentlichen *Hans Hubers* Ansicht dargestellt, da er sie in ausschließlicher Anwendung auf die Verbände entwickelt.) Der Ausgangspunkt sind dabei die schon dargestellten[176] Interdependenzforschungen zum Verhältnis von Verfassungsrecht und sozialer Struktur[177].

2. Von diesen Ausganspositionen lehrt der *»Verfassungsrealismus«*, »daß das Recht seinen Stoff nicht nur ordnet, sondern sich zugleich an ihm orientiert, ja daß das rechtliche Sollen im gesellschaftlichen Sein potentiell schon angelegt ist. So geht das Stoffliche in den Sinn der Normen ein, wenn auch diese Determination nicht geschlossen ist. Die zu ordnende Wirklichkeit ist also unter dem Walten des personalen und des objektiven Geistes an der Konstitution der Rechtsnorm beteiligt. Hier schließt sich jene weitere Einsicht an, daß die gesellschaftliche Wirklichkeit der Verfassungsnorm, die sie ordnet, wieder entrinnen und so die Norm entleeren und in ihrer juristischen und sozialen Geltung beeinträchtigen kann[178]«.

3. Diese Lösung wurde oben[179] eingehend abgelehnt, weil sie schließlich den von *Hans Huber*[180] selbst dargestellten »Versuchungen« anheimfällt, indem aus der *»Beteiligung«* des Seins am Recht über die *»Entrinnungschance«* eine *»Herrschaft«* des Seins über das Recht eröffnet wird, die sich letztlich nicht mehr von einer totalen Realauffassung des Rechtes unterscheiden kann.

4. Hier soll nur noch zur weiteren Klärung auf die Theorie der Verfassungswandlung hin die Frage untersucht werden, was *das zentrale Anliegen des Verfassungsrealismus Hans Hubers* ist:

Am *Ausgang* steht auf der Seite des *Rechtes* der Befund, daß in unserer Zeit »von einer wahren Ungunst der gegenwärtigen realen Verhältnisse für Recht und Rechts-

[173] BVerfGE 2, 380 (401); 7, 342 (351).
[174] BVerfGE 2, 380 (401).
[175] Hans Huber, Verbände, S. 14.
[176] Siehe oben S. 135 f.
[177] Vgl. dazu Hans Huber, Gesellschaft (1954) insbes. S. 7—17, hier werden schon die in »Verbände« (1958) weitergeführten Ansichten sichtbar.
[178] Hans Huber, Verbände, S. 14 f.
[179] Siehe oben S. 35—37.
[180] Hans Huber, Verbände, S. 15—26.

wissenschaft« gesprochen werden muß[181], weil sich das »pays réel« vom »pays légal« abgewendet habe[182].

Daraus wird der »leitende« Gedanke gezogen, »daß zwischen der normativen Verfassung und ihren Realien eine Gleichgewichtslage bestehen müßte[182]«.

Diese Auffassung kennzeichnet den Verfassungsrealismus — im Unterschied von einem möglichen soziologischen Deutungsversuch der Wirklichkeit — als *staatsrechtlichen* Versuch, *die Universalität der geschriebenen Verfassung real zu sichern,* d. h. die normativen Verfassungen gegen »Realitätsverluste[183]« zu schützen.

Damit eröffnet sich eine rechtshistorische Aussicht auf die *Reichstheorie des Mittelalters,* wo das Staatsrecht beim Niedergang des Reiches mit dem Erstarken der Territorialgewalten die Idee der Universalität des Reiches zu retten suchte[184].

Damals entstand im Anschluß an den Kanonisten Huguccio — freilich bei den Kurialisten und Postglossatoren nur als Deutungsversuch der Wirklichkeit — die Unterscheidung zwischen dem *imperium de iure* und dem *imperium de facto.*

Im Gegensatz zum heutigen Stande des Verfassungsrealismus erkannte man dort, daß eine *reale* Sicherung der Universalverfassung nicht möglich war und entschied sich endlich für eine absolute Idealauffassung der Universalität des Reiches[185].

§ 4: Die Verfassungswandlung[185a]

1. *Ebenso* wie der Verfassungsrealismus ist die Theorie der Verfassungswandlung ein Versuch, die Universalität der geschriebenen Verfassung — soweit diese Anspruch darauf erhebt, universal zu gelten — zu erhalten, immer wenn sich ein Hinausragen der Verfassungswirklichkeit in das Ordnungsgefüge der geschriebenen Verfassung ergibt.

2. Der von *Laband*[186] zuerst verwendete Begriff wurde von *Georg Jellinek* definiert als »jene Änderung der Verfassung, die die Texte unverändert bestehen läßt und durch Tatsachen hervorgerufen wird, die nicht von der Absicht oder dem Bewußtsein einer solchen Änderung begleitet werden müssen[187]«.

Diese überwiegend *formalistische* Betrachtungsweise ist in der weiteren Entwicklung durch eine *materielle* ergänzt worden, indem auch die in der Verfassung zum Ausdruck kommenden Wertentscheidungen in die Theorie einbezogen wurden[188].

3. Entscheidend ist für diese Arbeit die Antwort, die die Theorie der Verfassungswandlung im weiteren Verlauf auf die Frage versucht hat, wann Tatsachen nor-

[181] Hans Huber, Gesellschaft, S. 10.
[182] Hans Huber, Verbände, S. 14.
[183] Stammer, Politische Soziologie, S. 287.
[184] Vgl. zum folgenden v. d. Heydte, Geburtsstunde, insbes. S. 36—42.
[185] v. d. Heydte, Geburtsstunde, S. 39.
[185a] Anders das Problem der Verfassungsänderung: Vgl. Karl Loewenstein, »Über Wesen, Technik und Grenzen der Verfassungsänderung«, Berlin 1961.
[186] Siehe oben Fußnote 165.
[187] Vgl. Hsü Dau-Lin, Verfassungswandlung, S. 17.
[188] Vgl. Hsü Dau-Lin, Verfassungswandlung, S. 17 ff., 167 f.; E. R. Huber, Verfassungswesen, S. 69—72; neuerdings: Ehmke, Grenzen, S. 62—79.

mative Kraft zu entfalten vermögen, geltendes Verfassungsrecht erzeugen und altes wandeln können. Zwei Antworten schälen sich heraus:

a) Die »*Wirksamkeitsbedingungen des demokratischen Prinzips*[189]« dürfen durch die Fakten nicht in Frage gestellt werden. Soweit Fakten objektive oder subjektive Schranken freiheitlich demokratischer Willensbildung in Frage stellen, können sie keine normative Kraft ausüben, sondern sind als Verfassungswidrigkeiten zu bekämpfen.

b) Die *Wertbezogenheit der Demokratie* i. S. einer Entscheidung für eine »werthafte Gerechtigkeitskonzeption[190]« kann durch Fakten nicht beseitigt werden.

Damit errichtet diese Theorie den Fakten als Bedingung ihrer Rechtskraftwirkung eine jenseits der Fakten liegende Rechtfertigung ihres Geltungsanspruches. Die Einzelheiten dieser Bedingung führen in das Problem der *Legitimität,* das hier nicht weiter behandelt werden kann[191]. Dem entspricht es, daß die Interessenverbände betonen und Anspruch darauf erheben, »*legitime* Verfassung zu sein[192]«.

4. Die skizzierte Lösung des Verhältnisses von geschriebener Verfassung und Verfassungswirklichkeit entspricht dem Willen des Grundgesetzes, wie er in Art. 79 Abs. 3 i. V. m. Art. 1 und Art. 20, ferner in den Artikeln 9 Abs. 2; 18; 21 Abs. 2 und 91 Abs. 1 zum Ausdruck kommt: In den durch diese Normen getroffenen Entscheidungen entzieht das Grundgesetz einen Kernbestand von Individual- und Kollektivwerten, Institutionen und Kompetenzen der sozialen Mächtigkeit im Raum der Verfassungswirklichkeit.

Insoweit will das Grundgesetz ausschließlich als bildendes Element der lebenden Verfassung, als Autorität, als Herrschaft verstanden werden — um der lebenden Verfassung willen, für die jene »Statik« die notwendige Bedingung der Möglichkeit ist[193].

§ 5: Auswertende Schlußbemerkungen

1. Entgegen der vor allem von *Eschenburg*[194] und den ablehnenden Stimmen zur Verbandstätigkeit, die eingangs[195] zitiert wurden, vertretenen Ansicht wurde hier mehrfach darauf hingewiesen, daß viele der angeblich dem GG widerstrebenden »Verbänderealitäten« in dem Ordnungsbild des Grundgesetzes durchaus noch als dessen Erfüllung enthalten sind.

Der freiheitliche demokratische Sozial-Rechtsstaat des GG würde Schaden leiden, wenn man die im GG angelegten elastischen Möglichkeiten zu seiner Verwirklichung »unter den Bedingungen einer modernen arbeitsteiligen Welt«[196] mit ihren

[189] Rapold, Beitrag, S. 67—74.
[190] Rapold, Beitrag, S. 91.
[191] Vgl. E. R. Huber, Verfassungsgeschichte I, S. 535 ff.; Schmitt, Legalität; ders., Aufsätze, S. 451, mit weiteren Nachweisen; Winckelmann, Legitimität; ferner Arndt, Grundgesetz S. 9.
[192] Alfred Weber, Gewerkschaften, S. 155 ff.; vgl. auch Werner Weber, BDI-Gespräch, S. 21.
[193] Vgl. Kaiser, Repräsentation, S. 96, wo dies letztere für die politische Macht der Arbeitgeber dargestellt wird.
[194] Eschenburg, »Herrschaft«, ferner Eisermann, Verbände, S. 173.
[195] Siehe oben S. 5—7.
[196] Forsthoff, Besprechung zu *Kaiser,* Repräsentation, in DVBl. 1958, S. 295.

notwendigen Interessenfiltern nicht erforscht und erkennt. Erst *nach* Ausnutzung dieser in der Verfassung angelegten neuen Ordnungsstrukturen stellt sich die heute fast allseitig zu früh gestellte Frage nach Verfassungsrealismus oder Verfassungswandlung.

2. Die Grenzen der Brauchbarkeit der Theorie der Verfassungswandlung liegen im verfassungs*politischen* Raum: Wo wirklich Verfassungswandlungen eingetreten sind, »muß die Konstruktionsänderung sichtbar gemacht werden durch Korrektur der geschriebenen Verfassung. Sonst verliert die Verfassung ihre Glaubwürdigkeit und damit ihre Autorität[197]«.

3. Bei der Bestimmung von Zeitpunkt und Art, in denen solche Konstruktionsänderungen sichtbar gemacht werden müssen, ist voll zu bejahen, was das Bundesverfassungsgericht schon für einfache Gesetze in vorbildlicher Zurückhaltung ausgesprochen hat: »Ist in einem großen Gesetzgebungssystem eine Bestimmung enthalten, die innerhalb dieser Gesamtordnung ursprünglich zweifellos systemgerecht war, ja einen Grundgedanken des Systems charakteristisch aussprach, so *kann* zwar im Wandel der sozialen Verhältnisse und Anschauungen *für den Gesetzgeber* Anlaß zur Prüfung sein, ob die Bestimmung aufrechterhalten werden soll. *Zurückhaltung* ist aber geboten gegenüber der Auffassung, aus der Ordnung anderer Lebensbereiche, die eine solche Bestimmung nicht kennen, folge bereits das verfassungsrechtliche *Gebot* ihrer allgemeinen Beseitigung (Art. 3 I GG)[197a].«

So fallen letztlich die Grenzen verfassungsrechtsbildender Kraft der Verfassungsrealität in den Formen der Evolution mit den »Grenzen der Verfassungsänderung[198]« zusammen.

4. Die noch so wehrhafte Demokratie kann Schaden nehmen, wenn ihre Verfassungswirklichkeit nicht »grenzentreu« ist. Dann wird die zurückgewiesene Evolution leicht zur Revolution oder zum Staatsstreich.

Daher ist »die Wiederbelebung des Verfassungsbewußtseins bei den Machtadressaten[199]« und seine dauernde Förderung die eigentliche – freilich nur teilweise dem Staatsrecht zur Bewältigung übertragene – Lösung des Verhältnisses von geschriebenem Verfassungsrecht und lebender Verfassungswirklichkeit.

[197] Eschenburg, Gesellschaft, S. 272.

[197a] Vgl. BVerfGE 11, 283 (293) (Hervorhebungen vom Verf.); ferner BVerfGE 9, 338 (349) und BVerfGE 12, 341 (353 f.).

[198] Vgl. dazu Ehmke, Grenzen.

[199] Loewenstein, Verfassungslehre, S. 166.

Kapitel 4:

Das Repräsentationsproblem[199a]*, insbesondere der Vorschlag eines Bundeswirtschaftsrates*

§ 1: Einführung

Seitdem *Kaiser*[200] seinen Beitrag zur staatsrechtlichen Stellung von Interessenverbänden[201] unter das Leitmotiv der *Repräsentation* gestellt hat, haben die verschiedenen Seiten des Repräsentationsproblems im Hinblick auf die Interessenverbände neue Aktualität erhalten. Die Problematik kann durch die Fragen umschrieben werden:

Was heißt Repräsentation? Sind Interessen repräsentierbar? Sind die Interessenverbände schon als solche Repräsentationsorgane? Können und dürfen die Interessenverbände nach dem Grundgesetz in einem dritten Bundes-Repräsentationsorgan, dem vielerörterten Bundeswirtschaftsrat, in die Verfassung eingefügt werden?

§ 2: Die staatsrechtlichen Begriffe der Repräsentation

In der staatsrechtlichen Diskussion um die Interessenverbände erscheint eine Vielzahl von Repräsentationsbegriffen, deren Klärung am Beginn jedes Beitrages zum Repräsentationsproblem stehen muß. Dabei ist zunächst ein Blick auf *die* möglichen Gehalte des Repräsentationsbegriffs im Verhältnis des einzelnen zu Verbänden (im umfassenden Sinne) zu werfen, wie sie *Max Weber*[202] entwickelt hat:

1. *Alle Formen der Repräsentation bei Max Weber sind Spielarten der Vertretung:* »daß das Handeln bestimmter Verbandszugehöriger (Vertreter) den übrigen zugerechnet wird oder von ihnen gegen sich als ›legitim‹ geschehen und für sie verbindlich gelten gelassen werden soll und tatsächlich wird[203]«.

Innerhalb dieses weiten Feldes nimmt die Repräsentation *fünf typische Formen* an:

a) *»Appropriierte* Repräsentation[204]«, d. h. Vertretungsmacht kraft traditioneller Verleihung.

b) *»Ständische* (eigenrechtliche) Repräsentation[205]«, d. h. Vertretung eigener Rechte durch Privilegierte mit Rückwirkung auf Nichtprivilegierte.

199a Vgl. grundlegend: Leibholz, Repräsentation; Ulrich Scheuner, »Das repräsentative Prinzip in der modernen Demokratie« in »Huber-Festschrift«, S. 222—246; Walter Hamel, »Die Repräsentation des Volkes« in Herrfahrdt-Festgabe, S. 103—126; Max Imboden, Systeme, S. 16—28.

200 Kaiser, Repräsentation.

201 Vgl. Kaiser, wie vor, S. 1 Vorwort.

202 Wirtschaft und Gesellschaft, Halbbd. 1, S. 171—176.

203 a. a. O., S. 171.

204 a. a. O., S. 171.

205 a. a. O., S. 172.

c) »*Gebundene* Repräsentation[205]«, d. h. Vertretung etwa i. S. des heutigen BGB (§§ 164–181).

d) »*Freie* Repräsentation«: »Der Repräsentant, in aller Regel gewählt, ist an keine Instruktion gebunden, sondern Eigenherr über sein Verhalten. Er ist pflichtgemäß nur an *sachliche* eigene Überzeugungen, nicht an die Wahrnehmung von Interessen seiner Deleganten gewiesen[206]«.

e) »*Repräsentation durch Interessenvertreter*[207]«: alle Fälle, wo »nach Berufen, ständischer oder Klassenlage gegliederte Repräsentanten durch je ihresgleichen bestellt werden«, und zu einer »berufsständischen Vertretung zusammentreten«.

2. Der *klassische staatsrechtliche Begriff der Repräsentation* ist von Burke, Fox, Madison, Hamilton, Mirabeau und Siéyès grundgelegt[208] worden. In seiner heutigen Ausprägung[209] bedeutet er in der deutschen Staatsrechtslehre Herrschaftsausübung durch (unmittelbar) verfassungsmäßig berechtigte, verfassungsmäßig bestellte Organe eines Staates oder sonstigen Trägers öffentlicher Gewalt, wobei diese Organe – das rechtsabwesende Volk gegenwärtig machend – im Namen des Volkes, jedoch ohne dessen bindenden Auftrag oder Weisung handeln, vom Volke unmittelbar oder mittelbar bestellt sind. Die Beschlüsse des repräsentierenden Organs werden an dem als *ideelle* Einheit gedachten Volk und seinem Gesamtinteresse ausgerichtet und dem Volk als Willensäußerung zugerechnet, auch wenn das Volk als *reale* Einheit anderen Willens ist.

3. Gegenüber diesem an Herrschaftsteilnahme, freies Mandat und ideelle Werteinheit »Gesamtinteresse« gebundenen Repräsentationsbegriff werden heute Stimmen laut, die jene Bindungen ablösen wollen[210]. Teils im Ausschluß an soziologische Arbeiten[211], teils unter Hinweis auf die Verwendung des Begriffes »Repräsentation« in der amerikanischen, englischen und französischen Literatur[212] wird der Repräsentationsbegriff auf die Interessenvertretung im Raum des Öffentlichen angewendet:

Dabei schlägt *Kaiser* den Terminus: »*Faktische Repräsentation*«, »représentation de fait[213]« vor, und wendet ihn am Beispiel der nach seiner Ansicht »ihrer Natur nach nicht institutionalisierbaren Repräsentation organisierter Interessen« auf dem Partikularinteresse verpflichtete organisierte Interessenwahrnehmung durch Vertretung an[214]; *Hans Huber* will neben den herkömmlichen Begriff der »konstitutionellen Repräsentation«, den er als »eine zu enge Auffassung von der Repräsentation« bezeichnet, die »*existentielle Repräsentation*« stellen[215], ohne also den »idealtypi-

[206] a. a. O., S. 172 ff.
[207] a. a. O., S. 174 ff.
[208] Fraenkel, Komponente, S. 11–40; Scheuner, Huber-Festschrift, S. 227.
[209] Grundlegend: Leibholz, Repräsentation; ferner ders., Demokratie, S. 247; Fraenkel, Komponente; Rapold, Beitrag, S. 60 f. Maunz-Dürig, Randnr. 1 u. 2 zu Art. 38.
[210] Altmann, Verbände, S. 226.
[211] Vgl. z. B. Duverger, Parteien, S. 379.
[212] Vgl. Kaiser, Repräsentation, S. 315; Leiserson, Interests; Burdeau, Traité, Tome IV, p. 272 ss.
[213] Kaiser, Repräsentation, S. 355.
[214] Kaiser, Dialektik, S. 79 f; Repräsentation: S. 354 f.
[215] Verbände, S. 19.

schen Begriff der Repräsentation« aufzugeben, auf den der demokratische Staat angewiesen sei[216]; *Pähler*[217] spricht von *sozial-repräsentativen* Verbänden.

Das diesen im staatsrechtlichen Raum auftauchenden neuen Repräsentationsbegriffen Gemeinsame ist, daß hier Repräsentation – als soziologisches Phänomen[218] – im Kern: – *Vertretung im Raum des Öffentlichen unter Berufung auf eine aktuelle und reale Willensübereinstimmung von Vertretern und vertretenen sozialen Gruppen* ist[219].

§ 3: Staatsrechtliche Stellungnahme

1. Vom Standpunkt des Staatsrechts her ist die terminologische Seite des Problems ohne Belang.

2. Das Repräsentationsproblem taucht hier erst auf, wo »Repräsentation« *mehr* als Vertretung im Raum des Öffentlichen heißen soll, wo dieser Begriff stellvertretend für den *Anspruch* eingeführt wird, daß die »konstitutionelle Repräsentation« (im klassischen Sinne) ihren Herrschaftsraum um die Bereiche verkürzen muß, die die faktische oder existentielle Repräsentation betreten hat oder betreten kann.

Hier mündet das Repräsentationsproblem in das schon behandelte Problem von geschriebenem Verfassungsrecht und sozialer Struktur ein, weil dann in den neuen Repräsentationsbegriffen soziale Mächtigkeit mit dem Willen präsentiert wird, konstitutionelle »Mächtigkeitsentscheidungen« zu verdrängen. Das führt *Hans Huber* dazu, nach der Konfrontierung von existentieller und konstitutioneller Repräsentation darauf hinzuweisen, daß von den geschriebenen Verfassungen »doch immerhin für die eigentliche« (Staats-) »Willensbildung bestimmte, abgegrenzte, einem Sinn verhaftete Formen und Verfahren vorgeschrieben, ferner Schranken sozialer Macht und Arbeitsteilungen festgesetzt« sind. Er zeigt die Gefahr der existentiellen Repräsentation dahin auf: »Jene Formen können verfälscht, jene Gefahren mißachtet, jene Schranken der Macht überschritten, jene Arbeitsteilung verwischt werden[220].«

3. Die *staatsrechtliche Lösung* kann daher nicht anders sein als die oben[221] für das Verhältnis von geschriebener Verfassung und sozialer Struktur gegebene. Sie lautet, auf das Repräsentationsproblem bezogen: *Das Grundgesetz läßt für existentielle Repräsentation mit dem Anspruch auf konstitutionellen Repräsentationsrang keinen Raum:* Der *Bundestag* repräsentiert im Rahmen des GG das Volk als Bundesvolk exklusiv und absorptiv, der *Bundesrat* repräsentiert im gleichen Rahmen das Volk als Volk der Länder exklusiv und absorptiv[222]: Art. 38 Abs. 1; 50; 20 Abs. 2.

Mit dieser Entscheidung wird nicht übersehen, daß das Auftreten der Interessen-

[216] Hans Huber, Umwälzungen, S. 192 f.

[217] Pähler, Pressure Groups, S. 61.

[218] Duverger, Parteien, S. 379.

[219] Vgl. diesen Gebrauch in soziolog. Arbeiten: Stammer, Politische Soziologie, S. 281 u. 308; Abendroth, Demokratie, S. 591; Winkmann, Beziehungen, S. 6; Hans Huber, Verbände, S. 18 f.; Kaiser, Repräsentation, S. 308 f.

[220] Hans Huber, Verbände, S. 19.

[221] Siehe oben S. 137–140.

[222] Vgl. Maunz-Dürig, Randnr. 1, 3, 5 zu Art. 38; auch BVerfGE 8, 108 (120 u. 136) für das Verhältnis von Landesvolk und Bundesrat.

verbände in den Bereich der politischen Repräsentation hineinragt. Es wird nur festgestellt, daß sie die verfassungsrechtliche Stellung der Volksvertretungen nicht verdrängen, daß die Summierung der partikularen Interessen keine Vertretung des nationalen Ganzen ergibt[222a].

4. Entgegen der hier gegebenen Lösung verweisen *Carl Schmitt*[223] und ihm folgend *Leibholz*[224] und *Forsthoff*[225] auf einen anderen Lösungsweg, indem sie den Begriff der Repräsentation mit einer bestimmten ideellen Wertsphäre verbinden: »Die Wertsphäre, die allein eine Repräsentation zuläßt, ist eine ideell bestimmte . . . Nicht möglich ist . . . eine Repräsentation ökonomischer Werte . . . Bestimmt geartete wirtschaftliche Interessen werden von Interessenverbänden fach- und sachkundig vertreten, aber nicht repräsentiert[226].«

Gegen diese Auffassung hat schon *Krüger*[227] eingewandt, daß Wirtschaft und Arbeit u. U. jenen geforderten »spezifisch ideellen Wertakzent[226]« im Bereich des Öffentlichen erhalten können. Vor allem ist es nicht einsichtig, warum die Lösung aus dem klaren Bereich der verfassungsrechtlichen Kompetenz- und Institutionsordnung auf das problematische Geleise der philosophischen Wertdiskussion[228] verschoben werden sollte.

§ 4: Der Vorschlag eines Bundeswirtschaftsrates

1. *Grundlagen:* Der erste Entwurf für einen Bundeswirtschaftsrat wurde 1954 vom Ministerpräsidenten NRW *Arnold* vorgelegt. Er sah im einzelnen vor[229]:

a) *Zweck:* Förderung der wirtschaftlichen und sozialen Entwicklung und Hinwirkung auf Interessenausgleich der Wirtschaft, insbesondere zwischen den Sozialpartnern.

b) *Aufgaben:* Beratung der Gesetzgebungsorgane durch Gutachten auf allen Gebieten der Wirtschafts- und Sozialpolitik.

c) *Größe und Zusammensetzung:* 120—150 Mitglieder aus drei Säulen: Je $^2/_5$ aus Vertretern der Arbeitgeberschaft und der Arbeitnehmerschaft aller Sparten, $^1/_5$ Vertreter der Wissenschaft und freien Berufe sowie wirtschafts- und sozialpolitisch besonders verdiente Personen.

d) *Mitgliedschaft:* Ehrenamtlich, Grundsatz der Inkompatibilität. Berufung der Mitglieder auf Vorschlag der jeweiligen Spitzenorganisation und auf Beschluß der Bundesregierung durch den Bundespräsidenten.

e) *Organe:* Vollversammlung und Präsidium.

222a Vgl. Scheuner in: Huber-Festschrift, S. 243 f.
223 Carl Schmitt, Verfassungslehre, S. 210.
224 Leibholz, Repräsentation, S. 32 ff.
225 Forsthoff, Parteien, S. 8.
226 Leibholz, Repräsentation, S. 32.
227 Krüger, Bundeswirtschaftsrat, S. 546.
228 Dazu: Wilhelm Weischedel, Recht und Ethik, Karlsruhe, 1956.
229 Nach einem unveröffentlichten Bericht von *Fritz Hellwig* MdB, »Die gesetzliche Regelung der überbetrieblichen Zusammenarbeit«, der dem Verf. von Herrn Dr. August Dresbach (MdB) zur Verfügung gestellt wurde. Der Bericht ist datiert vom 28. 1. 1954.

Der Entwurf löste weitere Entwürfe und eine bis heute anhaltende Diskussion[230] aus. Ein Bundeswirtschaftsrat in verschiedenen Formen ist bis heute immer wieder von den Gewerkschaften gefordert worden[231] als Kernstück überbetrieblicher Mitbestimmungsrechte, und von Arbeitgeberseite als Forum sachlicher Aussprache. Neuestens wurde seine Einrichtung wieder von Mitgliedern der Bundesregierung erwogen, und zwar offenbar als Mittel, um die Tarifhoheit der Sozialpartner an die Kette des Gemeinwohles zu legen[231a].

2. *Staatsrechtliche Beurteilung:* Alle Fragen, die sich entweder im Rückblick auf den vorläufigen Reichswirtschaftsrat der Weimarer Verfassung (Art. 165 Abs. 2) oder aus allgemeiner verfassungs*politischer* Sicht zum Thema »Bundeswirtschaftsrat« stellen, sind nicht Gegenstand dieser Arbeit.

Angesichts der nach dem heutigen Stand der Diskussion noch möglichen Variationsbreite der Form des BWR von der ad hoc erfolgenden Regierungs- und Parlamentsberatung über ein ständiges Sachverständigengremium bis zu einer Art zweiten Parlaments, einer Vertretung wirtschaftender Menschen, sollen nur einige allgemeine Leitsätze zu diesem Problem aus dem GG abgeleitet werden:

a) »Die Bändigung« von Interessenverbänden durch Qualifizierung der wirtschaftlichen und/oder sozialen Interessenverbände im Rahmen eines Verfassungsorgans — so daß diese Verbände dann dem ordnenden und begrenzenden Zugriff des Staates unterliegen können — trägt das Odium von Zwangsregelungen in sich, die dem Geiste des GG widersprechen[232].

b) Das Grundgesetz verbietet mit der oben dargestellten Repräsentationsentscheidung jede Art von Wirtschaftsdemokratie. Das GG erlaubt daher z. B. kein Mitbestimmungsrecht eines BWR im Rahmen der Gesetzgebung[233].

c) Das aus dem Gleichheitssatz abzuleitende Paritätsgebot verlangt die eigenständige Beteiligung der Verbraucher am Kreis der Beteiligten.

[230] Vgl. z. B. Ballerstedt in »B. N. Sch.« III/1, S. 28 f.; Kaiser, Repräsentation, S. 349 ff.; Dresbach in »Legitime Interessenvertretung«, S. 42 f.; o. V. in: Monatsblätter für freiheitliche Wirtschaftspolitik, 1957, S. 369.

[231] Vgl. z. B. Jahn, Zeitwende, S. 134; Anton Böhm, Parlament, S. 34.

[231a] Vgl. »Schon wieder Bundeswirtschaftsrat« in FAZ Nr. 63 v. 15. 3. 1962, S. 17; ferner »Bonn wegen der heftigen Lohnkämpfe in Sorge« in FAZ Nr. 65 v. 17. 3. 1962, S. 1.

[232] Vgl. Scheuner, BDI-Gespräch S. 12.

[233] Vgl. Erdmann, BDI-Gespräch, S. 27; Ballerstedt in »B. N. Sch.« III/1, S. 29; Scheuner, Selbstverwaltung, S. 614.

Kapitel 5:

Das Autoritätsproblem[233a]

§ 1: Die Autorität des Staates als ungeschriebenes Verfassungsprinzip des GG

Es wird viel betont und allseitig anerkannt, daß auch die freiheitliche Demokratie jene »unabhängig von allen Interessen[234]« bestehende »freiwillige Anerkennung[235]« und den aus ihr fließenden freiwilligen Bürgergehorsam braucht, die man *Autorität* nennt[236].

Nun fragt sich allerdings, ob »Autorität« ein Gegenstand des Staats*rechts* ist oder nicht vielmehr ein solcher der hier nicht zu betrachtenden Staatslehre, Verfassungsgeschichte und Staatsphilosophie. Das letztere ist *auch* der Fall, und so kann hier weder rechtshistorisch auf das Autoritätsprinzip[237] noch auf die philosophische Diskussion um Freiheit und Autorität und das Verhältnis von potestas und auctoritas eingegangen werden[238].

Die Autorität ist im Rahmen einer freiheitlich demokratischen Verfassung mit einer so ausgeprägten Freiheitsordnung, wie sie nach dem Ergebnis der bisherigen Untersuchung im GG errichtet wurde, auch ein Gegenstand des Staats*rechts:* Aus dem weitgehenden Verzicht des GG auf Herrschaft durch *Gewalt,* der kein Verzicht auf *Herrschaft* ist[239], ist der Anspruch des Staates auf Autorität als beinahe »selbstverständlicher ungeschriebener Verfassungsgrundsatz[240]« abzuleiten[241]. Wo der Staat hinter den *Befehl* zur Staatszuwendung des Bürgers nicht den *Zwang* stellt, bedarf er des *Prestiges,* um die *»Freiheit* des Bürgers zum Staat« zu provozieren[242]. Nun aber »lebt«, wie oben[243] dargelegt, der Sozial-Rechtsstaat i. S. des Grundgesetzes in besonderem Maße »vom staatszugewandten Bürger in großer und immer größerer Zahl[244]«. Das notwendige Pendant seiner Freiheitsordnung ist daher die *Autorität*[245].

233a Vgl. grundlegend: Robert M. MacIver, »Macht und Autorität«, in Gablentz, Theorien III, S. 205—210; Imboden, Systeme, S. 114—121.

234 Max Weber, Wirtschaft und Gesellschaft, Halbbd. 2, S. 542.

235 Jahn, Zeitwende, S. 135.

236 Vgl. Zorn, Autorität; Burneleit, S. 81 ff; Rapold, Beitrag, S. 72; Laski, Authority; Jahn, Zeitwende, S. 207; Loewenstein, Verfassungslehre, S. 9; Sieburg, Freiheit.

237 Vgl. E. R. Huber, Verfassungsgeschichte, I, S. 536.

238 Vgl. Jaspers, Autorität; Krüger, Gerhard, Autorität; Heer, Autorität; Scheler, Ethik, S. 340 f.

239 Siehe oben S. 127.

240 Vgl. BVerfGE 6, 84 (91).

241 Vgl. BVerfGE 7, 374 (377).

242 Aron, Eliten, S. 1114.

243 Siehe oben S. 67 f.

244 Jahrreiss, Grundfragen, S. 88.

245 Vgl. Laski, Authority, p. 121; Jouvenel, Souveränität, S. 211 ff; Heer, Autorität I, S. 10, II, S. 13; BDI-Gespräch, S. 5.

§ 2: Der Sozialbefund

»Überall da, wo man von einem Autoritätsproblem spricht, ist letzten Endes ein Konflikt von zwei oder mehreren Autoritäten der Anlaß[246].« Ein solcher Konflikt ist für das Verhältnis von Staat und Interessenverbänden vielfach bestätigt: Es wurden schon die Stichworte »Aushöhlung der Staatsautorität ... durch den Gruppenegoismus[247]« und »Ausverkauf ... staatlicher Autorität[248]« erwähnt, und es ist bezeichnend, wenn *Hans Huber* am Ende seiner Schrift über die Verbände feststellt: »Die größte Sorge aber beschlägt die auctoritas, nicht die potestas des Staates[249].« — Der hier für den staatsrechtlichen Lösungsversuch näher zu untersuchende Sozialbefund zeigt *drei* Konfliktherde:

a) *Die durch die historische Entwicklung bedingte »Entleerung des Verhältnisses des Einzelnen zur staatlichen Autorität[250]« und das Einströmen der Interessenverbände in das im Sozialleben Deutschlands dadurch entstandene »Autoritätsvakuum[251]«*: Diese historischen Entwicklungen sind *einmal* »das Ringen zwischen Liberalismus und Demokratie auf der einen Seite und« dem »monarchistischen Herrschaftsapparat auf der anderen Seite« im ganzen 19. Jahrhundert mit der Folge, daß die Monarchie mit dem Staat als solchem identifiziert wurde und nach ihrem Abdanken am Ende des ersten Weltkrieges der Staat selbst im Bewußtsein der Deutschen abgewertet wurde[252]. *Zum anderen* sind es »die Exaltation der Staatsmaschinerie in den beiden Weltkriegen und die Forcierung der Staatlichkeit im nationalsozialistischen Regime[253]«, verbunden mit einem »Verschleiß der staatsideologischen Substanzen[254]«. *Schließlich* ist hier die »Nullpunkt-Situation des Jahres 1945« zu nennen, nach der der Staat zunächst langsam in Ländern oder Zonen am Gängelband der Besatzungsmacht und als Wirtschaftsrat der Doppelzone im allgemeinen Bewußtsein auftauchte.

b) *Der Niedergang des Gesetzes* in der Bundesrepublik, teils infolge einer durch ständige Interessentenforderungen dem Staat oktroyierten und inspirierten »flüchtigen Gesetzesmacherei[255]«, teils infolge der Tatsache, daß »das in vielen Gesetzen geregelte Verhalten« in der hochtechnisierten Massendemokratie »überwiegend rein technischer Natur[256]« ist.

c) Zahlreiche aktuelle Beispiele, wo es die Interessenverbände im Verkehr mit dem Staat an Distanzgefühl fehlen lassen oder wo sich der *Staat* in dem Maße, wie

[246] v. Bracken, Autorität, S. 99.
[247] o. V.: NZZ.
[248] Briefs, nach Hans Huber, Verbände, S. 11.
[249] Hans Huber, Verbände, S. 32.
[250] Kaiser, Repräsentation, S. 18.
[251] Weber, Werner, BDI-Gespräch, S. 22; ders., Gewaltenteilung, S. 260 f.
[252] Weber, Werner, BDI-Gespräch, S. 21.
[253] Weber, Werner, BDI-Gespräch, S. 22; vgl. auch Jahrreiss, Grundfragen, S. 81, wo aufgezeigt wird, daß das Überschreiten der Effektivitätsgrenze der Herrschaft durch den Staat mit einem Stück Autorität bezahlt wird.
[254] Forsthoff, Realanalyse, S. 808.
[255] Jahrreiss, Grundfragen, S. 16.
[256] Jahrreiss, Grundfragen, S. 15.

seine Tätigkeit zunimmt und breiter wird, immer weniger autoritätsbedacht zeigt oder sich sonst den Interessenverbänden ohne Notwendigkeit autoritätsverzichtend zeigt[257].

§ 3: Auswertende Zusammenfassung und Lösungsversuch

1. Staatliche Autorität, ein ungeschriebener Verfassungsgrundsatz des Grundgesetzes, setzt der Verbändetätigkeit eine Grenze[258]. Diese Grenze gilt besonders für die den Verfassungsauftrag des Art. 9 Abs. 3 erfüllenden Interessenverbände im wirtschaftlichen und sozialen Bereich.

2. Die bestimmte Ausübungsentscheidung, welche Art. 20 Abs. 2 S. 2 für die Staatsgewalt trifft, verbietet es, die Staatsgewalt einer »pluralistischen Funktionsgemeinschaft« auszuliefern, welche diese Gewalt – autoritätsaushöhlend – Schritt für Schritt zum bloßen Werkzeug erniedrigt[258a].

3. Obwohl diese Grenze dem Staatsrecht entnommen wird, entzieht sich ihre Verwirklichung weitgehend der Darstellung durch staatsrechtliche Kategorien. Diese Verwirklichung erfolgt in zwei Bereichen:

a) *Im Individual- und Gruppenbereich: einerseits* – indem dort fern vom Staate »ein solidaritäts- und opferfreudiges Verantwortungsbewußtsein[259]« zum Staate hin offen gehalten wird; indem die Staatszugewandtheit des Einzelnen die Interessenposition[260] überwindet und zur Bürgerposition wird; – *andererseits,* indem in kluger Bescheidung der Interessenverbände neue Formen des autoritätsachtenden Staatsverkehrs und Staatsumgangs gefunden werden.

Als Beispiel für das erstere wird mit *Hans Huber*[259] auf die römische Kollektivethik hingewiesen, insbesondere auf die Begriffe »auctoritas« und »fides«.

Als Beispiel für das zweite möge die Lehre von der »potestas indirecta« dienen, wie sie die katholische Kirche für ihre Stellung zum Staat entwickelte[261].

b) Im *Staatsbereich,* indem die Träger der Staatsgewalt in allen ihren Teilen gegenüber den Interessenverbänden sicher und bestimmt im Sinne der bestehenden Rechtsgrenzen auftreten.

Es sei negativ auf die »uferlose« Anwendung des öffentlich-rechtlichen Vertrages »auf Kosten des Gesetzes« verwiesen[262].

[257] Grundlegend: a) Eschenburg, Herrschaft, eine Schrift, die bezeichnenderweise zunächst »Staatsautorität und Gruppenegoismus« betitelt war. b) Eucken, Grundsätze, S. 327–332. c) Vgl. ferner: Zorn, Autorität; Böhm, zitiert in BB 1956, S. 228; Götz, Ultimatum; Dresbach, Verbände.

[258] Scheuner, Selbstverwaltung, S. 614.

[258a] Vgl. Imboden, Systeme, S. 81.

[259] Hans Huber, Verbände, S. 31.

[260] Vgl. dazu Hans Huber, Gesellschaft, S. 28.

[261] Vgl. Kaiser, Repräsentation, S. 133 ff.

[262] Vgl. Hans Huber, Verbände, S. 27.

Kapitel 6:

Innere Souveränität und pluralistische Schule

§ 1: Grundlagen

1. *Pluralismus*[262a] ist der Sammelname für eine Vielzahl – unter sich verschiedener – staats*theoretischer* Bemühungen, das Aufkommen organisierter, zum Teil mächtiger mehr oder weniger autonomer Verbände im Raum der Gesellschaft außerhalb des Staatsverbandes in einer einheitlichen Staatstheorie zu bewältigen[263]. Es handelt sich mithin um eine neben Individualismus und Kollektivismus tretende dritte »Interpretation des gesellschaftlichen Seins[263a]«.

Davon ausgehend wird der Begriff *Pluralismus* heute auch für den *Zustand* verwendet, daß es in einem bestimmten Staat oder in mehreren Staaten außerhalb der Verfassung und des Staatsverbandes stehende sozialautonome Gruppierungen gibt[264]. So versteht insbesondere *Carl Schmitt* unter Pluralismus »eine Mehrzahl fest organisierter sozialer Machtkomplexe, die durch die verschiedenen Gebiete des staatlichen Lebens ... hindurchgehen, sich der staatlichen Willensbildung bemächtigen, ohne aufzuhören, nichtstaatliche Gebilde zu sein[264a]«.

2. *Innere Souveränität* ist die umstrittene[265] staatstheoretische Bezeichnung für das Wesen der Staatsgewalt, daß in ihrem Geltungsbereich keine mit Befehlsgewalt ausgerüsteten Machteinheiten vorhanden sind, die nicht von dem bestimmenden Einfluß der Staatsgewalt abhängig sind, sondern etwa der Befolgung der Anordnungen des Staates und deren Erzwingung entzogen wären[266].

3. *Innere Souveränität und Pluralistische Schule* – will aufzeigen, daß die an der Verfassungswirklichkeit orientierte pluralistische Schule die mit dem Begriff der inneren Souveränität vorgenommene Kennzeichnung der Staatsgewalt ablehnt, da die Machtstruktur des Staates im Zeitalter der Verbände polyzentrisch sei, mithin auf die Verbandseinheiten Staat *und* gesellschaftliche Gruppen verteilt[267].

[262a] Vgl. Imboden, Max, »Die Politischen Systeme«, S. 70–85; Lange, Soziologie, S. 131–134; Wössner, Verbandswesen, S. 27–30.

[263] Vgl. Wössner, Verbandswesen, S. 27–31; Ehmke, Grenzen, S. 106 ff.; Forsthoff, Sozialstaat, S. 16 ff.; Burdeau, Traité, Vol. VII, p. 13 ss.; Kaiser, Repräsentation, S. 313–320; Koellreutter, Staatsrecht, S. 70 f.; Hamann, Wirtschaftsverfassungsrecht, S. 60; Fischer-Lexikon, S. 234–236.

[263a] Wössner, Verbandswesen, S. 23.

[264] Vgl. Loewenstein, Verfassungslehre, 12. Kapitel (S. 367–416); Hirsch-Weber in »Gewerkschaften«, S. 19; Schmitt, Aufsätze, S. 54 f.; Peters, Gewaltentrennung, S. 31 ff.

[264a] Lange, Soziologie, S. 132.

[265] Vgl. dazu: Nelson, Rechtswissenschaft, S. 66; Constantopoulos, Souveraineté; Loewenstein, Souveränität, S. 2.

[266] Nawiasky, Staatslehre, 2. Teil, S. 99 ff.; ferner: Gunst, Souveränität, S. 58 ff.; Ermacora, Souveränität; Heller, Souveränität; Jahrreiss, Grundfragen, S. 305; Mitteis in »Mittelalter«, S. 37 und 44; Leibholz, Demokratie, S. 255 ff.

[267] Vgl. Loewenstein, Souveränität, S. 2; Bukow, Wirtschaftsrat, S. 18; Werner, Verbände, S. 171.

§ 2: Hinweis auf die vorangehenden Untersuchungen

Die aus dem Grundgesetz folgenden staats*rechtlichen* Fragen zu der »Ablösung der inneren Souveränität des Staates« durch »Machtgewinnung der Verbände über den Staat[268]« wurden in den vorausgehenden Kapiteln abschließend behandelt. Sie sind ein Unterfall der Probleme: Verfassungsrecht und soziale Struktur, Staatsautorität und Gruppenegoismus. Daher galt es hier nur, diese andere »Eingebundenheit« aufzuzeigen.

[268] Hans Huber, Verbände, S. 30.

ABSCHNITT B: BESONDERER TEIL

Kapitel 1:

Das Volk[268a] *und die Interessenverbände*

§ 1: Einführung

Das Verhältnis des Bundesvolkes »in seinen *zwei* hauptsächlichen[269] Erscheinungsformen« – der *»Gesamtbürgerschaft* (= Gesamtheit aller Staatsangehörigen)« und der *»Aktivbürgerschaft* (= Gesamtheit aller wahlberechtigten Bürger)[270]« – zu den Interessenverbänden wurde schon an mehreren Stellen berührt.

Die Frage, wie die Stellung der Interessenverbände bei der *politischen* Willensbildung *des Volkes* staatsrechtlich zu umschreiben ist, soll in einem durch Art. 21 Abs. 1 S. 1 GG nahegelegten Vergleich mit der Stellung der Parteien bei diesem Prozeß im § 1 des *folgenden Kapitels* behandelt werden.

Hier geht es darum, das Verhältnis von Volk und Interessenverbänden näher in das Licht der übrigen das »Volk« betreffenden Kompetenznormen und Institutionsnormen des Grundgesetzes zu setzen.

§ 2: Gesamtbürgerschaft und Interessenverbände

1. Gemäß Art. 20 Abs. 2 S. 1 kommt – wie dargestellt – der Gesamtbürgerschaft im Rahmen der demokratischen Herrschaftsordnung des GG die dynamische Funktion zu, soziale Grundlage der Herrschaft zu sein und (arg. Art. 79 Abs. 3 i. V. m. mit Art. 20) zu bleiben. Indem das Volk als »politisch-ideelle Einheit[271]« zur einheitlichen *Grundlage* »der Gesamttätigkeit der staatlichen Herrschaft[272]« erklärt wird, erhält das *Prinzip der Volkssouveränität*[273] im Grundgesetz eine bestimmte Ausprägung: Als *handlungs*-berechtigte Größe tritt dieser Souverän im Verfassungsleben *nicht* in Erscheinung, vielmehr handeln für ihn – wie Art. 20 Abs. 2 S. 2 klarstellt – Organe.

Durch diese Ordnung des GG werden alle diejenigen Interessenverbände ins Unrecht gesetzt, welche unter Berufung auf die Volkssouveränität Entwicklungen

[268a] Vgl. zur Funktion des Volkes Imboden, Systeme, S. 29–46.

[269] Eine Übersicht über die möglichen Bedeutungen des Wortes »Volk« in modernen Verfassungen gibt: Schmitt, Verfassungslehre, S. 251 ff.

[270] Maunz-Dürig, Randnr. 49 zu Art. 20.

[271] Leibholz, Demokratie, S. 247.

[272] Bonner Komm., Erl. II 2 a zu Art. 20.

[273] Daß Art. 20 Abs. 2 S. 1 Ausdruck für die Vs. ist, vgl. dafür Maunz-Dürig, Randnr. 46 zu Art. 20.

ins Auge fassen[274], die mit jener Entscheidung für die repräsentative Demokratie nicht vereinbar sind: »Demokratische Integrationen«, die sich *neben* den Staat stellen sollen[275], entsprechen zwar dem vom *Radikalismus* entwickelten Prinzip der Volkssouveränität, nach dem Substanz *und* Ausübung der Staatsgewalt unveräußerlich beim Volke ruhen sollten[276]. Das Grundgesetz *verbietet* demgegenüber dem souveränen Volk, in solcher Weise im Verfassungsleben handelnd aufzutreten.

2. Diese Entscheidung gibt weiterhin eine Teilantwort auf die Frage, in welcher Weise im Rahmen des Grundgesetzes die *Legitimitätsfrage* gestellt werden kann[277]. Eine soziologische Verankerung der Legitimität in dem Sinne, daß die Ordnung des GG letzthin in das Schlepptau von Verfassungsrealien gerät[278], indem sie in ihrem Geltungsanspruch von Lebensgefühl und Lebensüberzeugung als solchen der Gesamtbürgerschaft abhängig wird, ist danach nicht möglich. Denn sonst wird jene bewußte Ausprägung der Volkssouveränität über die Legitimität umgangen.

§ 3: Aktivbürgerschaft und Interessenverbände

1. Die Aktivbürgerschaft ist der »politisch-mobilisierte Teil[279]« des Volkes, der als eines der Verfassungsorgane der Gesamtbürgerschaft an der Ausübung der *Staatsgewalt* teilhat (Art. 20 Abs. 2 S. 2)[280]. Durch diese Teilnahme gewinnt das Verhältnis der Interessenverbände zu der Aktivbürgerschaft einen besonders dringenden Bezug. Zunächst ist dazu der Bereich der Teilhabe zu klären.

a) Soweit die Aktivbürgerschaft als *Staatsorgan* tätig wird, ist sie durch Art. 20 Abs. 2 S. 2 an den *Kompetenzbereich* der »Wahlen und Abstimmungen« gebunden und durch ihn begrenzt. Art. 20 Abs. 2 S. 2 zählt die Arten der Entscheidungen, bei denen das Volk verfassungsgemäß Staatsgewalt ausübt, *abschließend* auf. Jedes andere organschaftliche Handeln ist verfassungswidrig[281]. Aber *auch in »Wahlen und Abstimmungen«* handelt das Verfassungsorgan Volk *»nur* dann *verfassungsgemäß*, wenn es die *übrigen* Kompetenznormen der Verfassung beachtet«, z. B. die Art. 72 ff. GG[282].

b) Der Bereich der *Wahlen* umfaßt die Wahlen zu den Volksvertretungen in Bund, Ländern, Kreisen und Gemeinden (Art. 38 Abs. 1 S. 1; 28 Abs. 1 S. 2)[283], der Kompetenzbereich der *Abstimmungen* umfaßt alle *»Plebiszite* und die vom Volk ausgehenden Anstöße hierzu (Volksbegehren, Volksentscheid, Volksabstimmungen)[284]«. Das Grundgesetz kennt nur *zwei* Fälle solchen unmittelbaren

[274] Vgl. vor allem: Alfred Weber, Staat, insbes. S. 12—14.
[275] wie vor, S. 14.
[276] E. R. Huber, Verfassungsgeschichte II, S. 405.
[277] Eine ausführliche Behandlung des Legitimitätsproblems ist im Rahmen dieser Arbeit nicht möglich.
[278] z. B. Schmid, Legitimität, S. 2 f.
[279] Bonner Komm., Erl. II 2 b zu Art. 20.
[280] BVerfGE 8, 104 (113).
[281] Maunz-Dürig, Randnr. 54 zu Art. 20.
[282] BVerfGE 8, 104 (116, 121).
[283] Bonner Komm., Erl. II 2 f zu Art. 20.
[284] Maunz-Dürig, Randnr. 51 zu Art. 20.

Tätigwerdens des Staatsvolkes: Bei der Neugliederung des Bundesgebietes (Art. 29; Art. 118 ist bereits ausgeschöpft) und im Sonderfall gemäß Art. 28 Abs. 1 S. 3, wonach in Gemeinden an die Stelle einer gewählten Gemeindevertretung die Versammlung aller Gemeindebürger treten kann. Die Kompetenznorm des Art. 20 Abs. 2 S. 2 legalisiert über diese nach Bundesverfassungsrecht vorgesehenen Abstimmungen hinaus alle weiteren Plebiszite des Ländervolkes, die die *Länderverfassungen* vorsehen[285]. Außer diesem Kreis kommt ein unmittelbares grundgesetzgemäßes Tätigwerden des Volkes nur nach Verfassungsänderungen in Frage[286].

2. Aus dieser Rechtslage ergeben sich für die Interessenverbände *zwei* Folgerungen:

a) Soweit die Volksvertretungen in Bund, Ländern, Kreisen und Gemeinden aus allgemeinen, unmittelbaren, freien, gleichen und geheimen Wahlen hervorgehen müssen (Art. 38 Abs. 1 S. 1; Art. 28 Abs. 1 S. 2), dürfen sie nicht »durch Entsendung von Delegierten bestimmter Körperschaften, etwa berufsständischer Art[287]« oder der Interessenverbände gebildet werden.

b) Die Interessenverbände können nicht durch andersgeartete Formierung der Aktivbürgerschaft die dieser gesetzten Kompetenznormen umgehen oder überwinden. Eine Durchsetzung der Staatsgewalt mit »Verbandsherzogtümern[288]«, die zu einer de-facto-Auflösung der dargestellten Kompetenzordnung führt, ist verfassungswidrig. Plebiszitäre Aktionen von Interessenverbänden — etwa ein Referendum nach Schweizer Beispiel[289] — zur Mobilisierung und Indienststellung der Aktivbürgerschaft im Raume des Organhandelns sind verfassungswidrig, soweit sie nicht im Rahmen der verfassungsmäßig vorgesehenen Abstimmungen erfolgen.

3. Aus der dargestellten Art der Beteiligung der Aktivbürgerschaft an der Ausübung der Staatsgewalt ergeben sich weitere Folgerungen, wie die *Legitimitätsfrage* im Rahmen des GG gestellt werden kann: *Ferrero*[290] hat die Vereinigung von Wahl- und/oder Abstimmungsprinzip mit dem demokratischen Prinzip als Beispiel eines Legitimitätsprinzips entwickelt und dargestellt. Dem entspricht die These *Leibholz*[291] von der Unzulänglichkeit »nur normativer Legitimität«. In solcher Sicht erscheint eine »mediatisierte Legitimität« — dergestalt, daß die durch Wahlen und Abstimmungen gesicherte unmittelbare Nähe zum Legitimationsfaktor Aktivbürgerschaft abgelöst wird durch eine je und je herbeizuführende Billigung der beteiligten Interessen — unmöglich.

Diese Gefahr wird aber beschworen, wenn als Legitimitätsfaktor das »Volk« i. S. der *Gesamt*bürgerschaft als »politisch ideelle Einheit« angesehen wird[292].

[285] Vgl. dazu die Zusammenstellung Bonner Komm., Erl. II 2 f. zu Art. 20.
[286] Maunz-Dürig, Randnr. 53 zu Art. 20.
[287] Maunz-Dürig, Randnr. 5 zu Art. 28.
[288] Briefs, zitiert bei Hans Huber, NZZ II.
[289] BDI-Gespräch S. 58, Hans Huber, Verbände, S. 25 f.
[290] Macht, S. 45 f.
[291] Repräsentation, S. 140 ff. (insbes. S. 156).
[292] So aber Bonner Komm., Erl. II 2 b zu Art. 20.

Denn dann bedarf es der Gruppenfilter, um den Legitimitätsfaktor legitimierungsfähig zu machen[293].

Die *formalen* Legitimitätsprinzipien des Grundgesetzes sind also in der Kompetenzbereichentscheidung des Art. 20 Abs. 2 S. 2 mit enthalten, und jede Berufung von Interessenverbänden auf Legitimitätserwägungen versagt daher, soweit sie dieses formale Prinzip nicht zugrunde legen.

Kapitel 2:

Parteien und Interessenverbände

§ 1: Die verfassungsrechtliche Stellung von Parteien und Interessenverbänden bei der politischen Willensbildung des Volkes

1. Einführung

Bei der im ersten Hauptteil[294] vollzogenen Abgrenzung zwischen Parteien und Interessenverbänden wurde dargelegt, daß beide Sozialgebilde aus dem freien Raum des Volkes kommen und im Raum des Öffentlichen stehen. Als entscheidender Unterschied wurde die Nähe der Parteien zum Staatsapparat aufgezeigt, die sie durch das ihnen in Art. 21 verliehene Statut und die daraus zu ziehenden Folgerungen erhalten haben.

Die Probe auf das staatsrechtliche Exempel dieser Abgrenzung ist im Bereich der politischen Willensbildung des Volkes (Art 21 Abs. 1 S. 1) zu vollziehen: Hier muß sich entscheiden, ob die heute vielfältigen Wechselwirkungen und Dependenzen zwischen politischer und gesellschaftlicher Macht[295] die Trennung dieser beiden Mächte durch Privilegierung der politischen Machtträger – wie sie das GG in Art. 21 vornimmt – nicht verwischt und unmöglich macht.

»*Mit*-Wirken« in Art. 21 Abs. 1 S. 1 will sagen, daß neben den Parteien *auch* die Interessenverbände Zugang zur politischen Willensbildung des Volkes haben[296]. *Wie* diese »Auffangformulierung für die Verfassungswirklichkeit[297]« – die dazu noch in dem Teil des GG angesiedelt wird, der die Verteilung der staatlichen Gewalten regelt – gegenüber den Parteien sinnvoll und staatsordnungsrichtig auszulegen ist, bedarf als eine der ungelösten Fragen um die staatsrechtliche Stellung der Interessenverbände der Klärung.

[293] Siehe oben S. 67 f.

[294] Siehe oben S. 17 ff.

[295] Vgl. Scheuner, Parteien, S. 642, r. Sp.; Stammer, Gesellschaft und Politik, S. 573; ders., in »Protokoll Verbände«, S. 23 f.; Schieder, Verfassung, S. 73; Bone in »Annals vol. 319«, S. 73; Bukow, Wirtschaftsrat, S. 18; Burneleit, S. 284 ff.

[296] Vgl. Bonner Komm., Erl. II 1 b zu Art. 21; v. Mangoldt-Klein, A III 4 b zu Art. 21; Maunz-Dürig, Randnr. 24 zu Art. 21; Maunz, Staatsrecht, S. 69; BMI-Bericht, S. 137; Ridder in »N. N. Sch.« II, S. 255; Middelhauve in: Finer, Macht, S. 7.

[297] Walther, Stellung, S. 102.

2. »Mitwirkung an der politischen Willensbildung des Volkes«, i. S. des Art. 21

Oben[298] wurde Mitwirkung an der politischen Willensbildung des Volkes schon als sozialer staatszugewandter Integrationsprozeß bezeichnet, der in die nach Art. 20 Abs. 2 durch bestimmte Organe wahrgenommene Bildung des Staatswillens mit einfließt. Das bedeutet im einzelnen:

a) Politische Willensbildung des Volkes ist hier ein Element freiheitlicher Demokratie, das eingesetzt wird, um die »aktive Teilnahme der Bürger an den Staatsgeschäften[299]« im Rahmen der Verfassung zu ermöglichen. Wahlen und Abstimmungen (Art. 20 Abs. 2) sind hervorragende Beispiele politischer Willensbildung des Volkes.

Mitwirkung an dieser Willensbildung ist notwendig, weil solche Teilnahme der Bürger nur geschehen kann, »solange die Regierungsaufgaben übersehbar sind und von dem Mann auf der Straße begriffen und beurteilt werden können, wenn man ihm die nötige Auskunft erteilt und die Zusammenhänge klarmacht[299]«. Nun aber ist gerade der *Sozial*-Rechtsstaat im Zeitalter der Massendemokratie, der ohne den »staatszugewandten Bürger« nicht bestehen kann[300], mit seinen dicht verwachsenen Gestrüppen öffentlicher Vorsorge- und Versorgungstätigkeit unübersichtlich. Mitwirkung an der politischen Willensbildung *will* also dem einzelnen trotz dieser Schwierigkeiten zu seiner für die Demokratie notwendigen Staatszuwendung verhelfen.

b) Aus der Beziehung zur *Staats*willensbildung folgt für die *Richtung* der politischen Willensbildung, daß solche Tätigkeiten, die die Hinwendung des Bürgers allein zu eng begrenzten örtlichen politischen Bereichen (Gemeinde, Gemeindeverband) verfolgen, nicht als »Mitwirkung an der politischen Willensbildung« i. S. d. Art. 21 angesehen werden können[301].

c) Politische Willens*bildung des Volkes* ist zu unterscheiden von den sie konstituierenden Willens*anwendungen* der Einzelnen. Es gibt mithin bei der Willensbildung keine Objekte, sondern nur Subjekte, die zu eigenständiger Willensanwendung fähig erachteten Einzelnen.

Vom Willensträger erwächst der Willensbildung im demokratischen Staat als Grenze das Verbot, in die Willensanwendung des Einzelnen einzugreifen[302]. Demokratie darf nur insoweit »Demopaedie[303]« werden, als sie am Staatsbürger vom »unscharfen Typus Mensch[304]«, der vom Staat nichts mehr weiß und wissen will, zugrunde geht. »Erweckung« der Staatsbürger »zur Urteilsklarheit« in bezug auf den Staat und Verschaffung der Vollzugsmöglichkeiten dazu, nicht Urteilser-

[298] Siehe oben S. 131 ff.
[299] Böhm, Wirtschaftsordnung, S. 44.
[300] Jahrreiss, Grundfragen, S. 88.
[301] Ähnlich: Bonner Komm., Erl. II 1 a zu Art. 21; Maunz-Dürig, Randnr. 20 zu Art. 21; BMI-Bericht, S. 136.
[302] Ähnlich Rapold, Beitrag, S. 70.
[303] Proudhon, zitiert nach Rapold, A 164, S. 103.
[304] Musil, Der Mann ohne Eigenschaften, Hamburg 1957, S. 256.

satz oder Vollzugsersatz bedeutet daher Mitwirkung an der politischen Willens*bildung*[305].

d) Aus dem Bereich der dem Volke in Art. 20 Abs. 2 zur Ausübung überlassenen Staatsgewalt, den *Wahlen und Abstimmungen,* ist herzuleiten, welche Staatsbürger primär zur Willensanwendung fähig gemacht werden sollen und daher unter *Volk* i. S. des Art. 21 GG zu verstehen sind: Das sind *in erster Linie die Aktivbürger*[306], denen allein die gleichberechtigte Mitwirkung an der Mehrheitswillensbildung in Wahlen und Abstimmungen offen steht[307].

Die Willensanwendung der Aktivbürger wird aber auch entscheidend vorbereitet in den auf sie hinzielenden vielfältigen Formen staatsbürgerlicher Erziehung der heranwachsenden Aktivbürger und in der Vorformung des demnächst zu bildenden Willens der Aktivbürger.

Daher fallen auch solche Formen der Willensausbildung, die einen erst in Zukunft anwendbaren Willen zum Gegenstand haben — sofern sie im übrigen die Erfordernisse der Mitwirkung an politischer Willensbildung erfüllen — unter Art. 21 Abs. 1 S. 1[308].

e) Daraus ergeben sich *zwei Arten der Mitwirkung* an politischer Willensbildung des Volkes: *Unmittelbare Formen,* indem *die Mitwirkenden selbst* den Willen des Volkes »bei der Gesetzgebung, der Organisation einer regierungsfähigen Mehrheit und der Bildung einer Regierung bzw. der Organisierung einer Opposition[309]« zum Ausdruck bringen können, nachdem sie sich, z. B. durch Aufstellung von Kandidaten bei Wahlen, dazu in den Stand gesetzt haben.

Mittelbare Formen, bei denen die *Mitwirkenden selbst nicht* zur Mitwirkung an der Staatswillensbildung bereit und autorisiert sind, sondern sich dazu der Einwirkung auf andere, zur unmittelbaren Mitwirkung bereite und autorisierte einzelne oder Gruppen bedienen müssen[310].

f) *Politische* Willensbildung bedeutet schließlich Bezug und Verpflichtung der Mitwirkung auf das wohlverstandene Allgemeinwohl, mithin im Staate des GG auf eine »voll funktionsfähige Demokratie[311]«. Da diese Folgerung leicht als »Gleichschaltung« mißverstanden werden kann, ist auf das oben[312] Gesagte hinzuweisen, wonach das Allgemeinwohl im Staate des Grundgesetzes ein stufenmäßig aufgebautes, dialektisch zustande gekommenes ist. Anders wäre es nicht zu erklären, warum gerade im »Willensbildungssatz« das Bekenntnis zum Mehrparteiensystem enthalten ist:

»Willensbildung erfolgt durch Entschlüsse auf Grund des Miteinanderredens[313].« »Massenhaftigkeit geäußerter Meinungen« und »Diskussionen[314]« sind also kon-

305 In Anlehnung an Litt, Selbsterziehung, S. 86.
306 Walther, Stellung, S. 58.
307 Vgl. Rapold, Beitrag, S. 127.
308 Vgl. die Beispiele: BDI-Gespräch S. 13; Krüger, Verbände, S. 1219.
309 BMI-Bericht S. 129.
310 Vgl. Maunz-Dürig, Randnr. 24 zu Art. 21.
311 Vgl. Freund, Parteien, S. 10.
312 Siehe oben S. 131 ff.
313 Jaspers, Ursprung, S. 157.
314 Jahrreiss, Grundfragen, S. 99.

stitutive Elemente auch *politischer Willensbildung.* Das zeigt sich z. B. in einer Aufforderung zu mittelbarer *einseitiger* Mitwirkung an der politischen Willensbildung des Volkes, die der Bundeskanzler beim Streit um das Betriebsverfassungsgesetz in einem Schreiben vom 16. 5. 1952 an den 1. Vorsitzenden des DGB richtete: »Im kommenden Jahr werden Neuwahlen zum Deutschen Bundestag stattfinden. Hier bietet sich dem DGB eine Möglichkeit, auf dem in unserer Verfassung vorgesehenen Wege seine Auffassung über eine einheitliche und fortschrittliche Betriebsverfassung durchzusetzen[315].«

Das *»Politische«* an der Willensbildung erfordert von der Mitwirkung vielmehr, daß sie aus verantwortlicher »Lebenskenntnis in bezug auf den Staat[316]« erfolgt, aus dem Wissen, daß »Politik die Vertretung aller im Staate vorhandenen Interessen als ein Ganzes[317]« ist, und aus einer entsprechenden Ausrichtung des Handelns. Politische Willensbildung ist daher die Ordnung der Staatswillensbildung achtende Willensbildung.

3. Die verfassungsrechtliche Stellung der Interessenverbände bei der politischen Willensbildung des Volkes

a) Aus dem zuvor erläuterten Merkmal des *Politischen* der Willensbildung des Volkes ergibt sich ein aktueller Bezug auf die Stimmen, die die *Mitwirkungsfähigkeit* der Interessenverbände bei der politischen Willensbildung des Volkes wegen ihrer Unfähigkeit oder Unwilligkeit zum Politischen in diesem Sinne anzweifeln:

»Wer dürfte daran denken, die Verbände als Grundlage einer vorwiegend politisch-pädagogisch gebauten Staatsreform zu bestimmen, wie *Stein* das mit den Kommunen gemacht hatte?« fragt etwa *Hans Huber*[318], und später[319] deutet er selbst die Antwort an, indem er über die Schweizer Verhältnisse ausführt: »Die Stellungnahmen der Verbände sind selten von staatspolitischer Haltung . . . eingegeben. Sie sind einseitig und stellen den Teil über das Ganze . . .[320].«

Für die Bundesrepublik hat zuletzt *Forsthoff* in seiner schon zitierten Realanalyse Beispiele für die Fähigkeit und Willigkeit der Interessenverbände zum Politischen i. S. des Art. 21 Abs. 1 S. 1 gegeben. Daher erlaubt der Sozialbefund hier nicht[321], den Interessenverbänden von vornherein die Mitwirkung an der politischen Willensbildung des Volkes wegen konstitutiver Einseitigkeit zu versagen[322].

315 Zitiert bei Sternberger in: Gewerkschaften, S. 143 f.

316 Naumann, Schriften, S. 420, gibt diese Formulierung als Definition von »Politik, als Wissen betrachtet«.

317 Nach einem Wort von Clausewitz, das der Verf. nur aus mündl. Überlieferung kennt, aber quellenmäßig nicht erfassen konnte.

318 Verbände, S. 4.

319 Verbände, S. 23.

320 Vgl. ferner: Werner, Verbände, S. 208.

321 Viele Beispiele finden sich ferner im: »BDI-Gespräch« und »Spitzenverband«, insbes. S. 351.

322 Vgl. ferner die in Fußnote 296 zitierten.

b) Die *verfassungsrechtliche Ausgangsposition* der Interessenverbände bei ihrer Mitwirkung an der politischen Willensbildung des Volkes ist nach den Ergebnissen dieser Untersuchung *schwächer als die der Parteien:*

b 1) Die Verbände können sich nicht auf ein *Statut* ähnlich dem berufen, durch das die Verfassung die Parteien als *notwendige* Instrumente für die Aktivierung des Staatsvolkes anerkennt und einsetzt. Die Verbände kommen vielmehr in ihrer im wesentlichen durch Art. 9 geschützten Stellung grundsätzlich nur als *mögliche* Mitwirkende an der politischen Willensbildung des Volkes in Frage. Allein die in Art. 9 Abs. 3 genannten Verbände erreichen auf Grund des ihnen erteilten Verfassungsauftrages im Bereich der Wahrung und Förderung der Arbeits- und Wirtschaftsbedingungen einen ähnlichen Rang wie die Parteien im Gesamtraum der staatlichen Willensbildung.

b 2) Von den Interessenverbänden als solchen sind im GG nur die in Art. 9 Abs. 3 genannten zu *unmittelbaren* Formen der Mitwirkung an politischer Willensbildung des Volkes zugelassen. Im übrigen verweist die Ordnung des GG konkludent die Interessenverbände auf *mittelbare* Formen der Mitwirkung an der politischen Willensbildung des Volkes.

c) Diese verfassungsrechtliche Ausgangsposition bedarf jedoch der *Ergänzung durch die* das Sozial-Rechtsstaats-Prinzip (Art. 20 Abs. 1; Art. 28 Abs. 1) vollziehenden und insofern schon *in der Verfassung angelegten* und von ihr vorausgesetzten *Entwicklungen des freiheitlich-demokratischen Staatslebens.*

c 1) Hierzu wurde oben auf die Art. 9 ergänzenden »Grund- und Staatsbürgerrechte mit gruppenschützender Funktion«, insbesondere auf den umfassenden Schutz der öffentlichen Meinung hingewiesen. Die Interessenverbände haben sich dieses Arsenals legal und legitim bedient und sich als System differenzierter Gruppenfilter in den Raum der Vorformung des politischen Willens des Volkes eingeschaltet, und die heutige Massendemokratie kann ihren Staatsordnungswert nicht mehr entbehren[323]. Damit ist aus der *verfassungsrechtssatzmäßig* im Sozial-Rechtsstaatsprinzip des GG *angelegten Möglichkeit (Potentialität) eine vom Verfassungsrecht umfaßte, weil vorausgesehene und gebilligte Wirklichkeit (Realität) geworden,* die nicht deshalb ein weniger gewichtiger Faktor des freiheitlich-demokratischen Staatslebens ist, weil sie nur *eine* der möglichen Vollzugsarten der in der Verfassung gebilligten Entwicklungen des Staatslebens ist.

c 2) Der grundsätzliche Verweis der Interessenverbände durch das GG auf *mittelbare* Formen der Willensbildungsmitwirkung hindert nicht, daß der Staat die verfassungsmäßig gebilligte Entwicklung des Staatslebens derart zur Kenntnis nimmt, daß er den Interessenverbänden durch je und je erteilte Legalgewichte[324] *unmittelbare Wege* der Mitwirkung an der politischen Willensbildung eröffnet.

Diese gesetzliche Nach- und Nach-Institutionalisierung findet nur ihre Grenze an der Institutions- und Kompetenzordnung der Verfassung[325].

[323] Siehe oben S. 7 f.
[324] Siehe oben S. 47—55.
[325] Arg. Art. 20 Abs. 3 GG.

d) In oder trotz der so umschriebenen Stellung wirken die Interessenverbände als *»Vertretungen von Teilinteressen*[326]« an der politischen Willensbildung mit. Ihr Feld ist allerdings nicht der Integrationsprozeß der Staatswillensbildung, wo aus den verschiedenen Einzelinteressen die Politik als »Vertretung aller im Staate vorhandenen Interessen als ein Ganzes« geformt wird.

Ihr Mitwirkungsanteil besteht vielmehr in der »Sammlung und Vorprüfung der Interessen und ihrer Darstellung in der Öffentlichkeit[327], in der Darbietung »bereits vorgefilterter Wünsche und Interessen[328]«. Die Verbände sollen dem Staat zur Sachlichkeit der Herrschaft[329]« verhelfen, indem sie dazu beitragen, daß die »vielen Meinungen« eines Sozialbereiches »auf Sachlichkeitsebene gebracht werden[329]« und so an das Ohr des Staates dringen. Das diesem Integrationsprozeß entspringende kombinierte Interesse darf ein einseitiges bleiben und als solches vertreten werden, eben weil das »Wohl des Ganzen« sich in der Sicht des GG[330] »auch im Gedeihen der Teilordnungen entfaltet[331]«. Die *Grenzen* der Interessenverbände liegen hier nicht in der Partikularität des Interesses, sondern in der Art seiner Vertretung:

Vertretung von Teilinteressen kann sich nur solange auf die verfassungsmäßig eingeräumte Möglichkeit der Teilhabe an politischer Willensbildung des Volkes berufen, wie die Interessenvertretung noch echte Fäden zum Wohl des Ganzen aufweist[332]. Diese Fäden werden zerschnitten, wenn die Vertretung von Teilinteressen nicht mehr den ihr gegenüberstehenden Raum der Staatswillensbildung mit seiner strengen Ordnung von Institutionen und Kompetenzen beachtet. Interessenkampf und Interessenvertretung sind insofern Mitwirkung an der politischen Willensbildung des Volkes, solange sie institutions- und kompetenzachtend erfolgen.

4. Die verfassungsrechtliche Stellung der Parteien bei der politischen Willensbildung des Volkes

a) »Aus der Summation der« — wenn auch vorgeprüften, vorgefilterten und kombinierten — »besonderen Interessen und der partikularen Willen organischer Lebenskreise« kann sich . . . niemals das »Allgemeininteresse« ergeben oder eine »volonté générale« bilden[333]. Die moderne Massendemokratie bedarf daher der Transformatoren und Integrationsfaktoren, die sich zwischen die durch Interessen zerklüftete Gesellschaft und den Staat als »Vermittler[334]« einschalten, damit die im nichtstaatlichen (öffentlichen) Bereich der Demokratie angesammelten Energien zur Bildung eines funktionsfähigen Staatswillens führen.

[326] Scheuner, BDI-Gespräch, S. 15.
[327] Scheuner, BDI-Gespräch, S. 12.
[328] Scheuner, BDI-Gespräch, S. 13.
[329] Jahrreiss, Grundfragen, S. 13.
[330] Siehe oben S. 133 f.
[331] Werner Weber, BDI-Gespräch, S. 19.
[332] Vgl. Hans Huber, Verbände, S. 17.
[333] Leibholz, Repräsentation, S. 183.
[334] Vgl. dazu E. R. Huber, Verfassungsgeschichte II, S. 322.

b) Dieser Brückenschlag zwischen Gesellschaft und Staat als »notwendiger Bestandteil des Verfassungsaufbaus[335]« ist durch das Grundgesetz den Parteien zugewiesen (Art. 20; 21 i. V. m. 38), die damit als »verfassungsrechtlich notwendige Instrumente für die politische Willensbildung des Volkes anerkannt und . . . in den Rang einer verfassungsrechtlichen Institution erhoben sind[336]«.

Die Funktion, die politische Einheit zu integrieren[337], »Medium zur Bildung handlungsfähiger Staatsorgane« zu sein[338] und somit »wichtigster Träger der ständigen Auseinandersetzung um die Festlegung der politischen Gesamtrichtung[339]« verleiht den Parteien einen *absoluten Vorrang gegenüber den Interessenverbänden,* der in der *»unmittelbaren* Form der Mitwirkung an den im Parlament fallenden Entscheidungen (Art. 20; 21 i. V. m. 38)[340]« im GG zum Ausdruck kommt.

c) Die *Problematik* des Verhältnisses von Parteien und Interessenverbänden ergibt sich aus dieser Lösung des GG: Die Parteien sind im freien Raum der Gesellschaft verwurzelt. Als »staatsbildende Kräfte des Gesellschaftslebens[341]« konstituieren sie aber nicht nur die Gesellschaft, sondern zugleich den Staat[342]. Durch die Parteien gelangen so Staat und Gesellschaft in ein *»partielles Identitätsverhältnis*[342]«.

Um ihre Funktion, Organe der Gesellschaft bei deren Einströmen in den Staat zu sein[343], erfüllen zu können, müssen die Parteien mit der Gesellschaft und deren Gruppierungen, u. a. den Interessenverbänden, ständig Berührung suchen und aufrechterhalten. Daraus entsteht die Versuchung, mit der Gesellschaft ein Bündnis gegen den Staat zu schließen, das die notwendige Interdependenz von Parteien und Gesellschaft zu einer Dependenz macht. Hier *verfehlen die Parteien ihre Integrationsfunktion,* indem sie sich *total mit der Gesellschaft identifizieren.* Eine solche Gefahr bestand z. B., als die SPD im Atomstreit die Gewerkschaften als Hebel einsetzen wollte, um eine Änderung der Regierungspolitik zu erreichen[344].

Neben der Skylla des totalen Gesellschaftsengagements droht den Parteien die Charybdis des totalen Staatsengagements; wenn sie sich nicht mehr als *spezifisch* staatsbildende Kräfte in das Gesellschaftsleben einlassen, sondern mit verschränkten Armen »der Substitution des Gemeininteresses durch die Gruppeninteressen[345]« im Bürgerbewußtsein zuschauen, verfehlen sie ihre Pflicht zur Mitwirkung an der

[335] BVerfGE 4, 27 (30).
[336] BVerf.GE 11, 266 (273).
[337] Kaiser, Repräsentation, S. 347; Stammer in »Gehlen-Schelsky«, S. 303; Stammer in »Protokoll, Verbände«, S. 23 f.
[338] Fuss, Parteiwirken, S. 393.
[339] BMI-Bericht, S. 128, vgl. auch Forsthoff, Sozialstaat, S. 15.
[340] BMI-Bericht, S. 129.
[341] Richard Schmidt, Staatslehre, S. 243.
[342] Leibholz, Repräsentation, S. 245.
[343] Schulz in »Parteien« S. 121.
[344] Vgl. FAZ vom 28. 3. 1958, S. 1; »Ollenhauer droht mit Streiks«.
[345] o.V.: NZZ.

politischen Willensbildung. Diese Mitwirkung hat gerade zum Ziel, daß weder »ein totaler Ideologieverdacht« noch ein »totaler Interessenverdacht[346]« im Staate um sich greifen kann.

5. Zusammenfassende Folgerungen

a) Die *politische* Ordnung der Demokratie des GG reicht über die *staatliche* Ordnung im engeren Sinne weit hinaus und sucht über die Parteien eine als notwendiger Bestandteil des Verfassungsaufbaus anerkannte Verwurzelung in der Gesellschaft[347]. Neben die Parteien als die spezifisch staatsbildenden Kräfte im Bereich der Gesellschaft treten in diesem Bereich als weitere konstituierende Kräfte u. a. die Interessenverbände als eine der in der Verfassung angelegten und von ihr gebilligten Entwicklungen des freiheitlich-demokratischen Staatslebens. Beide Erscheinungen »überschneiden und durchwirken sich in vielfältiger Weise[348]«.

b) Das Miteinander von Parteien und Interessenverbänden bei der politischen Willensbildung des Volkes ist Vollzug und »ein typisches Moment« der vom Grundgesetz gewollten »offenen Willensbildung des demokratischen Staates[349]«. »Die ausdrückliche Nennung der *Parteien* als Mitwirkende« an der politischen Willensbildung weist »auf deren *überragende Stellung* unter den Mitfaktoren hin[350]«, die *durch* ihre *unmittelbare* Beteiligung an der Staatswillensbildung (Art. 20, 21 i. V. m. 38) unterstrichen wird.

Die Beschränkung aller Mitfaktoren auf »*Mit*wirken« erlaubt weder den Parteien noch den Interessenverbänden, eine »Monopolstellung unter gleichzeitiger Ausschaltung anderer[350]« anzustreben. Das politische Junktim der Willensbildung verpflichtet vielmehr dazu, kompetenz- und institutionsachtend an der Willensbildung mitzuwirken.

c) Die Interdependenz von Parteien und Interessenverbänden bei der Konstituierung der Gesellschaft darf nicht zu einer Dependenz der Parteien werden. Das den Parteien verliehene *Statut zu staatsbildender Tätigkeit* setzt ein Maß an »ideenmäßiger Substanz« voraus, das bei dauernder Überschattung »vom Denken in Interessen«, wie es die Interessenverbände als spezifische Vertreter von *Teilinteressen* pflegen, verlorengeht[351].

Die Parteien können die ihnen vom Grundgesetz zuerteilte Vorrangstellung nur erfüllen und behaupten, wenn sie sich ihrer Integrationsfunktion in Richtung auf einen handlungsfähigen Staatswillen im Verkehr mit den Verbänden dauernd bewußt sind. Deshalb müssen sie z. B. darauf bedacht sein, »daß in der Relation zwischen dem Parlament und den Kräften draußen der Vorrang des Parlaments anerkannt« und gewahrt wird[352].

[346] Küng, NZZ II.
[347] Stammer in »Protokoll Verbände«, S. 25.
[348] Schieder, Verhältnis, S. 73.
[349] Scheuner, BDI-Gespräch, S. 14.
[350] Bonner Komm., Erl. II 1 b α zu Art. 21.
[351] Werner, Verbände, S. 222 f.
[352] Ehlers, zitiert nach »Parteien«, S. 121; vgl. auch Werner, Verbände, S. 171.

Für die Parteien kann die – ihnen erlaubte – »Vertretung von Gruppeninteressen« nur »Durchgangspunkt« sein, »Mittel, den Interessen des ganzen Volkes zu dienen[353]«.

d) Im Rahmen ihrer Mitwirkung an der politischen Willensbildung können die Interessenverbände als Teil einer als vierter Gewalt gedachten öffentlichen Meinung im Grenzfall »Gegengewicht gegen die Allmacht der Parteien« sein[354]. Die Vertretung eines begrenzten Interesses im politischen Raum durch Interessenverbände kann in der Demokratie des GG aber nie mit dem den Parteien verliehenen Anspruch auf gleichberechtigte Teilnahme an der parlamentarischen Willensbildung gleichgesetzt werden[355].

6. Ein Anwendungsfall: Der politische Streik

»Bei Streikaktionen, die eine Einwirkung auf Staatsorgane bezwecken«, steht die unter 1–5 behandelte »Grundfrage des Verfassungsrechts zur Erörterung«, indem es um die »Grenzen zulässiger Einwirkung« von Interessenverbänden »auf die staatliche Willensbildung[356]« geht. Diese Grenze beginnt dort, wo die erlaubte Mitwirkung an der politischen Willensbildung des Volkes aufhört.

Dabei kann das Problem des politischen Streiks hier nicht in seiner ganzen Breite und Vielschichtigkeit erörtert werden[357], es sollen nur *drei Leitsätze* als Anwendungsfall der Ergebnisse unter 1–5 formuliert werden:

a) Der politische Streik ist grundsätzlich verfassungswidrig, solange er ein – wenn auch soziologisch breit verteiltes – Einzelinteresse dem verfassungsmäßig vorgesehenen Integrationsprozeß entziehen und der Staatswillensbildung oktroyieren will.

b) Der politische Streik ist auch dann verfassungswidrig, wenn er das wohlverstandene Allgemeininteresse verfolgt, sofern die zur Vertretung dieses Allgemeininteresses berufenen Organe der Staatswillensbildung ihre verfassungsrechtlichen Pflichten im Lichte des Sozial-Rechtsstaats-Prinzips erfüllen.

c) Der politische Streik ist nur dann verfassungsgemäß, wenn er als Mittel eingesetzt wird, um eine gestörte Staatswillensbildung zu überwinden oder eine Unrechtsstaatswillensbildung zu verhindern oder zu bekämpfen. Nur in diesen beiden Fällen erlaubt und fordert die *politische* Einbindung der Willensbildungs-Mitwirkung die direkte Aktion.

[353] BVerfGE 5, 85 (234).

[354] Bukow, Wirtschaftsrat, S. 18.

[355] Stammer, Politische Soziologie, S. 308.

[356] BGH: NJW 1954, S. 1805, r. Sp.

[357] Vgl. dazu: BVerfGE 5, 85 (232, 375); Kaiser, Streik; Weber, Alfred, Staat; Nipperdey, in »Tradition und Fortschritt«, S. 39; Scheuner, Verbände, S. 293; Dresbach, »Nicht zur Zuständigkeit der Gewerkschaften« in »Kölnische Rundschau« vom 5. 2. 1955; Koellreutter, Staatsrecht, S. 264 ff.; Altmann, Verbände, S. 225; Erdmann, BDI-Gespräch, S. 28; E. R. Huber, Wirtschaftsverfassungsrecht II, S. 306 ff.; Kaiser, Repräsentation, S. 49 ff., 201 ff., 259 ff.; Hamann, Grundgesetz A C 4 zu Art. 21.

§ 2: Interessenparteien und Interessenverbände

1. Im Mehrparteienstaat des Grundgesetzes (Art. 21 Abs. 1 S. 1; Abs. 2 S. 1) hat jeder Interessenverband durch die Gründungsfreiheit für Parteien (Art. 21 Abs. 1 S. 2) die Möglichkeit, »sich selbst einen unmittelbaren Zugang zu dem Instrumentarium der Staatsmacht zu verschaffen«, indem er selbst Partei wird[358].

2. Wo ein Interessenverband nach solcher Form »öffentlich-rechtlicher Anerkennung und gar Formierung« strebt, muß er sich »den Formen und Zeichen politischer Verantwortung stellen«, die Art. 21 für die Parteien festlegt. Eine Ausnahme gilt nur für ausschließlich »auf kommunaler Ebene organisierte Parteien (reine Rathaus- oder Kreistagsparteien[359])«.

Unabhängig von der im ersten Hauptteil vollzogenen Abgrenzung zwischen Parteien und Interessenverbänden[360] stellt sich daher die Frage, wann der verfassungsrechtlich zu fordernde Mindesttatbestand verwirklicht ist, der einen früheren Interessenverband als Interessenpartei kennzeichnet, auf die Art. 21 GG Anwendung findet.

3. Ein Interessenverband wird *nicht* dadurch Partei, daß er seine leitenden Sachverständigen einer Partei als Kandidaten »zur Verfügung stellt«, selbst wenn diesem Kandidaten aus dem Verband solche Stimmpakete zufließen, daß er nicht von »Parteiwählern«, sondern von »Interessenten-Wählern« gewählt wird.

Ein Interessenverband ist auch dann noch *nicht* als Partei zu werten, *wenn* er sich nach Art der *Wählervereinigung* lediglich durch Nominierung von Kandidaten und Werbung bei der Wahl einsetzt, ohne als solcher nach der Wahl an der politischen Willensbildung im Parlament unmittelbar teilnehmen zu wollen und teilzunehmen[361].

Die *Grenze* zum Parteitatbestand wird erst dann *überschritten,* wenn ein Interessenverband bereit ist, die staatliche Macht in *eigener Verantwortung* ganz oder teilweise auszuüben und dies konkret in der Kandidatenaufstellung zu Wahlen äußert[362].

§ 3: Parteiengesetz und Interessentransparenz

1. Das Problem

Das Grundgesetz erteilt in Art. 21 Abs. 3 dem Bundesgesetzgeber den bindenden (Verfassungs-) Auftrag, das Nähere zur inneren Ordnung der Parteien nach demokratischen Grundsätzen (Art. 21 Abs. 1 S. 3) und zur öffentlichen Rechenschaftsgebung über die Herkunft der Parteimittel (Art. 21 Abs. 1 S. 4) durch Bundesgesetz zu regeln. In diesem Zusammenhang stellt sich die verfassungsrechtliche Frage, ob und inwieweit Beziehungen zwischen Parteien und Interessenverbänden Gegenstand dieser Parteigesetzgebung sind.

[358] Vgl. Kaiser, Repräsentation, S. 250 ff. mit Beispielen.
[359] BMI-Bericht, S. 136.
[360] Siehe oben S. 17 ff.
[361] BMI-Bericht, S. 136 f.; Maunz-Dürig, Randnr. 28 zu Art. 21.
[362] Kaiser, Repräsentation, S. 246 ff.

Der Bericht der *Parteienrechtskommission* enthält dazu nach einer Darstellung der Beziehungen der Interessenverbände zu den Parteien, die das Gegenteil vermuten ließe[363], die (deshalb erstaunliche) Feststellung: »Für das Parteiengesetz dürfte eine Regelung des Verhältnisses der Parteien und Interessenverbände zueinander außerhalb des vorgesehenen Sachbereichs liegen[364]«.

Dagegen hat *Willms*[365] in eindringlicher Form Stellung genommen und die »vornehme Zurückhaltung der Kommission« kritisiert. Er weist darauf hin, daß das »offene Ärgernis eines unerfüllten Auftrags der Verfassung« besser ist als »eine rein formale Erfüllung des vom Grundgesetz erteilten Auftrages«. Dabei beschwört er die doppelte Gefahr, »daß der Bazillus der Verbandsmacht die Parteien von innen durch Korrumpierung der demokratischen Struktur und von außen durch unkontrollierte Einflüsse der Interessenverbände infizieren könnte«.

Parteiengesetz und Transparenz des Einflusses der Interessenverbände auf die Parteien sind entgegen der Ansicht der Kommission in mehrfacher Hinsicht verfassungsrechtlich kommunizierende Röhren:

2. Der Sozialbefund

Schon *Tocqueville* hat auf die »natürliche und vielleicht notwendige Beziehung zwischen politischen und gesellschaftlichen Vereinigungen« in einer Demokratie hingewiesen[366]. Die Fortdauer dieser Beziehung wird von allen Beobachtern bestätigt[367]. Auch die *Parteienrechtskommission* stellt fest: »Im Vorfeld der parlamentarischen Entscheidung begegnet sich die Tätigkeit der Verbände mit dem Einfluß der Parteien[368]«. Sie konstatiert eine »gegenseitige Verschränkung und Verzahnung zwischen Parteien und Verbänden« und erwähnt den Handel von »Stimmpaketen« der Verbände gegen »sichere Sitze im Parlament«, die die Parteien anbieten, *ferner* »die finanzielle Förderung der Parteien« durch Verbände[369], *schließlich* die Tatsache: »Die Parteien sehen sich vielfach auf den Beistand der in ihren Reihen befindlichen Interessenvertreter für fachliche Fragen angewiesen oder müssen sich die statistischen und faktischen Daten, hinsichtlich deren das Parlament der Bürokratie weit unterlegen erscheint, von den Verbänden liefern lassen[370]«.

Die daraus entspringenden Gefahren der Selbständigkeit und Substanz der Parteien haben *Hans Huber*[371] und ihm folgend *Werner*[372] für die Schweiz gezeichnet. Ihr Befund stimmt mit dem deutschen Befund überein, wie er zuletzt von *Roeper*[373] gültig formuliert wurde: »Immer dreister werden einseitige Interessen-

[363] BMI-Bericht, S. 84—86.
[364] BMI-Bericht, S. 86.
[365] Willms, Parteiengesetz.
[366] Tocqueville, Démocratie en Amérique, vol. II, p. 122 (126).
[367] Vgl. z. B. Kaiser, Repräsentation, S. 247 ff.; o. V.: in »Parteien«, S. 508.
[368] BMI-Bericht, S. 84.
[369] BMI-Bericht, S. 85.
[370] BMI-Bericht, S. 85 f.
[371] Hans Huber, NZZ I.
[372] Werner, Verbände, S. 222 ff.
[373] Roeper, Anschläge, S. 1.

tenwünsche vorgebracht, wird so getan, als dienten die egoistischen Ziele kleiner Gruppen allein dem Gemeinwohl. Ebensowenig fehlt es an massiven Drohungen gegen unsere Wirtschafts- und Gesellschaftsordnung ... Jetzt soll der Konkurrenzkampf durch bequeme Absprachen, die Dynamik durch die Friedhofsruhe der Kollektivmonopole, die wirtschaftliche Freiheit durch einen privaten Dirigismus ersetzt werden. – Ebenso wird dem staatlichen Dirigismus immer stärker Vorschub geleistet, indem immer mehr Gruppen und Grüppchen zur staatlichen Futterkrippe drängen ... Daß auf diese Weise die staatliche Gängelei geradezu provoziert wird, will man nicht sehen ... *Das unwürdige Spiel wird von den Parteien vor jeder Wahl nach Kräften unterstützt ... ohne zu bedenken, daß dabei das politische Leben zunehmend korrumpiert wird.«*

Es bedarf keiner weiteren Einzelheiten, um zu erkennen, daß diese Entwicklung die den Parteien zugewiesene Rolle im Staate des GG verfehlt und damit notwendige Elemente des Staats angreift.

3. Verfassungsrechtliche Abgrenzung der Problematik

a) Jeder Bürger darf einer politischen Partei Geld und Informationen spenden. Von diesem »seinem Recht auf Teilhabe an der politischen Willensbildung[374]«, das sich »nicht nur in der Stimmabgabe bei den Wahlen, sondern auch in der Einflußnahme auf den ständigen Prozeß der politischen Meinungsbildung[374]« äußert, darf er auch über oder durch einen Interessenverband Gebrauch machen.

b) Die mögliche gesetzliche Regelung darf sich nicht als eine Art der Staatsaufsicht *gegenüber den Interessenverbänden* auswirken, die gegen den oben dargestellten[375] grundsätzlichen Anspruch dieser Verbände auf Freiheit von Staatsaufsicht verstößt.

c) *Andererseits* ergibt sich aus der den Parteien zugewiesenen Verfassungsstellung, daß »eine echte Krise in der Massendemokratie entsteht«, wenn der »Interessenausgleich«, bei dem das »reine Gruppeninteresse ... in den Parteien ... durch die Orientierung an der allgemeinen Idee des Staates sublimiert wird«, »nicht mehr oder nur noch teilweise gelingt[376]«.

»Wo die Parteien grundsätzlich ein partikulares Interesse vertreten, bedeuten sie Desintegration ... Die *voll funktionsfähige Demokratie«*, für die im GG die Verfassungsentscheidung gefallen ist, »verlangt Parteien, die ausreichend auf ein Ganzes bezogen sind, um zur gegebenen Stunde, dem Ganzen unterworfen und ihm verantwortlich, als Mandatar[377]« der Interessen aller Bürger wirken zu können.

[374] BVerfGE 8, 51 (68).
[375] Siehe oben S. 78.
[376] Schieder, Verhältnis, S. 73.
[377] Freund, Parteien, S. 10; vgl. auch Gablentz, Parteien, S. 24; Jahn, Zeitwende, S. 152 f.

4. Folgerungen für den Verfassungsauftrag des Art. 21 Abs. 3 i. V. m. Abs. 1, S. 3 und 4 im Hinblick auf das Verhältnis von Parteien und Interessenverbänden

Der Regelungsauftrag des Art. 21 umfaßt unbestritten[378] die Gegenstände: »Innere Ordnung nach demokratischen Grundsätzen« und »öffentliche Rechenschaftslegung über die Herkunft der Mittel«. Mit beiden Gebieten ist nach dem Vorgesagten auch die Beziehung der Parteien zu den Interessenverbänden angesprochen.

Dabei heißen die Kardinalprobleme der inneren Ordnung: Haltungs- und Substanzverlust durch Interessenhörigkeit; Überwältigung der einfachen Mitglieder durch das Stimmpaketgewicht der Interessenvertreter, akute Informations- und Finanzabhängigkeit von Interessenverbänden als Grund der Integrationsunfähigkeit.

Der in Art. 21 erteilte Verfassungsauftrag an den Gesetzgeber umfaßt insoweit – als Auftrag zur Interessentransparenz der Parteien – auch das Verhältnis von Interessenverbänden und Parteien.

Er findet seine *Grenze* an dem verfassungsrechtlichen Status, den jedes Parteimitglied – ungeachtet seiner etwaigen Interessenvertreterstellung – genießt[379]. Er findet ferner seine Grenze an den durch Art. 9 den Interessenverbänden gewährten Garantien und ihren verschiedenen Ergänzungen[380].

§ 4: Die verfassungsrechtliche Stellung der Interessenverbände, die »Hilfs- und Stützpunktorganisationen« von Parteien sind

Als im freien Raum der Gesellschaft verwurzelte Organisationen versuchen die Parteien, »den ihnen erreichbaren Teil des sozialen Ganzen durch ein System von Hilfs- und Stützpunktorganisationen zu erfassen, indem sie sich mit Jugend-, Sport-, Berufs- und ähnlichen Verbänden umgeben[381]«. – Es fragt sich, wie die zu diesen Hilfs- und Stützpunktorganisationen zählenden Interessenverbände verfassungsrechtlich mit der Stellung und dem Schicksal der Partei verbunden sind.

a) Soweit es sich um *Teilorganisationen*, mithin der Partei eingegliederte, von ihr abhängige Verbände, Fachausschüsse, Arbeitsgemeinschaften, Gruppen und Institute handelt, teilen diese Verbände »in *allen Dingen das rechtliche Schicksal der Partei*[382]«, sie haben also den Verfassungsrang nach Art. 21 und werden durch die die Partei betreffende Entscheidung des Bundesverfassungsgerichts gemäß Art. 21 Abs. 2 für verfassungswidrig erklärt und aufgelöst[383]. Sofern es sich um rechtlich oder organisatorisch selbständige Teile der Partei handelt, können sie auch allein – ohne die übrige Partei – für verfassungswidrig erklärt und aufgelöst werden (§ 46 Abs. 2 BVerfGG).

b) Dagegen fallen die Interessenverbände, die *Nebenorganisationen* von Parteien sind, unter Art. 9, nicht unter Art. 21 GG. Eine Nebenorganisation ist ein rechtlich

[378] BMI-Bericht, S. 117.
[379] Vgl. auch BMI-Bericht, S. 122.
[380] Siehe oben S. 72 ff.
[381] Kaiser, Repräsentation, S. 235.
[382] Maunz-Dürig, Randnr. 27 zu Art. 21.
[383] BVerfGE 2, 1 (78).

und organisatorisch stets selbständiger Zusammenschluß, der nicht der Partei eingegliedert ist, wohl aber von ihr abhängig sein kann[384].

Soweit diese Interessenverbände die verfassungsmäßige Ordnung verletzen, kann die Exekutive auf Grund des Art. 9 Abs. 2 — wie gegen *alle anderen Interessenverbände* — unmittelbar gegen sie einschreiten[385].

Kapitel 3:

Der Bundestag und die Interessenverbände

§ 1: Einführung

Die auf die unmittelbare Einwirkung auf die parlamentarische Willensbildung gerichtete Verbandstätigkeit nennt man *Lobby* oder *Lobbying*, ihre Träger *Lobbyisten*[386].

Für die Bundesrepublik ist »weitaus wichtiger als diese Einflußnahme von außen« ... jene von »innen«, d. h. die fast vollkommene Durchsetzung der Parteifraktionen« des Parlamentes »durch Vertreter der Interessenverbände[387]«.

Das Verhältnis des Bundestages zu den Interessenverbänden verlangt daher eine *differenzierte* Behandlung mit Berücksichtigung von *fünf Faktoren:* Parteien, Fraktionen, Wahlkreisen, Abgeordneten, Ausschüssen[388]. Während das Verhältnis zu den Parteien schon behandelt wurde, können die Beziehungen der Interessenverbände zu den Ausschüssen, Abgeordneten, Fraktionen und Wahlkreisen erst untersucht werden, nachdem im folgenden klargestellt worden ist, wie die *parlamentarische Willensbildung* im Bundestag nach dem Grundgesetz erfolgen soll.

Hans Huber[389] verdankt die Staatsrechtswissenschaft den eingehenden Nachweis, daß »in das wissenschaftliche Gespräch über die *Demontage des Staatlichen durch die Verbände* ... ab und zu unwillkürlich oder willkürlich ein fremdes Staatsbild[390]« einfließt. Eine dieser »Idealisierungen[390]« ist das Bild eines Parlamentes, »dessen Entscheidungen rein nur aus der gegenseitigen Überzeugung nach gewalteter Aussprache geboren werden[390]«. — Deshalb ist schon hier festzustellen, daß das *Grundgesetz* für solche Idealisierungen keine Anhaltspunkte bietet. Es läßt vielmehr Raum für die weiteren *drei* vorauszuschickenden *Befunde aus der Verfassungswirklichkeit:*

384 BVerfGE 5, 85 (392) und BMI-Bericht, S. 136.

385 BVerfGE 2, 1 (78); 5, 85 (392); Maunz-Dürig, Randnr. 26 zu Art. 21.

386 Siehe oben S. 11 f.

387 Eisermann, Verbände, S. 170; vgl. Burneleit, S. 48 ff.; vgl. Sternberger in »Gewerkschaften«, S. 138: »Die Gewerkschaften sind aber auch im Bundestag mittendrin.«

388 Vgl. Kaiser, Repräsentation, S. 255 ff.; Hans Huber, NZZ I; Scheuner, BDI-Gespräch, S. 13.

389 Hans Huber, Verbände, S. 16 ff.

390 Wie vor, S. 16.

a) »Ein Parlament ist nirgends in der Welt ein Rat der Weisen, ein Rat von *nur* Weisen, sondern es ist ein gerafftes Abbild der Nation[391].«

b) »Der Bundestag besteht ... nicht aus homunculis, aus klassenlosen Gesellschaftswesen sozusagen, aus Retorten-Repräsentanten ... auch nicht aus lauter Parteifunktionären, die nur eine einzige Richtschnur oder nur ein einziges Kommando kennen. Schon durch die eigene Zusammensetzung des Bundestages ist die Gewähr gegeben, daß der BT gewissermaßen immer unter Druck steht ... und arbeitet. Wozu dann noch der äußere Druck kommt ...[392]«

c) »Jeder hier hat private Interessen, die einen sind Direktoren von Gesellschaften, die anderen haben Vermögen, das von den jeweils zu beratenden Gesetzen ... beeinflußt wird, und so fort ... Ferner sind hier jene Leute, die als Vertreter öffentlicher Körperschaften kommen, sozusagen als private Gruppen nicht politischen Charakters.

Niemand hält uns also für eine Versammlung von Männern, die keinerlei Interessen haben und keinerlei Verbände dafür. Das wäre auch lächerlich. Das mag vielleicht im Himmel vorkommen, aber glücklicherweise nicht hier ...[393]«

Beim Verhältnis von Bundestag und Interessenverbänden schwingen — oft unbemerkt — in staatsrechtliche Aussagen rechtspolitische Forderungen hinein[394]. Daher ist hier noch besonders auf die eingangs vollzogene Ausgrenzung solcher rechtspolitischer Erwägungen hinzuweisen.

§ 2: Parlamentarische Willensbildung und Interessenverbände

I. Verfassungsrechtliche Grundlagen:

a) Der Bundestag ist das *»unitarische Bundesorgan«* für die *Gesetzgebung* des Bundes (Art. 20 Abs. 2; Art. 38 Abs. 1 S. 1; Art. 77 Abs. 1 S. 1)[395]. Er ist die *Vertretung* des ganzen Volkes (Art. 38 Abs. 1 S. 2) im oben erläuterten Sinne der *Repräsentation:*

Er macht das rechtsabwesende Volk gegenwärtig, ohne nach dem Wahlakt Befehlsempfänger seiner Wähler zu sein[395a]. Vielmehr hat der Wähler nach dem Wahlakt keinen rechtlichen Einfluß mehr auf das Verhalten seiner Vertreter, insbesondere kennt das GG keine Initiative des Volkes für eine Neuwahl.

[391] Abgeordneter Carlo Schmid in der 101. S. des Dt. BT. vom 12. 2. 1960, lt. »Das Parlament« Nr. 8 v. 24. 2. 1960, S. 10.

[392] Sternberger in »Gewerkschaften«, S. 142.

[393] Sir Winston Churchill über das House of Commons, vgl. Finer, Macht, S. 53 f.; über die Zusammensetzung bzw. Verbandsfärbung des BT vgl. i. e. Breitling, Verbände; Sternberger in »Gewerkschaften«, S. 145—147. Schon in der Frankfurter Nationalversammlung gab es von 830 Abgeordneten u. Stellvertretern etwa 110 Vertreter von Wirtschaftsständen: Vgl. E. R. Huber, Verfassungsgeschichte II, S. 610 ff.

[394] Vgl. z. B. Pohle, BDI-Gespräch, S. 29.

[395] BVerfGE 6, 84 (99).

[395a] Vgl. BVerfGE 12, 319 (324).

Schließlich wird die rechtliche Gültigkeit der Beschlüsse des BT nicht dadurch berührt, daß sie mit dem aktuellen Willen des Volkes in Widerspruch stehen[396].

b) Mit dieser Rechtsstellung verbindet sich die aus ungeschriebenem Verfassungsrecht abzuleitende staatspolitische *Verfassungsaufgabe*, »der Filter« zu sein, »der Leidenschaft zur Vernunft läutert und die Demagogie als den Bodensatz ausscheidet[397]«. Zur Erfüllung dieser Aufgabe versieht das GG den BT mit einem umfangreichen verfassungsrechtlichen Instrumentarium: Art. 38–53 GG.

c) Gemäß Art. 77 Abs. 1 S. 1 kann – vom Gesetzgebungsnotstand des Art. 81 abgesehen – kein formelles Bundesgesetz ohne den Beschluß des Bundestages zustande kommen. Von den aus der im GG vollzogenen Ausprägung des Bundesstaatsprinzips folgenden Kompetenzen der Länderparlamente abgesehen (Art. 70, 71, 72, 74) ist der Bundestag als ordentlicher Gesetzgeber konkurrenzlos[398].

d) Das Initiativrecht, d. h. das Recht, Gesetzesvorlagen in den Bundestag einzubringen, haben die Bundesregierung, der Bundesrat und die einzelnen Bundestagsmitglieder »in einer zahlenmäßig bestimmten Gruppierung[399]« (Art. 76 Abs. 1 i. V. m. § 97 Abs. 1 GOBT).

Darüber, wie ein Gesetzentwurf fertig gestellt wird, enthält das Grundgesetz keine Vorschriften. Nur bei den Vorlagen der Bundesregierung und des Bundesrates regelt das GG den Weg von der Fertigstellung bis zur Einbringung der Entwürfe (Art. 76 Abs. 2 und 3). Die bestehenden Vorschriften über eine Beteiligung der Interessenverbände im Gesetzesvorbereitungsverfahren wurden oben[400] als Legalgewichte der Interessenverbände schon dargestellt.

e) Unter den der konkurrierenden Gesetzgebung des Bundes unterstellten Materien ragen *sechs* als besonders »traditionelle Interessengebiete[401]« hervor:

1. Versorgungs- und Fürsorgerechte (Art. 74 Nr. 10).
2. Das Recht der Wirtschaft (Art. 74 Nr. 11).
3. Das Arbeitsrecht und Versicherungsrecht (Art. 74 Nr. 12).
4. Landwirtschaft, Ernährung, Forsten, Fischerei (Art. 74 Nr. 17).
5. Bau und Boden (Art. 74 Nr. 18).
6. Verkehr, Straßenbau, Kraftfahrwesen (Art. 74 Nr. 22).

2. Der Bundestag als soziales System

Überblickt man die skizzierten Grundlagen, so hat das GG den BT für seine Integrationsfunktion[402] als »ein nach zwei Seiten hin offenes soziales System[403]« gestaltet: »Als Mittelgelenk der politischen Ordnung der Demokratie« ist er 1. *»offen nach der Seite* der Parteien« und weiter nach dem gesamten Raum des

[396] Maunz-Dürig, Randnr. 1–3 zu Art. 38 GG.
[397] Rapp, »Die wetterfeste Demokratie« in FAZ v. 1. 4. 1960, S. 2.
[398] Maunz-Dürig, Randnr. 1 zu Art. 77; Fijalkowski, Wendung, S. 24.
[399] BVerfGE 1, 144 (153).
[400] Siehe oben S. 47–55.
[401] Sternberger in »Gewerkschaften«, S. 136.
[402] Stammer, Politische Soziologie, S. 315.
[403] Stammer, Politische Soziologie, S. 319.

Öffentlichen bis hin zum Privaten (arg. Art. 17); ferner ist er 2. *offen nach der Seite* »der nichtparlamentarischen staatlichen Machtträger[403].«

Als weitere wichtige Normen des GG in der letzteren Hinsicht ist hinzuweisen auf: Die Mitwirkung der Mitglieder des BT bei der Wahl des Bundespräsidenten (Art. 54 Abs. 3); die Wahl des Bundeskanzlers durch den BT (Art. 63 Abs. 1); das konstruktive Mißtrauensvotum (Art. 67); die Mitwirkung bei der Wahl von Richtern des Bundesverfassungsgerichtes und der oberen Bundesgerichte (Art. 94 Abs. 1 S. 2; 95 Abs. 3; 96 Abs. 2), schließlich auf Rechte des Bundestages im Hinblick auf das Finanzwesen (insbesondere Art. 110, 115).

3. Parlamentarische Willensbildung und Interessenverbände

a) Entsprechend der Öffnung des Parlamentes nach dem Raum des Öffentlichen hin bedeutet es keinen Verstoß gegen das Prinzip der Repräsentation, wenn der »Kampf der freien Meinungen[404]« — die »Vorformung der politischen Willensbildung des Volkes ... als eine Erscheinung des gesellschaftlich-politischen Bereiches[405]« — in den parlamentarischen Raum hineinragt und dort spürbar wird. Es ist ein Teil der freiheitlich-demokratischen Willensbildung in offener Form, daß sich die Gesellschaft u. a. in den Interessenverbänden dem Parlament konfrontiert[406] und »daß außerparlamentarische Aktionen vielfältiger Art denkbar sind, die einer legitimen Einwirkung auf das Parlament dienen können ... An sich ist es daher verfassungsrechtlich nicht zu beanstanden, daß ›Interessenverbände‹ auf die Mitglieder des Parlaments einzuwirken suchen[407]«.

b) Wenn mit Hinweisen auf »das sterbende Plenum[408]« die immer stärkere Verlagerung der parlamentarischen Willensbildung auf Parteien und Fraktionen beklagt wird, in deren Verlauf der Einfluß des »Volkes« immer indirekter wird[408], so steht dieser Entwicklung eine immer »größere Volksunmittelbarkeit der Gesetzgebung« über jene »Vorformung des Staatswillens auf dem mächtig erweiterten Vorfeld« gegenüber[409].

c) Das nach dem GG als Mittelgelenk im obigen Sinne eingesetzte Parlament steht bei seiner Willensbildung stets in der Gefahr, sich zu sehr in dem Raum des Staatlichen oder in dem Raum des Gesellschaftlichen zu engagieren.

Diese Gefahr zeigt sich besonders deutlich in dem *Wissensproblem*[410] der heutigen parlamentarischen Arbeit: Der Abgeordnete wird immer mehr vom Leben überfragt, das Parlament als ganzes steht immer mehr in Notwendigkeiten zu handeln, die weiter als seine Erkenntnismöglichkeiten reichen. In dieser Lage bedeutet Ver-

[404] BVerfGE 2, 143 (172).
[405] BVerfGE 8, 104 (113).
[406] Vgl. Kaiser, Repräsentation, S. 267; Altmann, Verbände, S. 225.
[407] BVerfGE 5, 85 (232).
[408] Sieburg in: FAZ vom 5. 4. 1960, S. 1; Anton Böhm, Parlament, S. 26.
[409] Hans Huber, Verbände, S. 20 f.
[410] Vgl. dazu Kruse, »Hilfsdienst für die Parlamente«. Sonderdruck der Interparlamentarischen Arbeitsgemeinschaft« 20/1—38, Bonn.

zicht auf Information innere Aushöhlung des Gewaltenteilungsprinzips, da Kontrolle durch das Parlament ohne Sachkunde entweder zu Bekenntnissen an Stelle von Entscheidungen oder dazu führt, daß das Parlament zu einem bloßen Akklamationsorgan wird. Ein ähnlich bedenklicher Zustand würde eintreten, wenn sich das Parlament nur der Sachkunde der Verwaltung bediente.

Eine gesellschaftsferne Lösung des Wissensproblems eröffnet ferner die *Gefahr*, daß das Parlament als *Gesetzgeber* sich »ganz oder teilweise« vergreift, die zu lenkenden Menschen falsch einschätzt: »Die Norm wird dann vom Leben verworfen[411].«

Nach allem kann angesichts der Stellung des Bundestages im GG einerseits und des Gemeinschaftsbildes des GG andererseits[412] die richtig verstandene parlamentarische Willensbildung nach dem GG nur so vor sich gehen, daß das Parlament sich in weitem Umfang auch der Sachkunde der Interessenverbände bedient[413]. Dabei ist es zulässig, daß die Interessenverbände ihre Sachkunde in Form eines Gesetzentwurfes darbieten, und daß die mit Initiativrecht ausgestatteten Parlamentsteile diesen Entwurf als den ihren einbringen, sofern sie ihn durch eine dem Amt (Art. 48 Abs. 2 S. 1) des Abgeordneten entsprechende pflichtgemäße Prüfung für gut befunden haben.

d) Für diese Interpretation der parlamentarischen Willensbildung i. S. des Grundgesetzes spricht nach dem heute überschaubaren Sozialbefund zweierlei:

d 1) Die Zusammenarbeit von Parlamentariern und Interessenverbänden wird als im großen und ganzen wertvoll bezeichnet[414].

d 2) Die Interessenverbände haben offen zugegeben, daß das Parlament als Ganzes, als Plenum einseitigem Interesseneinfluß wenig zugänglich ist[415].

4. Die Grenzen des Verbandseinflusses auf die parlamentarische Willensbildung

a) Die *Entscheidung für die repräsentative Demokratie* i. S. des GG enthält – wie dargelegt – zugleich eine Ablehnung jeder Art von Befehlsempfängerverhältnis zwischen den Wählern und ihren gewählten Repräsentanten nach der Wahl. Irgendeine Art des Verbandseinflusses, die – z. B. über Stimmpakete – ein solches Verhältnis faktisch zu schaffen sucht, ist ein Verstoß gegen die verfassungsmäßige Ordnung der Bundesrepublik.

b) Dem Bundestag als einem der obersten Verfassungsorgane des Bundes ist mit dieser Stellung zugleich der *staatspolitische Verfassungsauftrag* erteilt, teilzunehmen an der »Stärkung einer unparteiischen Autorität[416]« des demokratischen

[411] Jahrreiss, Grundfragen, S. 48.
[412] Siehe oben S. 61–65.
[413] Krüger, BDI-Gespräch, S. 37; Celler, Annals, vol. 319, p. 1.
[414] Dresbach in »Legitime Interessenvertretung«, S. 11; Pohle, BDI-Gespräch, S. 29; Kalinke, BDI-Gespräch, S. 42.
[415] Bukow, Wirtschaftsrat, S. 19; Preller u. Sternberg in »Gewerkschaften«, S. 141.
[416] Scheuner, BDI-Gespräch, S. 18.

Staates, und zwar dadurch, daß der Bundestag als »Umschaltplatz der Partikularinteressen in ein wohlverstandenes Allgemeininteresse« dient[417].

Diesen Verfassungsauftrag verfehlt der Bundestag, wenn er etwa zum »Banausenparlament[418]« i. S. *Max Webers* wird »durch das siegreiche Vordringen abhängiger Vertreter der Interessenverbände«, an dessen Ende jeder Verband mit »seinem Abgeordneten« i. S. eines tatsächlichen vorhandenen Einflusses prunken kann. Das Volk muß von seinen »Vertretern« glaubhafte Impulse staatsbürgerlicher Lenkung erhalten, muß ihnen z. B. Aufrufe zur Mäßigung, Sparsamkeit, Selbstverantwortung und einer bestimmten Haltung »abnehmen«.

c) Der Bundestag verfehlt die ihm erteilte *gesetzgeberische* Aufgabe, wenn er sich dem »Pathos des Forderns« der Partikularinteressen durch Gesetzgebungsprodukte »festgefahrener Interessen mit dürftiger Rechtssubstanz[419]« ohne »inneres Gewicht[420]« geflissentlich ergeben zeigt.

Er verfehlt diese Aufgabe ferner, wenn sein gesetzgeberisches Tätigwerden schließlich überhaupt erst durch den Druck von Interessenverbänden ausgelöst wird, wenn er sich nicht einen eigenen geschulten Blick für die (unorganisierten) Notwendigkeiten von Sozialbereichen erhält.

d) Die aufgezeigten Grenzen münden ein in die Vorstellungen des GG vom Bundestag als einem willensbildenden Organ des Staatsvolkes, dessen *Einheit* respektiert werden muß: Ein Beispiel dafür ist die Auffassung des GG von der *Einheit* der parlamentarischen Willensbildung (Art. 42 Abs. 2 S. 1): »Alle Mitglieder des Organs, auch die überstimmten, sind ... Elemente der Willensbildung bei dem einheitlichen Geschäft der Stimmabgabe. Bei der Stimmabgabe, die die Mehrheit überhaupt erst entstehen läßt, erscheint diese nicht als ein selbständiges Gebilde. Sie kann bei diesem Vorgang nicht rechtlich isoliert, losgelöst von dem Ganzen, gedacht werden. Mehrheit und Minderheit sind nur politische Kräfte innerhalb der parlamentarischen Körperschaft[421] ...«

§ 3: Bundestagsausschüsse und Interessenverbände

1. Der Sozialbefund

...»Das Beispiel ist das *Arbeitsgerichtsgesetz* ... Nun kommt also die Vorlage in den Bundestag und in den Bundestagsausschuß. Und hier, im Ausschußstadium, ist die weitere Stelle in der Prozedur, an der Einwirkung stattfindet. Aufklärung, Druck, Einwirkung. Der DGB legt dem Ausschuß seine Abänderungsvorschläge vor, um aus dem Entwurf wieder wegzuschaffen, was das Kabinett im Sinne des DGB schlecht gemacht hat, und zwar mit dem Erfolg, daß die Regierungsvorlage tatsächlich im Ausschuß wieder abgeändert worden ist (Ausschußbericht mit Datum des 3. 6. 1953) ... Die günstigsten Einwirkungsstellen in der Gesetzgebungsproze-

[417] Häberlein, NZZ; Schmitt, Aufsätze, S. 46.
[418] Max Weber, nach Winckelmann, Gesellschaft, S. 44.
[419] Hans Huber, Verbände, S. 24.
[420] Jahrreiss, Grundfragen, S. 20, 55, 67. Vgl. ferner: Freyer, Idee, S. 67.
[421] BVerfGE 2, 143 (161).

dur sind in der Tat in diesem Falle auch diejenigen gewesen, an denen das gewerkschaftliche Interesse am besten zum Zuge kam, einmal im Referentenstadium und zum anderen im Ausschußstadium . . .[422]«

Aus der eingehenden Analyse, die *Dechamps*[423] der »Macht und Arbeit der Ausschüsse« gewidmet hat, sind *zwei* weitere Gesichtspunkte heranzuziehen:

a) Indem die »Ausschußphase« fast immer über die endgültige Form der Gesetze entscheidet, »bildet sie sich immer deutlicher als eine eigene Gesetzgebungsstufe heraus, in die hinein sich in immer höherem Maße die willensbildende Debatte und der Prozeß des Aushandelns« verlagern[424].

b) Es besteht die Gefahr, »daß die Ausschüsse durch die Übernahme von Kontrollbefugnissen der Parlamente in eigene Regie und durch das Recht auf die Behandlung von ihnen nicht überwiesenen Gegenständen einen Grad von Selbständigkeit erringen, der die Einheit der Gesamtparlamente zu sprengen geeignet erscheint[425]«.

Alle diese Befunde müssen aber im Sinne des oben Dargelegten im Hinblick auf ein Plenum des Parlaments gewertet werden, das sich der Einwirkung einseitiger Interessen nicht günstig zeigt, aus dem sich also stets gegenüber »Interessenprodukten« von Ausschüssen »countervailing powers« erheben[426].

2. Die verfassungsrechtliche Regelung des Verhältnisses von Bundestagsausschüssen und Interessenverbänden

a) Die Parlamentsausschüsse sind vorbereitende Beschlußorgane des Bundestages, mithin Hilfsorgane, die keinen eigenen verfassungsmäßigen Auftrag ausüben, sondern die Tätigkeit des Bundestages selbst unterstützen (Art. 40 Abs. 1 S. 2 GG i. V. m. § 60 GO BT)[427]. Mit Ausnahme des Ausschusses gemäß Art. 77 Abs. 2 sieht das GG im Gesetzgebungsverfahren nirgendwo die »Ausschußphase« als eine eigene Gesetzgebungsstufe vor[427a], die Ausschußtätigkeit wird also voll dem Verfassungsorgan Bundestag zugerechnet, das den Ausschuß auf Grund seiner autonomen Rechte eingesetzt hat.

b) Ebenso wie beim BT sind für die staatsrechtliche Behandlung des Verhältnisses von Interessenverbänden und Parlamentsausschüssen *zwei Bereiche* zu unterscheiden:

b 1) Den *Interesse-Einwirkungen von außen* ist staatsrechtlich dadurch Rechnung getragen, daß ein Ausschuß gemäß Art. 40 Abs. 1 S. 2 GG i. V. m. § 73 Abs. 2 GO BT öffentliche Informationssitzungen vor seinen nichtöffentlichen Beratungen veranstalten kann: »Zu diesen sind nach Bedarf Interessenvertreter, Auskunftspersonen

[422] Sternberger in »Gewerkschaften«, S. 140 f.
[423] Dechamps, Ausschüsse; vgl. auch Burneleit, S. 53 ff.
[424] Dechamps, a. a. O., S. 104—106.
[425] Dechamps, a. a. O., S. 155.
[426] Vgl. Sternberger in »Gewerkschaften«, S. 141; Pohle, BDI-Gespräch S. 29.
[427] Vgl. BVerfGE 1, 144 (154); Maunz-Dürig, Randnr. 3—9 zu Art. 40.
[427a] Vgl. BVerfGE 4, 7 (25); 11, 105 (126).

und Sachverständige, die Presse sowie sonstige Zuhörer zugelassen, soweit es die Raumverhältnisse gestatten[428].«

Diese Einführung des sog. »Hearings« in das Verfahren des Bundestages ist nicht abschließend in dem Sinne, daß andere Interesseneinwirkungen von außen unzulässig wären. Wohl aber muß es als die der staatspolitischen Verfassungsaufgabe des BT gemäße und damit verfassungsrechtlich einzig zulässige Form gewertet werden, in der *Interessenvertreter als solche* an den Verhandlungen eines Ausschusses beteiligt sein können. An den nichtöffentlichen Beratungen der Ausschüsse dürfen danach Interessenvertreter als solche kraft Verfassungsrechts nicht teilnehmen. *In keinem Falle haben Interessenvertreter ein subjektives öffentliches Recht auf Anhörung durch den Ausschuß.*

b 2) Gegenüber *Interesseneinwirkungen von innen* — durch einzelne Abgeordnete (= Interessenvertreter) oder gar dadurch, daß ein Ausschuß zu einer »reinen Verbandsinsel[429]« geworden ist — finden sich *in der GO BT nur Ansätze* einer Regelung:

(1) Gemäß § 60 Abs. 2 S. 1 GO BT sind die Ausschüsse zu baldiger Erledigung der ihnen überwiesenen Aufgaben verpflichtet. Damit ist interessengesteuerter »illoyaler oder unsachgemäßer Behandlung« ein Riegel vorgeschoben, durch die »ein Antrag im Ausschuß begraben, die Beratung und Beschlußfassung durch das Plenum praktisch verhindert werden können[430]«.

(2) Nach § 73 Abs. 4 GO BT können dem Ausschuß nicht angehörende Abgeordnete an den nichtöffentlichen Sitzungen nur als Zuhörer teilnehmen, sofern nicht der Bundestag eine Ausnahme beschließt.

c) *Über diese Regelung hinaus* müssen aber aus der im § 2 dargestellten verfassungsrechtlichen Stellung des BT für die Ausschüsse in ihrem Verhältnis zu den Interessenverbänden *kraft ungeschriebenen Verfassungsrechts zwei* weitere staatsrechtliche *Folgerungen* gezogen werden:

c 1) Soweit sich ein Ausschuß bei einem bestimmten Gegenstand als reine (= einseitige, einem partikularen Interesse verschriebene) Verbandsinsel derart darstellt, daß sich eine am Gemeinwohl orientierte Betrachtungsweise nicht erreichen läßt, ist er handlungsunfähig und verliert in diesem Fall seine Organqualität.

c 2) In solchen Fällen ist der Ausschußvorsitzende zu einer Mitteilung an das Plenum über den Bundestagspräsidenten verpflichtet, und das Plenum hat ad hoc eine neue Zusammensetzung des Ausschusses zu beschließen.

Eine stillschweigende Anerkennung dieser Normen des ungeschriebenen Verfassungsrechtes ist das Bemühen des Bundestages, *»alle* relevanten Interessen oder Meinungsschattierungen der Fraktionen in den Ausschüssen zu spiegeln[431]«.

d) Verstöße gegen die dargestellten Regelungen haben keine Außenwirkung derart, daß »aus der Art« der »Parlamentarischen Behandlung« von Gesetzen im Ausschußstadium verfassungsrechtliche Folgerungen gegen den Inhalt oder die

[428] § 73 Abs. 2 S. 2 GO BT.
[429] Fischer-Lexikon, S. 242.
[430] BVerfGE 4, 144 (154).
[431] Dechamps, Ausschüsse, S. 146.

Gültigkeit des Gesetzes gezogen werden können, da die Ausschußphase keine eigene Gesetzgebungsstufe darstellt[432].

Wohl aber sind der Bundestag und insbesondere der Bundestagspräsident auf Grund ihrer autonomen Rechte befugt, gegen die Verletzung der dargestellten Normen in geeigneter Weise einzuschreiten.

§ 4: Die Rechtsstellung des Abgeordneten-Interessenvertreters

1. Einführung

Die Beziehungen zwischen Bundestag und Interessenverbänden gewinnen staatsrechtlich einen besonders dringenden Bezug dort, wo das Einfalltor für den Interesseneinfluß auf das Parlament *von ihnen* gesehen wird: In der Person des Bundestagsabgeordneten, der neben dem Abgeordnetenamt den Privatberuf eines »Interessenvertreters« hat, angefangen vom Gewerkschafts- oder Bauernverbandsfunktionär bis hin zu den Syndici aller Sparten und den Vertretern der Industrie und der Großbanken. Das wird — über die eingangs zitierten Schlagworte hinaus — zum Anlaß genommen, das Verbot des imperativen Mandats (Art. 38 Abs. 1 S. 2) als »reine Fiktion[433]« zu bezeichnen oder darauf hinzuweisen, das »imperative Mandat des Abgeordneten« sei »in anderer Form wieder erstanden[434]«.

Prüft man die Interessenverbandsfärbung der Parlamente — auch in historischer Analyse — näher[435], so waren die Abgeordneten schon immer — auch berufsmäßig — Vertreter von Interessen[436]. Das Problem gewinnt also nicht seine Dringlichkeit von *diesem* Tatbestand. Vielmehr steht es deswegen im Vordergrund, weil das Gewicht und die Gegensätze der Interessen größer und schärfer geworden sind[437], weil sich der Abgeordnete heute öfter als früher in wirtschaftlicher Abhängigkeit von seinem Verband-Arbeitgeber befindet[438], und weil schließlich die Art. 21 und 38 des GG Anlaß zu staatsrechtlichen Kontroversen über die staatsrechtliche Stellung des Abgeordneten *allgemein* gegeben haben. Diese Stellung ist daher zunächst zu klären.

2. Das Amt des Bundestagsabgeordneten nach dem GG, insbesondere die *allgemeine verfassungsrechtliche* Stellung des Abgeordneten-Interessenvertreters

Das Amt (Art. 48 Abs. 2 S. 1) des Bundestagsabgeordneten ist im GG als ein »auf der parlamentarischen Ebene wirksames besonderes *Spannungsverhältnis*[439]« gestaltet: Gemäß Art. 38 Abs. 1 ist der Abgeordnete »freier Vertreter des Gesamt-

[432] Vgl. den Fall BVerfGE 4, 7 (25) Investitionshilfeurteil; ferner BVerfGE 11, 105 (126).
[433] Küng, NZZ II (für die Schweiz).
[434] Hans Huber, NZZ I.
[435] Siehe oben Fußnote 393.
[436] Vgl. Kamm, Walther, Abgeordnetenberufe und Parlament, Karlsruhe, 1927.
[437] Ähnlich schon Kamm, a. a. O., S. 24.
[438] Vgl. auch Eschenburg, Gesellschaft, S. 508.
[439] BVerfGE 2, 1 (11).

Volkes« i. S. der oben[440] dargestellten Repräsentationstheorie, gemäß Art. 21 ist er »einem konkreten Parteiprogramm verpflichtet[439]« und muß in weitem Umfang die objekte Eigenschaft der Parteizugehörigkeit erfüllen, »um in das Parlament einrücken zu können[441]«. Wie dieses Spannungsverhältnis zu lösen und zu deuten ist, ist streitig:

a) Nach einer insbesondere von *Leibholz*[442] vertretenen Ansicht, der sich weitgehend auch das BVerfG[443] angeschlossen hat, schließt das in Art. 21 enthaltene »Bekenntnis zum modernen Parteienstaat seiner grundsätzlichen Tendenz nach das gleichzeitige Bekenntnis zu den Grundsätzen der liberalen, repräsentativ-parlamentarischen Demokratie[444]« (Art. 38 Abs. 1) aus. In dieser Sicht hat Art. 38 »allein die Bedeutung, gewisse äußerste Konsequenzen des Parteienstaates abzuwehren[445]«.

b) Nach der *Gegenmeinung* gilt Art. 38 Abs. 1 S. 2 gerade im massendemokratischen Parteienstaat[446]: »Die Bindung an eine nicht der jeweiligen politischen Disposition überlassene Substanz ... verleiht dem Statusinhaber nicht nur seine spezifische Würde, sondern vor allem auch seine heute allseits gefährdete Unabhängigkeit gegenüber wechselnden Ansprüchen der großen Daseinsapparaturen[447].«

c 1) Bei der *Lösung* des Meinungsstreits ist davon auszugehen, daß nach den Verhandlungen des Parlamentarischen Rates zu Art. 38 Abs. 1 S. 2[448] — abgesehen von dem klaren Wortlaut der Vorschrift — kein Zweifel daran bestehen kann, daß der Verfassungsgeber den Abgeordneten grundsätzlich *nicht* als streng gebundenen Parteivertreter sehen wollte. »Die Abgeordneten vertreten zwar Parteien, Wählergruppen, Verbände, Klassen und Interessen«, und sie vertreten sie auch nicht bindungslos. Ihre Bindung besteht jedoch in dem »Auftrag, diese Teilkräfte zu einem Volkswillen zu vereinigen[448a].«

c 2) Zu diesem Zweck hat das GG den Abgeordneten »das Recht garantiert, unmittelbar am Verfassungsleben teilzunehmen«, mithin »ihm einen eigenen verfassungsrechtlichen *Status* gewährt[449]«. Diese eigene »Organstellung« als Mitglieder des Bundestages[450] wird *nicht* von den Parteien verliehen[451], wenngleich sie der Abgeordnete meist als »delegierter Funktionsträger[452]« einer Partei übernimmt.

c 3) Vor und nach seiner Wahl steht der Abgeordnete in *vielfältigen Beziehungen*, die nicht auf das einfache Spannungsverhältnis Partei—Abgeordneter reduziert

[440] Siehe oben S. 147 ff.
[441] BVerfGE 7, 63 (73).
[442] Leibholz, Parteienstaat; ders., Repräsentation, S. 211—248; ders., Strukturprinzipien, S. 37—44; ders., Strukturprobleme, S. 93—129.
[443] BVerfGE 2, 1 (72 f); 11, 266 (273).
[444] Leibholz, Repräsentation, S. 235.
[445] Leibholz, Repräsentation, S. 238 f.
[446] Friesenhahn, Regierung, S. 22; Jahrreiss, Grundfragen, S. 87; Köttgen, Statusinhaber.
[447] Köttgen, a. a. O., S. 219.
[448] Matz in »Parteien«, S. 46 ff.
[448a] Vgl. Hamel, in Herrfahrdt-Festgabe, S. 118 f.
[449] BVerfGE 4, 144 (149) Hervorhebung vom Verf.; vgl. auch BVerfGE 2, 143 (166); 10, 4 (11).
[450] BVerfGE 2, 143 (166); 10, 4 (11).
[451] Das betont Köttgen, Statusinhaber, S. 217.
[452] Knoll, Führungsauslese, S. 28.

werden können: Soweit er in einem *Wahlkreis* aufgestellt und gewählt wurde, steht er den Wünschen und Problemen dieses Bezirks besonders nahe und wird sie stets im Auge behalten. Das darf er nicht nur, er muß es sogar. Denn die Abgeordnetenfunktion wird durch Art. 38 Abs. 1 S. 2 nicht abstrakt bestimmt, »sondern hat die Gesamtordnung der gesellschaftlichen Kräfte zum Inhalt[452a]«.

Nach seiner Wahl ist er meist Mitglied einer *Fraktion*, mithin eines durch die Geschäftsordnung des Bundestages »mit eigenen Rechten ausgestatteten Teils dieses obersten Bundesorgans[453]«.

Diese *Fraktion* darf den Abgeordneten Bindungen unterwerfen im Rahmen dessen, »was zur Sicherung des Ablaufs der Parlamentsarbeit geboten ist[454]«, sie ist aber *nicht gleichzusetzen der Partei*. Häufig bestehen Gegensätze zwischen Fraktion und Partei, weil Fraktionen in der Gefahr sind, »in einer gewissen parlamentarischen Inzucht zu leben[455]«.

Schließlich unterliegt der Abgeordnete auch »den vom *Parlament* kraft seiner Autonomie gesetzten Schranken[456]«.

c 4) Nach allem läßt sich das Spannungsverhältnis des Abgeordnetenamtes nicht i. S. von *Leibholz* über die vereinfachende Alternative Partei oder Abgeordneter lösen. Nach dem dem Abgeordneten verliehenen Status muß vielmehr Art. 38, der das grundsätzliche »Freisein der Bundestagsabgeordneten von Parteirichtlinien und dem Fraktionszwang« festlegt, als eine jenem dargestellten *vielfältigen* Spannungsverhältnis entsprechende »Spezialregelung gegenüber der Mitwirkungsgarantie in Art. 21« angesehen werden, die durchaus »vom gleichen verfassungsgebenden Willen« getragen wird[457].

d) Diese *Lösung* des Spannungsverhältnisses bedeutet, bezogen *auf Interessenvertretung:*

Da die Parteien in der Staatsordnung des Grundgesetzes an der Willensbildung des Volkes mitwirken, müssen sie sich »politische Konzeptionen darüber bilden, wie eine den Interessen des Volkes am besten dienende Staatspolitik beschaffen sein müßte[458]«. Dieser Ausrichtung kann sich der parteizugehörige Abgeordnete grundsätzlich nicht entziehen, er ist zu ihr als »Vertreter des ganzen Volkes« sogar verpflichtet, in der seinem Gewissen entsprechenden Weise.

Da die Parteien im Mehrparteiensystem des GG »auch den anderen Parteien diesen Anspruch »auf Mitwirkung« zugestehen und davon ausgehen, daß erst aus dem Zusammenwirken und dem Ausgleich der politischen Kräfte und Ideen der maßgebende Volkswille sich bildet, ist es durchaus möglich und legitim, daß eine Partei sich der Interessen bestimmter Gruppen des Volkes besonders annimmt, weil sie zur Erkenntnis kommt, daß diese Interessen von anderen Parteien nicht

452a Vgl. Hamel, in Herrfahrdt-Festgabe, S. 119.
453 BVerfGE 2, 143 (160, 167); 2, 347 (365); 10, 4 (14).
454 BVerfGE 10, 4 (14).
455 Vgl. v. Merkatz, Parteien, insbes. S. 257.
456 Vgl. BVerfGE 10, 4 (13) Hervorhebung vom Verf.
457 Ähnlich: Maunz-Dürig, Randnrn. 20, 21 zu Art. 38.
458 BVerfGE 5, 85 (233).

gebührend vertreten werden, aber bei der Bildung des Gesamtwillens nicht vernachlässigt werden dürfen[459]«.

Das Bild des Abgeordneten-Interessenvertreters hat in dieser Sicht in der Ordnung des Grundgesetzes seinen legitimen Platz, insofern erhält Art. 38 Abs. 1 S. 2 von Art. 21 Abs. 1 S. 1 erst seine Klärung.

Die von Art. 21 auf den Abgeordnetenstatuts nach Art. 38 ausgehende *Bindung*, bezogen auf Interessenvertretung, lautet: Die Partei »akzentuiert lediglich diese Interessen, sie bringt sie als Faktor in den Prozeß der staatlichen Willensbildung ein. Die Vertretung von Gruppeninteressen ist für sie Durchgangspunkt, Mittel, den Interessen des ganzen Volkes zu dienen[459]«. *Daher wird der Status des Abgeordneten nach Art. 38 insofern durch Art. 21 authentisch interpretiert, als der Abgeordnete sich dem der Partei erteilten Verfassungsauftrag zur Ausrichtung auf die wohlverstandenen Interessen des ganzen Volkes nicht unter Berufung auf sein Gewissen zugunsten einseitiger Interessenvertretung entziehen kann.* Er muß sich, das ist seine Freiheit, nicht in der Richtung seiner Partei ausrichten. Aber er muß sich ausrichten, sich am Gemeinwohl zu legitimieren suchen.

3. Folgerungen für *besondere* Rechtsstellungen des Abgeordneten-Interessenvertreters

a) Der Abgeordnete = Interessenvertreter darf auf Grund seiner Zugehörigkeit zu dem Organ der Gesetzgebung im Rahmen seiner Verbandstätigkeit keine Funktionen ausüben, die gegen die in Art. 20 Abs. 2 S. 2 verkündete Grundentscheidung für die *Gewaltenteilung*[460] verstoßen.

Es besteht für ihn eine *Inkompatibilität* mit allen Funktionen, die seinem Verband durch Legalgewichte im Bereich der Verwaltung oder Rechtsprechung zur Ausübung anvertraut sind. Insofern enthält Art. 137 Abs. 1 GG einen allgemeinen Gedanken, wenn er auch unmittelbar »die organisatorische Gewaltenteilung« nur gegen solche Gefahren sichern will, »die durch eine Personalunion zwischen einem Exekutivamt und einem Abgeordnetenmandat entstehen können[460a]«.

Aus dieser Inkompatibilität folgt, daß der Interessenvertreter sich zwar noch während der Zeit der Wahlbewerbung im kollidierenden Bereich betätigen darf; er darf aber die Wahl nur annehmen, wenn er die kollidierende Tätigkeit aufgegeben hat[460b]. Andernfalls ist seine Annahmeerklärung ungültig.

b) Ein Vertrag, durch den ein Abgeordneter = Interessenvertreter sich einem Verband verpflichtet hat, in jeder Beziehung an der parlamentarischen Arbeit als Vertreter der Interessen dieses Verbandes aufzutreten, ist unmittelbar gemäß Art. 38 Abs. 1 S. 2 nichtig.

Er stellt außerdem einen schweren Verstoß des Abgeordneten gegen sein Verfassungsamt dar, gegen den der Bundestag nach vorheriger Ergänzung seiner

[459] BVerfGE 5, 85 (233 f.).
[460] Siehe oben S. 128 f.
[460a] Vgl. BVerfGE 12, 73 (77 f.); noch weitergehend Maunz-Dürig, A 15 + 16 zu Art. 137.
[460b] Vgl. BVerfGE 12, 73 (78).

Geschäftsordnung auf Grund seiner autonomen Rechte Sanktionen einführen könnte[461].

c) Die dem Abgeordneten zugleich mit seinem Amt um seiner selbst willen verliehenen *Statusrechte*[462] stehen ihm dann nicht zu, wenn er sie hemmungslos zu nicht mit dem Wohl des ganzen Volkes in Verbindung stehender, völlig einseitiger Interessenvertretung benutzt.

Das gilt etwa für das Rederecht im Parlament[463], ebenso für das subjektive öffentliche Recht, von Behörden Auskünfte zu erhalten[464], beide Rechte können wie alle anderen Statusrechte in dieser Weise verwirkt werden.

Kapitel 4:

Der Bundesrat und die Interessenverbände

§ 1: Grundlagen

»Das für die Mitwirkung der Länder bei der Gesetzgebung des Bundes vorgesehene Bundesorgan[465]« Bundesrat (Art. 50) hat als Treffpunkt der weitgehend informationsunabhängigen und weisungsgebundenen Regierungsmitglieder oder hohen Ministerialbürokratie der Länder (Art. 51 Abs. 1, 52 Abs. 4) wenig Anziehungskraft für Interessenverbände. Soweit hier zum Einfluß von *innen* angesetzt werden soll, liegen die Druckpunkte bei der Länderbürokratie.

Eine Teilnahme von *Nichtmitgliedern* an Beratungen des Bundesrates macht § 10 Abs. 1 GO BR von der Zulassung des Präsidenten abhängig. Öffentliche informatorische Ausschußsitzungen kennt die GO BR nicht, § 18 sieht nur das Auftreten von *Sachverständigen* vor den BR-Ausschüssen vor.

§ 2: Die Bedeutung der den Interessenverbänden in den Länderverfassungen eingeräumten Rechtsstellungen für den Bundesrat

Angesichts der den Interessenverbänden in den *Länderverfassungen* eingeräumten Rechtsstellungen, die — wie oben[466/467] dargestellt — zum Teil erheblich weiter als das GG gehen, ist die Frage von Bedeutung, ob diese Rechtsstellungen über das Bundesverfassungsorgan Bundesrat möglicherweise in die Verfassungsordnung des Bundes hineinragen können.

Der Bundesrat repräsentiert »das Volk als Volk der Länder[468]«, hat aber als

[461] Über einen solchen Beschluß des House of Commons vgl. BMI-Bericht, S. 89.
[462] Vgl. BVerfGE 10, 4 (11—14); Erdsiek, »Umwelt und Recht« 1., in NJW 1960, S. 232 f.
[463] Vgl. dazu BVerfGE 10, 4.
[464] Erdsiek, a. a. O., S. 233, 1. Sp.
[465] BVerfGE 4, 115 (139).
[466] Siehe oben S. 47 ff.
[467] Siehe oben S. 47 ff.
[468] Maunz-Dürig, Randnr. 5 zu Art. 38.

Repräsentationsträger nur Mitglieder der Landesregierungen (Art. 51 Abs. 1 S. 1 GG) vorgesehen. Das bringt es zwar mit sich, daß die »Landesregierung durch Weisungen an ihre Mitglieder, die die Landesregierung im BR vertreten, Einfluß auf die Staatswillensbildung im Bund nehmen kann«, und insoweit sind Landesorgane »durch die eigenartige Struktur des BR von Bundesverfassung wegen berufen ..., mittelbar an der Bildung des Bundeswillens selbst mitzuwirken[469]«. Dabei ist es auch zulässig, daß die Landesregierungen ihre Weisungen im Bundesrat nach Entscheidungen ausrichten, die sie im Zusammenwirken mit Interessenverbänden — auf Grund der diesen Verbänden im Landesverfassungsrecht je und je erteilten Rechtsstellung — getroffen haben. Dieses Zusammenwirken ist dann aber Vollzug des Landesverfassungsrechts, nicht »ein Hinübergreifen in Zuständigkeiten des Bundes[470]«.

Dieses Hinübergreifen ist erst gegeben, wenn Interessenverbände unter Berufung auf Länderverfassungsrecht eine »Instruktion« der Mitglieder der Landesregierung im Bundesrat oder eine andersartige Mitwirkung im Bundesrat fordern. Das ist »nach der Struktur des Bundesrates ausgeschlossen«, da »die Rechtsstellung der Mitglieder des kollegialen Organs Bundesrat« insoweit »im Grundgesetz gründet«. *Das GG sieht ein unmittelbares Hineinwirken von* Landesparlament, Landesvolk oder *Landesinteressenverbänden in die Entscheidungen des Bundesrates nicht vor*[469].

Kapitel 5:

Die Bundesregierung und die Interessenverbände

1. Vorbemerkung

Das oberste Bundesorgan »Bundesregierung« hat als »das kollegial gebildete Verfassungsorgan, dem die Staatsleitung obliegt[470a]«, nach dem Grundgesetz »Aufgaben der (politischen) *Regierung*, Aufgaben bei der (formellen und materiellen) *Rechtssetzung* und Aufgaben der (vollziehenden) *Verwaltung*[471]«.

An dieser Zuteilung von Staatsaufgaben an den Regierungsbereich geht an sich jeder Versuch vorbei, der die Regierungstätigkeit im weiteren Sinne klassisch in Gouvernative und Administrative[472] oder neuerdings[473] in »politische Grundentscheidung« und »Ausführung der politischen Grundentscheidung« einteilen will.

Für das Verhältnis der Interessenverbände zur Bundesregierung heben sich aber nach dem Sozialbefund *zwei* große Problembereiche ab, die den Gang der folgenden Untersuchung bestimmen sollen: A) Die Beziehung der Interessenverbände zu dem *Führungskollegium Bundesregierung*, verkörpert durch die Personen des Bundes-

[469] BVerfGE 8, 104 (120 f.).
[470] BVerfGE 8, 104 (121).
[470a] BVerfGE 11, 77 (85).
[471] Maunz, Staatsrecht, S. 307.
[472] So etwa: Georg Jellinek, Staatslehre, S. 618 f.
[473] Loewenstein, Verfassungslehre, S. 39 ff.

kanzlers und der Bundesminister (Art. 62). B) Die Beziehungen der Interessenverbände zur Bundesregierung i. S. der Personen und Einrichtungen, die die politischen Grundentscheidungen des Führungskollegiums vollziehen, also vor allem zur *Bundesverwaltung* (Abschnitt VIII des GG). *Zwischen* beiden Problemkreisen steht die Frage nach der staatsrechtlichen Bewertung offizieller *Beratungstätigkeit* der Interessenverbände für die Bundesregierung in diesem zweifachen Sinne.

Unterabschnitt A: Bundeskabinett und Interessenverbände

§ 1: Die Entscheidungsbildung des Bundeskabinetts[473a] und die Interessenverbände

Das Bundeskabinett als die politisch determinierte kollegiale Führungsinstanz der Bundesrepublik ist als Ganzes oder in den sie bildenden Amtsträgern der »Hauptadressat aller organisierten Interessenwahrnehmungen[474]«. — Die Erklärung ist natürlich: Als idealtypischer Sachwalter des Allgemeininteresses[475] zieht das Kabinett die Partikularinteressen an, die sich bei ihm als »das Allgemeininteresse« darzustellen versuchen — und das Kabinett bedarf dieser Darstellung, um das Allgemeininteresse lückenlos in den Griff zu bekommen.

Beziehungen zwischen Kabinett und Interessenverbänden sind angesichts der allen Interessenverbänden offenstehenden gesellschaftlichen Ordnungsfunktion in dem Staate des GG mit seiner oben dargelegten Bejahung des Systems differenzierter Gruppenfilter von vornherein mitgedacht. Das gilt insbesondere für den Bundeskanzler bei der von ihm zu verantwortenden Bestimmung der politischen Richtlinien des Regierungshandelns (Art. 65 S. 1).

Das ergibt sich aber weiter daraus, daß Kanzler und Minister als Träger der politischen Staatsfunktion dauernd vor der Aufgabe stehen, in eigener Verantwortung die Richtung des staatlichen Lebens zu bestimmen. Dies führt laufend dazu, zwischen mehreren einander widerstreitenden Wertvorstellungen und Interessenkonstellationen wählen zu müssen[475a].

Im Falle der besonderen Interessenverbände des Art. 9 Abs. 3 ergeben sich solche Beziehungen als natürliche Folge der grundsätzlichen Ausklammerung eines tragenden Ordnungsbereiches aus der Staatskompetenz, die nicht der Abstimmung mit der Staatsleitung enthebt, sondern im Gegenteil dazu zwingt, weil die Staatsordnung trotz der Ausklammerung insoweit unteilbar bleibt. — In diesem Rahmen darf die Regierung für ihre Gesetzesinitiative z. B. auch Vorarbeiten von Interessenverbänden verwerten[476].

[473a] Vgl. grundlegend Karl Heinrich Friauf, »Grenzen der politischen Entschließungsfreiheit des Bundeskanzlers und der Bundesminister« in Herrfahrdt-Festgabe, S. 45—72; ferner: »Politik für uns alle oder für die Interessenten?« Aktionsgemeinschaft Soziale Marktwirtschaft, Tagungsprotokoll Nr. 16, Ludwigsburg 1961.

[474] Kaiser, Repräsentation, S. 292, vgl. auch Scheuner, BDI-Gespräch, S. 13.

[475] Rüstow in »Gesellschaft«, S. 65.

[475a] Friauf, a. a. O., S. 45.

[476] Vgl. BVerfGE 4, 7 (25).

Dem Grundgesetz sind für das Verhältnis von Entscheidungsbildung des Kabinetts bzw. seiner Mitglieder und Interessenverbänden *drei Bestimmungen* zu entnehmen:

a) Gemäß Art. 64 Abs. 2 i. V. m. Art. 56 haben Bundeskanzler und Bundesminister bei der Amtsübernahme vor dem BT u. a. zu schwören, »dem Wohle des deutschen Volkes« zu dienen und »Gerechtigkeit gegen jedermann« zu üben. Der Wortlaut dieser *Eidesformel* ist *entgegen Maunz-Dürig*[477] nicht als traditionelle Formulierung ohne buchstabengetreue rechtliche Bedeutung anzusehen. Er stellt vielmehr insofern eine *authentische Interpretation des öffentlichen Amtes* dar, *dessen Träger Kanzler und Minister sind*, als es diesen öffentlichen Amtsträgern verboten ist, einem bestimmten Partikularinteresse unter Vernachlässigung des Gemeinwohls bei der Entscheidungsbildung beharrlich den Vorrang einzuräumen. Die im Amtseid genannten Pflichten obliegen somit diesen Amtsträgern als Amts- und Rechtspflichten[477a].

b) Gemäß Art. 65 haben der Kanzler die *Richtlinienkompetenz* und die Bundesminister die auf ihren Geschäftsbereich bezogene *Leitungskompetenz* bei der politischen Führung der Staatsgeschäfte.

Diese Kompetenznormen wirken sich *gegenüber den Interessenverbänden* als *Grenze* bei der Mitwirkung an der Entscheidungsbildung des Bundeskabinetts aus: Die Interessenverbände dürfen in den von ihnen kontrollierten Sozialbereichen keine politischen Tatbestände schaffen, die jene Kompetenznormen verletzen[478], indem sie jene Entscheidungsbildung faktisch präjudizieren.

c) Die Kompetenznormen des GG wirken sich aber *auch gegenüber dem Kabinett* und seinen einzelnen Mitgliedern als *Grenze* aus: Sie dürfen Interessenverbänden bei der Entscheidungsbildung nicht in einem Maße entgegenkommen, das die weiteren, verfassungsgemäß mit der Entscheidung befaßten Verfassungsorgane oder Organteile in ihrer Kompetenz einengt, indem es sie faktisch präjudiziert.

So dürfen beispielsweise weder Minister über eine Interessenhausmacht[479] die Richtlinienkompetenz des Bundeskanzlers antasten, noch darf der Bundeskanzler durch »Immediatvertrag[480]« mit Interessenverbänden das Parlament präjudizieren. Dagegen ist es zulässig, daß ein Minister seinem legitimen Ressortinteresse[480a] dadurch Gewicht zu verleihen sucht, daß er die gleichlaufenden Verbändeinteressen mobilisiert.

[477] Randnr. 3 zu Art. 64.
[477a] Ebenso Friauf, S. 61.
[478] Vgl. auch Freund, Heroismus.
[479] Vgl. Scheuner, BDI-Gespräch, S. 13
[480] Dresbach, Verbände, S. 2.
[480a] Vgl. BVerfGE 11, 77 (87).

§ 2: Die sog. »staatsvertragsähnlichen Abmachungen«[480] zwischen dem Bundeskanzler oder einem Bundesminister und Interessenverbänden

1. Sozialbefunde

Auf Grund von Interessentenwünschen ist es mehrfach vorgekommen, daß der *Bundeskanzler*[480b] bei umstrittenen gesetzgeberischen Projekten oder Finanzfragen mit Verbändevertretern Vereinbarungen traf, die von *Dresbach* als »staatsvertragsähnliche Abmachungen des aus der Volonté Générale hervorgegangenen Regierungschefs mit den Corps intermédiaires« kritisiert worden sind[480].

Im Rahmen der von der Bundesrepublik aufzubringenden Mittel für die Entwicklungshilfe verzichtete die Bundesregierung z. B. auf im Sommer 1960 angekündigte konjunkturpolitische Maßnahmen, nachdem dem Ressortminister von einem Verbandspräsidenten die Zeichnung einer Anleihe in Höhe von zunächst 1 Milliarde DM, später 1,5 Milliarden DM zugesagt worden war.

Nach allem stellt sich die Frage, wie solche Absprachen zwischen Verbandsvertretern und Kabinettsmitgliedern staatsrechtlich zu beurteilen sind.

2. Staatsrechtliche Beurteilung

a) Wenn auch eine »lockere Form und der nicht immer präzise Sprachgebrauch für Staatsverträge nichts Ungewöhnliches[481]« darstellen, so handelt es sich wegen des Kreises der Beteiligten in keinem Falle um staatsvertragsähnliche Rechtsgebilde, sondern nach dem Gegenstand[482] der Regelung allenfalls um *öffentlich-rechtliche Verträge*, die auch in der Verfassungssphäre vorkommen können[483].

Als solche sind sie an sich nur wirksam, wenn auf der Seite des Staates 1. die zuständigen (kompetenzausgestatteten) Amtsträger beteiligt sind und wenn 2. das öffentliche Interesse für den Vertragsgegenstand eine Bindung des Staates in einem Koordinationsverhältnis nicht ausschließt[484].

Diese Voraussetzungen waren in beiden Fällen nicht erfüllt, da der Bundeskanzler keine Kompetenz hatte, für die gesetzgebenden Körperschaften ein Präjudiz zu schaffen[485], und da das öffentliche Interesse an der Erhaltung einer handlungsfähigen Regierung im Bereich der Wirtschafts- und Finanzpolitik keinen rechtsgültigen Verzicht auf konjunkturpolitische Maßnahmen zuläßt.

[480b] Das Verhältnis Kanzler—Verbände hat mehrmals die öffentliche Meinung beschäftigt. Vgl. im einzelnen noch: 1. »Bedenkliche Empfehlung« in »Handelsblatt« vom 2. 7. 1961; 2. »Kein guter Rat« in »Generalanzeiger (Bonn)« vom 29. 5. 1961; 3. »Kanzler mahnt die Wirtschaft« in »Deutsche Zeitung« vom 5. 10. 1960; 4. »Wahlgeschenke werden gefährlich« in »Westdeutsche Allgemeine« vom 5. 5. 1960; 5. »Unternehmer-Kreise greifen den Kanzler an« in FAZ vom 12. 11. 1954.

[481] BVerfGE 1, 351 (361).

[482] Kaiser in »Rechtsleben«, I, 113; BGH: NJW 1960, S. 1458; NJW 1961, S. 74.

[483] Vgl. Forsthoff, Verwaltungsrecht, S. 14.

[484] Raiser, Vertrag, in »Rechtsleben« I, S. 114.

[485] So auch Dresbach, Verbände, S. 2.

b) Dennoch liegt die Frage nahe, ob diese Absprachen nicht mit *Raiser*[486] als *Verträge »geringerer Intensitätsstufe«* oder nach *Hueck*[486] als *Richtlinienverträge* aufrechtzuerhalten sind:

Bei aller in der Ordnung des GG vorausgesetzten – wie dargelegt – Staatszugewandtheit der Bürger und ihrer Gruppierungen und der ihr entsprechenden Bürgerzugewandtheit des Staates verlangt es aber die vom GG ebenfalls – wie ausgeführt – vorausgesetzte Autorität des Staates und Existenz staatlicher Herrschaftsgewalt, daß *die den Kabinettsmitgliedern obliegenden und vorbehaltenen* (Art. 65) *politischen Regierungsakte im engeren Sinne nicht zum Gegenstand koordinationsrechtlicher öffentlich-rechtlicher Verträge* gemacht werden. Das zeigt die justizielle Kehrseite der Zulassung solcher Verträge: Die Justiz hätte im Streitfalle politische Entscheidungen über die staatliche Gesamtordnung zu fällen[487].

c) Das gleiche Ergebnis wie vor ergibt sich auch auf einem von *Friauf*[487a] entwickelten Weg. Die politischen Rechte von Bundeskanzler und Bundesminister beruhen unmittelbar auf der Verfassung. Sie können deshalb durch ein in der Verfassung nicht ausdrücklich zugelassenes Rechtsgeschäft nicht aufgegeben werden. Art. 65 S. 1 und 2 stehen als zwingendes Verfassungsrecht nicht zur Disposition von Kanzler und Ministern. Eine irgendwie geartete Verpflichtung, eine bestimmte Politik zu verfolgen, kann deshalb keine rechtliche Wirkung erzeugen.

d) *Ergebnis: »Absprachen«* zwischen dem Bundeskanzler oder anderen Kabinettsmitgliedern und Interessenverbänden im Bereich der politischen Regierungsakte im engeren Sinne stellen keine wirksamen öffentlich-rechtlichen Verträge dar.

Sie sind, bezogen auf den Staat, einseitige politische Regierungsakte der Bundesregierung oder eines ihrer Mitglieder und unterliegen daher (nur) den für dieses Handeln im Grundgesetz aufgestellten Normen.

Zwischenabschnitt: Interessenverbände oder -verbandsvertreter als Berater oder Sachverständige der Bundesregierung[487b]

1. Die Bundesregierung bedient sich des Sachverstandes der Interessenverbände, indem sie sie in weitem Umfang an *Beiräten* und anderen Beratungsgremien beteiligt[488]. Das geschah in ähnlicher Weise schon in der Weimarer Republik[489], und angesichts einer in allen freiheitlich-demokratischen Staaten ähnlich geübten Praxis

[486] Vgl. Raiser, Vertrag, in »Rechtsleben« I, S. 11.
[487] Vgl. auch Forsthoff, Verwaltungsrecht, § 25.
[487a] a. a. O., S. 58.
[487b] Vgl. Manfred Kuhn, »Herrschaft der Experten? An den Grenzen der Demokratie«, Würzburg 1961; ders. »Der Experte im demokratischen Rechtsstaat«, S. 301 in »Schweizerische Juristenzeitung« 1958, Heft 20; ferner Joseph H. Kaiser, »Sachverstand und Politik – Parteien und Parlamente«, Sonderdruck 1962; Burneleit, S. 41 ff. (mit Einzelangaben); Küppers, »Sachverstand«.
[488] Siehe oben S. 52; ferner: Kaiser, Repräsentation, S. 287 f.; Ratgeber.
[489] Vgl. »Spitzenverband«, S. 179 ff.

kann von einem *»ungeschriebenen Verfassungsbrauch*[490]*«* gesprochen werden, der von vielen als »administrativer Pluralismus« charakterisiert wird[491].

Die Beteiligung kann dabei in *zwei* Formen geschehen. Sie ist möglich als *»Mobilisierung des Sachverstandes*[492]«, indem die Verbandsvertreter nicht als solche, sondern mit dem Status des Sachverständigen auftreten, der weisungsfrei und zur Objektivität verpflichtet ist. Sie ist weiterhin möglich als *»Mobilisierung von Gruppeninteressen*[492]«, indem die Verbandsvertreter als solche von der Regierung in einem Forum vereinigt werden, damit der *interessengeprägte Sachverstand* offen an das Ohr der Regierung dringt, und nicht Hintertüren und Schleichwege suchen muß.

Gegen beide Beteiligungsformen ergeben sich aus dem Grundgesetz keine staatsrechtlichen Bedenken, *solange* sie — wie bisher — der Hilfe und Entlastung, nicht der Ersetzung oder Ablösung der Ministerialbürokratie dienen.

2. An solche beratende Beteiligung knüpfen sich zwei verfassungsrechtliche Fragen:

a) Im Selbstverständnis der Interessenverbände findet sich im Zusammenhang mit ihrer Beratungstätigkeit die Vorstellung, »Beratungsorgan für die Bundesregierung, . . . den Bundesrat oder den Bundestag« zu sein[493].

Demgegenüber ist zu klären, daß die Beteiligung in beratenden Gremien der Bundesregierung den den Berater entsendenden Verband in keinem Fall zu einer *Verfassungsinstitution* oder zu einem *Hilfsorgan mit Verfassungsrang* macht. Es handelt sich vielmehr um natürliche Formen des Verkehrs von Staat und Gesellschaft im freiheitlich demokratischen Sozial-Rechtsstaat.

b) Angesichts der logischen Problematik des Sachverständigenrates aus Interessenkreisen, die darin besteht, »das reine Sachwissen bei den abzugebenden Empfehlungen . . . logisch . . . loszulösen . . . von den . . . beteiligten wertungsmäßigen Prämissen . . . interessenmäßiger Art[494]« fragt es sich, ob nicht der Gutachter in jedem Fall als Sachverständiger zu statuieren ist, der weisungsfrei und zur Objektivität verpflichtet ist (und durch den Formalakt der Verpflichtung durch Handschlag in den personalen Geltungsbereich der »VO über Bestechung und Geheimnisverrat[495]« einbezogen wird).

Aus der Verpflichtung der Regierung auf das allgemeine Wohl (Art. 64 Abs. 2 i. V. m. 56 Abs. 2) wird man eine verfassungsrechtliche Pflicht zu einer bestimmten Regelung dieser Einzelfragen nicht herleiten können.

[490] Loewenstein, Verfassungslehre, S. 383.
[491] Vgl. Fußnote 14 bei Loewenstein, Verfassungslehre, S. 384.
[492] Vgl. Weisser in: Ratgeber, S. 36 f.
[493] Vgl. Paulssen in »Tradition und Fortschritt«, S. 20.
[494] Weisser in: Ratgeber, S. 33.
[495] Dazu E. R. Huber, Wirtschaftsverwaltungsrecht, II, 341—346.

Unterabschnitt B: Bundesverwaltung und Interessenverbände

§ 1: Einleitung: Die unmittelbare und mittelbare Verwaltung und die Interessenverbände

1. Der Sozialbefund[496]

a) Bei der Betrachtung des Legalgewichtes der Interessenverbände wurde schon festgestellt, daß durch die verschiedensten verfahrensmäßigen Institutionalisierungen der Interessenverbände »für viele der gegenseitigen Fühlungnahmen« zwischen ihnen und der Verwaltung »eine förmliche Basis geschaffen worden« ist. »In zahlreichen offiziellen Ausschüssen sitzen die Vertreter der Verwaltung Stuhl an Stuhl mit denen der beteiligten Verbände[497].« So wird man nicht ohne Grund fragen müssen, ob hier nicht eine neue Form unzulässiger »Mischverwaltung« entsteht, die wegen ihrer Verborgenheit weit schlimmer ist als die Vermischung von Bundes- und Landesbehörden[497a].

Dieser Tatbestand ist das lebendige Ergebnis einer ständigen Einflußnahme (oder Versuchen dazu) der Interessenverbände auf den gesamten Apparat der unmittelbaren und mittelbaren Staatsverwaltung, und zwar sowohl hinsichtlich der gesetzesakzessorischen als auch der gesetzesfreien Erfüllung öffentlicher Aufgaben[498].

Dabei stehen im Vordergrund des allgemeinen Interesses spektakuläre Verbandsinterventionen auf der obersten Verwaltungsstufe, etwa im Referentenstadium eines Gesetzentwurfes[499] oder bei der Stellenbesetzung bestimmter Ministerien: »So haben die Daseinsvorsorgeverbände ein großes Interesse an der Stellenbesetzung der ihnen entsprechenden Daseinsvorsorgeministerien oder -abteilungen der klassischen Ministerien: z. B. die Bauernverbände am Ernährungsministerium, das Handwerk an der zuständigen Abteilung des Wirtschaftsministeriums, die Apotheker am Posten des Apotheker-Referenten im Innenministerium . . .[500].«

b) Die damit angedeutete Vielzahl der Verbandseinflüsse im Verwaltungsbereich läßt sich in »zwei Arten der Interessenwahrnehmung[501]« einteilen: Einwirkungen von *außen*, deren klassisches Beispiel die Intervention beim Referenten ist, und Einwirkungen von innen:

Unmittelbare Einwirkungen von *innen* erfolgen über Interessenvertreter in Beschlußorganen oder über auf bestimmte Interessenten eingestellte und oft auf ihre Initiative errichtete Sonderreferate, Abteilungen oder Ämter[502], die dann gern die

[496] Breitling, Verbände, S. 89 ff.; Eschenburg, Herrschaft; Willi Thiele »Einwirkungen der Verbände auf die Verwaltung« in »Der öffentliche Dienst« 1962, S. 1—8.

[497] Finer, Macht, S. 45; Hans Huber, NZZ III.

[497a] Vgl. zum Begriff der »unzulässigen Mischverwaltung« BVerfGE 11, 105 (124).

[498] Vgl. für diese beiden Erfüllungsarten BVerfGE 12, 205 (246 f.)

[499] Vgl. Sternberger in »Gewerkschaften«, S. 140 f.

[500] Eschenburg, Gesellschaft, S. 707.

[501] Kaiser, Repräsentation, S. 269.

[502] Wie vor, S. 274.

Form »erblicher Lehen[503]« annehmen, d. h. dauernd von den Angehörigen bestimmter Interessenverbände besetzt werden.

Das klassische Beispiel der *mittelbaren* Einwirkung von *innen* ist die *Ämterpatronage*[504], und zwar in *zwei* Formen[505]:

1. Zur eigenen mittelbaren Machtausübung, mithin *herrschaftliche* Ämterpatronage;
2. Zur *Belohnung* für geleistete Dienste.

c) Der *innere* Ansatzpunkt für diese »interessenmäßige Infiltrierung« liegt in dem *Ermessen,* das jedem Beamten in geringerem oder höherem Maße bei der Erledigung seiner Dienstaufgaben eingeräumt werden muß[506].

Der *äußere* Ansatzpunkt liegt in der Abhängigkeit der Verwaltung der Massendemokratie von den Gruppenfiltern, ohne die sie die zu ordnenden Sozialbereiche nicht mehr bewältigen könnte[507].

2. Die Ordnung des Grundgesetzes

Für das Verhältnis von Bundesverwaltung und Interessenverbänden sind angesichts der skizzierten Sozialbefunde die folgenden Normen des Grundgesetzes hervorzuheben:

a) Art. 20 Abs. 1; 28 Abs. 1; 33, Abs. 4: Aus der Grundentscheidung für eine funktionierende freiheitliche rechts- und sozialstaatliche Demokratie und aus der Funktionsträger-Entscheidung des Art. 33 Abs. 4 fällt dem Berufsbeamtentum die Aufgabe zu, »eine stabile Verwaltung zu sichern und damit einen ausgleichenden Faktor gegenüber den das Staatsleben gestaltenden politischen Kräften zu bilden . . .[507a]«.

b) Art. 83—91; 33 Abs. 4 und 5: »Das Grundgesetz spricht nur von Behörden, Körperschaften und Anstalten des öffentlichen Rechts als den zur Durchführung der Bundesgesetze Berufenen[508].« Es erwähnt nirgendwo ein Recht zur Delegation hoheitlicher Befugnisse auf andere als öffentliche Verwaltungsstellen. Die Ausübung hoheitlicher Befugnisse soll grundsätzlich mit einem öffentlich-rechtlichen Dienst- und Treueverhältnis verbunden sein, das Berufsbeamtentum wird institutionell garantiert[509].

c) Art. 36 Abs. 1: Für die Indienstnahme von Beamten der obersten Bundesbehörden gilt der »Grundsatz der proportionalen föderalen Parität[510]«, für alle übrigen Bundesbehörden das Heimatprinzip.

d) Art. 33 Abs. 2 und 3: Eignung, Befähigung und fachliche Leistung sollen für die Zugangschance zu öffentlichen Ämtern ausschlaggebend sein. Weltanschauliche Gesichtspunkte dürfen nicht nachteilig wirken.

[503] wie 500, S. 23.
[504] Wie 501, S. 273 ff.
[505] Eschenburg, Gesellschaft, S. 706.
[506] Vgl. BVerfGE 6, 132 (154).
[507] Siehe oben S. 7 ff.; ferner Finer, Staat, S. 337 ff.
[507a] Vgl. BVerfGE 11, 203 (216 f.).
[508] Reuß in »B.N.Sch.« III/1, S. 129.
[509] Maunz, Staatsrecht, S. 253 mit weiteren Nachweisen.
[510] Giese, nach Maunz, wie vor, S. 250.

e) Art. 30 und 83: Das Schwergewicht der Verwaltung soll bei den Bundesländern liegen, einerlei, ob es sich dabei um gesetzesfreie oder gesetzesakzessorische Verwaltung handelt, einerlei, ob es sich dabei um Erfüllung von Verwaltungsaufgaben mit hoheitlichen oder mit privaten Mitteln handelt[511].

3. Folgerungen für das Verhältnis Verwaltung–Interessenverbände

Diese Obersätze lassen *drei* Folgerungen für das Verhältnis von Verwaltung und Interessenverbänden zu:

a) Das GG verbietet, daß der *»regionale Föderalismus*[512]*«* im Verwaltungsbereich durch einen *»Interessenföderalismus*[512]*«* abgelöst wird, selbst wenn diese Ablösung durch Einsatz des Prinzips der Selbstverwaltung als »Mittel zur Disziplinierung von Sozialbereichen[513]« bewirkt würde.

b) Das Grundgesetz verbietet, im öffentlichen Dienst dem *»Interessenwert*[514]*«* der Bewerber und Beamten gegenüber dem *Eignungs-* und *Leistungswert* den Vorrang zu geben.

c) Gegenüber und neben den der freiheitlichen Demokratie des GG wesensgemäßen Führungswechseln der Parteien bei der politischen Führung des Staates hat das Grundgesetz ebenso deutlich den Willen ausgedrückt, mit dem Bereich der Erfüllung der staatlichen Aufgaben grundsätzlich eine unabhängige, dem Dienste am Gemeinwohl verpflichtete Beamtenschaft vertraut zu sehen.

Von diesen Grundlagen ausgehend sollen im folgenden die wichtigsten verfassungsrechtlichen Einzelfragen näher betrachtet werden.

§ 2: Die Delegation[514a] hoheitlicher Befugnisse auf Interessenverbände

Die Frage, ob eine Übertragung *hoheitlicher* Funktionen auf Grund Gesetzes oder Rechtsverordnung *(Delegation)* auf Interessenverbände zulässig ist, wird verschieden beantwortet:

a) Entgegen der überwiegenden Ansicht[515] hält *Reuß*[516] eine Delegation hoheitlicher Befugnisse nach dem Grundgesetz für unzulässig: Er bezieht sich auf den VIII. Abschnitt des GG (Art. 83–91), der nur von Behörden, Körperschaften und Anstalten des öffentlichen Rechts als den zur Durchführung der Bundesgesetze berufenen Einrichtungen spricht. Außerdem führt *Reuß* eine Reihe rechtspolitischer Bedenken ins Feld, die letztlich alle um die Auflösung der Staatsgewalt in einen administrativen Pluralismus gegeneinander streitender Verbandsherzogtümer kreisen.

[511] Vgl. BVerfGE 12, 205 (246).
[512] Kaiser, Repräsentation, S. 281.
[513] Forsthoff, Verwaltungsrecht, § 24 I.
[514] Eschenburg, Herrschaft, S. 32.
[514a] Vgl. Horst Ehmke, S. 75 ff. in »Wirtschaft und Verfassung«, Karlsruhe 1961.
[515] Streitstand in »B.N.Sch.« III/1, S. 129, Fußnote 121.
[516] In »B.N.Sch.« III/1, S. 128–131.

b) Mit der überwiegenden Ansicht[517] ist grundsätzlich in engen Grenzen eine Delegation hoheitlicher Befugnisse auf Interessenverbände nach dem Grundgesetz für *zulässig* zu halten:

b 1) Art. 33 Abs. 4 (»in der Regel«) läßt die Möglichkeit offen, daß die Ausübung hoheitlicher Befugnisse in Ausnahmefällen »privatrechtlich tätigen Kräften« übertragen wird. Dem ist »der weitergehende Grundsatz« zu entnehmen, »daß die Delegation von Hoheitsbefugnissen in Ausnahmefällen auch auf privatrechtliche Einrichtungen zulässig ist[518]«.

b 2) Die von *Reuß* angezogenen Artikel 83 ff. »stellen eine Kompetenzregelung innerhalb des durch das GG aufgerichteten *föderativen* Systems dar«, indem sie »die Verwaltungskompetenzen des Bundes und der Länder« abgrenzen. Dagegen sagen sie »nichts Erschöpfendes darüber, welche Einrichtungen als Träger der Bundes- und Landesverwaltung mit Kompetenzen und Befugnissen ausgestattet werden können[519]«.

Zwar hat das Grundgesetz durch die von ihm vorgesehenen Vollzugsformen der Verwaltung deren Organisation schon in hohem Maße elastisch gestaltet. Damit diese »Buntheit zu einer sinnvollen Ordnung zusammenwachsen« kann[520], müssen Bund und Länder aber im Rahmen ihrer Kompetenzen kraft ihrer Organisationsgewalt organisationspolitische Entscheidungen treffen können, die über die in Art. 83 ff. enthaltenen Verwaltungstypen hinaus auf privatrechtliche Einrichtungen zurückgreifen, und zwar auch im Bereich der hoheitlichen Befugnisse, wenn auch dort in engen Grenzen.

Wie diese Grenzen im einzelnen zu ziehen sind und von welchen Rechtswirkungen für das Privatrechtssubjekt die Delegation begleitet wird, ist für die Interessenverbände im folgenden § über die »beliehenen Verbände« näher darzulegen.

§ 3: Die beliehenen Interessenverbände[521]

1. Grundlagen

Ein beliehener Interessenverband ist ein solcher, »dem bestimmte Aufgaben und Befugnisse der öffentlichen Verwaltung im Wege der Delegation zugewiesen sind[522]«.

Gemäß dem aus Art. 20 Abs. 3; 28 Abs. 1 S. 1 folgenden *Prinzip der Gesetzmäßigkeit der Verwaltung*[523] darf solche Übertragung nur auf gesetzlicher Grundlage erfolgen, d. h. entweder unmittelbar durch Gesetz oder Rechtsverordnung

[517] Außer den in 515 genannten vgl. noch: v. Mangoldt-Klein, A VI 4 zu Art. 33; E. R. Huber, Wirtschaftsverwaltungsrecht I, § 46; Forsthoff, Verwaltungsrecht, § 24 a; Scheuner, BDI-Gespräch, S. 12, 16.

[518] v. Mangoldt-Klein, A VI 4 zu Art. 33.

[519] E. R. Huber, Wirtschaftsverwaltungsrecht I, S. 540.

[520] Maunz, Staatsrecht, S. 197.

[521] Vgl. dazu E. R. Huber, Wirtschaftsverwaltungsrecht I, § 46.

[522] E. R. Huber, wie vor, S. 533.

[523] Hamann, Grundgesetz, S. 25 ff.

(*gesetzliche* Delegation), oder durch einen Verwaltungsakt auf Grund gesetzlicher Ermächtigung (*administrative* Delegation[524]).

Aus den in Art. 83 ff. GG vorgesehenen Vollzugstypen sind für die *Verwaltungsform* durch beliehene Interessenverbände zwei Möglichkeiten abzuleiten:

a) Die *Auftragsverwaltung* mit voller Weisungsgewalt des Staates gegenüber dem Interessenverband im Bereich der delegierten Tätigkeit.

b) Die *Selbstverwaltung* mit Verbandsaufsicht, vor allem Legalitätskontrolle, durch den Staat[525].

Entgegen E. R. *Huber*[526] ist »ein System der Beleihung« – auch bei nicht hoheitlichen Befugnissen – das dem beliehenen Interessenverband völlige Autonomie gegenüber der Staatsgewalt einräumt, verfassungswidrig. Das Grundgesetz geht bei aller Entscheidung für den Föderalismus deutlich von der Staatseinheit (Art. 20; 28) in dem Sinne aus, daß sie nicht in Systeme autonomer Funktionsträger – sei es auch nur schlichtverwaltender Tätigkeit – aufgespalten werden kann. Die Ausnahmen von diesem Grundsatz nennt die Verfassung selbst in Art. 9 Abs. 3; Art. 24 und 140.

2. Die Delegation hoheitlicher Befugnisse

a) Wenn auch nach dem oben Gesagten die öffentliche Verwaltung nicht ausschließlich von öffentlich-rechtlichen Einrichtungen der Staatsorganisation selbst wahrgenommen werden muß, so geht das Grundgesetz in Art. 20 Abs. 3 und Art. 83–91 ersichtlich davon aus, daß die öffentliche Verwaltung grundsätzlich von solchen Einrichtungen selbst wahrgenommen wird[527]. Die Delegation an Interessenverbände unterliegt daher bei *allen* Zuständigkeiten und Befugnissen, den schlichtverwaltenden wie den hoheitlichen, dem »Prinzip *der quantitativen Begrenzung*[528]«.

Dieses Prinzip wird für die Ausübung hoheitsrechtlicher Befugnisse durch Art. 33 Abs. 4 noch *verschärft:* Die Regel bei der Ausübung solcher Befugnisse soll nach dieser Norm sein, daß Einrichtungen der öffentlichen Verwaltung, in denen öffentliches Dienstrecht gilt, tätig werden. *Nur in Ausnahmefällen dürfen also hoheitliche Befugnisse Interessenverbänden zur Ausübung übertragen werden.*

Diese Ausnahmefälle unterliegen dabei aber stets dem Prinzip der quantitativen Begrenzung: *Das materielle* – nicht nur das formelle – *Übergewicht der Hoheitsgewalt muß weiterhin bei einer Einrichtung der öffentlichen Verwaltung liegen.*

b) Darüber hinaus hat die Delegation hoheitlicher Befugnisse auf einen Interessenverband bestimmte *Rechtswirkungen,* die seine verfassungsrechtliche Stellung gegenüber der eines »normalen« Interessenverbandes ändern:

b 1) Aus dem Prinzip der Gesetzmäßigkeit der Verwaltung (Art. 20 Abs. 3; 28 Abs. 1 S. 1) und den verfassungsmäßigen Kontrollbefugnissen des Bundestages (Art. 44; 65 i. V. m. 67; 110; 114; 115) ist herzuleiten, daß der mit Hoheitsrechten beliehene Interessenverband im Bereich der beliehenen Funktionen der administra-

[524] E. R. Huber, a. a. O., S. 537 f.
[525] E. R. Huber, a. a. O., S. 535 f.
[526] a. a. O., S. 536.
[527] Ähnlich E. R. Huber, a. a. O., S. 544.
[528] E. R. Huber, a. a. O., S. 543.

tiven *Kontrolle* durch übergeordnete staatliche Organe unterworfen sein muß. Die der Ausnahmeregelung entsprechend weitreichende Kontrolle muß sich *auf Gesetz- und Zweckmäßigkeit* erstrecken. Im Bereich der Hoheitsverwaltung ist daher die Verwaltungstätigkeit des beliehenen Interessenverbandes als *Auftragsverwaltung* zu gestalten[529].

b 2) Soweit der beliehene Interessenverband hoheitliche Gewalt ausübt, mithin als Träger mittelbarer Staatsverwaltung tätig wird, ist gegen seine Verwaltungsakte der *Verwaltungsrechtsweg* gegeben (Art. 20 Abs. 3; 19 Abs. 4 GG; § 40 VwGO). Seine deliktische Haftung bestimmt sich im gleichen Rahmen nach den Vorschriften über die *Amtshaftung* (Art. 34 GG; § 839 BGB), wobei der beliehene Interessenverband als haftende Körperschaft, seine Organpersonen als Beamte i. S. des Amtshaftungsrechtes gelten[530].

§ 4: Interessenverbände als Notamtsträger

1. Einleitung und Sozialbefunde

a) In den voraufgehenden Paragraphen 1—3 war von dem Verhältnis der Bundesverwaltung zu den Interessenverbänden unter *normalen* Umständen die Rede, d. h. ohne daß sich die Bundesrepublik oder Teile davon in einem Ausnahmezustand oder inneren Notstand befinden. Diese Regeln dürfen aber nicht ohne weiteres auf *Notfälle* angewendet werden, in denen der Staat die Interessenverbände zu Hilfe ruft. Für als *Notamtsträger* vom Staat beauftragte Interessenverbände gelten vielmehr besondere Regeln. Diese können den wenigen Normen, die das Grundgesetz für die militärische Bedrohung des Staates von außen (Art. 59 a; 65 a), Ausnahmesituationen im Innern (Art. 37; 91; 143) oder Funktionsstörungen von Verfassungsorganen (Art. 57; 81) vorsieht, nicht unmittelbar entnommen werden. Vor einem Lösungsversuch interessieren zunächst die in Frage kommenden Tatbestände.

b) Aus den bisher ersichtlichen Sozialbefunden zu diesem Problem lassen sich *drei* Tatbestandsgruppen ableiten:

b 1) Interessenverbände als Notamtsträger in der *Kriegswirtschaft*[531] neben einer voll funktionierenden Staatsgewalt oder in der *Nachkriegswirtschaft*[532] neben einer geschwächten Staatsgewalt.

b 2) Interessenverbände als *Notamtsträger* im Rahmen der Vorbereitung und Durchführung der *Wiedervereinigung* Deutschlands: Hier sind ähnliche Angebote von seiten der Interessenverbände denkbar, wie es am 16. 2. 1952 der Vorsitzende des Rates der EKD, Bischof Dibelius, machte: Die Kirchen sollten danach die Kontrolle gesamtdeutscher Wahlen übernehmen[533].

[529] E. R. Huber, a. a. O., S. 544 f.

[530] E. R. Huber, a. a. O., S. 546.

[531] Vgl. Giger, Verbände, S. 28; Spitzenverband, S. 79 ff.; Richard Merton, Aus meinem Leben. Frankfurt (Main) 1955, insbes. S. 26 ff.

[532] Vgl. Freyer, Familie, S. 1037; Spitzenverband, S. 179 ff.

[533] Vgl. Kaiser, Repräsentation, S. 126 ff.

b 3) Interessenverbände als Notamtsträger im Bereich der *auswärtigen Beziehungen,* d. h. im gesamten völkerrechtlichen Verkehr. Als Schulbeispiel kann hier der Ostausschuß der gewerblichen Wirtschaft[534] dienen, mit dem die Wirtschaft dem Staat ein Gremium zur Verfügung stellte, das noch heute mit den Handelsbeziehungen zu Ostblockländern befaßt ist, soweit sie der Staat aus politischen Gründen und wegen fehlender konsularischer und diplomatischer Beziehungen nicht selbst pflegt.

2. Die besondere staatsrechtliche Stellung der Notamtsträger

Unabhängig von der Frage, ob die Annahme eines ungeschriebenen überpositiven *Staatsnotrechts* mit der politischen und rechtlichen Grundkonzeption des GG vereinbar ist[535], lassen sich für die dargestellten Fallgruppen aus dem GG und aus ungeschriebenen allgemeinen Verfassungsgrundsätzen folgende Lösungen ableiten:

Zu b 1): Im Falle der Kriegs- oder Nachkriegswirtschaft ist das dargestellte Regel-Ausnahme-Verhältnis des Art. 33 Abs. 4 zwangsläufig anders zu bestimmen, besonders dann, wenn die in Art. 83—91 vorgesehenen öffentlich-rechtlichen Einrichtungen ganz oder teilweise durch Überlastung oder Zerstörung ausfallen.

In solchen Fällen und in ähnlichen Fällen inneren Notstandes kann die Regierung im Rahmen ihres pflichtgemäßen Ermessens durch nicht justiziable Regierungsakte auf den Ausnahmezustand begrenzte Organisationsentscheidungen treffen, die außerhalb der im Normalfall vorgesehenen Variationsbreite des Art. 33 Abs. 4 liegen[536]. Das Recht und die Pflicht dazu ergeben sich aus Art. 64 Abs. 2 i. V. m. Art. 56 Abs. 2 GG.

Zu b 2): Nach der Präambel des GG bleibt »das gesamte deutsche Volk aufgefordert, in freier Selbstbestimmung die Einheit und Freiheit Deutschlands zu vollenden«. Aus diesem »verfassungsrechtlichen Gebot[536a]« ergibt sich auch für die Staatsorgane die Rechtspflicht, »die Einheit Deutschlands mit allen Kräften anzustreben[537]«.

Zwar soll nach Art. 146 GG das Grundgesetz so lange gültig sein, bis eine frei beschlossene Deutsche Verfassung in Kraft tritt. »Die hervorragende Stelle[538]«, an der die Wiedervereinigungspflicht im Grundgesetz angeführt ist, rechtfertigt es aber, daß die Präambel in diesem Fall die Regel-Ausnahme-Entscheidung des Art. 33 Abs. 4 und die Vollzugstypen der Art. 83 ff. überlagert und modifiziert, soweit die Wiedervereinigung durch die Einhaltung dieser Artikel verzögert oder unmöglich gemacht wird, und soweit nicht jene Modifizierungen die freiheitliche demokratische Ordnung des Grundgesetzes schwächen oder anders beeinträchtigen.

Zu b 3): Der Bereich der *»hochpolitischen Regierungsakte[539]«* im Bereich der auswärtigen Beziehungen ist streng zu trennen von dem Verwaltungsvollzug des aus-

[534] Krüger in »Legitime Interessenvertretung«, S. 16.
[535] Vgl. dazu Maunz, Staatsrecht, S. 115.
[536] Vgl. dazu auch BVerfGE 4, 74 (Leitsatz 4 und S. 90).
[536a] BVerfGE 12, 45 (51).
[537] BVerfGE 5, 85 (Leitsatz 1); BVerfGE 12, 45 (51).
[538] v. Mangoldt-Klein, A XI zur Präambel.
[539] Forsthoff, Verwaltungsrecht, § 25 Nr. 2.

wärtigen Dienstes. Die Entscheidung über Richtlinien der Ostpolitik, die die Tätigkeit des Ostausschusses der gewerblichen Wirtschaft mit zur Folge hatte, ist als ein solcher Regierungsakt zu werten, nicht als eine organisationsrechtliche Entscheidung im Rahmen des auswärtigen Dienstes. Das dürfte bei der Einsetzung von Notamtsträgern im Bereich der auswärtigen Beziehungen stets der Fall sein. Bei solchen Akten ist die Regierung außer an die Grundrechte (Art. 1 Abs. 3) und an Gesetz und Recht (Art. 20 Abs. 3) für die auswärtigen Beziehungen vor allem an die »allgemeinen Regeln des Völkerrechts« (Art. 25) gebunden[540]: Nun enthalten die Regeln über die Organe der Völkerrechtsgemeinschaft den Satz, daß grundsätzlich *alle* nach innerstaatlichem Recht wirksam zu diesem Zweck bestellten Organe des Staates für den Staat auch im Völkerrechtsverkehr handeln können[541].

Weiterhin verbietet es kein Satz des Völkerrechts, daß bei fehlenden diplomatischen und/oder konsularischen Beziehungen auf Wunsch oder mit Billigung der beteiligten Staaten privatrechtliche Organisationen als solche beider Staaten oder die privatrechtlichen Organisationen eines Staates als solche mit einem Organ des anderen Staates Vereinbarungen mit international-privatrechtlichem Charakter schließen, die bei bestehenden diplomatischen oder konsularischen Beziehungen dem Bereich völkerrechtlicher Vereinbarungen zufallen würden und daher praktisch völkerrechtliche Verträge ersetzen.

§ 5: Die Interessenverbände als weitere Form des öffentlichen Dienstes?

1. Zusammenfassender einführender Rückblick

Im Verlauf der bisherigen Untersuchung wurden mehrfach Ansichten als grundgesetzwidrig zurückgewiesen, die bestimmte oder alle Interessenverbände als staatsunabhängige Körperschaften des öffentlichen Rechts *neben* den Staat stellten.

Es wurde ferner nachgewiesen, daß der Staat sich im Grundgesetz auch bei den besonderen Interessenverbänden des Art. 9 Abs. 3 keine Aufsichtsgewalt vorbehalten hat, vielmehr weder diese Verbände noch alle übrigen Interessenverbände ihrer gesamten Rechtsstellung nach in den Bereich der staatlichen Ordnung eingegliedert hat[542].

Nach dem bisherigen Ergebnis sind die Interessenverbände eine im Grundgesetz als Potentialität angelegte und damit auch als Realität gebilligte und von vorneherein mitgedachte Selbstformierung und Selbstdisziplinierung von Sozialbereichen, mithin in dem freiheitlichen demokratischen Sozial-Rechtsstaat des GG natürliche, wenn nicht selbstverständliche Erscheinungen freiheitlichen demokratischen Staatslebens.

Dabei konnte freilich an keiner Stelle übersehen werden, daß die Interessenverbände »zu einem bedeutenden Mitträger unseres öffentlichen Lebens geworden[543]«

[540] Vgl. BVerfGE 6, 309 (362 ff.).
[541] Vgl. Verdross, Völkerrecht, S. 250 ff.; Leibholz, Repräsentation, S. 196 ff.
[542] Vgl. noch: E. R. Huber, Wirtschaftsverwaltungsrecht I, S. 188 ff.; II, S. 379 ff.; »Gewerkschaften Bundesrepublik«, S. 60.
[543] Scheuner in »Legitime Interessenvertretung«, S. 7.

sind und auf Grund der ihnen verliehenen Legalgewichte und der von ihrer Dynamik geschaffenen »Verfassungswirklichkeiten« zu »Gebilden von öffentlicher Bedeutung[544]« herangewachsen sind, die je und je in ihrem Bereich »ein Stück Staatlichkeit [545]« verwirklichen und dabei zuweilen »staatsähnliche Verantwortung[546]« tragen.

2. Das Problem

Es ist daher verständlich, daß Staatsrechtler sich mit den herkömmlichen Kategorien, sei es des beliehenen Verbandes, sei es des öffentlich-rechtlichen Verbandes kraft Wesens nicht mehr zufrieden geben, sondern ein »neues Staatsbild« verlangen[547].

Soweit diese Forderung mit dem Pathos vorgetragen wird, den Interessenverbänden im Rahmen einer einheitlichen funktionellen Staats*lehre* Rechnung zu tragen, ist sie nicht Gegenstand dieser Arbeit.

Meist jedoch wird sie — wie mehrfach dargelegt — als Rechnung der Verfassungswirklichkeit an das Verfassungsrecht präsentiert mit dem Anspruch zurückzuweichen:

Das letztere geschieht für den Bereich der *Verwaltung*, indem von Großbritannien die Formel von den Interessenverbänden als »a fourth arm of government«, »eine weitere Form des öffentlichen Dienstes[548]«, herüberdringt, nachdem sie in ähnlicher Form schon in der Bundesrepublik aufgeklungen war[549].

Es erscheint lohnend, vor einem Lösungsversuch für das Grundgesetz dieser eingängigen Formel kurz rechtsvergleichend nachzugehen[550]:

Seit dem Ende des ersten Weltkrieges wurden in Großbritannien eine Reihe von Beratungsgremien aus Interessenvertretern gebildet, die heute folgendes Bild bieten:

a) Beratungsorgane des Premiers in den Formen je einer ständigen Delegation von Unternehmern und Gewerkschaften.

b) Beratungsorgane der Ministerien und Verwaltung, die 1959 eine Zahl von über siebenhundert erreichten.

c) Organe der sozialpolitischen Beratung und Selbstverwaltung als Treffpunkt, Verhandlungs- und Schlichtungsgremien aus Arbeitnehmer- und Arbeitgeber-Vertretern.

3. Lösungsversuch: Das Subsidiaritätsprinzip[550a]

Wenn auch in Großbritannien der Verbandseinfluß der mächtigste aller westlichen Länder ist[551], so wird sich auch in der Bundesrepublik zunehmend dem Staatsrecht die Frage nach Anerkennung der Interessenverbände als einer weiteren Form

[544] Krüger, Verbände, S. 1220, r. Sp.
[545] Krüger, Verbände, S. 1219, r. Sp.
[546] Krüger, Verbände, S. 1221, l. Sp.
[547] Krüger, Verbände, S. 1220, r. Sp.
[548] Kaiser, Repräsentation, S. 278 m. weit. Nachw.
[549] Vgl. Scheuner, Selbstverwaltung, S. 691.
[550] Vgl. zum Folgenden: BDI-Gespräch, Anhang, S. 59—64; BMI-Bericht, S. 88—90.
[550a] Grundlegend: Rendtorff, Subsidiaritätsprinzip; Wössner, Verbandswesen, S. 163.
[551] Beer, Vgl. BMI-Bericht, S. 88.

des öffentlichen Dienstes stellen. Es fragt sich daher, ob das in der Einleitung dieses Kapitels formulierte bisherige Ergebnis über die Rechtsstellung der Interessenverbände für den Bereich der Verwaltung das Problem lösen kann:

Indem das Grundgesetz im allgemeinen bestimmte Sozialbereiche *mittelbar* der Selbstordnung offen läßt — *unmittelbar* für Interessenverbände nur in dem besonderen Bereich des Art. 9 Abs. 3 — führt es in bestimmtem Umfang das *»Prinzip der Subsidiarität*[552]*«* ein, »wonach der Staat sich von der Besorgung solcher Aufgaben zurückhält, für die durch die Wirksamkeit anderer Verwaltungsträger genügend gesorgt ist«. Es gibt sozusagen »dem staatszugewandten Bürger in großer und immer größerer Zahl[553]« eine echte Ordnungschance.

Bei Erlaß des Grundgesetzes hat sich der Bundesstaat Bundesrepublik in *vier* Bereichen zu diesem Prinzip bekannt: Am weitesten für die *Länder,* in großem Umfang für die *Kommunen* (Art. 28), ferner für die *Kirchen* (Art. 140) und schließlich in Art. 9 Abs. 3 für den Bereich der *Vereinigungen* zur Wahrung und Förderung der *Arbeits-* und *Wirtschafts*bedingungen.

Diese Bereiche sind nicht abschließend, die eingangs aufgezeigten, im GG angelegten Potentialitäten können vielmehr Realitäten schaffen, die dann ebenfalls über das Subsidiaritätsprinzip eine befriedigende Verbindung zu dem in der geschriebenen Verfassung festgehaltenen Ordnungsbild finden[554]. Angesichts dieses Auffangprinzips des GG für soziale Mächtigkeiten, Selbstordnungen und Selbstdisziplinierungen des Sozialbereiches ist für »eine weitere Form des öffentlichen Dienstes« in der Ordnung des GG kein Raum.

§ 6: Bundesverwaltung und öffentlich-rechtliche Verträge mit Interessenverbänden

Die Interessenverbände — ihrer Eigenart entsprechend auf Kompromisse bedacht und angelegt — »ermuntern« den Staat oft, »von seiner hoheitlichen Stellung« auf dem Wege des öffentlich-rechtlichen Vertrages »herunterzusteigen[555]«. Dabei geht es häufig »um die Regelung von Gegenständen, die in rechtsstaatlicher Sicht zum ›domaine de la loi‹ gehören würden[556]«. Diese »Flucht aus dem Recht[555]« bedroht das rechtsstaatliche Prinzip der Gesetzmäßigkeit der Verwaltung[557], kann als »lästige Fessel« die Reaktionsmöglichkeiten der Verwaltung einschränken und legt schließlich, als Regel angewendet, »die staatliche Hoheit in einem Netz von Vertragsbanden gefangen[558]«.

Die aus dem Grundgesetz ableitbaren Grundsätze zu diesem Problem wurden bereits beim Autoritätsproblem[559] und bei der Beurteilung der staatsvertragsähn-

[552] Nawiasky, Staatslehre, 4. Teil, S. 42.
[553] Jahrreiss, Grundfragen, S. 88.
[554] Jahrreiss, Grundfragen, S. 64.
[555] Hans Huber, Verbände, S. 27.
[556] Hans Huber, ORDO, S. 192; ders. NZZ III.
[557] Hans Huber, NZZ III.
[558] Forsthoff, Verwaltungsrecht, § 14 I; Stern, Rechtsfragen, S. 518—525.
[559] Siehe oben S. 152—154.

lichen Abmachungen zwischen Kabinettsmitgliedern und Interessenverbänden[560] dargelegt. Danach ist der Abschluß öffentlich-rechtlicher Verträge unzulässig, »wo er sich aus der Natur der staatlichen Funktionen verbietet[558]«. Teilweise fällt das Problem mit der oben [561] erörterten Frage zusammen, in welchem Maße sich eine mit Hoheitsbefugnissen ausgestattete Behörde derer durch Delegation begeben kann. Nach allem kommt für den öffentlich-rechtlichen Vertrag im Bereich von Hoheitsaufgaben nur ein enger Kreis von Fällen in Frage, wo die mehr auf allgemeine Verhältnisse gerichtete Norm bei der Gestaltung einer besonders gelagerten Sachlage eine befriedigende Lösung nicht ermöglicht. Als Grundsatz muß aber gelten: »Je enger die Zusammenhänge zwischen den Interessenverbänden und den Trägern der Hoheit werden, um so mehr kommt es darauf an, daß die Hoheit auch Hoheit bleibt, die den Gegensatz der Interessen in sich aufzuheben vermag[562].«

§ 7: Bundesverwaltung und Gleichheitsgebot

Die den Interessenverbänden aus Art. 3 GG zufließenden Rechte wurden im II. Hauptteil dargestellt[563]. Hier bleibt nur für den Bereich der Verwaltung besonders hervorzuheben: Aus dem Art. 3 entspringenden »Gebot der Rechtsanwendungsgleichheit« ergeben sich für die Verwaltung nicht nur »Bindungen materiellrechtlicher Art«, sondern auch »solche für ihre *Verfahren*[564]«.

Insbesondere in den Fällen[565], wo die Beteiligung von Interessenverbänden im Gesetzesvorbereitungs-, Gesetzgebungs- oder Verwaltungsverfahren in das *Ermessen* der Verwaltung gestellt ist, wirkt sich der Gleichheitssatz als »Ausprägung des allgemeinen Prinzips der Gesetzmäßigkeit der Verwaltung[564]« aus und wird somit zum Element der Ermessensbildung.

Als Verbot unterschiedlicher Ermessenshandhabung gegenüber gleichen Tatbeständen (Willkürverbot) wird der Gleichheitssatz verletzt, wenn im Rahmen solcher »Ermessensbeteiligung« bestimmte, gleichermaßen bedeutsame, interessierte und betroffene Interessenverbände von der Verwaltung ohne Grund verschieden behandelt werden[566].

[560] Siehe oben S. 189.
[561] Siehe oben S. 194 f.
[562] Forsthoff, bei Stern, in JZ 1960, S. 524, r. Sp.
[563] Siehe oben S. 83 ff.
[564] Ipsen in »N.N.Sch.« II, S. 147 ff.
[565] Siehe oben S. 51 f.
[566] Brenner, Mitwirkungsrecht, S. 876.

Kapitel 6:

Die rechtsprechende Gewalt und die Interessenverbände

§ 1: Einführung

Im ersten Hauptteil wurde schon dargelegt, daß die *Sondergerichte,* vor allem die Arbeitsgerichte, »auf einer sehr ausgedehnten Berücksichtigung und Mitwirkung der einschlägigen Interessenverbände[567] beruhen.

Dort wurde ferner auf die starke Stellung hingewiesen, die die Interessenverbände heute im Bereich der Rechts*beratung* und Rechts*hilfe* innehaben.

Schließlich war im zweiten Hauptteil schon die Frage nach der Geltung der justiziellen Grundrechte im Rahmen der »Verbandsgerichtsbarkeit« zu behandeln.

Im folgenden bleibt der staatsrechtliche Standort zu bestimmen, den die Spruchtätigkeit von Schiedsgerichten, Rechtsausschüssen oder anderen Organen der Interessenverbände nach der Institutions- und Kompetenzordnung des Grundgesetzes findet; außerdem bleiben die die Interessenverbände berührenden Grundentscheidungen des GG für das Gebiet der rechtsprechenden Gewalt aufzuzeigen; eine allgemeine staatsrechtliche Untersuchung der Standes- und Ehrengerichtsbarkeit im Geltungsbereich des GG ist dagegen nicht Gegenstand dieser Arbeit.

§ 2: Die Ausübung der rechtsprechenden Staatsgewalt

Gemäß Art. 92 GG sind die gesonderten Organe, welche (allein[568]) gemäß Art. 20 Abs. 2 die rechtsprechende Staatsgewalt ausüben, die Richter der *staatlichen* Gerichte, und zwar in der in Art. 92, 2. Halbsatz (abschließend) vorgenommenen Aufteilung der Gerichtshoheit zwischen Bund und Ländern[569].

Nur diesen Richtern ist die rechtsprechende Gewalt *anvertraut,* d. h. nur sie können sich darauf berufen, unmittelbar vom Souverän »Volk« zu ihrer richterlichen Tätigkeit legitimiert zu sein[570].

Mit diesen Grundentscheidungen zieht das GG einen *scharfen Trennungsstrich* zu allen »Rechtsprechungsorganen« bzw. »-tätigkeiten«, die die Interessenverbände auf Grund ihrer Privatautonomie eingerichtet haben bzw. ausüben. Solche Einrichtungen verfügen zwar manchmal, besonders in der Ausprägung einer scharfen Verbandsstrafgewalt zur Wahrung der Verbandsdisziplin[571], über eine beträchtliche Machtfülle, deren Anwendung den einzelnen ebenso empfindlich treffen mag wie ein staatlicher Rechtspruch. In keinem Falle handelt es sich aber um rechtsprechende Staatsgewalt, sondern um satzungsvorgesehene Selbstdisziplinierungen. Das findet seinen Ausdruck darin, daß ein Ausschluß des Rechtsweges durch die Satzung rechtsunwirksam ist: »Wird einem« Verbandsorgan eine Entscheidung übertragen, so hat

[567] Kaiser, Repräsentation, S. 293.
[568] Hamann, Grundgesetz, S. 330.
[569] Vgl. Bonner Komm., Erl. II 1, c, und 4 a zu Art. 92.
[570] Bonner Komm., Erl. II 1, d, y zu Art. 92.
[571] Beispiele bei Meyer-Cording, Vereinsstrafe, S. 103 f.

das nur »die Bedeutung, daß vor der Anrufung des Gerichts diese Entscheidung herbeigeführt werden muß[572]«.

Dem steht nicht entgegen, daß nach §§ 1025 ff. ZPO eine Streitentscheidung rechtswirksam einem Schiedsgericht übertragen werden kann: Ein solches Gericht muß stets schon unparteilich besetzt sein, darf also niemals ausschließlich aus Verbandsangehörigen-Schiedsrichtern allein bestehen[573]. Es übt, trotz dieser letzteren Bedingung, keine rechtsprechende Staatsgewalt aus: »Klageerhebung vor einem Schiedsgericht begründet keine von Amts wegen zu beachtende Rechtshängigkeit«, sondern bildet ein nur auf Einrede und nur vor der Verhandlung des Beklagten zur Hauptsache beachtliches Prozeßhindernis (§ 274 Abs. 2 Nr. 3 ZPO[574]). Mit Recht nimmt daher die wohl überwiegende Ansicht weitergehend an, daß auch die Rechtskraftwirkung eines Schiedsspruches gemäß § 1040 ZPO nicht von Amts wegen zu beachten ist, weil es dafür an einem öffentlichen Interesse fehlt[574].

§ 3: Die rechtsprechende Staatsgewalt als unabhängige Gewalt und die Interessenverbände

Das GG hütet in Art. 97 Abs. 1 und 2 sorgfältig die »sachliche Eigenständigkeit und Unabhängigkeit der rechtsprechenden Gewalt[575]«, indem es die sachliche und persönliche Unabhängigkeit der Richter garantiert[575a]. Mit dieser Grundentscheidung sind Interessenverflechtungen der rechtsprechenden Staatsgewalt unvereinbar[576], wenn auch das GG in dieser Hinsicht durch die Normen über die Wahl der Richter (Art. 94 Abs. 1 S. 2; Art. 95 Abs. 3; Art 96 Abs. 2 S. 1; Art. 98 Abs. 4) eine in Grenzfällen zweifelhafte Lösung getroffen hat.

Die Entscheidung für die rechtsprechende Gewalt als unabhängige Gewalt ist von besonderer Bedeutung für das Verhältnis und die Auslegung des Art. 101 Abs. 2, nach dem Sondergerichte – außer im Bereich der oberen Bundesgerichte (Art. 92 i. V. m. Art. 96 Abs. 1) – durch Gesetz errichtet werden können. Die gesetzliche Einrichtung und Gestaltung dieser Sondergerichte ist, wie das Beispiel des Arbeitsgerichtsgesetzes gezeigt hat[577], eingehender und oft drückender Teilnahme der »zuständigen« Interessenverbände ausgesetzt. Soweit solche Einwirkungen darauf hinzielen zu sichern, daß in das »wertende Zweckdenken« (Lehmann) des Gerichtes die beteiligten Interessen klar und ständig mit eingehen, ist das ein die Wirksamkeit der rechtsprechenden Gewalt stärkendes und daher von der Verfassung gebilligtes Anliegen. Soweit der Druck der Interessenverbände die rechtsprechende Gewalt als unabhängige Gewalt im obigen Sinne antastet, weil sie die Unabhängigkeit durch Parteilichkeit zu ersetzen trachten, liegt eine Verletzung der verfassungsmäßigen Ordnung des Grundgesetzes vor.

[572] Enn.-Nipperdey, 1. Halbbd. § 112 IX; Maunz, Staatsrecht, S. 210.
[573] Vgl. BGH NJW 1957, S. 1036.
[574] Vgl. BGH NJW 1958, S. 950 mit vielen Nachweisen.
[575] BVerfGE 2, 307 (319).
[575a] Vgl. BVerfGE 12, 81 (88 ff.; 96 ff.).
[576] BVerfGE 10, 200 (216).
[577] Vgl. Sternberger in »Gewerkschaften«, S. 140 f.

§ 4: Das Problem des »hungernden Rechts«

Hans Huber[578] hat auf die Folgen hingewiesen, die eine mit der Zunahme des Verbandswesens möglicherweise einhergehende Abnahme der Streitentscheidung oder Streitschlichtung durch die rechtsprechende Staatsgewalt haben kann. Er spricht davon, daß das Recht »hungert«: »Die fundamentalen Rechtssätze und Rechtsgrundsätze werden dort nicht in gültiger Weise durch die Rechtsprechung fortentwickelt.«
Zu diesem Problem liegen im Bereich des GG – soweit ersichtlich – keine bestätigenden Befunde vor. Daher wäre eine weitere Erörterung Spekulation. Wo eine solche Problematik im Bereich des GG die oben dargestellten Verfassungsentscheidungen über die rechtsprechende Gewalt in Frage stellt, sind Tatbestände denkbar, die nicht nur die Rechtspolitik, sondern auch die Verteidigung des Grundgesetzes durch Rechtsanwendung herausfordern.

Kapitel 7:

»Zwischenstaatliche Einrichtungen« und Interessenverbände

§ 1: Internationale Interessenverbände als »zwischenstaatliche Einrichtungen«?

Gemäß Art. 24 Abs. 1 des GG kann der Bund durch Gesetz Hoheitsrechte auf zwischenstaatliche Einrichtungen übertragen. Unabhängig von allen Meinungsverschiedenheiten um den Begriff der »zwischenstaatlichen Einrichtungen[579]« besteht Einigkeit darüber, daß eine private internationale Organisation, deren Mitglieder nicht die Staaten als solche, sondern nur nationale Organisationen sind, keine zwischenstaatliche Einrichtung i. S. des Art. 24 Abs. 1 ist[580].
Internationale Dachverbände von Interessenverbänden oder internationale Interessenverbände kommen daher nicht als zwischenstaatliche Organisationen i. S. des Art. 24 in Frage.

§ 2: Die Rechtsstellung der Interessenverbände gegenüber den »zwischenstaatlichen Einrichtungen«

1. Die bisher vollzogenen Übertragungen von Hoheitsrechten auf zwischenstaatliche Einrichtungen haben – besonders bei den Europäischen Gemeinschaften – gezeigt, daß die Interessenverbände den sie jeweils »betreffenden« Hoheitsrechten zu ihrem neuen Träger folgen[581]. Zum großen Teil ist diese Bewegung freilich ein Ergebnis der den Interessenverbänden im Staatengemeinschaftsrecht der zwischen-

[578] Verbände, S. 29.
[579] Vgl. die Nachweise bei v. Mangoldt-Klein, A III 5 zu Art. 24.
[580] Wie vor 5 a zum Art. 24.
[581] Vgl. Potthoff in »Gewerkschaften«, S. 97–101; Scheuner, BDI-Gespräch, S. 17; 3. Gesamtbericht der EWG-Kommission (Mai 1960), S. 80–82.

staatlichen Einrichtungen verliehenen Legalgewichte, die oben schon dargestellt wurden[582].

2. Im Hinblick auf die bisher untersuchte Rechtsstellung der Interessenverbände nach dem GG bleibt die Frage zu beantworten, wieweit sich »der Bund« oder die Interessenverbände auf dem Wege über nach Art. 24 Abs. 1 GG gegründete und mit Hoheitsrechten ausgestattete »zwischenstaatliche Einrichtungen« dieser Verfassungsentscheidung entziehen können:

Die Frage eröffnet ein weites Feld völkerrechtlicher und staatsrechtlicher Probleme, deren Behandlung nicht Gegenstand dieser Untersuchung ist. Hier kann daher eine Antwort nur skizziert werden:

Das GG trifft in Art. 79 Abs. 3 die Entscheidung, daß bestimmte Elemente seiner Ordnung unabänderlich sein sollen. Diese Entscheidung darf auch nicht über Art. 24 Abs. 1 in Frage gestellt werden. Ihr ist der weitergehende Grundsatz zu entnehmen, daß das Staatengemeinschaftsrecht der zwischenstaatlichen Einrichtungen, auf die der Bund Hoheitsrechte überträgt, »in den wesentlichen Strukturprinzipien« dem Grundgesetz nicht widersprechen darf[583].

[582] Siehe oben S. 47—55.

[583] Vgl. v. Mangoldt-Klein, A III 5 d zu Art. 24, mit weiteren Nachweisen.

»Eine Krisis kann nicht überwunden werden, indem man an einen früheren Punkt des Weges zurückstrebt, sondern nur, indem man die gegebene Problematik ohne Abstriche zu bewältigen sucht[1].«

»Il y a quelque chose de plus actif que l'action constante des lois dans un certain sens: c'est l'action constante des passions humaines dans un sens contraire[2].«

Martin Buber

[1] Martin Buber, zitiert bei Wickel, Gewerkschaften, S. 722.
[2] Tocqueville, Ancien Régime, p. 43.

IV. Hauptteil:

Auswertende Schlußbemerkungen

1. Die Demokratie im Sinne des Grundgesetzes ist kein Philosophem. Sie ist ein praktisches Mittel, dem Staat eine Führung zu geben, die die Würde des Einzelnen achtet und dem Willen freier Bürger gerecht wird, Willkür soweit wie möglich ausschließt und die Freiheit erhält, auf daß der Mensch (= Bürger) seine praktischen, geistigen und moralischen Fähigkeiten entfalten kann[3].

2. Zu praktischer Bewährung dieser Demokratie in dem hochtechnisierten Massenzeitalter darf der *Bürger* zum Staat hin der Kollektive, und der *Staat* zum Bürger hin der Gruppenfilter. Das bedeutet, bezogen auf die Darstellung und Wahrnehmung von Teilinteressen: »Die Interessenverbände sind im modernen Staat nicht nur Gegebenheiten, sondern auch Notwendigkeiten[4].« Insoweit ist der traditionell behauptete Gegensatz von Staat und Gesellschaft aufgehoben.

3. *Dem trägt das Grundgesetz Rechnung:* Der in ihm angelegte freiheitlich demokratische Sozial-Rechtsstaat steht der Interessenvertretung durch Verbände offen und scheut Interessenkämpfe nicht. Er setzt den Interessenverbänden und ihren Eigengesetzlichkeiten als Grenze das Verbot, Staat im Staate zu werden. Er erlaubt, das gemeine Wohl in dialektischer Interessenauseinandersetzung zu finden, aber nur, solange die Interessendarstellung noch echte Fäden zum Wohl des ganzen Staates aufweist[5]. Die Interessenverbände *unterliegen* den leitenden Wert- und Kompetenz- bzw. Institutionsentscheidungen des Grundgesetzes, nicht aber diktieren oder bestimmen *sie* diese Entscheidungen.

4. Die *Gefahr* für den Staat des GG liegt also nicht in den Interessenverbänden *an sich,* sondern in der Art, wie sie sich der Fähigkeit bedienen, sich ihrer Zusammengehörigkeit mit — und ihrer gemeinsamen Verantwortung gegenüber — der Demokratie bewußt zu werden, und zwar als Selbstverständlichkeit, nicht als je und je vom Staat mit »Partnerschaft« zu belohnende Verdienste und Würdigkeiten[6].

5. Die Selbstdisziplinierung von Sozialbereichen durch je und je interessenbestimmte Teilordnungen findet im Staate des GG ihre Grenze an der übergeordneten Autorität des Staates. Der regionale *Föderalismus* darf nicht, als Strukturprinzip des Bundesstaates, in einem funktionalen Pluralismus ausgehöhlt werden.

[3] Vgl. Dechamps, Bürger.

[4] Friesenhahn, Regierung, S. 28; auch Geyer, NZZ.

[5] Hans Huber, Verbände, S. 17.

[6] Aron, Eliten, S. 1113; Bieri, Gewerkschaften, S. 7.

6. Das föderative Prinzip und die übrige Wert-, Kompetenz- und Institutionsordnung des GG können nicht nur durch selbstbestimmtes Handeln der *Interessenverbände* angetastet werden. Das Grundgesetz kann vielmehr auch durch eine vom staatlichen *Gesetzgeber* zur verantwortende *»Nach- und Nachinstitutionalisierung* der Interessenverbände[7]« in der Weise verfehlt werden, daß diese Sozialgebilde zu einer Zeit auf Grund der ihnen verliehenen Legalgewichte eine – wenn auch »unverfaßte«, aber doch »gesetzte« – *»vierte Gewalt«* darstellen.

7. Das so differenzierte Staatsordnungssystem genügt sich nicht in einem ausgeklügelten Normensystem. »Je größer der Kreis von Menschen ist, die in einer politischen Ordnung stufenweise an der Verantwortung teilhaben, desto sicherer ist der Bestand dieser Ordnung[8].« Hier mündet das *Verbändeproblem* ein in die Frage nach Gesinnung und Erziehung der Bürger: Das GG ist insofern nicht nur »imperativ«, sondern auch »evokativ«, es bedarf »in qualifiziertem Maße, um wirklich zu werden, der Annahme durch eigenverantwortliches Selbertun[9]« der Bürger.

8. Ist das richtig, dann erweist sich der (weit verbreitete) Ansatzpunkt jener Betrachtungen, die den Staat und seine Ordnung von vorneherein zum *Objekt* des Druckes oder gar der Listen des *Subjekts* Interessenverbände machen wollen, als falsch.

Diese Art der Betrachtung übersieht die Aufgabe und die Würde des Staates, Wegweiser und Former politischer Sitte und Erziehung zu sein. Ohne Bewältigung dieser Aufgabe könnte der freiheitliche Sozial-Rechtsstaat des GG an der in seiner Freiheit angelegten »Dynamik[10]« leicht zugrunde gehen.

Dann wird in Beziehung auf die Interessenverbände wahr, was *Robert Musil* seinen Helden im »Mann ohne Eigenschaften« schon in geselligen Vereinen erkennen lassen zu müssen glaubte:

»Erlaucht«, sagte Ulrich erstaunt, »das kann man nicht mehr Vereinsmeierei nennen, wie man es arglos gewohnt ist; das ist der ungeheuerliche Zustand, daß in der Art von Ordnungsstaat, die wir erfunden haben, jeder Mensch noch einer Räuberbande angehört . . .[11]!«

9. Erst wenn sich Staat und Interessenverbände in einer bestimmten Symbiose finden, wird das Staatsordnungsbild des Grundgesetzes erfüllt. Staat und Verbände können diese Symbiose verfehlen. Verfehlungsbefunde sind nicht nur: Auflösung der Staatsgewalt in Interessenherzogtümer. Verzicht des Staates auf die Gesellschaftsfilter Interessenverbände. Sondern auch: Monotones Nebeneinander, weil sich die Verbandsinseln im Staat und die Staatsinseln in den Verbänden im strategischen Gleichgewicht befinden. Gibt es Sicherheiten auf eine grundgesetzgemäße Symbiose hin?

10. Die *erste* echte Sicherheit der demokratischen Ordnung des Grundgesetzes bietet auch beim Verbändeproblem – und trotz seines Kollektivaspektes – »die menschliche Vervollkommnung ihrer Bürger[12]«. Erst wenn die Bürger erkennen,

[7] Werner Weber, BDI-Gespräch, S. 24.
[8] Stammer, Verantwortung, S. 854.
[9] Arndt, Grundgesetz, S. 18.
[10] Fechner, Rechtsstaat, S. 12.
[11] Robert Musil, Der Mann ohne Eigenschaften, Hamburg 1957, S. 355.
[12] Rapold, Beitrag, S. 103.

daß es kein größeres Einzelinteresse gibt, »als die allgemeinen Interessen zu den eigenen zu machen[13]«, werden dem demokratischen Staat »checks and balances« als Helfer gegen »Herrschaftsansprüche« der Interessenverbände – und diesen letzteren die besten Wegweiser zu einem dem Grundgesetz entsprechenden Selbstverständnis – erwachsen: »*Verantwortungskartelle,* die sich quer durch die Interessenverbände ziehen[14].«

11. Die *zweite* echte Sicherheit der demokratischen Ordnung bezieht sich auf die Träger der Staatsgewalt in allen ihren Teilen in ihrer Beziehung zu den Interessenverbänden: Wenn die Träger der Staatsgewalt gegenüber den Interessenverbänden nicht sicher und bestimmt im Sinne der aufgezeigten staatsrechtlichen Grenzen der Verbändetätigkeit auftreten – wenn sie ohne Notwendigkeit Koordination gewähren oder gar leichtfertig zentrale Ordnungsbereiche in Form von Subsidiaritätslehen an soziale Mächtigkeiten ausliefern –, läuft das Grundgesetz leer: Mehr noch: Dann wird es durch die Träger der Staatsgewalt selbst Schritt für Schritt zur »Bedeutung eines kompensatorischen Bildes der Gegenwart[15]« herabgewürdigt.

Nach der Ordnung des Grundgesetzes ist es nicht zulässig, die Interessenverbände auf »Hintertreppen« und »Schleichwege« zu jagen[16]. Diese Ordnung sieht aber ebenso Raum vor für einen Staat, der das Wort Goethes nicht vergißt:

»Wer im Recht ist, muß stark auftreten, ein höfliches Recht will nichts heißen.«

[13] Leibniz, zitiert nach Stehle: Leibniz in »Aus Politik und Zeitgeschichte«, B. XIII–XIV, 58, S. 158.

[14] A. Mann, zitiert nach Rapold, Beitrag S. 173.

[15] Imboden, Systeme, S. 60.

[16] Vgl. Rüstow in »Gesellschaft«, S. 63.

LITERATUR

		zitiert
Abendroth, Wolfgang	10 Jahre gewerkschaftlicher Kampf für die soziale Demokratie, in Gew. Mo. 1955, H. 10, S. 585 ff.	Demokratie
Adenauer, Max	Die volkswirtschaftliche Funktion von Wirtschaftsverbänden, in »Der Städtetag« 1956, H. 2, S. 49–50	
Aktionsgemeinschaft Soziale Marktwirtschaft (Herausgeber)	Politik für uns alle oder für die Interessenten? Ludwigsburg 1961	ASM-Politik
Albertini, Rudolf v.	Freiheit und Demokratie in Frankreich. Freiburg, München 1957	Freiheit
Altmann, Rüdiger	Zur Rechtsstellung der öffentlichen Verbände, in ZPol 1955, H. 3, S. 211 ff.	Verbände
Arendt, Hannah	Elemente und Ursprünge totalitärer Herrschaft. Berlin 1955	Herrschaft
dies.	Freiheit und Politik, in »Die neue Rundschau« 1958, S. 670 ff.	Freiheit
dies.	Der Mensch, ein gesellschaftliches oder ein politisches Lebewesen, in DUZ 1960, S. 38 ff.	Mensch
dies.	Elemente totaler Herrschaft. Frankfurt (Main) 1958	Elemente
Arndt, Adolf	Das rechtliche Gehör, in NJW, 1960, S. 423	Gehör
ders.	Die Verbände im Bereich des Öffentlichen, in NJW 1960, S. 423	Verbände
ders.	Das nicht erfüllte Grundgesetz. Tübingen 1960	Grundgesetz

		zitiert
Aron, Raymond	Die Eliten und die industrielle Revolution, in UNIVERSITAS 1960, S. 1109 ff.	Eliten
Assmann, Klaus	Staat, Demokratie und Verbandswesen, in »Wirtschaft und Erziehung« 1956, S. 635–655	Verbandswesen
Bachof, Otto	Freiheit des Berufs, in »B. N. Sch.« III/1, S. 155 ff.	
Ballerstedt, Kurt	Wirtschaftsverfassungsrecht, in, wie vor, S. 1 ff.	
Beckel, Albrecht	Unser Staat und die Macht der Interessenverbände. Augsburg 1958	
Bergsträsser, Arnold	Die Soziologie der Freiheit, in AUSSENPOLITIK 1959, S. 141 ff.	Freiheit
Bergsträsser, Ludwig	Geschichte der politischen Parteien in Deutschland. 8. bis 9. Aufl., München 1955	Geschichte
Bernhard, Kurt	Mitwirkung von Verbänden an der Gesetzgebung, in »Bayerische Verwaltungsblätter«, München 1961, H. 12, S. 375–376	
Bernsdorf-Bülow	Wörterbuch der Soziologie. Stuttgart 1955	Wörterbuch
Bettermann-Nipperdey-Scheuner	Die Grundrechte, 3. Band 1. Halbband: Die Wirtschafts- und Arbeitsverfassung, Berlin 1958	in »B. N. Sch.« III/1
Beulke, Eckardt	Das Bonner Grundgesetz und die Parität der Kirchen, in »Zeitschrift für Ev. Kirchenrecht«. 6. Band, Tübingen 1957/58, S. 127–153	Kirchen
Beutler-Stein-Wagner	Der Staat und die Verbände. Heidelberg 1958	BDI-Gespräch
Biedenkopf, Kurt H.	Zum Problem der negativen Koalitionsfreiheit, in JZ 1961, S. 346 ff.	Koalitionsfreiheit
Bieri, Ernst	Gewerkschaften in der Schweiz, in FAZ 1958, 22. 10., S. 7	Gewerkschaften
Binternagel-Triesch	Die Gewerkschaften in der Bundesrepublik, 2. Aufl., Köln 1959	Gewerkschaften Bundesrepublik
Bocheński, Joseph M.	Die zeitgenössischen Denkmethoden. München 1954	Denkmethoden

		zitiert
ders.	Formale Logik. München 1956	Logik
Bocheński-Niemeyer	Handbuch des Weltkommunismus. München 1958	Bocheński—Niemeyer
Böckenförde, Ernst-Wolfgang	Gesetz und gesetzgebende Gewalt. Berlin 1957	Gesetz
Böhm, Anton	Problematisches Parlament. Die Repräsentativverfassung braucht Reformen, in »Die politische Meinung« 1958, S. 25–36 (Heft 28)	Parlament
ders.	Mächtiger als das Parlament. Parteien- und Interessenfeudalismus und seine Überwindung, in »Wort und Wahrheit« 1955, Heft 11, S. 831 bis 849	
Böhm, Franz	Wirtschaftsordnung und Staatsverfassung. Tübingen 1950	Wirtschaftsordnung
ders.	Die Bedrohung der Freiheit durch private ökonomische Macht in der heutigen Gesellschaft, in UNIVERSITAS 1963, Heft 1, S.37–48	Bedrohung
Boehmer, Gustav	Grundlagen der bürgerlichen Rechtsordnung. 1. Buch: Das Bürgerliche Recht als Teilgebiet der Gesamtrechtsordnung. Tübingen 1950	Grundlagen 1
Borch, Herbert v.	Kennedys nationaler Stil für die Außenpolitik, in AUSSENPOLITIK 1961, S. 9 ff.	Stil
Bracken, Helmut v.	Zur Sozialpsychologie der Autorität, in »Psychologische Rundschau« 1949/1950, S. 94–102	Autorität
Brangsch, H.	Rechtsberatung und Rechtshilfe durch Verbände, in NJW 1953, S. 732 ff.	Verbände
ders.	Prozeßvertretung durch Verbände, in NJW 1955, S. 1823 ff.	Prozeßvertretung
Brecht, Arnold	Politische Theorie. Die Grundlagen politischen Denkens im 20. Jahrhundert. Tübingen 1961	Theorie
Breitling, Rupert	Pressure Groups in Bonn? in »Wort und Wahrheit« 1954, S. 29–39	Pressure Groups

		zitiert
ders.	Die Verbände in der Bundesrepublik. Meisenheim 1955	Verbände
ders.	Der politische Einfluß der Wirtschaftsverbände in Westdeutschland, in »Die Kirche in der Welt«, 8. Jahrg., 2. Lief., S. 193–200	Einfluß
ders.	Die zentralen Begriffe der Verbandsforschung, in »Politische Vierteljahrsschrift« 1960, S. 47 ff.	Begriffe
ders.	Verbände im internationalen Vergleich und im europäischen Ausland, in »Neue Politische Literatur« 1961, Heft 2, S. 102–126	Bibliographie Verbände
Brenner, Günter	Zum Wirkungsrecht der Verbände und Vereinigungen bei der Gesetzgebung des Bundes und beim Erlaß von Verordnungen, in BB. 1960, Heft 15, S. 873–877	Wirkungsrecht
Briefs, Götz	Der Januskopf des Wohlfahrtsstaates, in FAZ 1598, 22. 11., S. 5	Januskopf
ders.	Solidaritätsbeitrag, in FAZ 1961, Nr. 36, S. 5	Solidaritätsbeitrag
ders.	Die Verbände – eine Gefahr für die Demokratie? in »Zeitwende. Die neue Furche« 1959, Heft 8, S. 505–512	
Brisch, Ulrich	Die Rechtstellung der Deutschen Gewerkschaften. Göttingen 1951	Gewerkschaften
Brockhaus	Der Große Brockhaus, 16. Aufl. in 12 Bänden, 5. Band, Wiesbaden 1954, 12. Band, Wiesbaden 1957	Brockhaus
Bühring, Erich	Probleme des Koalitions- und Arbeitskampfrechts, in »Wirtschaftswissenschaftliche Mitteilungen« 1954, S. 187–196	Probleme
Bukow, Willy	Wirtschaftsrat und Verfassung, in »Die neue Gesellschaft« 1955, Nr. 4, S. 17 ff.	Wirtschaftsrat
Burdeau, Georges	Traité de Science Politique. Paris 1949–1957.	
	Vol. I: Le Pouvoir Politique, 1949	Traité I
	Vol. III: Le statut du pouvoir dans l'Etat, 1950	Traité III
	Vol. IV: Les Régimes Politiques, 1952	Traité IV
	Vol. VII: La Démocratie Gouvernante, 1957	Traité VII

		zitiert
ders.	Zur Auflösung des Verfassungsbegriffs, in »Der Staat«, 1962, Heft 4, S. 389–404	Auflösung
Burneleit, Heinz	Feindschaft oder Vertrauen zwischen Staat und Wirtschaft. Frankfurt (Main) 1961	Burneleit
Chroust, Hermann-Anton	The Meaning of Law in a Modern Democratic Society, in »Archiv für Rechts- und Sozialphilosophie« 1957, Heft 3, S. 321–341	Meaning
Cordes, Cord	Zur Orientierung im pluralistischen Gemeinwesen, in »Zeitschrift für Ev. Ethik«, Gütersloh 1962, Heft 2, S. 77–101	
Coing, Helmut	Die juristischen Auslegungsmethoden und die Lehren der allgemeinen Hermeneutik. Köln und Opladen 1959	Auslegung
Constantopoulos, Dimitri, S.	Deux notions fondamentales de la souveraineté, in »Festschrift für Jean Spiropoulos: Grundprobleme des Internationalen Rechts«. Bonn 1957	Souveraineté
Dahm, Georg	Die Stellung des Menschen im Völkerrecht unserer Zeit. Recht und Staat Nr. 238. Tübingen 1961	Stellung
Dahrendorf, Ralf	Soziale Klassen und Klassenkonflikt in der industriellen Gesellschaft. Stuttgart 1957	Klassen
Dechamps, Bruno	Macht und Arbeit der Ausschüsse. Meisenheim 1954	Ausschüsse
ders.	Der klare Kopf der Bürger, in FAZ 1957, 1. 10. Nr. 1	Bürger
Del Vecchio, Giorgio	Wandelbarkeit und Unvergänglichkeit des Rechts, in UNIVERSITAS 1959, S. 1175 ff.	Wandelbarkeit
Dersch, Hermann	Die Sozialversicherung, in »B. N. Sch.« III/1 S. 503 ff.	
Deutscher Industrie- und Handelstag	Wirtschaftliche Interessen in der Demokratie. Heft 73 der Schriftenreihe. Bonn 1961	DIHT-Interessen
Dietz, Rolf	Die Koalitionsfreiheit, in »B. N. Sch.« III/1, S. 417 ff.	

		zitiert
Dillon, Mary Earhart	Pressure Groups, in »American Political Science Review«, 1942 (36), S. 471–481	Pressure Groups
Dinter, Hugo	Zur Gegenwartsbedeutung der Souveränität, in »Begegnung«, 1952, S. 91–93	Souveränität
Dresbach, August	Recht und Grenzen der Interessenvertretung, in »Legitime Interessenvertretung«, S. 9–13	
Dresbach, August	Der Bundeskanzler und die Verbände, in FAZ 1960, 27. 2., S. 2	Verbände
Düren, Albrecht	Der Unternehmer und seine Kammer, in FAZ 1961, Nr. 110, 13. 5., S. 5	Unternehmer
Durand, Paul	La Participation des travailleurs à l'organisation de la vie économique et sociale en France«. Collection du droit du travail, 1. Luxembourg 1962	Participation
Duverger, Maurice	Die politischen Parteien. Frankfurt (Main) 1959	Parteien
Effer, Franz	Verbandspolitik und Verbandsführung, in FAZ 1958, 12. 3., S. 7	Verband
Ehmke, Horst	Grenzen der Verfassungsänderung. Berlin 1953	Grenzen
ders.	Wirtschaft und Verfassung. Karlsruhe 1961	Wirtschaft
Ehrmann, Henry W.	Interest Groups on four Continents. Pittsburgh, 1958	
Eisermann, Gottfried	Parlament, Parteien, Verbände, in »Kölner Zeitschrift für Soziologie«, 1953/54, S. 161–174	Verbände
Engisch, Karl	Logische Studien zur Gesetzesanwendung, 2. Aufl. Heidelberg 1960	Studien
Enneccerus-Lehmann	Recht der Schuldverhältnisse. 15. Bearbeitung. Tübingen 1958	Enneccerus–Lehmann
Enneccerus-Nipperdey	Allgemeiner Teil des Bürgerlichen Rechts. 2 Halbbände, 15. Aufl. Tübingen 1959	Enn.-Nipp.
Erhard, Ludwig	Wirtschaftspolitik ist Gesellschaftspolitik, in FAZ 1960, Nr. 104, S. 11	Politik

		zitiert
ders.	Strategie und Taktik in der Wirtschaftspolitik, in FAZ 1960, 3. 12., S. 7	Wirtschaftspolitik
Ermacora, Felix	Über die Souveränität, in »Österr. Zeitschr. für öff. Recht«, 1953, Heft 1, S. 40–52	Souveränität
Eschenburg, Theodor	Herrschaft der Verbände? Stuttgart 1955	Herrschaft
ders.	Staat und Gesellschaft in Deutschland, 2 Aufl. Stuttgart 1956	Gesellschaft
ders.	Der organisierte Mensch. Das Unbehagen an der Macht der Verbände, in Deutsche Zeitung und Wirtschaftszeitung, 1956, Nr. 77, S. 3	Unbehagen
ders.	Interessentengruppen im Marktprozeß, in »Die Aussprache«, Bonn 1959, S. 361–365, Heft 10	
ders.	Institutionelle Sorgen in der Bundesrepublik. München 1961	Sorgen
Eucken, Walter	Grundsätze der Wirtschaftspolitik, 2. Aufl. Tübingen/Zürich 1955	Grundsätze
Fechner, Erich	Freiheit und Zwang im Sozialen Rechtsstaat. Tübingen 1953	Rechtsstaat
ders.	Die soziologische Grenze der Grundrechte. Tübingen 1954	Grenze
ders.	Rechtsphilosophie. Tübingen 1954	Rechtsphilosophie
Ferber, Christian v.	Die gesellschaftliche Rolle des Interesses, 1. Teil, in DUZ 1958, Heft 4, S. 213 ff.	Interesse
ders.	Interessenpluralismus und empirische Sozialforschung, in Zeitschrift für Politik, Berlin 1957, S. 317–332	
Ferrero, Guglielmo	Macht. Bern 1944	Macht
	Hundert Jahre Deutsches Rechtsleben. Festschrift zum 100jährigen Bestehen des Deutschen Juristentages 1860–1960, 2 Bände. Karlsruhe 1960	Rechtsleben

		zitiert
Festgabe für Heinrich Herrfahrdt	zum 70. Geburtstag, herausgegeben von Erich Schwinge, Marburg 1961.	Herrfahrdt-Festgabe
Festschrift für Hans Huber	Verfassungsrecht und Verfassungswirklichkeit. Bern 1961	Huber-Festschrift
Fijalkowski, Jürgen	Die Wendung zum Führerstaat. Opladen 1959	Wendung
Finer, S. E.	Der moderne Staat, 3 Bände. Stuttgart und Düsseldorf 1957/58	Staat
Finer, S. E.	Die anonyme Macht. Köln/Opladen 1960	Macht
Flechtheim, O. K.	Das britische und das amerikanische Parteisystem. Ein Vergleich, in AUSSENPOLITIK 1957, Heft 12, S. 751 ff.	Parteisystem
Forsthoff, Ernst	Die Wirtschaftsverfassung im Rahmen der Gesamtverfassung, in »Ratgeber« (1951), S. 127–139	Wirtschaftsverfassung
ders.	Zur Problematik der Verfassungsauslegung. Stuttgart 1961	Auslegung
ders.	Verfassungsprobleme des Sozialstaates. Münster 1956	Verfassungsprobleme
ders.	Lehrbuch des Verwaltungsrechts, 1. Band, Allgemeiner Teil, 7. Aufl. München und Berlin 1958	Verwaltungsrecht
ders.	Besprechung von Kaiser: Repräsentation, in DVBl 1958, S. 295	
ders.	Die Umbildung des Verfassungsgesetzes, in FCS 1959, S. 35–62	Umbildung
ders.	Die Bundesrepublik Deutschland. Umrisse einer Realanalyse, in MERKUR, 1960, Heft 9, S. 807 ff.	Realanalyse
Forsthoff-Loewenstein-Matz	Die politischen Parteien im Verfassungsrecht. Tübingen 1950	Parteien
Fraenkel, Ernst	Die repräsentative und die plebiszitäre Komponente im demokratischen Verfassungsstaat. Tübingen 1958	Komponente

		zitiert
Fraenkel-Bracher	Das Fischer-Lexikon, Staat und Politik. Frankfurt (Main) 1957	Fischer-Lexikon
Freitag, Walter	Die Gewerkschaften und die Vereinten Nationen, in »Zehn Jahre Vereinte Nationen«, Frankfurt (Main) 1956, S. 239 ff.	Freitag
Freund, Julien	Die Demokratie und das Politische, in »Der Staat«, Heft 3, 1962, S. 261–288	Demokratie
Freund, Michael	Das Gesicht der Parteien, in DUZ 1952, Heft 12, S. 7–10	Parteien
ders.	Der Heroismus des Schweigens, in FAZ 1960, 29. 7., S. 1	Heroismus
Freyer, Hans	Die Idee der Freiheit im technischen Zeitalter, in FCS 1959, S. 63–70	Idee
ders.	Die Familie als Sicherheit in unserer Zeit, in UNIVERSITAS 1960, Heft 10, S. 1033–1041	Sicherheit
Friedrich, Carl Joachim	Die politische Wissenschaft. Freiburg/München 1961	Friedrich
Friesenhahn, Ernst	Parlament und Regierung im demokratischen Staat, in VVdStRL, Heft 16, S. 13 ff.	Regierung
Fuss, Ernst-Werner	Grundrechtsgeltung für Hoheitsträger? in DVBl 1958, Heft 21, S. 739–747	Grundrechtsgeltung
ders.	Freiheit und Gleichheit des Parteiwirkens, in JZ 1959, S. 392–396	Parteiwirken
Gablentz, Otto Heinrich v. d.	Politische Parteien als Ausdruck gesellschaftlicher Kräfte. Berlin 1952	Parteien
ders.	Die politischen Theorien seit der französischen Revolution. Politische Theorien, Teil III. Köln und Opladen 1961	Theorien III
Ganshof van der Meersch, Walter Jean	Pouvoir de fait et règle de droit dans le fonctionnement des institutions politiques. Bruxelles 1957	
Gebhardt, Bruno	Handbuch der Deutschen Geschichte, Band 1: Frühzeit und Mittelalter, 8. Aufl., 4. Nachdruck. Stuttgart 1959	Gebhardt I

		zitiert
Gehlen, Arnold	Die Seele im technischen Zeitalter. Hamburg 1957	Seele
Gehlen-Schelsky	Soziologie, 3. Aufl. Düsseldorf und Köln 1957	Gehlen-Schelsky
Geiger, Willi	Die Pflicht zum bundesfreundlichen Verhalten, in FAZ Nr. 75, S. 11, vom 29. 3. 61	Verhalten
Gerhardt, Paul	Amt und Person. Schloß Laupheim, Württemberg 1955	Amt
Gerstenmaier, Eugen	Staatsordnung und Gesellschaftsbild, in Zeitschrift für Sozialreform 1959, Heft 1, S. 1 ff.	Ordnung
	Die Gesellschaft, in der wir leben. 5. Europäisches Gespräch in Recklinghausen. Köln-Deutz 1957	in »Gesellschaft«
	Gewerkschaften und Parlament. 4. Europäisches Gespräch 1955 in Haltern. Haltern 1956	in »Gewerkschaften«
Gierke, Otto v.	Das Wesen der menschlichen Verbände. Leipzig 1902	Verbände
Giese, Friedrich	Allgemeines Staatsrecht. Tübingen 1948	Staatsrecht
Giese, Friedrich	Parteien als Staatsorgane, in AöR, Band 80, S. 377 ff.	Parteien
Giger, Hans-Georg	Die Mitwirkung privater Verbände bei der Durchführung öffentlicher Aufgaben. Bern 1951	Verbände
Götz, Hans-Herbert	Das Ultimatum des Bauernverbandes, in FAZ 1961, 13. 1., S. 25	Ultimatum
Grochla, Ernst	Betriebsverband und Verbandsbetrieb. Berlin 1959	Betriebsverband
Grottian, W.	Das sowjetische Regierungssystem. Leitfaden und Quellenbuch. Köln und Opladen 1956	Sowjetunion
Gruner, Erich	Die Wirtschaftsverbände in der Demokratie. Zürich und Stuttgart 1956	Wirtschaftsverbände

		zitiert
ders.	Zur Geschichte und Theorie der Interessenverbände, in »Schweizerische Zeitschrift für Volkswirtschaft und Statistik«, Bern, Jg. 95, 1959, Heft 3, S. 335–342	
Guardini, Romano	Das Ende der Neuzeit. Würzburg 1950	Ende
ders.	Freiheit, in Beilage zur Wochenzeitung »Das Parlament«: Aus Politik und Zeitgeschichte, B. 38/60 vom 21. 9. 1960	Freiheit
Gunst, Dietrich W.	Der Begriff der Souveränität im modernen Völkerrecht. Berlin 1953	Souveränität
Gurland, A. R. L.	Interessenwahrnehmung in der Demokratie. Publizität als Aufgabe, in »Offene Welt« 1958, Nr. 57, S. 521–528	
Hamann, Andreas	Das Grundgesetz für die Bundesrepublik Deutschland. Berlin, Neuwied, Darmstadt 1956	Grundgesetz
ders.	Deutsches Wirtschaftsverfassungsrecht. Berlin und Neuwied 1958	Wirtschaftsverfassungsrecht
ders.	Zur Annahme eines Staatsnotstands- oder Ausnahmerechts, in DVBl 1958, S. 405–410	Annahme
	Handbuch wirtschaftlicher Verbände und Vereine des Deutschen Reiches. 3. Aufl. Berlin 1928	Handbuch Reich
	Handwörterbuch der Sozialwissenschaften, zugleich: Neuauflage des »Handwörterbuches der Staatswissenschaften«. Stuttgart, Tübingen, Göttingen 1957–1959	
Hartmann, Nicolai	Ethik, 3. Aufl. Berlin 1949	Ethik
Hartung, Fritz	Deutsche Verfassungsgeschichte vom 15. Jahrhundert bis zur Gegenwart, 6. Aufl. Stuttgart 1954	Verfassungsgeschichte
Hauenstein, Fritz	Die Verbandspyramiden, in »Die Gegenwart«, 1955, S. 315–317	Verbandspyramiden

		zitiert
Hedemann, Justus Wilhelm	Der Wirtschaftsabgeordnete, in »Ratgeber«, S. 153 ff.	
Heer, Friedrich	Autorität und Gewissen, in DUZ 1957, Heft 17/18, S. 10 ff., Heft 19, S. 9 ff.	Autorität
Heinrich, Walter	Über die Rolle der Verbände im modernen Staat, in »Internationales Gewerbearchiv« (St. Gallen) 1955, Heft 3, S. 97–110	Verbände
ders.	Staatsgefüge, Wirtschaftsverbände und Betriebsleben in ihrer Gegenseitigkeit, in Gewerbe und Wirtschaft, St. Gallen 1953, S. 107 bis 145	
Heller, Hermann	Die Souveränität, in »Beiträge zum öffentlichen Recht und Völkerrecht«, Band 4, 1927	Souveränität
Henke, Wilhelm	Die verfassungsgebende Gewalt des Deutschen Volkes. Stuttgart 1957	Gewalt
ders.	Die Parteien im Staat des Bonner Grundgesetzes, in DÖV 1958, S. 646–651	Parteien
Hennis, Wilhelm	Verfassungsordnung und Verbandseinfluß, in »Politische Vierteljahresschrift«, 1961, Heft 1, S. 23–35	
Henrichs, Wilhelm	Parteibegriff und Parteienregistrierung, in DVBl. 1958, S. 227 ff.	Partei
	Der große Herder, 4. Band. Freiburg 1954	Herder
	Herrschaft und Staat im Mittelalter. Darmstadt 1960, Wege der Forschung II.	in »Mittelalter«
Heydte, Friedrich August Frhr. v. d.	Die Geburtsstunde des souveränen Staates. Regensburg 1952	Geburtsstunde
ders.	Fiktion und Wirklichkeit der westdeutschen Demokratie. Politische Studien, München, Heft 48	Demokratie
Hippel, Ernst v.	Vom Wesen der Demokratie. Bonn 1947	Demokratie
Hollerbach, Alexander	Auflösung der rechtsstaatlichen Verfassung? in AöR 1960, Heft 3, S. 270	Auflösung

		zitiert
Hsü, Dau-lin	Die Verfassungswandlung. Berlin 1932	Verfassungswandlung
Huber, Ernst-Rudolf	Wesen und Inhalt der politischen Verfassung. Hamburg 1935	Verfassungswesen
ders.	Vom Sinn der Verfassung. Hamburg 1935	Verfassungssinn
ders.	Wirtschaftsverwaltungsrecht, 2 Bände, 2. Aufl., Tübingen 1953/54	Wirtschaftsverwaltungsrecht I und II
ders.	Deutsche Verfassungsgeschichte seit 1789. Stuttgart, Band 1, 1957, Band 2, 1960	Verfassungsgeschichte I. u. II
Huber, Hans	Recht, Staat und Gesellschaft. Bern 1954	Gesellschaft
ders.	Die Umwälzungen im Staatsgefüge durch Verbände, in ORDO, Band 7, 1955, S. 189 ff.	ORDO
ders.	Staat und Verbände. Tübingen 1958	Verbände
Huber, Wolfgang	Prozeßvertretung durch Verbände, in NJW 1956, S. 780 f.	Prozeßvertretung
Hueck, Götz	Der Grundsatz der gleichmäßigen Behandlung im Privatrecht. München und Berlin 1958	Grundsatz
Imboden, Max	Die politischen Systeme. Basel und Stuttgart 1962	Systeme
ders.	Rousseau und die Demokratie. Recht und Staat, Heft 267. Tübingen 1963	Rousseau
	Interessengruppen und Verfassung, in »Sozialer Fortschritt«, 1955, Nr. 2, S. 25 ff.	
	Legitime Interessenvertretung in der modernen Gesellschaft. Loccum 1956	in »Legitime Interessenvertretung«
	Jahrbuch des öffentlichen Rechts der Gegenwart, N. F. Band 1, Tübingen 1951	JöR, N. F. Bd. 1

		zitiert
Jahn, Hans-Edgar	Gesellschaft und Demokratie in der Zeitwende. 1955 (ohne Ort)	Zeitwende
Jahrreiss, Hermann	Mensch und Staat. Rechtsphilosophische, staatsrechtliche und völkerrechtliche Grundfragen in unserer Zeit. Köln, Berlin 1957	Grundfragen
Jaspers, Karl	Freiheit und Autorität, in DIOGENES 1953/1954, Band 1, S. 9–26	Autorität
ders.	Vom Ursprung und Ziel der Geschichte. 3. Aufl., Frankfurt (Main), Hamburg 1957	Ursprung
ders.	Werden wir richtig informiert? in UNIVERSITAS, 1963, S. 1–14, Heft 1	
Jellinek, Georg	Allgemeine Staatslehre. 3. Aufl., 7. Neudruck, Bad Homburg v. d. Höhe 1960	Staatslehre
Jerusalem, Franz	Soziologie des Rechts. Band 1, Jena 1925	Rechtssoziologie
Jöhr, Walter-Adolf	Der Kompromiß als Problem der Gesellschafts-, Wirtschafts- und Staatsethik. Tübingen 1958	Kompromiß
Jöhr-Singer	Die Nationalökonomie im Dienste der Wirtschaftspolitik. Göttingen 1957	Jöhr–Singer
Jouvenel, Bertrand de	Über die Souveränität, in »Die neue Ordnung« 1958, S. 210–215, 285–289	Souveränität
Kaiser, Joseph H.	Der politische Streik. Berlin 1955	Streik
ders.	Die Repräsentation organisierter Interessen. Berlin 1956	Repräsentation
ders.	Die Dialektik der Repräsentation, in FCS, 1959, S. 71–80	Dialektik
ders.	Sachverstand und Politik – Parteien und Parlamente. Sonderdruck, 1962	Sachverstand
Kamm, Walter	Abgeordnetenberufe und Parlament. Karlsruhe 1927	Kamm

		zitiert
Kantorowicz, Hermann	Rechtswissenschaft und Soziologie. Ausgewählte Schriften zur Wissenschaftslehre. Karlsruhe 1962	Soziologie
	Die Kartelle und Verbände in unserer Zeit. Rüschlikon 1956	Kartelle und Verbände
Kelsen, Hans	Hauptprobleme der Staatsrechtslehre. Tübingen 1911	Hauptprobleme
ders.	Allgemeine Staatslehre. Berlin 1925	Staatslehre
ders.	Der soziologische und der juristische Staatsbegriff. 2. Aufl., Tübingen 1928	Staatsbegriff
Key, JR. V. O.	Politics, Parties and Pressure Groups. New York 1947	Pressure Groups
Kirchheimer, Otto	West German Trade Unions, in »World Politics« 8 (1956), S. 484 ff.	Trade Unions
Klass, Gert v.	Unternehmer in Licht und Schatten. Der Weg der Arbeitgeberverbände. Wiesbaden 1962	Unternehmer
Klöckers, Armin	Die Straffähigkeit der Personenverbände. Bonn (Dissertation) 1953	
Knoll, Joachim, H.	Führungsauslese in Liberalismus und Demokratie. Stuttgart 1957	Führungsauslese
König, René	Private Daseinsgestaltung zwischen Konformismus und Autonomie, in UNIVERSITAS, 1960, S. 875–879	Daseinsgestaltung
ders. (Herausgeber)	Soziologie. Das Fischer-Lexikon, 3. Aufl., 1960	Soziologie
Köttgen, Arnold	Abgeordnete und Minister als Statusinhaber, in Gedächtnisschrift für Walter Jellinek, 1955, S. 195 ff.	Statusinhaber
Koellreutter, Otto	Deutsches Staatsrecht. Stuttgart und Köln 1953	Staatsrecht
	Kommentar zum Bonner Grundgesetz (Bonner Kommentar). Redaktionelle Bearbeitung von B. Dennewitz, fortgeführt von Kurt G. Wernicke, Hamburg 1954 ff.	Bonner Komm.

		zitiert
Krengel, Rolf	Wirtschaftspolitik und Interessenvertreter, in »Konjunkturpolitik«, Berlin 1959, Heft 2, S. 92–97	
Kronstein, Heinrich	Recht und wirtschaftliche Machtentfaltung, in BB 1960, Heft 6, S. 221–225	Recht
Krüger, Gerhard	Das Problem der Autorität, in »Offener Horizont«, Festschrift für Karl Jaspers, München 1953, S. 44–62	Autorität
Krüger, Herbert	Der Bundeswirtschaftsrat in verfassungsrechtlicher Sicht, in DÖV 1952, S. 545 ff.	Bundeswirtschaftsrat
ders.	Die Stellung der Interessenverbände in der Verfassungswirklichkeit, in NJW 1956, S. 1217 ff.	Interessenverbände
ders.	Sieben Thesen zur verfassungsrechtlichen Problematik des sog. Solidaritätsbeitrages. Sonderdruck der IG Bau-Steine-Erden. 1961	Thesen
Krüger-Erler	Zum Problem der Souveränität. Berichte der Deutschen Gesellschaft für Völkerrecht, Heft 1, 1957	Souveränität
Krüger, Horst	Das Nein ist kein Programm, in FAZ 1958, Nr. 19, S. 6	Krüger-FAZ
Küchenhoff, Erich	Ungeschriebene Bundeszuständigkeiten und Verfassungsauslegung, in DVBl 1951, S. 585–588, 617–621	Auslegung
Küchenhoff, Erich u. Günther	Allgemeine Staatslehre, 3. Aufl. Stuttgart 1957	Staatslehre
Künneth, Walter	Stellvertretende politische Verantwortung?, in PSK 1958, Nr. 19, S. 3–5	Verantwortung
ders.	Staat und Mensch in sozialethischer Sicht, in PSK 1960, Nr. 12, S. 3–5	Mensch
Küppers, Heinz (Herausgeber)	Sachverstand und Politik in der Demokratie. Düsseldorf 1962	Sachverstand
Küster, Otto	Das Gewaltenproblem im modernen Staat, in AöR Band 75, 1959, S. 397 ff.	Gewaltenproblem

		zitiert
Kuhn, Manfred	Herrschaft der Experten? An den Grenzen der Demokratie. Würzburg 1961	
ders.	Der Experte im demokratischen Rechtsstaat. Ein Beitrag zur Kritik der Expertokratie, in »Schweizerische Juristenzeitung« 1958, Heft 20, S. 301–305	
Kulemann, Wilhelm	Die Berufsvereine. Jena 1908	Berufsvereine
Lange, Max G.	Politische Soziologie. Berlin und Frankfurt (Main) 1961	Soziologie
ders.	Herrschaft der Verbände, in »Gesellschaft, Staat, Erziehung« 1958, Heft 4, S. 155–171	
Laski, Harold J.	Authority in a modern State. New Haven 1927	Authority
ders.	Die Gewerkschaften in der neuen Gesellschaft. Köln 1952	Gewerkschaften
Lassalle, Ferdinand	Über Verfassungswesen. Sonderausgabe Reihe »Libelli«, Band XLI. Darmstadt	
Leber, Georg	Auswirkungen der Rechtsentwicklung kontra Gewerkschaften. Sonderdruck der IG Bau-Steine-Erden 1961	Rechtsentwicklung
Lederer, William J.	Eine Nation von Schafen. Hamburg 1962	
Leibholz, Gerhard	Parteienstaat und repräsentative Demokratie, in DVBl. 1951, S. 1 ff.	Parteienstaat
ders.	Der Begriff der freiheitlichen demokratischen Grundordnung und das Bonner Grundgesetz, in DVBl. 1951, S. 554 ff.	Begriff
ders.	Demokratie und Rechtsstaat. Bad Gandersheim 1957	Demokratie
ders.	Die kritischen Punkte des Grundgesetzes, in DUZ 1957, Nr. 13/14, S. 18 ff.	Grundgesetz
ders.	Strukturprobleme der modernen Demokratie. Karlsruhe 1958	Strukturprobleme

		zitiert
ders.	Strukturprinzipien des modernen Verfassungsstaates, in »Franz-Lieber-Hefte« 1960, Nr. 4, S. 22 ff.	Strukturprinzipien
ders.	Das Wesen der Repräsentation und der Gestaltwandel der Demokratie im 20. Jahrhundert, 2. Aufl. Berlin 1960	Repräsentation
Leiserson, Avery	Administrative Regulation. A study in representation of interests. Chicago 1942	Interests
	Lexikon der Pädagogik in drei Bänden, Band I. Bern 1950	Lexikon Pädagogik
Litt, Theodor	Die politische Selbsterziehung des deutschen Volkes, 4. Aufl. Berlin 1958	Selbsterziehung
Löffler, Martin	Persönlichkeitsschutz und Meinungsfreiheit, in NJW 1959, S. 1 ff.	Meinungsfreiheit
Löffler, Martin (Herausgeber)	Die Öffentliche Meinung. München und Berlin 1962	Meinung
Loewenstein, Karl	Erscheinungsformen der Verfassungsänderung. Leipzig 1931	Verfassungsänderung
ders.	Verfassungsrecht und Verfassungsrealität, in AöR Band 78 (1952), S. 387 ff.	Ontologie
ders.	Souveränität und zwischenstaatliche Zusammenarbeit, in AöR Bd. 80 (1954) S. 1 ff.	Souveränität
ders.	Verfassungslehre. Tübingen 1959	Verfassungslehre
ders.	Über Wesen, Technik und Grenzen der Verfassungsänderung. Berlin 1961	Verfassungsänderung
Löw, Konrad	Ist die Würde des Menschen im Grundgesetz eine Anspruchsgrundlage, in DÖV 1958, S. 516–520	Menschenwürde
Mackenzie, W.	Pressure groups: The »conceptual framework«, in Political Studies, Oxford 1955, Vol. 3, Nr. 3 S. 247–255	

		zitiert
v. Mangoldt-Klein	Das Grundgesetz, 2. Aufl. Berlin und Frankfurt (Main) 1957 ff. (Band I und 1. Lieferung Band II)	v. Mangoldt–Klein
Marx, Ingeborg	Arbeitsorganisation und Gesellschaftspolitik, in PSK Nr. 3, 1963, S. 7–9	Arbeits-organisation
Maunz, Theodor	Wirtschaftsrecht. Braunschweig 1957	Wirtschaftsrecht
ders.	Deutsches Staatsrecht, 9. Aufl. München und Berlin 1959	Staatsrecht
Maunz-Dürig	Grundgesetz, Kommentar, Lieferung 1–6. München und Berlin 1963	Maunz–Dürig
Meinberg, Rudolf	Der Geldwert im Widerstreit der Interessen. Frankfurt (Main) 1961	Geldwert
Meissinger, Hermann	Die Gewerkschaften im staatsfreien Raum der sozialen Selbstverwaltung, in »Arbeit und Recht«, 1955, Nr. 11, S. 339 ff.	Soziale Selbstverwaltg.
Menger, Christian-Friedrich	Der Begriff des sozialen Rechtsstaates im Bonner GG. Tübingen 1953	Sozialer Rechtsstaat
Menzel, Walter	Grundgesetz und Verfassungswirklichkeit, in DVBl. 1959, S. 346–354	Grundgesetz
Merkatz, Hans-Joachim v.	Die Parteien in ihrer heutigen verfassungspolitischen Bedeutung, in »Zeitschrift für ausländisches öffentliches Recht und Völkerrecht«, 1958, Nr. 29, S. 249–268	Parteien
Merton, Richard	Aus meinem Leben. Frankfurt (Main) 1955	
Meyer-Cording, Ulrich	Die Vereinsstrafe. Tübingen 1957	Vereinsstrafe
Meynaud, Jean	Essai d'analyse de l'influence des groupes d'intérêt, in Revue économique, Paris 1957, Vol. 8, No. 2, S. 117–222	
Mitteis, Heinrich	Deutsche Rechtsgeschichte, 4. Aufl. München und Berlin 1956	Rechtsgeschichte
Möbus, Gerhard	Die politischen Theorien von den Anfängen bis zu Machiavelli. Politische Theorien Teil I. Köln und Opladen 1958	Theorien I

		zitiert
ders.	Die politischen Theorien im Zeitalter der absoluten Monarchie bis zur französischen Revolution. Politische Theorien Teil II. Köln und Opladen 1961	Theorien II
Müller-Erzbach, Rudolf	Die Verbandsmacht – eine unbekannte Welt, in JZ 1956, S. 705–709	Verbandsmacht
Müller, Gerhard	Gedanken zum Solidaritätsbeitrag. Sonderdruck der IG Bau-Steine-Erden, 1961	Gedanken
Muthesius, Volkmar	Die Interessenten, in »Monatsblätter für freiheitliche Wirtschaftspolitik«, 1957, Heft 5, S. 263–265	Interessenten
Naumann, Friedrich	Ausgewählte Schriften. Frankfurt (Main) 1949 (Reihe: Civitas Gentium)	Schriften
Nawiasky, Hans	Die Grundgedanken des Grundgesetzes für die Bundesrepublik Deutschland. Stuttgart und Köln 1950	Grundgedanken
ders.	Allgemeine Staatslehre. Einsiedeln, Zürich, Köln 1952–1958: 1. Teil: Grundlegung, 2. Aufl. 1958 2. Teil: Staatsgesellschaftslehre, 1. Band 1952 2. Band 1955 3. Teil: Staatsrechtslehre, 1956 4. Teil: Staatsideenlehre, 1958	Staatslehre
Nelson, Leonhard	Die Rechtswissenschaft ohne Recht. Leipzig 1917	Rechtswissenschaft
Neumann-Duisberg, Horst	Das Mitbestimmungsrecht, in »B.N.Sch.« III/1, S. 373 ff.	
ders.	Kollektivvertrag und Individualrecht, in JZ 1960, S. 525 ff.	Kollektivvertrag
Neumann-Nipperdey-Scheuner	Die Grundrechte. 2. Band: Die Freiheitsrechte in Deutschland. Berlin 1954	in »N. N. Sch.« II
Neumeister, Heddy	Die Aussichten der Vernunft, in FAZ 1960, 12. 9., S. 1	
Nipperdey, Hans Carl	Boykott und freie Meinungsäußerung, in DVBl. 1958, S. 445–452	Boykott

		zitiert
Nipperdey, Thomas	Interessenverbände und Parteien in Deutschland vor dem ersten Weltkrieg, in »Politische Vierteljahresschrift« 1961, Heft 3, S. 262–280	Interessenverbände
NZZ	Parteien und Verbände. Eine Artikelserie 1954:	
Küng, Emil	Parteien und Verbände, in NZZ vom 5. 5. 1954 in NZZ vom 6. 5. 1954	Küng NZZ I Küng NZZ II
Geyer, E.	Die Funktion der Verbände, 11. 5. 1954	Geyer NZZ
Häberlin, H.	Vernünftige Arbeitsteilung, 12. 5. 1954	Häberlin NZZ
Huber, Hans	Die Umwälzung im Staatsgefüge durch Verbände: 21. 5. 1954 22. 5. 1954 23. 5. 1954	Hans Huber NZZ I NZZ II NZZ III
o. V.	Staat und Wirtschaft, 1. 6. 1954	o. V. NZZ
Olah, Franz	Die Gewerkschaften in der modernen Gesellschaft. Wien 1959	Gewerkschaften
Ortega y Gasset, José	Der Aufstand der Massen. Hamburg 1956	Aufstand
o. V.	Die Corps intermédiaires, in »Der Arbeitgeber« 1956, S. 61 f.	
o. V.	Abermals die Verbände, in »Der Arbeitgeber« 1956, S. 228 ff.	
Pähler, Karl H.	Über die sog. Pressure Groups, in CIVIS (Marburg) 1955/56, S. 60–62	Pressure Groups
	Parteien in der Bundesrepublik. Schriften des Instituts für Politische Wissenschaften e. V., Band 6. Stuttgart und Düsseldorf 1955	Parteien Bundesrepublik
Parteienrechtskommission	Rechtliche Ordnung des Parteiwesens. Bericht der vom Bundesminister des Innern eingesetzten Parteienrechtskommission. Frankfurt (Main) und Berlin 1957	BMI-Bericht

		zitiert
Paulini, Georg	Wirtschaftsbehörden und -organisationen. Ausgabe 1959, Essen	Paulini
Peters, Hans	Die Gewaltentrennung in moderner Sicht. Köln und Opladen 1954	Gewaltentrennung
Pick, Heribert	Der Verfassungsrechtsgehalt der Verbände und seine Bestimmung. Mainz 1961	
Pohle, Eckard	Interessenverbände der öffentlichen Hand, in Verwaltungsarchiv 1962/3, S. 201—240; 1962/4, S. 333—382	Pohle
Pütz, Theodor	Die ordnungspolitische Problematik der Interessenverbände, in »Jahrbuch für Sozialwissenschaft«, Göttingen, Band 11, 1960, S. 245–256	
Quaritsch, Helmut	Kirchen und Staat. Verfassungs- und staatstheoretische Probleme der staatskirchenrechtlichen Lehre der Gegenwart, in »Der Staat«, Heft 2, 1962, S. 175–197; Heft 3, 1962, S. 289–320	Kirchen
Quaroni, Pietro	Kultur und Politik, in Beilage zur Wochenzeitung »Das Parlament«, »Aus Politik und Zeitgeschichte«, B 51, 1960	Politik
Quidde, Torsten	Grundrechtsschutz vor Zwangsmitgliedschaften, in DÖV 1958, S. 521–525	Grundrechtsschutz
Radbruch, Gustav	Rechtsphilosophie, 5. Aufl., von Erik Wolf. Stuttgart 1956	Rechtsphilosophie
Ramm, Thielo	Die Freiheit der Willensbildung – Ein Grundprinzip der Rechtsordnung, in NJW 1962, S. 465 ff.	Willensbildung
Rapold, Max-Ulrich	Demokratie und Wirtschaftsordnung. Zürich 1960	Beitrag
	Ratgeber von Parlament und Regierung. Eine Vortragsreihe des Instituts zur Förderung öffentlicher Angelegenheiten. [Ohne Ort und Jahr]	in »Ratgeber«
	Recht und Organisation der Parlamente, Band 1 + 2, herausgegeben i. A. der Interparlamentarischen Arbeitsgemeinschaft, Bonn Bielefeld 1958 pp.	ROP

		zitiert
Redelberger	Der Namensschutz im politischen Leben, in NJW 1953, S. 1889 ff.	Namensschutz
Reimers, Walter	Die Bedeutung der Grundrechte für das Privatrecht. Hamburg 1958	Grundrechte
Remmling, Günther W.	Die Interessenverbände in der westlichen Welt, in Zeitschrift für Politik, Stuttgart 1957, S. 169–186	
Rendtorff, Trutz	Kritische Erwägungen zum Subsidiaritätsprinzip, in »Der Staat«, 1962, Heft 4, S. 405–430	Subsidiaritätsprinzip
Rentrop, Wilhelm	Beamte und Lobbyisten, in FAZ 1960, 19. 9., S. 1	Rentrop
Reuß, Hermann	Grundfragen des Wirtschaftsverwaltungsrechts, in DVBl. 1958, S. 683 ff.	Grundfragen
Reuß, Wilhelm	Die Organisation der Wirtschaft, in »B. N. Sch.« III/1, S. 91 ff.	
Ridder, Helmut	Gestattet das Grundgesetz für die Bundesrepublik Deutschland die Erhebung sog. Solidaritätsbeiträge? Rechtsgutachten v. 2. 2. 1961 an die IG Bau-Steine-Erden. Sonderdruck 1961	Gutachten
Ritter, Gerhard	Das sittliche Problem der Macht. Bern 1947	Problem
Roeper, Hans	Anschläge auf die Wirtschaftsordnung, in FAZ 1961, 7. 1., S. 1	Anschläge
Rosenberg, Leo	Lehrbuch des deutschen Zivilprozeßrechts, 8. Aufl. München und Berlin 1960	Lehrbuch
Rühle v. Lilienstern, Hans	Gruppenwirtschaftliche Gemeinschaftsformen als Instrument europäischer Marktpolitik, in »Der Betrieb«, 1961, S. 921–924	
Schäfer, Hans	10 Jahre Grundgesetz, in DVBl. 1959, S. 341–346	Grundgesetz
Scheler, Max	Der Formalismus in der Ethik und die materiale Wertethik, 4. Aufl. Bern, 1954	Ethik

		zitiert
Schelsky, Helmut	Industrie- und Betriebssoziologie, in Gehlen-Schelsky, S. 159–203	
Scheuner-Ulrich	Wirtschaftliche und soziale Selbstverwaltung, in DÖV 1952, S. 609 ff.	Selbstverwaltung
ders.	Stellung und Einfluß der Verbände im heutigen Staat, in »Güterverkehr«, 1956, S. 289–294	Verbände
ders.	Das Grundrecht der Berufsfreiheit, in DVBl. 1958, S. 845–849	Berufsfreiheit
ders.	Die Parteien und die Auswahl der politischen Leitung im demokratischen Staat, in DVBl. 1959, S. 641	Parteien
ders.	Die neuere Entwicklung des Rechtsstaats in Deutschland, in »Rechtsleben« II, S. 229–262	Rechtsstaat
Schieder, Theodor	Das Verhältnis von politischer und gesellschaftlicher Verfassung und die Krise des bürgerlichen Liberalismus, in »Historische Zeitschrift« 177 (1954), S. 49 ff.	Verfassung
ders.	Staat und Gesellschaft im Wandel unserer Zeit, München 1958	Wandel
Schindler, Dietrich	Verfassungsrecht und soziale Struktur, 2. Aufl. Zürich 1944	Struktur
Schlieder, Willy Christoph	Berufs- und Wirtschaftsverbände im Steuerrecht. Düsseldorf 1960	Verbände
Schönke-Schröder	Strafgesetzbuch, Kommentar, 9. Aufl. München und Berlin 1959	Schönke-Schröder
Schmid, Carlo	Grenzen rechtlicher Regelung innerhalb der modernen Gesellschaft, in UNIVERSITAS 1959, Heft 12, S. 1233 ff.	Grenzen
Schmid, Karl	Die Legitimität der Verfassung, in »Deutsche Rechtszeitschrift« 1946, Heft 1, S. 2–4	Legitimität
Schmidt, Richard	Allgemeine Staatslehre. Leipzig, 1. Band 1901 2. Band, 1. Teil und 2. Teil 1903	Staatslehre

		zitiert
Schmitt, Carl	Verfassungslehre. München und Leipzig 1928	Verfassungslehre
ders.	Freiheitsrechte und institutionelle Garantien. Berlin 1931	Freiheitsrechte
ders.	Legalität und Legitimität. München und Leipzig 1932	Legalität
ders.	Verfassungsrechtliche Aufsätze 1924—1954. Berlin 1958	Aufsätze
Schmitt, Rudolf	Strafrechtliche Maßnahmen gegen Verbände. Stuttgart 1958	Verbände
Schneider, Hans	5 Jahre Grundgesetz, in NJW 1954, S. 937 ff.	Grundgesetz
ders.	Bibliographie zum öffentlichen Recht in der Bundesrepublik Deutschland. München und Berlin 1960	
Schneider, Herbert	Das Wirken der Berufsverbände im Deutschen Bundestag. Diss. Phil. Tübingen 1955	Berufsverbände
Schütz, Wilhelm-Wolfgang	Theorie und Wirklichkeit der politischen Freiheit, in AUSSENPOLITIK 1958, Heft 10, S. 644 ff.	Freiheit
Schuijt, W. J.	Öffentliche Meinung und Technokratie, in »Europäische Hefte«, 1960, Heft 7, S. 49 ff.	
Schulz, Gerhard	Über Entstehung und Formen von Interessengruppen in Deutschland seit Beginn der Industrialisierung, in Politische Vierteljahresschrift 1961, Heft 2, S. 124—154	
Schwarz-Liebermann v. Wahlendorff, Hans-Albrecht	Struktur und Funktion der sog. zweiten Kammer. Tübingen 1958	2. Kammer
Siebert, Wolfgang	Treu und Glauben. Erl. zu § 242 BGB, Sonderdruck aus Soergel-Siebert. Stuttgart 1959	Soergel—Siebert
Sieburg, Friedrich	Niemand will gern verbrennen, in FAZ 1958, 10. 4., S. 1	
ders.	Das sterbende Plenum, in FAZ 1960, 5. 4., S. 1	Plenum

		zitiert
ders.	Freiheit die wir meinen, in FAZ 1960, 30. 7., S. 1	Freiheit
Singer, Josef	Die Bedeutung und die Aufgaben des Bayerischen Senats, in »Ratgeber«, S. 2–29	
Smend, Rudolf	Verfassung und Verfassungsrecht. Leipzig und München 1928	Verfassung
Solterer, J.	Die Grenzen der Tarifautonomie, in »Der Arbeitgeber« 1959, Nr. 23/24, S. 728	Grenzen
Spranger, Eduard	Gedanken zur staatsbürgerlichen Erziehung, 2. Aufl. Bonn 1957	Gedanken
Stammer, Otto	Die politische Verantwortung von Unternehmern und Gewerkschaften, in »Frankfurter Hefte«, 1953, Heft 11, S. 844–854	Verantwortung
Stammer, Otto	Gesellschaftsstruktur und Organisationswirklichkeit der Verbände, in Die neue Gesellschaft 1955, 3, S. 3 ff.	Struktur
ders.	Politische Soziologie, in Gehlen-Schelsky, S. 277–333	
Stein, Lorenz v.	Handbuch der Verwaltungslehre und des Verwaltungsrechts. Stuttgart 1870	Handbuch
ders.	Begriff der Gesellschaft und die soziale Geschichte der französischen Revolution bis zum Jahre 1830. München 1921	Gesellschaft
ders.	Begriff und Wesen der Gesellschaft. Köln und Opladen 1956	Begriff
Sternberger, Dolf	Die lebende Verfassung der Bundesrepublik, in »Deutscher Geist zwischen gestern und morgen«. Stuttgart 1954, S. 58–72	Verfassung
ders.	Das Grundgesetz in der Probe des Lebens, in FAZ 1959, Nr. 114, S. 10	Grundgesetz
ders.	Das Volk tritt hervor, in FAZ 1960, 5. 9., S. 1	Volk

		zitiert
ders.	Gewaltenteilung und parlamentarische Regierung in der Bundesrepublik Deutschland, in »Politische Vierteljahresschrift« 1960, Heft 1, S. 22 ff.	Gewaltenteilung
ders.	Parlamentarismus, Parteien, Verbände, in »Gewerkschaftliche Monatshefte«, Köln 1952, Heft 8, S. 473—477	
Stern, Klaus	Rechtsfragen der öffentlichen Subventionierung Privater, in JZ 1960, S. 518 ff.	
Strauss, Walter	Die Erfahrungen mit dem vorläufigen Reichswirtschaftsrat und der Wirtschaftsenquête, in »Ratgeber«, S. 45—65	Reichswirtschaftsrat
Strauss, Walter	Wirtschaftsverfassung und Staatsverfassung. Recht und Staat, Nr. 165, Tübingen 1952	Verfassung
Stickrodt, Georg	Besprechung zu Hans Huber: Staat und Verbände, in JZ 1959, S. 134	
Sultan-Abendroth	Bürokratischer Verwaltungsstaat und soziale Demokratie. Hannover und Frankfurt (Main) 1955	Demokratie
Tebbert, Hubert	Das Problem der berufsständischen Mitwirkung an der Gesetzgebung. Freiburg 1957 (Diss.)	
Tern, Jürgen	Regierungschef in der Demokratie, in FAZ 1958, Nr .134, S. 1	
Thiele, Willi	Einwirkung der Verbände auf die Verwaltung, in »Der öffentliche Dienst«, Düsseldorf 1962, Heft 1, S. 1—8	
ders.	Die Verbände in der Bundesrepublik, in »Neue Deutsche Beamtenzeitung«, 1962, Heft 5, S. 89—92	Verbände
Thoma, Richard	Über Wesen und Erscheinungsformen der modernen Demokratie. Bonn 1948	Demokratie
Tocqueville, Alexis de	Oeuvres complètes (J. P. Mayer): Tome I: De la démocratie en Amérique, Vol. 1 et 2, Paris 1951	Démocratie en Amérique

		zitiert
	Tome II: L'Ancien Régime et la Révolution, Vol. 1, 1952	Ancien Régime
	Tome V: Voyages en Sicile et aux Etats Unis, Vol. 1: Paris 1957 Vol. 2: Paris 1958	Voyages
	Tradition und Fortschritt. Schriftenreihe der Landesvereinigung der industriellen Arbeitgeberverbände Nordrhein-Westfalen e. V., Heft 7	Tradition und Fortschritt
Triepel, Heinrich	Die Staatsverfassung und die politischen Parteien. Berlin 1928	Parteien
Tschudi, H. P.	Die Unterstellung der Außenseiter unter den Gesamtarbeitsvertrag durch das Mittel der Arbeitskarte. Sonderdruck der IG Bau-Steine-Erden 1961	Arbeitskarte
Tuchtfeld, Egon	Wirtschaftspolitik und Verbände, in »Hamburger Jahrbuch für die Wirtschafts- und Gesellschaftspolitik«, S. 72–84	
	Unofficial Government. Pressure Groups and Lobbies: »Annals of the American Academy of Political and Social Science«. Vol. 319	Annals, vol. 319
Varain, Heinz-Josef	Parteien und Verbände in der Bundesrepublik, in »Geschichte in Wissenschaft und Unterricht«, 1959, Heft 10, S. 743–762	
	Die Verbände in der heutigen Gesellschaft. Protokoll einer Tagung vom 27.–31. 10. 1960, Loccum 1960	in Protokoll »Verbände«
Verdross, Alfred	Völkerrecht, 3. Aufl. Wien 1955	Völkerrecht
Vetter, Ernst-Günther	Die »saturierte« Gewerkschaft, in FAZ 1961, S. 1, 24. 1.	Gewerkschaft
Volmer, Bernhard	Prozeßvertretung vor den Gerichten der Sozialgerichtsbarkeit, in NJW 1954, S. 1101 ff.	Prozeßvertretung
Walter, Gottfried	Die Stellung der politischen Parteien, der Berufsverbände und der Kirchen im Verfassungsrecht und der Verfassungswirklichkeit der Bundesrepublik Deutschland (eine Interpretation von Art. 21, Abs. 1 GG) Diss. Jur. Münster 1955	Stellung

		zitiert
Wandersleb-Traumann	Recht, Staat und Wirtschaft, 3. Band Düsseldorf 1951	Wandersleb–Traumann
Weber, Alfred	Staat und gewerkschaftliche Aktion. Anhang: Widerstandsrecht und Demonstrationsstreik. Köln-Deutz (ohne Jahresangabe)	Staat
Weber, Max	Wirtschaft und Gesellschaft, 4. Aufl. Tübingen 1956, 2 Halbbände	
ders.	Gesammelte politische Schriften, 2. Aufl. Tübingen 1958	Schriften
Weber, Max	Wirtschaftsverbände und Marktproblem, in »Schweizerische Zeitschrift für Volkswirtschaft und Statistik«. Basel 1957, Nr. 3, S. 315–325	
Weber, Werner	Spannungen und Kräfte im westdeutschen Verfassungssystem. Stuttgart 1951	Spannungen
ders.	Die Verfassung der Bundesrepublik in der Bewährung. Göttingen 1957	Bewährung
ders.	Die Verbände im modernen Staat, in »Innere Kolonisation«, 1958, S. 110 ff.	Verbände
ders.	Die Teilung der Gewalten als Gegenwartsproblem, in FCS 1959, S. 254–272	Gewaltenteilung
ders.	Das politische Kräftesystem in der wohlfahrtsstaatlichen Massendemokratie. Die Gruppeninteressen und ihre Einfügung in die Ordnung des öffentlichen Lebens, in »Zum Problem des Gleichgewichts zwischen Wirtschaftspolitik und Staatspolitik«, 1956, S. 35–54	
	Der Weg zum industriellen Spitzenverband. Geschichte des Reichsverbandes der Deutschen Industrie. Essen 1956	Spitzenverband
Weisser, Gerhard	Die Problematik des Sachverständigenrates in politischen Angelegenheiten und die Funktion der wissenschaftlichen Beiräte bei den Bundesministerien, in »Ratgeber«, S. 30–40	

		zitiert
ders.	Politik als System aus normativen Urteilen. Göttingen 1951	Politik
Wenke, Hans	Geist und Organisation, Recht und Staat, Nr. 241 Tübingen 1961	Geist
Werner, Josua	Die Wirtschaftsverbände in der Marktwirtschaft. Zürich 1957	Verbände
ders.	Die Verbände in Wirtschaft und Politik. Zürich und Stuttgart 1959	
Wertenbruch, Wilhelm	Grundgesetz und Menschenwürde. Köln 1958	Menschenwürde
Wickel, H.	Gewerkschaften als Gesellschaft, in Gew. Mh. 1959 Nr. 12, S. 713 ff.	Gewerkschaften
Wiese, Leopold	Ethik der sozialen Gebilde. Frankfurt (Main), Bonn 1961	Ethik
Willms, Günther	Sinn und Zweck eines Parteigesetzes, in FAZ 1958, Nr. 89, S. 7	Parteigesetz
ders.	Zur Problematik eines Parteiengesetzes, in JZ 1958, S. 265 ff.	Problematik
Winkmann, Hans	Die sozialen Beziehungen in der modernen Gesellschaft, in PSK 1960, Nr. 19, S. 6–8	Beziehungen
Winckelmann, Johannes	Legitimität und Legalität in Max Webers Herrschaftssoziologie. Tübingen 1952	Legitimität
ders.	Gesellschaft und Staat in der verstehenden Soziologie Max Webers. Berlin 1957	Gesellschaft
Wintrich, Joseph, M.	Zur Problematik der Grundrechte. Köln und Opladen 1957	Grundrechte
Wössner, Jakobus	Verbandsdemokratie oder Verbandsgesellschaft, in PSK, 1961, Nr. 4, S. 6–8	Verbände
ders.	Die ordnungspolitische Bedeutung des Verbandswesens. (Die Verbandsgesellschaft). Tübingen 1961	Verbandswesen

		zitiert
Wolff, Hans J.	Rechtsgrundsätze und verfassungsgestaltende Grundsatzentscheidungen als Rechtsquellen, in Gedächtnisschrift für W. Jellinek. München 1955	Rechtsquellen
Ziegenfus, Werner	Handbuch der Soziologie. Stuttgart 1956	in »Soziologie«
Zigan, Herbert	Die Verbände im Staat, in »Der Arbeitgeber« 1959, Nr. 4, S. 112–114	
Zippelius, Reinhold	Verordnungen der Landesregierungen auf Grund bundesgesetzlicher Ermächtigung, in NJW 1958, S. 445 ff.	Zippelius
Zorn, Rudolf	Auch die Demokratie braucht Autorität, in FAZ 1958, Nr. 142, S. 6	Autorität

STICHWORTVERZEICHNIS

GPSR Compliance

The European Union's (EU) General Product Safety Regulation (GPSR) is a set of rules that requires consumer products to be safe and our obligations to ensure this.

If you have any concerns about our products, you can contact us on ProductSafety@springernature.com

In case Publisher is established outside the EU, the EU authorized representative is:

Springer Nature Customer Service Center GmbH
Europaplatz 3
69115 Heidelberg, Germany

Batch number: 10809636

Printed by Printforce, the Netherlands